U0602777

"十四五"时期国家重点出版物出版专项规划项目

国家社科基金重大招标项目"湘与黔桂边跨方言跨语言句法语义比较研究"（15ZDB105）

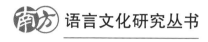

语言文化研究丛书

丛书主编　唐贤清

黔东苗语空间范畴认知研究

唐巧娟　著

湖南师范大学出版社·长沙

图书在版编目（CIP）数据

黔东苗语空间范畴认知研究 / 唐巧娟著. —长沙：湖南师范大学出版社，2023.9（南方语言文化研究丛书 / 唐贤清主编）
ISBN 978-7-5648-4973-3

Ⅰ.①黔… Ⅱ.①唐… Ⅲ.①苗语—方言研究—黔东南苗族侗族自治州 Ⅳ.①H216.7

中国国家版本馆 CIP 数据核字（2023）第 108662 号

黔东苗语空间范畴认知研究
QIANDONG MIAOYU KONGJIAN FANCHOU RENZHI YANJIU

唐巧娟　著

◇出　版　人：吴真文
◇策划编辑：赵婧男　刘苏华
◇责任编辑：赵婧男
◇责任校对：蒋旭东　谢兰梅
◇出版发行：湖南师范大学出版社
　　　　　　地址/长沙市岳麓区　邮编/410081
　　　　　　电话/0731-88873070　88873071　传真/0731-88872636
　　　　　　网址/https：//press. hunnu. edu. cn
◇经销：新华书店
◇印刷：长沙雅佳印刷有限公司
◇开本：710 mm×1000 mm　1/16
◇印张：21.75
◇字数：380 千字
◇版次：2023 年 9 月第 1 版
◇印次：2023 年 9 月第 1 次印刷
◇印数：1—600 册
◇书号：ISBN 978-7-5648-4973-3
◇定价：75.00 元

如有印装质量问题，请与承印厂调换。

总　序

　　我国南方民族众多，历史悠久，先秦时就有"百越"一说。多语言、多方言是我国南方地区最为突出的语言分布特征，特别是湖南及周边省区地处南北方言的交界处，同时也是南部方言和民族语言的过渡地带。早期汉语的一些语法结构或特点在普通话中消失或不常用，而在该地区仍得以保留。要解释某种语法现象的断代差异或历史变迁，常常要借助这一过渡地带。这一过渡地带又以不同的方式杂居着其他民族，研究与解释语言接触所导致的语言变化，揭示语言的类型与层次，湖南及周边省区语言是具有标本性的重要资源。因此该区域汉语方言、民族语言句法语义特征的研究，可以成为南北方言语法系统以及近现代汉语语法系统研究的桥梁，语言地位极其重要与独特。

　　基于以上认识，我们申请成立了湖南省社会科学创新研究基地"语言服务传播与南方语言文化研究中心"，建立了一支研究领域覆盖现代汉语、古代汉语、汉语方言、民族语言、应用语言学等多学科的学术团队，重点开展南方语言文化的调查研究工作。"南方语言文化研究丛书"即是中心团队成员部分研究成果的集中展现。收入丛书的著作主要是以湖南及其与贵州、广西交界区域的汉语方言和民族语言的特殊语法现象为研究对象，内容涉及形容词、副词、量词、重叠、空间范畴、程度范畴、体貌范畴、语序等多个方面。丛书的最大特点是"普方古民外"立体研究法的理论与实践。

"普方古民外"立体研究法是我们多年来倡导的一种研究范式。该范式主张立足于汉语语法结构的历史演变，利用现代汉语共同语、汉语方言、民族语言和境外语言的研究材料和理论方法来解决汉语历史语法研究的课题，为汉语历史语法研究提供新的视角，拓宽研究领域，形成"三结合"，即把历史语言学与语言类型学、接触语言学等相关理论结合起来，把文献研究与田野调查结合起来，把历时研究与共时研究结合起来，从而助推汉语历史语法研究的发展。

一、"普方古民外"立体研究法的研究思路

（一）汉语历史语法研究与汉语方言

方言语法研究可以为汉语历史语法研究提供佐证材料，为某些汉语历史语法现象提供更为合理的解释。汉语历史语法研究存在两种材料缺乏的情况：

一是某一语法现象在历史语料中曾经大量存在，但在现代汉语共同语中已经消失，这就会造成"下不联今"的假象，从而给汉语历史语法研究带来困惑。

我们在研究古汉语程度副词"伤"时，考察了大量的材料，发现"伤"作程度副词的用例。程度副词"伤"一般只修饰形容词，很少修饰其他词类和短语。如：

（1）过此以往则伤苦；日数少者，豉白而用费；唯合熟，自然香美矣。（贾思勰《齐民要术》卷八）

（2）今人读书伤快，须是熟方得。（朱熹《朱子语类·论语一》）

"伤"用作程度副词《齐民要术》共24例、《朱子语类》共13例，全部修饰形容词。南宋以后，"伤"作程度副词的用例在共同语文献中就很难找到了，到现代汉语共同语里，"伤"已不再作程度副词。这就给我们研究"伤"的语义演变带来了困难。通过检索和调查，我们发现"伤"作程度副词在中原官话、闽语、赣语、苗话（民汉语）里存在大量用例，如：

（3）中原官话（山西万荣话）：你<u>伤</u>相信他了，不要被他骗了。你太相信他了，不要被他骗了。①

（4）闽语（福建泉州话）：汝阿妈<u>伤</u>悉汝嘍。你奶奶太疼你了。（许亚冷2010）②

（5）赣语（江西樟树话）：你刚做<u>伤</u>欺负人哩。你这么做太欺负人了。

（6）苗语（龙胜伟江话）：简个人额头<u>伤</u>简单很哇。这个人头脑太简单了。

（7）苗语（资源车田话）：你<u>伤</u>行快□tie，我跟不到。你走得太快了，我跟不上。

（8）苗语（城步五团话）：伊坐咧<u>伤</u>背底呱，望不到。他坐得太后面了，看不见。

（9）苗语（城步兰蓉话）：伊<u>伤</u>担心伊□nie⁵⁵□nie⁵⁵弟呱，不眼死。他太担心他的孩子了，睡不着。

从这些用例我们看到，程度副词"伤"在现代汉语方言里不仅用例丰富，可以修饰形容词，而且也能修饰心理动词、方位词、动词短语等，搭配功能也比较强。这就为我们研究古汉语的程度副词"伤"的语义演变提供了线索和旁证。

二是某一语法现象虽然在历史语料中存在，但是用例很少，有些甚至是孤例。我们知道，虽然中国古代语言研究的成果颇丰，但自觉的语法研究成果很少，很多汉语历史语法现象是靠自然语料来记录的，而不是用语法专著来记录的。自然语料对语法现象的记录具有真实可靠的优点，但也存在不系统和不全面的缺点，难免造成有些语法现象语料丰富，有些语法现象语料极少的不均衡局面。语言学界历来信奉"例不十，法不立"的原则，研究者往往对这些出现次数少的用例不敢加以利用，甚至怀疑这些用例的准确性和真实性。如果这些用例在方言中大量存在，则可大大提高其可信度和使用价值。

---

① 文中所用方言例句，除标明来源外，均为笔者调查所得。发音人信息如下：谢志忍（山西万荣话），男，汉族，1966年生，高中文化。饶芳（江西樟树话），女，汉族，1995年生，研究生文化。以下为苗话发音人：石生武（龙胜伟江），男，苗族，1948年生，中专文化；兰支珍（城步五团），男，苗族，1964年生，大专文化；雷学品（城步兰蓉），男，苗族，1972年生，大专文化；杨建国（资源车田），男，苗族，1947年生，中专文化。

② 许亚冷．泉州方言程度副词研究［D］．福州：福建师范大学，2010：16.

关于近代汉语复数词尾标记"们"的来源，学界一直存在争议，其中比较有代表性的说法有三种："辈"字说、"门"字说、"物"字说。争议产生的主要原因之一是历史文献资料不足，导致论证不够，缺乏直接有力的确证。江蓝生从多种语音演变途径和现代汉语方言的直接证据两方面，对"们"源于"物"的旧说做了进一步的阐述和修正。"们"源于"物"说，由于在历史文献资料中没有找到直接有力的证据，虽然这一判定有其理据，但是很难从假说成为定论。江蓝生通过考察江西安福话、福建建瓯话、福建顺昌洋口话、陕西关中方言、甘肃唐汪话、甘肃甘沟话以及晋北、陕北等西北方言的复数词尾标记，发现在部分汉语方言中存在复数词尾标记"们"源于"物"的直接而有力的证据，使这一具有争议性的汉语历史语法问题得到了更加合理的解释。①

此外，我们这里说的汉语方言还应包括海外汉语方言。由于汉民族向海外迁徙，乡情维系，海外华人移民通常按地缘、族缘关系集结，自然形成了华人华语社区。在华语社区内，人们多使用汉语方言进行交流，而且方言的通行也具有相对的区域集中性，如新加坡牛车水、马来西亚吉隆坡通行客家话，马来西亚槟城、菲律宾马尼拉通行闽南话，美国旧金山、澳大利亚悉尼通行粤语等。② 这些形成于不同时期的同源异境海外汉语方言也可为汉语历史语法研究提供参考。

（二）汉语历史语法研究与民族语言

汉语历史语法研究还需要有民族语言视角。汉语有为数众多的亲属语言，汉藏语系语言约占我国语言总数的一半以上。③ 许多与汉语具有亲属关系的民族语言中，至今仍然保留着不少古代汉语的语法形式。

较早提出汉语和民族语言结合研究的是陈寅恪先生。1934 年他在致沈兼士的信中曾强调汉语的词源研究联系亲属语言的重要性："读大著（注：《右文说在训诂学上之沿革及其推阐》，1933）所列举诸方法外，必须再详

---

① 江蓝生.再论"们"的语源是"物"[J].中国语文，2018（3）：259-273.
② 陆露，唐贤清.同源异境视野下汉语方言比较研究的新探索[J].南京师大学报（社会科学版），2022（2）：141.
③ 孙宏开，胡增益，黄行.中国的语言[M].北京：商务印书馆，2007：12.

考与中国语同系诸语言，如：西藏、缅甸语之类，则其推测之途径及证据，更为完备。"①

　　李方桂 1939 年 12 月 29 日为国立北京大学文科研究所做的《藏汉系语言研究法》报告中也曾说："但是我也不希望，比方说，专研究汉语的可以一点不知道别的藏汉系语言。印欧的语言学者曾专门一系，但是也没有不通别系的。就拿汉语来说，其中有多少问题是需要别的语言帮助的。单就借字一个问题在研究汉语的历史看来，就没有人系统地做过……只有别的语言借汉字而没有汉语借别的语言的字。原因是近来研究汉语的人根本不知道别的语言，而别的语言如南方的苗瑶台等对于汉语不能没影响，北方的蒙古等语也不能没影响。只是我们对于这些语言没有做过科学的研究，而研究汉语的人更无从取材了。"②

　　我国是一个统一的多民族国家，民族融合程度高，语言接触频繁。汉语与民族语言在长期的接触中，互相借鉴和吸收了对方很多语言成分，特别是古汉语中的一些语法成分和特点至今仍保留在许多民族语言历史文献中。我们通过参照民族语言，可以为汉语历史语法研究提供有力的证据和更加合理的解释。例如，戴庆厦 2008 年指出，古汉语中出现过的"田十田""牛十牛"等反响型量词，在现代的哈尼语、载瓦语里还大量存在。古汉语曾经有过的使动范畴的形态变化这一语法形式，在藏缅语许多语言（如景颇语、载瓦语、独龙语等）中仍然使用。汉语与其亲属语言之间的关系，使得民族语言能为汉语的历史研究提供大量的、有价值的线索和旁证，也能为构拟原始汉藏语和揭示汉藏语历史演变规律提供证据。③

　　除境内民族语言外，我国与周边国家还分布有 50 余种跨境民族语言，约占我国语言总数的 40%，④ 如哈尼语、拉祜语、傈僳语、毕苏语、彝语、阿侬语、怒苏语、阿昌语、载瓦语、勒期语、浪速语、独龙语、景颇语、

---

　　① 沈兼士．右文说在训诂学上之沿革及其推阐［M］//沈兼士学术论文集．北京：中华书局，1986：183.

　　② 李方桂．藏汉系语言研究法［M］//汉藏语学报（第 7 期）．北京：商务印书馆，2013：9-10.

　　③ 戴庆厦．古汉语研究与少数民族语言［J］．古汉语研究，2008（4）：3.

　　④ 黄行．我国与周边国家跨境语言的语言规划研究［J］．语言文字应用，2014（2）：10.

藏语、傣语、壮语、仡佬语、拉基语、佤语、苗语、瑶语、巴哼语、布朗语、德昂语、克木语、越南语（京语）、宽话、布辛话等。从跨境民族语言的对比研究中，我们能够获取有关语言演变的新规律，① 从而有助于深化我们对汉语历史语法演变规律的认识。

（三）汉语历史语法研究与境外语言

汉语历史语法研究除了要具有汉语方言学、民族语言学视角，还应该关注境外其他语言的相关语法现象。通过观察境外其他语言的相关语法现象，不仅可以帮助我们更好地认识单一语言内部的某一语法现象，还可以帮助我们对这些语法现象做出更加合理的解释。吴福祥 2003 年也指出，人类语言之所以会存在大量的普遍语法特征，原因在于这些语言具有某些相同的语法演变模式，而语法演变模式的类同本质上是因为具有相似的语法演变机制和认知语用动因。因此在考察某个特定语言的语法演变时，如果能够将单个语言的语法演变放到人类语言演变的背景下来考察，我们对它的演变模式、机制和动因就会有更本质的把握和更深入的解释。②

例如汉语史中陈述句句末"也"有静态和动态两种用法，汉语学界对这两种用法的关系有两种说法：一是"记音说"，认为后者是"矣"或其他语气词的记音；一是"扩展说"，认为后者是前者的功能扩展。陈前瑞 2008 年在前人研究的基础上，参考体貌类型学的相关研究，发现境外其他语言中的体貌标记存在"类助动词＞结果体＞先时体或完成体＞过去时或完整体"的语法化路径。比如英语中类似于结果体的意义是由"be＋ed"构成，如"He is gone."，表示状态还存在（他此刻不在这里），"have＋ed"构成的完成体则是从"be＋ed"构成的结果体发展而来的。而汉语史中陈述句句末"也"的典型用法为判断用法，与英语"be"的词源意义非常接近。陈文认为汉语史句末静态"也"也表示状态，属于广义的结果体，是由判断用法发展而来；而动态"也"大部分用法属于完成体，则是静态"也"进一

---

① 戴庆厦，乔翔，邓凤民．论跨境语言研究的理论与方法［J］．云南师范大学学报（哲学社会科学版），2009（3）：25．
② 吴福祥．汉语伴随介词语法化的类型学研究——兼论 SVO 型语言中伴随介词的两种演化模式［J］．中国语文，2003（1）：55．

步语法化的结果。汉语史句末"也"的语法化路径正好符合上述的语法化链，这充分阐释了句末"也"由静态功能向动态功能扩展的路径。①

汉语历史语法与现代汉语共同语的比较研究，属于典型的古今演变的范畴，这里不再阐述。

二、"普方古民外"立体研究法的价值

（一）发展了历史比较语言学理论，形成了具有中国特色的理论视角

打破时空限制，将不同时期、不同地域的汉语语法现象勾连起来，以古鉴今，以今证古，实现时空互证的立体研究，是汉语历史语法研究在方法论上的突破，能使汉语历史语法的某些特殊现象得到更加合理的解释。事实上，以黎锦熙、王力、吕叔湘、蒋礼鸿、朱德熙、邢福义等为代表的老一辈语言学家早已意识到，研究汉语应当打破时空限制，实现纵横比较。江蓝生、邵敬敏、曹广顺、贝罗贝、张谊生、汪维辉、吴福祥、杨永龙等也指出，加强语言学内部纵横两方面的沟通，采用纵横结合的方法来研究汉语词汇、语法是一条可行的途径，前景广阔。

邢福义 1990 年提出了"普方古"大三角理论，此理论将普通话视为基角，方言和古代汉语对"普"角起着外证的作用，即"以方证普""以古证今"，形成现代汉语语法的立体研究思路。② 三十余年来，学界又引进了诸多的国外语法理论来研究汉语语法，并取得了丰硕的成果。总体来看，利用历史文献材料来为现代汉语共同语、汉语方言和民族语言研究服务的成果较为常见，而利用现代汉语共同语、汉语方言、民族语言和境外语言来为汉语历史语法研究服务的成果则相对较少。我们立足于汉语历史语法研究，提炼出了服务于汉语历史语法研究的"普方古民外"立体研究法。

"普方古民外"立体研究法是对老一辈语言学家所提出的"时空结合"理念的继承、深化与发展，尝试为汉语历史语法研究提供新思路，形成具有自身特色和优势的学术话语体系。它是以汉语语法结构的历史演变为基

---

① 陈前瑞. 句末"也"体貌用法的演变［J］. 中国语文，2008（1）：28-36.
② 邢福义. 现代汉语语法研究的两个"三角"［J］. 云梦学刊，2009（1）：81-84.

角，利用现代汉语共同语、汉语方言、民族语言以及境外语言的研究材料、理论方法来对汉语历史语法进行全方位的立体的研究。图示如下：

江蓝生 2018 年指出，考察语言演变的历史，包括考证一些语法成分的来源，不得不利用历史文献数据。但是历史文献资料往往有很大的局限性：它们多数是零星的、不连贯不完整的，有的甚至是被扭曲的。在这种情况下，要想溯源求本，就要从现代汉语方言中去找线索、找旁证，通过方言比较寻绎古今语言演变的轨迹。①

比如，吕叔湘 1941 年在《释〈景德传灯录〉中在、著二助词》一文中探讨近代汉语语助词"在里"的由来时，就借助了汉语方言材料进行佐证：②

> 在里一词由处所副词变而为纯语助词，方言中亦有事象可相比勘者。蜀语与北京语同属官话系统，迄今仍以在字为语尾助词，其音作 tsai 或作 tai，如云"睡到在"，"放到在"，"忙到在"；惟为用殊窄，仅限于与到（＝著）相连（B组之一部分），此外皆已用哩（l-或 n-），与北京之呢大体相符。
>
> 最足资为印证者为吴语。今以苏州语为例。……

同理，现代汉语共同语、民族语言以及境外语言的研究材料与理论方法也可为汉语历史语法研究提供参照与证据。现代汉语共同语、汉语方言、民族语言和境外语言对汉语历史语法研究的作用受语法结构的类别制约，

---

① 江蓝生．再论"们"的语源是"物"[J]．中国语文，2018（3）：272．

② 吕叔湘．汉语语法论文集（增订本）[C]．北京：商务印书馆，1984：62-63．

比如句法结构是比较普遍的语言现象，一般语言中都有主谓、动宾、定中、状中、并列结构，所以在探讨某一句法结构的历史演变时，现代汉语共同语、汉语方言、民族语言和境外语言均可以提供线索和证据，而在探讨量词的历史演变时，相比句法结构的演变能够参照的语言或方言要受限得多，因为量词主要分布在东亚、东南亚语言区域中，世界大多数语言量词不显赫，且该语言区域内部的语言、方言之间量词的显赫度也存在差异，如藏缅语的量词一般不显赫，而壮侗语族、苗瑶语族以及汉语南方方言的量词则比较显赫。① 世界语言量词的不均衡分布自然而然会制约各种语言、方言对量词历史演变研究的作用。

（二）倡导了跨方言跨语言的类型学研究范式

现在语言学界的倾向或者说新的标准是：哪怕是个别语言或方言的研究，也要考虑共性和类型，更进一步考虑对语言理论的贡献。这无疑提高了研究的难度，但同时也提升了研究的水准。以往汉语历史语法研究多是集中对汉语历史文献资料进行考察，很少将其置于历史类型学视角下进行探讨。如此就会产生两大弊端：一是只局限于汉语史内部寻绎某一语法现象的演变轨迹及动因，如果汉语历史文献资料不充足，就会造成论证不够，从而判断错误。二是无法确定哪些语法演变是汉语的特性，哪些是世界语言普遍出现的演变模式，不利于汉语历史语法研究的深入。吴福祥 2005 年指出，在汉语历史语法研究中借鉴历时类型学的理论、方法，不仅可以帮助我们判定哪种演变方式更为可能，还可以帮我们检验我们对语法演变的解释是否合理。比如上古汉语的"及、与"，中古汉语的"将、共"，近代汉语的"和、跟、同"，吴语的"搭、帮"，闽语的"合"等，在汉语的不同历史阶段以及汉语不同的方言里，都出现了同一个语素既可以用作伴随介词又可以用作并列连词的现象。以往学界对于伴随介词和并列连词之间的演变方向有两种对立的观点，即"伴随介词＞并列连词"和"并列连词＞伴随介词"。如何判定哪种观点更加科学有据，不仅要把着眼点放在汉语历史文献上，还应该开阔视野，吸取类型学形态句法的研究成果。已有成

① 刘丹青．语言库藏类型学构想 ［J］．当代语言学，2011 (4)：289-303.

果表明"伴随介词＞并列连词"是 SVO 语言中一种普遍常见的演变模式，而"并列连词＞伴随介词"的演变模式在迄今已知的人类语言形态句法演变中却未被证实。因此，我们可以确定汉语中伴随介词和并列连词之间的演变方向应该是"伴随介词＞并列连词"，而非相反。如此可见，类型学的方法和成果对汉语历史语法的研究是十分必要的。①

（三）丰富了历时类型学研究

"普方古民外"立体研究法的引入，突破了汉语史的框架束缚，将汉语语法现象的演变置于世界语言普遍语法演变模式的范围内考察，不仅有助于我们拓宽研究视角，加深对世界语言普遍语法演变模式的认知，还可以帮助我们更加深入地探讨汉语语法现象演变的轨迹，进而区分哪些语法演变是汉语的特性，哪些是世界语言普遍出现的语法演变模式，同时也能够为历时类型学研究提供汉语历史语法研究的实证。完成体到最近将来时这一语义演变路径是类型学上极为罕见的语法现象，在波斯语、新阿拉米语（Neo-Aramaic）、印度尼西亚中部苏拉威西岛的语言 Pendau 等极少数语言中发现有此类语义演变模式。而陈前瑞 2012 年参照类型学的演变模式，考察汉语历史文献和汉语方言材料后发现，从完成体向最近将来时方向的演变，是汉语通用语和汉语方言时体演变的常见现象，如现代汉语的句尾"了"、近代汉语的"去"和"也"、吴语汤溪话"得"等。② 汉语通用语和汉语方言中的这种常见的时体演变模式，不仅可以为完成体到最近将来时这一类型学罕见形态句法现象提供佐证，验证其正确性，还能够将汉语通用语及其方言纳入类型学考察的语言样本中，从而在语言学研究领域增强我国科学研究的国际影响力。

三、"普方古民外"立体研究法的难点

（一）语料的收集与甄别难度大

"普方古民外"的立体研究需要大量的语料，但汉语方言和民族语言的

---

① 吴福祥. 汉语历史语法研究的目标［J］. 古汉语研究，2005（2）：2-14.
② 陈前瑞. 从完成体到最近将来时——类型学的罕见现象与汉语的常见现象［J］. 世界汉语教学，2012（2）：158-174.

语料并不丰富，有些语法现象没有材料，或者已有的材料不够精细，这都
需要研究者亲自进行田野调查，要求研究者要有较强的语言调查能力。对
境外语言材料的收集，则还要求研究者要有较高的外语水平。要解决这一
难题，组建各有特长的研究团队势在必行。

　　除了材料少外，已有材料的查找也是一项艰苦的工作。目前，古汉语
和现代汉语共同语都有了方便查找的语料库，但是方言和民族语言的语料
库建设还相当薄弱，能利用计算机进行智能搜索的材料很少，大多要采用
人工检索。在大量材料中对某一语法现象进行人工检索，有时如大海捞针，
费时费力，且收效甚微。要解决这一难题，需要大力加强方言和民族语言
语法的语料库建设。

（二）句法语义演变的识别和判定难度大

　　一个语言中特定的句法语义演变，既有可能是该语言本身内部因素作
用的结果，也有可能是语言接触的产物。语言独立发生的句法语义演变和
语言接触引发的句法语义演变在很多方面并无二致，因此在大多数情况下，
面对一个特定的句法语义演变，我们常常并不容易判定它是语言接触引发
的，还是该语言内部因素导致的。比如汉语方言虽与古汉语一脉相承，但
方言分化的历史久远，相同的语法现象是方言对古汉语的继承，还是分化
以后方言独立发展的结果，难以判定。同样，境内的民族语言，特别是汉
藏语系语言，与汉语有着共同的原始祖语，历史上又有过长期而密切的接
触，共同的语法现象是继承自共同的祖语，还是接触的影响造成的，也很
难分辨。而且部分民族语言的系属并不明确，更加大了判定的难度，如果
不是同一祖语，则还有可能是类型学上的相似性。例如，对于中古译经中
"亦"的并列连词用法的来源，学界就有不同看法。许理和（1987）、龙国
富（2005）、徐朝红（2012）将其归因于译经者的误用，蒋冀骋（1994）诠
释为外来语的影响，张延成（2002）认为是汉语自身的演变，徐朝红、吴
福祥（2015）则认为"亦"是类同副词变为并列连词，是一种比较典型的
接触引发的语义演变。①

---

　　① 徐朝红，吴福祥. 从类同副词到并列连词——中古译经中虚词"亦"的语义演变［J］. 中
国语文，2015（1）：38.

针对这一难点，我们除了要具有历时类型学视角，把汉语形态句法演变置于世界语言普遍语法演变模式范围内考察，还应该熟悉各语言之间的亲属关系，善用排除法，逐一判定。

（三）句法语义演变的共性与差异的解释难度大

语言研究的高层次追求是"解释的充分性"，如何对通过"普方古民外"的立体比较得出的句法语义演变的共性和差异进行充分的解释，尤为困难。例如，我们2011年指出汉语方言中保留了古汉语程度补语"煞"的五种用法，但是不同的汉语方言继承了不同的形式，探讨这种差异形成的原因，就非常困难。①

要提高这种解释能力，对研究者的理论素养提出了更高的要求。要求我们从事历史语法研究的学者，不仅要有扎实的历史语法功底，还要抛弃对各种理论流派的成见，兼擅接触语言学、比较语言学、语言类型学等学科理论。

历史语法研究的目标是揭示已有演变的规律、解释共时语言现象以及预测未来演变的方向。②"普方古民外"立体研究法的引入不仅有助于我们判断汉语历史语法中相关语法结构的演变方向，帮助我们更加合理地解释某一语法现象产生的根源，而且还可以拓宽我们的研究视角，让我们对世界其他语言的形态句法演变有更加深入的了解，同时也能够为语言类型学研究提供汉语历史语法研究的实证。

"普方古民外"立体研究法并非只局限于汉语历史语法，它为跨语言比较研究提供了一个新的思路，即多维比较、多角互证的时空立体观。多维比较是指语言研究的普方比较、古今比较、民汉比较、中外比较；多角互证是指语言研究的普方互证、古今互证、民汉互证、中外互证。通过多维比较、多角互证的语言研究，把现代汉语共同语、汉语方言、古代汉语、民族语言、境外语言结合起来，既有利于看清某一语言系统的真实面貌，也可以让一些语言现象得到更加科学、合理的解释。

---

① 唐贤清，陈丽．程度补语"煞"的历时来源及跨方言考察［J］．理论月刊，2011（2）：5-9.
② 吴福祥．汉语历史语法研究的目标［J］．古汉语研究，2005（2）：2-14.

"南方语言文化研究丛书"包括《跨语言副词比较研究》《跨语言语序类型研究》《湘方言持续体的语法化研究》《湘方言名量词研究》《湘方言重叠研究》《黔东苗语空间范畴认知研究》《湖南凤凰山江苗语形容词研究》《湘桂边苗族平话程度范畴研究》《湘桂边苗族平话名量词研究》《湘桂边苗族汉话体貌研究》等，后续还将有系列成果推出。本次有 10 册图书成功入选"十四五"时期国家重点出版物出版专项规划项目。这些成果均是团队成员多年潜心研究的学术结晶，突出了"普方古民外"研究范式的立体感，不敢说很成功，但是力图这样去做，是非功过，交由学界评说，如能抛砖引玉，引起各位同仁的注意，展开更深入的讨论，亦为丛书价值所在，即感欣慰。

"南方语言文化研究丛书"能够顺利面世，得力于湖南师范大学语言与文化研究院的鼎力资助，并获得了湖南师范大学出版社的大力支持，在此表示衷心感谢。

唐贤清

2022 年 10 月 9 日于岳麓山下

序

空间范畴是人类最基本的认知范畴之一，是世界上所有语言都具有的概念范畴。空间问题既是自然科学研究的重要内容，也是人文社会科学不可回避的论题。近年来，随着认知科学在人文社会科学领域的运用，思维和语言之间的关系问题再次成为语言学的研究热点，而涉及人类基本认知的空间范畴也成了当前语法学界讨论的重要话题。使用人口较多语言的空间认知研究成果已颇为丰富，如何利用现有的理论方法和研究成果去挖掘中国多民族语言富矿，实现语言空间范畴的多元研究和时空立体研究，是对空间研究进行纵向深入和横向扩展的重要课题。

本书是巧娟在湖南师范大学博士论文基础上的修正与补充。巧娟读博之初，就已对自己的研究方向和目标有所规划。作为其导师，我充分尊重学生的课题选择和学术思维的自由，但严格要求学生端正学术态度，实事求是，客观描写，严谨论述。该书的重点在于通过描写黔东苗语空间表达的句法语义特征，揭示语言表达式所反映的深层民族思维活动特征。著作从语言学的角度推动苗族历史文化、思维认知及心理特征的深入探究，为了解苗语母语者的空间认知方式、空间价值取向、空间概念的编码和解码过程等都有一定的理论价值和现实意义。

语言学研究是以基本理论为指导的实证性研究，离不开理论构建和个案分析。巧娟确定了以黔东苗语空间范畴作为研究对象后，我建议她结合现代语言学的相关理论和方法，分"概论"和"个案"两大部分去论述和描写。该书的"概论"部分（第一、二章）结合语言表达式的语义参项、空间范畴的文化实践及母语者空间知识的心理实证，对黔东苗语的有角度和无角度空间关系进行了宏观层面的考察和分析，论述有理有据，体现了作者扎实的理论基础。该书的"个案"研究分别从词汇层面的空间方所表达、句式层面的空间存现表达以及与位移事件表达密切相关的位移动词进行了详细分析；当然，"个案"部分的研究并未局限于句法语义分析，其论证过程更注重语言、思维和文化之间的互动互证关系。

我们团队的基本理念是："普方古民外"立体研究，从文献走向田野，从本体走向应用。巧娟是我们团队的一员，很好地践行了我们的研究理念，她是我们国家社科基金重大招标项目"湘与黔桂边跨方言跨语言句法语义比较研究""湖南及周边省区汉语虚词时空立体研究及数据库建设"的重要成员，做了大量工作，大家通过沙龙、论坛等形式，互相学习，特别是向杨再彪、余金枝等苗语专家及其他语法学界学者学习。该书涉及的田野调查材料，既不乏空间认知的心理实证调查，也涵盖了空间文化的民俗调查，还对苗语黔东方言的空间表达做了大量语料收集的基础工作，对苗语其他两大方言区的语料也进行了补充，结论都是建立在大量语料分析的基础之上，描写客观、论证严谨。

书痴者文必工，艺痴者技必良。巧娟虽非苗语母语者，但凭她对民族语言文化的"痴迷"与"执着"，我一直相信她会充分利用已有的学识基础、学术敏感及其民族地区的工作环境去弥补先天不足，克服母语障碍，从"他者"角度做出让苗语学界认可的研究成果。苦心人，天不负，巧娟终用自己的努力收获了该书的出版。2020年她博士一毕业就以"语言人类学视角下的苗族空间认知研究"申报项目，获得国家社科基金立项资助，从这个角度说明其选题方向和研究思路得到了学界一定程度的认可。然，人之学也，或失则多，或失则寡，或失则易，或失则止，唯有自知治学之难易美恶者，方能博喻以终。治学之路既穷且艰而废于不勤，我确信巧娟能释杂念、持初心、携坚毅、踏实地以求索。我也确信，假以时日，我必能以巧娟为荣！

唐贤清

2022 年 12 月 31 日，岳麓山下

目 录

绪　论

第一节　空间研究概况

古今中外，空间问题一直是各学科备受关注的课题，是自然学科的重点研究领域之一，也是人文社会科学一直探讨的热点。以 Langacker（1991）为代表的认知语义学认为，空间是由物理空间、认知空间和语言空间组成的。其中，物理空间是物理学家、数学家和天文学家等自然科学所关注的研究对象，人文社会科学则主要关注认知空间和语言空间以及二者之间的关系。物理空间是不以人的意志为转移的客观世界的空间存在；认知空间介于物理空间和语言空间之间，是人类对物理空间的感知和认识结果，是人类对空间的主观认识，具有一定的民族性和地域文化性；语言空间是指人类主观意识中的认知空间在语言表达或语言结构中的表征。语言是人类认知和思维的重要工具，同时也反映人类的认知方式和思维特征。通过对语言空间的研究，可以探知语言空间背后所反映的认知空间，从而探索人类对空间的认知方式和思维特征。近年来，随着认知科学的发展，学术界对人类自身认知规律进行不断探索和研究，也将空间研究纳入认知科学研究的重要课题，通过语言空间研究去探知不同文化背景下人们对物理空间的不同认识，逐渐进入空间研究新视野，成为跨学科空间研究的又一范式。

▶ 一、哲学视域下的空间研究

（一）西方哲学对空间的探讨

国内外哲学对空间问题的探讨历史悠久，且随着社会的发展和科技的进步，人类对空间的认识也在不断地发展。西方哲学对空间概念的探讨大致可以分为三个阶段：形而上学的空间认识、物理科学的空间认识和主体－身体向度的空间认识。

1. 形而上学的空间认识

西方哲学对空间的探索最早可追溯到古希腊时期，从追问世界存在的本原开始，属于形而上学的空间认识。古希腊思想家们认为，世界的本原存在与空间有关，空间是世界存在的形式基础，是实在与虚空的结合。这种空间范畴是根据他们对社会的感性经验推导所得，该空间认知来源于人类对自然的观察，与他们的宇宙观也密切相关。西方哲学史上的第一位自然哲学家泰勒斯在深受古代神话影响后提出，水是世界的本原[①]，所有自然物都源于水。这种朴素认识主要借助经验观察和理性思维来解释世界。泰勒斯的学生阿那克西曼德作为世界上第一个绘制全球地图的人[②]，他认为，世界的本原是"无限"，世界来自无限又复归于无限，人类世界是无限世界中的一个，人类所处的世界是一个对称的球状宇宙。此后，毕达哥拉斯学派提出，世界万物的本原是数，数量关系构成宇宙秩序，宇宙空间秩序只是对数字关系的仿照[③]。这种以数字关系为基础的空间认识启发了柏拉图的空间思想。该学派首次提出的"虚空问题（宇宙的本原是原子和虚空）"，对后世空间理论的发展有开创性意义。德谟克利特在存在论的意义上论述了空间内涵，首次明确论述了空间范畴，但该空间认识依旧未离开对自然的观察。[④] 再后来，赫拉克利特指出，事物就是直观的空间存在。前后延续了一个世纪的爱利亚学派否认了空间的物质属性，也就是不承认世界上存在实体空间。爱利亚学派的奠基人和领袖巴门尼德集中讨论了存在的特性及其与思想的关系。在巴氏及其追随者看来，存在是一个连续体，实体性空间形态与虚空都是不存在的，世界就是一个连绵不断的存在。假如存在实体空间，那该实体空间就必

---

① 转引自 J. 赫尔曼，许理和．人类文明史：第 3 卷［M］．中文版编译委员会，译．南京：译林出版社，2014：144.

② 转引自葛树先．西方历代哲学家思想纵览［M］．天津：南开大学出版社，2018：3.

③ 转引自孙云，孙镁耀．新编哲学大辞典［M］．哈尔滨：哈尔滨出版社，1991：198.

④ 转引自孙全胜．空间哲学的历史沿革［J］．中共宁波市委党校学报，2016：36-46.

然处于另一实体空间中，如此，空间是无止无境的、是不可想象的。可以看出早期的古希腊哲学所讨论的空间是以阐释世界存在的本原为目标，属于本原论空间观。

后来，柏拉图提出理型几何化思想，运用几何化的理型来解释万物的结构，把世界分为理念和感觉，并重点考察了空间理念的绝对性，提出了以理念论为基础的空间认识，开启了对空间本体论问题的探讨。柏拉图认为，空间是一个不具有任何特性的客观容器，蕴含万物的形成、发展和毁灭；他写道："空间：不朽而永恒，并作为一切生成物运动变化的场所，感觉无法认识它，而只能靠一种不纯粹的理性推理来认识它；它也很难是信念的对象。"从柏拉图的《蒂迈欧篇》对空间的论述可以看到，可感物体是空间的表现，他的"空间"亦参与了宇宙的创生，且带有较为浓厚的神性色彩。柏拉图的"空间是永恒的自在自为的容器"理论对后世空间理论的发展具有重要意义，特别是对牛顿提出的"绝对空间"有重要影响。

在亚里士多德之前，古希腊哲学并未形成对空间概念的一般性认识。亚里士多德作为西方古典哲学的集大成者，第一次对空间处所（topos）概念进行了系统阐释并通过对空间概念的多种表达的分析提出"有限空间"，成为形而上学空间概念的最初表述。关于空间的存在性，亚里士多德在《物理学》中用"运动说"肯定道："根据相互换位的现象来看，空间被认为是显然存在的。"亚氏从方法论的角度为我们揭示了空间作为一种存在，与人们息息相关，其作为一个长宽高的三维存在，既包围事物又可分离在事物之外；同时，他还提出在不受外力影响下的每一种自然体都趋向自己特有的空间。在对待空间特征的问题上，亚里士多德认为柏拉图所说的永恒自在的绝对空间并不存在，空间是依赖于物体而存在的。整体而言，亚氏的空间观是建立在"运动"的基础上，对后世莱布尼茨的"相对空间"产生了较大影响，也为牛顿区分的绝对、相对空间提供了理论思路，甚至也影响到康德的先验空间观。

传统西方哲学中"形而上学"的空间概念由亚里士多德开启后，牛顿提出客观性时空观，认为时空可以不依赖具体物质和运动而独立存在，这又带有明显的形而上学性。后来，莱布尼茨重新定义了空间概念，提出相对空间概念①，康德的纯粹直观形式空间也是对形而上学空间思维方式的承继，直至黑格尔对西欧哲学思想的发展做出总结，建立了辩证时空观，终结了西方传统形而上学空间概念。

2. 物理科学的空间认识

生产力的进一步发展和科技的进步，推动了西方物理学、天文学和几何学等学科的发展，为空间问题的探索提供了物理学和几何学的新视角。哥白尼的日心说否定传统地心说，并主张宇宙无限论②；后有伽利略发明望远镜进一步证明了宇宙在空间上和时间上的无限性③；布鲁诺在其著作《论无限宇宙和世界》中指出："宇宙是无限且不能确定的，也因此稳定不变。"④

为几何空间开先河的是法国笛卡尔创立的"笛卡尔坐标系"，让空间研究摆脱了传统形而上学的模式。笛卡尔认为，宇宙间所有物体都是由三维的广延组成，世界的广延是无限的。就空间性质而言，笛卡尔继承了亚里士多德的"实在"空间观，反对空间的"虚空性"。表面看来，笛卡尔的几何空间讨论的是一个物理空间概念问题，但实际上也为"主体-身体"空间概念开了先河。牛顿在亚里士多德、笛卡尔等空间理论的基础上区分了绝对空间和相对空间，他在《自然哲学的数学原理》中第一次系统地回答了时间和空间的本质是绝对的、均匀的、永不移动的，归结为"绝对时空观"，标志着人类对空间的认识实现了从哲学到科学的转变。但牛顿的空间观是为了解释物理学上的力学现象，更偏向于物理空间的讨论，具有一定的局限性。与此同时，以莱布尼茨为代表的德国哲学家否定牛顿的绝对时空观，更是犀利批判了牛顿把空间当作上帝感知事物途径的观点；提出相对空间学说，认为空间是"纯粹观念"的产物。此后，相对空间观成了人们对空间认识的主流，

① 转引自菊地利夫. 历史地理学的理论与方法［M］. 辛德勇，译. 西安：陕西师范大学出版社，2014.

② 转引自李颂. 时空与相对论［M］. 西安：西安电子科技大学出版社，2015.

③ 转引自傅西路. 马克思主义哲学原理［M］. 北京：中国展望出版社，1983：48.

④ 转引自马库斯·杜·桑托伊. 知识边缘：从意识到宇宙，科学前沿的七次探索之旅［M］. 田碧霄，曹烨，刘玥，译. 长沙：湖南科学技术出版社，2018：157.

直至爱因斯坦提出相对论。爱因斯坦反对牛顿将时空与物质割裂，第一次将时空观归结为"相对时空观"，他认为世界是物质的，物质具有空间特征且空间特征具有延展性、连贯性、三维性和相对间断性。牛顿、爱因斯坦所提出的物质空间特征是科学意义上的空间范畴，为人类进一步认识空间提供了科学路径。可见，物理空间作为客观存在，一定程度上影响了人类的认知，也一定程度上解释了人类空间语言的普遍性特征。

3. 主体‐身体向度的空间认识

随着空间观的发展，人们对空间的认识也并非沿着单一的某一线索进行。物理学空间理论直接推动了人们对空间的主体‐身体向度理解，强调在人类空间认知过程中主体或身体发挥了重要作用；该视角相关理论为空间研究的心理学路径提供了哲学依据和理论基础。

从理论渊源上来讲，笛卡尔的身心二元论为空间研究的主体‐身体向度的理解开启了一扇理论之窗。在笛卡尔看来，人的身、心是互相分立的两种实体，这两种实体之间的关系就是"我思故我在"，该观点直接影响后世主体主义空间观。德国哲学家康德在前人的理论基础之上，从认识论角度提出"空间是认知主体进行认识的感性直观形式"这一观点，总结为"先验直观"空间观。此后，英国近代经验主义哲学的代表人物洛克追随笛卡尔的二元论学说，认为人类所有的思想和观念都来自人的感官经验，并将知觉观念与感官经验区别开来。洛克的认识论是以心理知觉为主的认识论，并非康德所说的先天而成。

洛克的经验主义直接影响到乔治·贝克莱和休谟等人。贝克莱从视觉和触觉入手，提出"视觉空间观"，强调人的感知器官就是客观世界存在的原因，即"存在即是被感知"。可见，贝克莱的空间观就是一种认识空间的心理学方法，对后世空间研究的心理学实验有着重要的启发意义。休谟接续了英国经验论的传统，认为观念来源于经验，知识来自对经验的观察，将人的知觉分为观念和印象，进一步将西方传统哲学研究带入了主体领域。

18世纪以后，主体‐身体空间理解的路子继续发展，叔本华提出"世界是我的表象"，论证了人作为意志的存在与其身体存在的统一，这是生命意志论的哲学开端；胡塞尔则把笛卡尔的经验性的"意识主体"先验化；尼采将世界抽象为力，力和力的关系本身构成一个空间，强调人的生命和意志力，用强力意志取代上帝和传统形而上学的地位。至此，传统哲学彻底肢解，由非存在转变为存在，对后世哲学家产生了巨大的影响。后来，莫里斯·梅洛-庞蒂吸纳了"意志主体"和"身体主体"，创立"知觉现象学"，将现象学的方法和生理心理的实证研究相结合，重点探究了时空与主体的关系问题。20 世纪以来，皮亚杰等人从心理学角度探索人类对空间的认知；海德格尔等人则在现象学的基础上从存在主义角度对空间进行新的探索。现代心理学的具身认知理论进一步强调身体在人类思维和认知过程中的决定性意义，认为身体的构造、神经的结构、感官和运动系统的活动方式决定了人们认识世界的方式和理解世界的思维模式。

(二) 中国古代空间观

空间问题的研究也是我国历史上备受思想家们青睐的话题之一。中国古代思想家们经常使用"四方上下""圆方"等来定义空间，用"气、理"等来说明世界的本原，而太极阴阳、阴阳五行说也蕴含着古人对于宇宙时空的探索和思考。整体而言，我国古代空间观主要涉及三个方面的内容：一是对空间概念的理解；二是探讨空间的无限性和有限性；三是空间存在与演化。

关于空间的定义。古人多用"宇""宙""合"来表达空间概念。《管子·宙合》曰："天地，万物之橐也；宙合，有橐天地。天地苴万物，故曰万物之橐。宙合之意，上通于天之上，下泉于地之下，外出于四海之外，合络天地以为一裹。"[①] 其中，"宙"即为时间，"合"即是空间，该句句义强调万事万物都在"宙合"之中，是中国古代最早有文献记载的"空间"概念，其对"宙合"意义的理解与古希腊哲人们的"容器说"有相似之处。《墨子》提到"宇东西家南北"[②]。这是最早用不同场所或方位来对"空间（宇）"进行抽象所得的概念。在墨子看来，"家"即是选定空间方位的参照点，此空

---

① 周永年. 文白对照全译诸子百家集成：管子 [M]. 长春：时代文艺出版社，2002：62.
② 《经说》曰：宇冡东南北。（旧作"宇东西冡南北。"王引之校删冡字，非也。冡是冡字之误。冡即蒙字。写者不识，误改写家，又以其不可通，乃移下两字，以成三字句耳）"宇"与"所"有别。转引自胡适. 胡适文集（第三册）——中国哲学史大纲（卷上）[M]. 段雅，校注. 北京：北京燕山出版社，2019：884-885.

间概念可看作是二维平面空间。而《管子·宙合》中的"四方"指水平维度的东南西北（或前后左右），"宙"指时间，"合"指空间，二者构成了一个三维空间。汉代《淮南子·济俗训》道"四方上下谓之宇"，也认为空间是三维的。老子、庄子也都提到过时空的概念。《庄子·庚桑楚》谈道："有实而无乎处者，宇也。""宇"作为空间概念，在此强调的是一种客观实在，可以容纳一切，而自身不能被其他东西所容纳。这与西方柏拉图的"空间是永恒自在容器"异曲同工。

先秦时期，道家认为宇宙空间是无形的，无形则无尽，表达了空间的无限延展性的观点。如《庄子·天下》曰："至大无外，谓之大一；至小无内，谓之小一。"① 《管子·宙合》曰："是大之无外，小之无内，故曰有囊天地"②，说的就是空间的无限性。又如，《庄子·逍遥游》曰："汤问棘曰：'上下四方有极乎？'棘曰：'无极之外，复无极也。'"③《庄子·庚桑楚》中的"有实而无乎处者，宇也。有长而无本剽者，宙也"④，意为空间是实实在在存在的，没有界限，而时间的长短则没有始末。再有《列子》提道："夫有形者生于无形，则天地安从生？……地积块耳，充塞四虚，亡处亡块。……夫天地，空中之一细物。"⑤ 万物出于无形，"四虚""空间"即为无形之空间，空间是虚无的，没有边缘即是无限，空间不同于物质，是容纳物质的容器，内部也是连续的、没有空缺的。

与空间无限说紧密相连的是传统宇宙结构的"宣夜说"。"宣夜说"认为天地是一个开放的宇宙模式，是空间无限论的继承和发展。东汉天文学家张衡在《灵宪》中提道："过此而往者，未之或知也。未之或知者，宇宙之谓也。宇之表无极，宙之端无穷。"⑥ 东汉黄宪《天文》载："曰：然则天地果有涯乎？曰：日、月之出入者其涯也。日、月之外则吾不知焉。曰：日、月附于天乎？曰：天外也，日、月内也。内则以日、月为涯，故躔度不度，而

① 张松辉. 庄子译注与解析 [M]. 北京：中华书局，2011：669.
② 周永年. 文白对照全译诸子百家集成：管子 [M]. 长春：时代文艺出版社，2002：62.
③ 庄子. 庄子 [M]. 贾云，编译，支旭仲，主编. 西安：三秦出版社，2018：5.
④ 王利锁. 智通庄子 [M]. 北京：九州出版社，2007：209.
⑤ 闻钟. 列子译注 [M]. 黄建军，译注. 北京：商务印书馆，2015：5，17，19.
⑥ 冯友兰. 冯友兰文集（第十卷）——中国哲学史新编（第3册）[M]. 长春：长春出版社，2017：201.

四时成。外则以太虚为涯，其涯也，不睹日月之光，不测躔度之流，不察四时之成；是无日、月也，无躔度也，无四时也。同归于虚，虚则无涯。"①其中，提到"太虚"一词，用以表达伸展到日月星辰一切天体之外的无穷尽的宇宙空间。据《晋书·天文志》记载，"宣夜说"的代表人物郄萌认为："天了无质，仰而瞻之，高远无极，眼眚精绝，故苍苍然也。……日月众星，自然浮生虚空之中，其行其止，皆须气焉。"② 东晋张湛和虞喜进一步继承和发展"宣夜说"，从不同侧面论述了空间是无限的。唐代柳宗元进一步在《天对》中提出："无极之极，漭弥非垠……东西南北，其极无方"③，认为空间既无中心也无四旁，是无限的。宋元之际的邓牧在《伯牙琴·补遗：超然馆记》中也指出："且天地大也，其在虚空中，不过一粟耳……虚空木也，天地犹果也。……"④ 无限的宇宙空间是由有限空间组成。到了元明时期，出现了无穷的天体系统观念，宇宙无限性思想提升到新高度。元代伊世珍《琅嬛记·玄虚子仙志》记载："人有彼此，天地亦有彼此乎？……人在天地腹，不知天地之外更有天地也。"⑤

古代空间观，与无限空间观相对的是有限空间观，与有限空间观结下不解之缘的是宇宙"浑天说"。"浑天说"所认为的宇宙是一个封闭模式，认为天是一个圆球，日月星辰随天球运动，天包着地，地在天的中央。这种模式下的宇宙事实上就是有限空间观念。西汉扬雄的《太玄·玄摛》描述道："阖天谓之宇，辟宇谓之宙。"⑥ 东汉张衡则认为："浑天如鸡子，天体圆如弹丸，地如鸡中黄，孤居于内，天大而地小。"⑦ 即空间认识的盖天说与浑天说，二者都认为空间有限。

---

① 徐振韬. 中国古代天文学词典［M］. 北京：中国科学技术出版社，2013：305.

② 周桂钿. 中国传统哲学［M］. 福州：福建教育出版社，2017：17.

③ 吴楚材，吴调侯. 古文观止（下）［M］. 北光，黄河，编译. 天津：天津古籍出版社，1998：899.

④ 王静悦. 中国古代民俗［M］. 哈尔滨：黑龙江人民出版社，2004：512.

⑤ 陈梦雷. 古今图书集成：历象汇编 乾象典（第87—100卷）［M］. 北京：中华书局，1987：36.

⑥ 纪晓岚总撰，林之满主编. 四库全书精华（子部）［M］. 北京：中国工人出版社，2002：185.

⑦ 《经典集林》卷二十七辑张衡《浑天仪》云："浑天如鸡子，天体圆如弹丸，地如鸡中黄，孤居于内，天大而地小，天之包地，犹壳之裹黄。……"转引自陈遵妫. 中国天文学史（下）［M］. 上海：上海人民出版社，2016：1311.

中国古代的空间观与古代元气论有密切关联，将空间看成是气存在和运动的形式。《墨经》言："动，或徙……宇或徙，说在长宇久。"对此，冯友兰（1989）释为："运动是物体在空间中的移动……运动必须有一定长的时间和一定长的空间"①，也就是说，空间是物体在运动过程中所涉及的区域的变化或迁徙。战国时期的《列子·天瑞篇》道："天，积气耳，亡处亡气。"② 也认为空间是元气的存在。三国时期，宣夜说学者杨泉在《物理论》中明确指出："皓天，元气也，皓然而已，无他物也。"③ 这里的"元气"不单指一个哲学概念，还是一个具体可感的物理概念；此后，他进一步论证："夫地有形而天无体。譬如灰焉，烟在上，灰在下也。"④ 宋代张载把东汉黄宪的"太虚"与"气"合并为一个概念，他在《正蒙·太和篇》中提出："太虚无形，气之本体，其聚其散，变化之客形尔……气之聚散于太虚，犹冰凝释于水。知太虚即气则无无。"⑤ 张载认为太虚看上去是虚无，实际上是看不见的气，宇宙中没有生命绝对的"无"，太虚即为空间，是物质消长的起因——气聚成万物，万物散而为太虚——气的聚散就是运动，空间即为气的运动形式。

（三）苗族的空间观探索

苗族是一个长时间没有文字记载而历史悠久的迁徙民族，多以口耳相传的方式朴素地表达对空间的理解和认知。

苗族古歌是苗族先民们在生产实践中创造出来的，记录和反映其族群社会记忆的口碑史诗。古歌的内容包括宇宙的诞生、人类和物种的起源、开天辟地、苗族大迁徙等，是苗族古代社会的百科全书，直接反映苗族先民们的宇宙观、生命观、时空观等，表现了苗族万物有灵、生命神圣、众生平等、人与自然共存共荣的哲学思想。近年来，国内外不少学者尝试从不同角度挖

---

① 冯友兰. 三松堂全集（第 7 卷）[M]. 郑州：河南人民出版社，1989：448.
② （战国）鬼谷子，（战国）列御寇，（西汉）刘安. 鬼谷子·列子·淮南子 [M]. 长春：吉林出版集团有限责任公司，2010：57.
③ 《中华典藏》网络电子版. 物理论 _ 物理论 _ 杨泉 _ 在线阅读 _ 中华典藏 [EB/OL]. [2023-07-01]. https://www.zhonghuadiancang.com/rulizhexue/wulilun/41492.html
④ 《中华典藏》网络电子版. 物理论 _ 物理论 _ 杨泉 _ 在线阅读 _ 中华典藏 [EB/OL]. [2023-07-01]. https://www.zhonghuadiancang.com/rulizhexue/wulilun/41492.html
⑤ 冯友兰. 中国哲学史（下）[M]. 苏州：古吴轩出版社，2021：459.

掘苗族古歌和神话传说等口头经典所隐含的苗族文化和民族记忆，其中也包括对苗族空间哲学的考察。石朝江、石莉的《中国苗族哲学社会思想史》从苗族的古歌、史诗、神话、巫术等史料中总结了具有苗族特色的天地生成说，指出苗族先民的原始宇宙观中所认识的物质源于"云雾""水气"，且"云"或"气"是不断运动变化的，万事万物的形成是物质本身运动和相互作用而来；而苗族创世史诗对"天地"也有自己独到的认识。吴一文、覃东平的《苗族古歌与苗族历史文化研究》论述了苗族古歌与苗族族源和迁徙、民族关系、哲学思想等方面的关系，肯定了苗族古歌在哲学、民族学、史学等方面的研究价值。田光辉、罗玉达（1984），徐积明（1989），罗义群（2008），张馨凌（2017）等的相关论文也对苗族古歌中所隐含的哲学思想进行了探索，唐娜的博士论文（2017）从苗族史诗《亚鲁王》探索苗族文化空间。苗族社会中，苗族村落、建筑等人文空间的布局和建设特征是体现苗族空间文化和认知的一个重要窗口，不少学者以此作为切入口进行苗族空间研究，如周政旭（2016），陆群、蒋欢宜（2016），陆群（2017），苏静（2018），汤诗旷（2018），魏挹澧（2018），李强（2020），周政旭（2020），龙林格格（2021），龙望（2021）等结合苗族祭坛、建筑、村寨、堂屋、火塘等空间实体的空间特性介绍了苗族的空间文化、信仰和认知。方汀（2012）的硕士论文《梭戛长角苗的时空观》通过对苗族的"木刻刻"的论述来揭示了长角苗的时间观念，认为长角苗意识中的空间是两种现实空间和两种观念空间四个空间的组合，有交叉融合的关系；杨军林（2015）从文化人类学角度对德夯苗寨的聚落景观进行了空间文化分析；张文静、刘金标（2013）对苗族传统姊妹节所隐含的时空认知进行解读；曹端波、付前进（2016）对苗族古经中所体现的苗族时空观进行分析，并讨论了时空认知与社会结群之间的逻辑关系；蒋欢宜（2017）对湘西苗族祭"滚年"仪式中的神圣空间观念进行了解析；杨燕、胡静（2021）等运用核密度分析、网格维分析、空间相关分析和地理探测器等方法对苗族传统村落的空间结构进行科学识别，并指出，自然地理环境对苗族传统村落空间分布格局起着基础性作用，对苗族文化和苗族人口分布起着决定性作用，对经济发展水平和交通发展都有制约作用。

苗族哲学的探究多集中于苗族现有的书面材料和口传经典，主要是对苗族哲学中的"三位一体"的宇宙观、世界本原的思考进行了概述和比较。苗族哲学与其他任何民族的哲学思考一样试图解答宇宙的本原，探索世界的组成。时空问题的探究是苗族哲学史上长期探究的论域，蕴含苗族处理物质与精神关系的基本思考。目前，学界并没有深入系统阐释苗族时空哲学观，且主要局限于对口头传统材料的分析。苗族作为一个长期无文字民族，其语言既是文化交际的工具，也是文化传承的重要载体，苗族对空间的认知与苗语的语言单位和结构有深层次的对应关系，因此，对苗语空间表达的研究十分重要，是探索苗族空间观的一个重要视角。

总之，空间作为人类最基本的认知范畴，是各民族哲学研究中的一项重要议题，中、西方哲学对空间问题的探索历史已久，有着深厚的理论功底与丰硕的研究成果。中外历史上，诸多思想家对空间特性的认识仁者见仁，古今中外的思想家们所提出的空间观都未脱离宇宙理论来讨论。不同的宇宙结构学说学派对天地宇宙结构的认识有所差异，从而得出不同的空间观。可见，人们对空间的认识与其社会生活实践等存在密切相关性，不同时代、不同族群的人们在空间认识上存在较大差异。

19 世纪末 20 世纪初，心理学的认知研究渗入人文学科，随之，人类对空间的认知研究也进入语言研究的视野，中国境内的语言空间研究也受到语言学、心理学、人类学等各学科的关注。

▶ 二、语言学视域下的空间研究

语言的空间表达研究逐步成了国内外现当代语言学重点研究的课题之一。就目前情况来看，语言学界对空间问题的研究已形成了不同的研究范式，主要涉及三个方面：一是传统结构语言学对空间表达式的词法、句法、语义研究；二是运用认知心理学相关理论和方法对语言空间范畴或空间结构的语义属性进行研究；三是空间研究的语言人类学（语言文化学）视角，将空间语言看成是与社会空间文化紧密相连的社会行为的符号表达方式，对空间概念的语言表达进行空间文化研究。整体而言，世界使用人口较多语言的空间研究在各方面都取得了长足的进展，但世界范围的小语种语言的空间研究尚在初步发展阶段，研究成果多散见于论文，并未形成系统；中国境内语言的空间研究也呈现出汉语空间研究成果多、民语相关研究相对滞后的情况。

（一）汉藏语空间研究的传统语言学范式

传统语言学对空间表达式进行的句法语义研究起步较早，成果颇丰，且该类研究又以对方位结构、存现和位移关系的探讨为主。就汉藏语语言空间而言，首先是汉语学界对汉语空间表达式的研究成果颇为丰硕，且积累了不少语言空间研究的相关理论和方法，包括对汉语方位词、介词结构、位移结构和存现句等的多角度、多方法研究。

汉语学界对空间表达式的研究较早起于对方位词的研究，且研究成果颇丰。马建忠（1983）在"名字"框架内提出"记地之式"和"记地记时之式"，最早涉及方位概念；陈承泽（1982）在"名字"里列出"方位字"，最早使用"方位"这一名称；黎锦熙（1992）在此基础上提出"方位名词"这一概念，并定义为表达一定位置和方向的词；直到吕叔湘（1942）将方位词和处所词合并为"方所词"，初步建构起方所范畴的框架。此后，汉语方所表达引起了汉语语法学界的广泛关注，出现了许多对方位词进行描写和分析的论著：如张志公（1956）、丁声树（1961）、吕叔湘（1965）、赵元任（1979）、朱德熙（1982）、邹韶华（1984）等研究对方位词的基本句法性质和地位及其句法语义分类等方面进行了探讨。也有蒋逸雪（1981）、杨伯奎（1983）、张玉春（1984）等对方位词的词汇意义进行了个案式的溯源研究，开始从历时层面探讨方所系统。

以空间方所短语为核心，结合空间动词来研究空间问题也是传统汉语学界关注颇多的热点。语法学界关于典型空间词"在"字的论文就达150篇，对其他诸如"从、到、向、往、至"等介词结构进行分析的论著也不少。王还（1957）最早提出"在"字结构，朱德熙（1981）、范继淹（1982）、侯敏（1992）先后利用"在＋NP"句式转换的方法探讨动词的类；后有刘宁生（1994）、齐沪扬（1994）、曾传禄（2008，2009）等对"N＋在＋处所＋V"句式语义特征进行了详细分析。

此外，汉语语法学界也有许多论著以空间动词为核心对汉语空间问题进行了语法语义上的深入分析探讨。邢公畹（1981）在"南开大学明尼苏达大学汉语学习班"上所作的《怎样学好汉语》的专题演讲中，将汉语的不及物动词分为"移动位置的动词"与"不移动位置的动词"。朱德熙（1986）首次提出动词的［＋位移］语义特征。陆俭明（1989）首次使用"位移动词"术语，从句子所表示的位移事件的语义指向来给动词分类。邢公畹（1993）从动词本身出发，谈到了动词的［±位移］特征对动词语法分布产生的影响。后又有毛宇（1997，2000）、张国宪（1999）、江蓝生（1999）、岳中奇（2001）、陆俭明（2002）、梁泳致（2002）、左双菊（2007，2011，2014）、税昌锡（2009）、曾海清（2009）、张言军（2015，2017）等对空间位移动词的句法语义做了深入讨论。汉语空间表达的系统性研究方面也有较为丰富的成果，储泽祥的两部专著《现代汉语方所系统研究》（1997）、《汉语空间短语研究》（2010）对汉语空间表达作了详细探讨，齐沪扬的《现代汉语空间问题研究》（1998）运用系统论的观点拟构了现代汉语较为完整的空间系统。

汉语以外的其他汉藏语研究的空间句法语义研究始于20世纪五六十年代。国家从1956年开始组织民族语言普查，对民族语言的语音和词汇进行描写，为少数民族新文字的创立和编纂民族语言简志打下了良好的基础。直至1959年，中国科学院少数民族语言研究所编的《中国少数民族语言简志》出版，汉藏语内各语言的空间句法在民族语言简志中稍有提及，并未作专题论述。"文化大革命"以后，随着第二次民族识别和全国扫盲的开展，民族语文学研究进一步深化，民族语言语音和词汇方面的研究成果不断丰富，民族语言的语法研究也开始得到学者们的关注。事实上，汉语以外的汉藏语语法研究直至21世纪初才逐步发展起来的——民族语言参考语法相继出版，至此，有关民族语言的某一特殊句法现象（包括空间介词、趋向动词、存在句等在内的空间表达的句法语义研究）的研究成果也逐步丰富起来。

藏缅语空间句法语义研究。相关研究成果有：金鹏（1981）对藏语拉萨话判断动词和存在动词的用法进行了归纳和描写，孙宏开（1981）对羌语动词的趋向范畴进行了探索，白碧波（1991）对哈尼语存在动词进行了探索，宋伶俐（2006）对尔苏语动词趋向前缀和体标记进行了考察，吴福祥（2010）从类型学角度对东南亚语言"居住"义语素的多功能模式及语法化路径进行了探索，余成林（2011a）对藏缅语"有/在"类存在动词进行了研究及其博士论文（2011b）对汉藏语系语言存在句进行了系统研究，杨将领（1999，2016）对独龙语趋向范畴和向格标记进行了研究，黄成龙（2000，2013，2014）对羌语和藏缅语存在类动词概念结构进行了细致分析，朱艳华（2012）对载瓦语存在动词进行了类型学研究，仁增旺姆（2012）对藏语存在动词的地理分布进行了详细调查，刘丹青（2013）对普米语的趋向范畴进行了分析，饶敏（2017）对贵琼语存在动词进行了系统研究，张四红、余成林（2017）对尔苏语的存在类和领有类动词进行了类型学分析，黄阳、吴福祥（2018）对扎坝语趋向前缀的语法化进行探讨，刘敏（2021）对纳木义语中的存在动词进行了分析，德方（2022）对哈尼语的方位词"上""下"语义特征与语法功能进行了描写。

壮侗语空间句法语义研究。壮侗语空间表达式的相关谈论也多以单篇论文为主，田铁（2007）对侗语指示代词的功能特征进行了归纳和描写，何霜（2007）对壮语"居住"义空间动词的语法化进行了研究，黄平文（2009）对隆安壮语的去义动词 pai^{24} 进行了语法功能分析，黄阳、程博（2010）对靖西壮语的方所系统进行了详细描写，覃凤余（2013）对壮语源于指示词的定语标记进行了讨论，黄美新、杨奔（2013）对勾漏粤语与壮语存在动词进行了比较研究，徐世璇（2011，2013）的系列论文对土家语的空间指代系统和空间概念的句法语义进行了分析，杨遗旗（2014）对黎语指示代词进行了比较分析，覃东升、覃凤余（2015）从区域语言学视角对广西汉语"去"和壮语方言 pai^1 的两种特殊用法进行了考察，莫廷婷（2017）对布依语方位词"上、下""里、外"的语义特征和语法功能进行了描写，覃凤余、田华萍（2021）对侗水语中指示词的两个语法化现象进行了详细描写等。

苗语空间范畴的句法语义研究。学术界对苗语的时空范畴研究成果较少，主要集中于对苗语方位词、指示词方面的探索：李云兵（2004）对花苗苗语的方位词进行了分类，并对方位词及其组合关系、方位结构的语义特征、句法关系和语序类型特征进行了分析和描写，张永祥等（1980）对黔东苗语的指示词系统进行了描写和分析，王辅世、王德光（1982）对贵州威宁苗语的方位词进行了探讨，张济民（1987）对苗语川黔滇方言指示词进行了详细分析，张济民（1998）对苗语方位词的类别和句法组合做了详细描写，石德富（2006，2007）先后对苗语的指示系统做了较为详细的论述，从不同角度分析了指示词的指示语义和功能，王春玲（2018）从语言接触角度探讨了汉语对苗瑶语指示词简化和变序的影响，谢关艳（2020）对大营苗语五个指示词的句法语义语用功能进行了探讨，马桂馨（2020）考察了大浪苗语指示词的变调现象，马明光、杨兴丽（2019），吴建兰（2020）描写了文山白苗苗语的指示词和方位词等。此外，涉及苗语存现句、位移和趋向动词研究的有：曹翠云（1999）对关涉空间位移事件的苗语动词 tio⁵ 的虚实兼用现象进行了描写，石德富（1999）对黔东苗语的一些空间动词的虚化过程进行了分析，唐巧娟（2016）对黔东苗语空间表达的特殊句式进行了详细探讨，吴正彪（2017）对苗语中"来"义动词的不同使用语境进行了分析。

（二）汉藏语空间范畴研究的认知阐释

人类历史上从主体感知的角度去探讨空间问题起于笛卡尔的意识高于身体的观点；后有洛克提出人类对空间的认识必以心理知觉为前提，人的空间认知源于人类的现实经验；尔后，贝克莱说明了视觉在空间知觉中的相对性意义，提供了空间认识的心理学方法，休谟也认为空间知觉源于人对物体的外在印象，是主观和客观的结合；人类对空间的认识在胡塞尔、莫里斯·梅洛 - 庞蒂（2001）等提出的身体现象学的推动下，进入了认知心理学的探索期。自 20 世纪 70 年代认知语言学出现以来，国外对语言空间的认知理论探索就未曾止步：Fillmore（1975）最先指出空间表达有指示和非指示两种用法；Miller & Johnson-Laired（1976）把空间参照系统分为内在系统（intrinsic system）和指示系统（deictic system）；Talmy（1978）将知觉场分为图形（figure）和背景（ground）两部分，提出图形和背景理论，首次从理论上将空间关系和位移关系引入认知语言学研究范畴；Lakoff（1987）根据 Langacker 的观点，用"射体"（trajector）和"界标"（landmark）对空间关系和位移关系加以阐释和表达。Fauconnier（1994）提出心理空间理论，认为心理空间不是语言的内部结构，而是根据语言表达式所提供的信息在语篇中建立的心理构造物，旨在解释语言产生或理解时的心理加工与处理过程。Levinson（1996）把语言中的空间参照系统分为内在参照系统（intrinsic reference system）、相对参照系统（relative reference system）和绝对参照系统（ab-

solute reference system) 三种。2003 年，Levinson 出版《语言与认知的空间
——认知多样性探索》（*Space in Language and Cognition*：*Explorations in
Cognitive Diversity*），通过对人类多种语言和文化认知现象进行探索并论证语
言与认知空间的相互联系，成为空间认知研究的经典著作。

国内认知心理学对空间认知的相关研究包括张积家、刘丽虹、周荣刚等
人的系列论文则通过相关的心理学实验论证了空间语言与空间认知之间的相
互关系，为语言的空间认知研究提供了实证性的理论参考。20 世纪 80 年代
末，认知语言学的相关理论和方法传入中国，国内对空间认知探讨主要阵营
在外语学界，主要成果也多是在汉语空间表达的句法语义基础上加深认知角
度的探讨。如廖秋忠（1983）对现代汉语篇章中空间的参照点进行了详尽的
分析，开始将方位词放到认知语言学领域进行研究；方经民（1987，1992，
1999）的系列研究也从认知的角度对汉语方位参照做了理论研究；崔希亮
（2000，2001，2002）对空间方位场景的认知图式及其句法表现做了分析，
也就汉、英、日等语言的空间关系表达做了类型学探讨，运用认知语言学的
有关理论，讨论了与空间位移及其隐喻形式有关的一些语法和语义问题；郭
熙煌（2012）《语言空间概念与结构认知研究》对当代认知语言学关于空间
研究的理论和方法做了梳理。刘宁生（1994）、顾阳（1997）、齐沪扬
（1999）、储泽祥（1996）、谭赤子（1991）、张世禄（1996）、沈家煊
（1999）、王伟（2008）、任鹰（2009）、董成如（2011）、刘卫强（2018）等
都对汉语空间表达的认知研究做出了相关论述。

Levinson & Wilkins（2006）从类型学角度进一步阐述了空间概念与语
言、文化之间的关系，具有普通语言学研究意义。近年来，列氏的相关理论
和研究方法受到了国内语言学界的欢迎，尤其是为中国少数民族语言空间范
畴研究提供了普通语言学研究方法和调查框架。如中国社科院黄成龙等的课
题"中国语言空间范畴研究"参考了列氏的研究方法，出了一系列关于民族语
言空间范畴研究的相关成果。对汉藏语空间范畴进行了认知分析还有普忠良
（2014，2015）、王锋（2017）、姚洲（2020）、李云兵（2020）、陈国庆（2020）等。

认知语言学视角下的苗语空间研究成果较少，李云兵（2016）《论苗语
空间范畴的认知》对苗语川黔滇方言的空间范畴作了系统分析和描写，从认

知层面考察了苗语空间参照系统及其表达；史庆贺（2019）的硕士论文从认知语义学角度对苗语东部方言区方位词的句法语义特征进行了分析；唐巧娟（2017）从认知语言学角度对黔东苗语空间参照系统进行了分析。

（三）汉藏语语言空间文化研究

从文化维度关注民族语言，从语言角度探究民族文化，是实现民族语言和文化互证研究的主要途径。洪堡特（2008）曾在《论人类语言结构的差异及其对人类精神发展的影响》中对语言与思维、语言的文化内涵以及语言的本质和功能等问题作了富有创见性的研究和探讨。罗常培（1989）的《语言与文化》作为中国语言文化学的开山之作，在传统小学的基础上，运用现代语言学理论和方法，跨人类学、社会学、宗教学、地理学、历史学等多学科来阐述语言与文化的关系，架起了汉语言空间与空间文化之间互证的桥梁。此后，民族语言空间与空间文化之间的互证研究陆续进入空间研究的范畴，探究语言中空间概念表达中的文化内涵也受到了研究者们的关注。周振鹤、游汝杰（2006）多角度、多层次分析了汉语方言内部差异及其与地域文化之间的关系，同时结合历史地理学，从语言中找到先民的迁徙路线及民族交流情况并解读古代民族民俗文化景观。杨琳（1996）的《汉语词汇与华夏文化》对汉语方位词的文化蕴涵、汉语词汇词义进行文化阐释并探讨词汇发展过程的文化动因；贾冬梅、苏立昌（2015）合著的《从认知语言学角度解读中国传统哲学中的"天"》对汉语中的时空词"天"进行了语言、文化、认知、哲学等跨学科考察。涉及汉语空间文化研究的硕博论文有阮氏丽娟（2011）《汉语方位词及其类型学特征：从汉语、越语与英语对比的视角》、张丹（2014）《汉语方位词的文化语义研究》、郭继（2016）《"方"及语素"方"参构词的语义分析和文化阐释》、朱莉华（2017）《汉语空间维度形容词的认知语义研究》等。从文化的角度对空间概念词进行语义内涵探讨的单篇论文也很多，周前方（1995）、张德鑫（1996）、张军（2004）、温敏（2006）、赵利娟（2011）、冯赫（2020）等论文从语言文化的认知视野对汉语方位词的文化蕴涵进行了探讨。近年来，不少年轻学者的硕博论文将对空间概念的探索应用到跨语言交际与教学中，对不同语言中空间概念的语义内涵进行对比研究，从跨文化交际角度对第二语言习得中空间概念表达习得的偏误进行分析。

地名作为空间语言符号，是人类社会实践活动、区域文化创作的集中体现之一，地名研究是通过语言来研究空间文化的重要内容。中国现代地名研究开始较早，早在 1940 年，金祖孟在《中国政区命名之分类研究》一文结合语言、文化论述了中国政区命名的几种类型；罗常培的《语言与文化》第五章《从地名看民族迁徙的踪迹》为地名的语言空间文化研究提出了新思路和方法。此后，多部地名学研究的专著陆续出版：陈正祥（1983）《中国文化地理》，王维屏（1986）《中国地名语源》，牛汝辰（1993）《中国地名文化》，李如龙（1993）《地名与语言学论集》，李如龙（1998）《汉语地名学论稿》，华林甫（1999）《中国地名学源流》，华林甫（2002）《中国地名学史考论》，周尚意、孔翔、朱竑编著（2004）《文化地理学》，盛爱萍（2004）《温州地名的语言文化研究》等。以"地名"为主题搜索到的相关论文达 27300 条之余，其中，汉语（包括汉语方言）地名研究的相关论文达万余篇，主要涉及地名命名理据及地名文化、地名语词结构及语言分析、地名变化与社会变迁、地名考释等。

汉语以外的汉藏语空间文化研究成果多集中在民族语言地名的探索，且多以单篇论文为主。如周振鹤、游汝杰（1984）《古越语地名初探》，红波（1997）《壮语地名的缘起、内涵及其特点剖析》，覃凤余（2006）《壮语地名的语言文化研究》，刘劲荣、张琪（2011）《澜沧拉祜语村寨名的词汇系统》，李锦芳（1995）《百越地名及其文化意蕴》等。苗语地名研究有吴正彪、郭俊（2015）《苗语地名与口传史诗中的杉树文化》，杨庭硕、朱晴晴（2017）《清水江林契中所见汉字译写苗语地名的解读》，金美（2001）《中国东西部民族语地名修辞方法初探——以满语与苗语地名为例》，吴一文（1995）《黔东南苗语地名与苗族历史文化研究》，李锦平（1998）《苗语地名与苗族历史文化》，李艳（2016）《从地名的含义看清水江苗族杉木林区文化与生态的互动》等。截至 2022 年年底，以"苗语""地名"为主题词检索到的论文条目已有近 100 条。

汉藏语空间文化研究除地名研究以外，对民族语言中空间概念表达的文化内涵分析主要涉及民族语言方位词的文化考察，以单篇论文为主。刘苏敏

（2009）对侗语空间方位词进行文化语言学研究，惠子（2018）从文化角度对彝语基本方位词进行探究，覃凤余（2005）的系列论文对壮语空间方位概念与认知进行了分析，普忠良（2014，2015）系列论文对彝语中空间文化进行了分析，吴秀菊（2012）对苗语东部方言的空间方位词所体现的空间认知特性和民族文化内涵做了探讨，唐巧娟（2017，2021）对黔东苗语空间词 nangl、jes 及 gid 的文化内涵进行了分析。

（四）黔东苗语空间研究评述

早期学者的研究描述了苗语空间范畴的基本面貌，为苗语空间研究的深化提供了重要参考，但依旧存在诸多不足：

一是研究内容相对单薄，主要在于对苗语静态空间范畴的研究，较少涉及诸如位移、存在句等动态空间表达，尚未形成体系，还待大量成果补充相关空白。学者们的相关语法专著对空间范畴的表达研究多零散见于词类的简单描写部分，且多集中于方位词、指示词等词类的归属探讨，对空间范畴的专题研究并未引起重视。而苗语空间表达的研究绝不仅仅体现在一些凸显空间内涵的词汇语义层面，更多隐藏在句法层面的空间表达式上，对与空间表达有关的句法现象以更深一步探讨，更能挖掘空间范畴在苗语中的个性特征。

二是研究方法上描写性较多，缺乏解释性研究。空间范畴研究是认知心理学、哲学、民族学、语言学等跨学科研究的热点问题之一，人们对认知空间的探讨往往需要以语言空间作为中介来研究，然而，语言空间的解释绕不开认知科学、民族空间文化特征的论证和解释。在具体操作过程中，我们要借鉴民族学、认知心理学的研究成果做出对苗语时空表达特征的科学解释，而以往研究缺乏对相关语言现象的解释性研究，更未实现跨学科之间的对话和相互论证。

三是研究范围上多为本体的、宏观的研究，缺乏多角度的、微观的研究。康德曾在《纯粹理性批判》中论证"空间是感性的直观形式，空间与时间是构成感性认识的必要条件"。列斐伏尔在《空间：社会产物与使用价值》中提到"空间是一种社会关系"①，而法国哲学家莫里斯·梅洛－庞蒂

---

① 转引自包亚明. 现代性与空间的生产［M］. 上海：上海教育出版社，2003：47-58.

（2001）则认为空间概念是建立在身体行为和经验或知觉经验的基础之上。无论哲学家们对空间的思考是如何变化，总不能否认空间在人类认知体系中的不可回避的主观性和想象性。以往学者对苗语空间范畴的研究多立足于语言本体研究，并未结合民族学、认知心理学等进行多角度的专题式探讨。

语言是人类最重要、最基本的认知工具，语言表达形式是人类对世界进行认知的结果。换言之，任何语言的空间表达都体现了该语言母语者对空间的主观认识和实践体验。李宇明（1999）在《空间在世界认知中的地位——语言与认知关系的考察》提到，空间图式是强能产性认知图式，空间是把握社会、认识社会的重要基础，也是表达各种认知成果的基础，空间范畴和空间关系在人类的文化心理中具有举足轻重的地位。以空间概念的语言表达作为切入点，探讨苗语空间认知图式，挖掘苗族空间文化的个性，既是苗语功能语法研究的重要内容，也是从认知语言学角度研究苗语的重要课题，还是挖掘苗语语言文化的一块沃土。

第二节　本书的研究内容、意义和思路

▶ 一、主要内容

本书对黔东苗语空间范畴的认知研究主要涉及以下三方面的内容。

一是对黔东苗语中具有典型性的空间表达式的句法语义特征做出较为详细的调查、描写与分析。首先，空间方位词是空间表达式中最为典型的词类，对空间方位词的语义类型及其语义转隐喻和语义泛化进行梳理，探讨方位词在句中的隐现情况。其次，谈到空间概念的语词表达，必然涉及空间指示词，苗语的空间指示词不同于汉语的指示代词，具有其独特的句法语义特征，对黔东苗语指示词的语义类型及其句法特征进行探讨也是本书重要内容之一。最后，用来引介处所的空间介词及其语义功能与虚化链的探索也是空间范畴讨论的重要内容，但考虑到介词处于词法—句法界面的这一特殊性，本书将其放在空间范畴的句法表达中一起探讨。在空间范畴的句法表达上，

本书侧重于对黔东苗语的存现句进行详细描写、对黔东苗语位移事件表达所涉及的重要位移动词的词化模式、趋向动词的句法特征进行分析。

二是对黔东苗语空间范畴的认知分析和解释。探索苗语空间参照框架的建构，利用当代语言学的相关理论和方法对黔东苗语空间表达式进行分析和解释。如方位词的隐现情况往往和苗语母语者的空间认知图式有关；方所词的语义类型更体现了苗语母语者对空间知识的归纳特征，特殊方所词语义中的文化内涵则体现了认知空间和文化空间的互动互构关系；透过苗语空间表达式探索苗语使用者对空间存在、空间处所和领属关系的哲学思考等。

三是结合苗语东西部方言、古代汉语、汉语方言、周边其他少数民族语言的一些例子作为佐证，以黔东苗语中的空间表达作为考察中心，在论证过程中对比其他方言或语言来论述黔东苗语空间范畴表达的共性和个性。

以上三方面的内容具体又分五个章节来论述：Talmy（1985）、Levinson（2003）等人曾将人类语言中空间关系的描写分为有角度（angular）和无角度（non-angular）两种；其中，有角度空间关系也称为参照空间，无角度空间关系也称地志空间，即不使用坐标系的参照系，包括地名、指示和拓扑三类。论文的第一、二章就是对黔东苗语有角度、无角度空间系统进行宏观考察和论述，是论文的概论部分；第三、四、五章则在第一、二章的基础之上对黔东苗语空间范畴表达式进行个案分析。

第一章从认知的角度描写黔东苗语有角度的空间参照系统：第一节是将黔东苗语的空间参照系统的设置分为环境中心、物体中心和观察者中心三部分来论述，苗语黔东方言区的空间框架中缺乏绝对空间参照；苗语母语者在对较大范围内的空间关系进行表达时，往往多启用以"河流""山"为参照物构成的环境中心参照；若处于空间关系中的某一物体具有鲜明的空间特征（有鲜明的头、尾或运动方向），那么，该物体就更容易作为空间关系表达中的参照物，此时，苗语表达者就更倾向于选择物体中心参照；观察者中心参照也是苗语黔东方言区较常用的参照系，但在运用过程，人们往往直接将以观察者为参照中心构成的坐标轴平移，一般较少进行心理旋转操作。第二节对苗语黔东方言区人们的空间认知取向进行探讨，我们认为，空间认知取向问题反映在语言上，就是对该语言中的空间参照体系下的表达式选择的倾向性问题。当然，该部分需要借助更多心理认知实验数据来作支撑；同时，对空间维度的关注度也会因苗族的生存生活环境差异而体现出认知上的趋向差异；此外，具体实物名词在黔东苗语中往往被凸显出空间属性义，在一些空间关系的表达中，名词可以不借助其他空间词即可作处所语义成分。第三节通过对黔东苗语母语者空间知识归类特征的探讨，发现人们在对空间拓扑关系和空间距离关系进行归类时，会因其社会实践经验和空间环境的特殊性，对原本客观的空间概念进行时间化、社会化、情状化，从而凸显出空间知识归类的民族性、社会性。

第二章是对黔东苗语中的无角度空间关系进行论述。无角度空间关系是物体本身所体现出来的空间特征，不需要经历空间投射的、不随观察者视角的变化而改变的空间关系，即无参照系，其内部又包括拓扑系统、地名系统和指示系统。第一节，我们将苗语黔东方言区人们对空间物内部结构拓扑特性的认知表征分为线型、星型、环型三类。空间物内部的拓扑特性是物物之间拓扑关系的认知基础，又是有角度空间方位形成的认知源头。就黔东苗语母语者而言，他们对空间物拓扑性的认知在语言中表征为身体部位词与该空间物名词的词法组合；而对物与物之间的空间拓扑关系的认知在语言中表征为该空间物名词与空间关系词（多为方所词）的短语结构组合。第二节的考察重点在苗语黔东方言区的宗地地名，稍有涉及村、乡级及其以上行政区地名，通过对宗地地名的语词构成、地名命名理据以及地名用字倾向来探索黔东苗语母语者对空间资源的价值认知特征及其空间资源配置实践过程中所产生的空间文化。第三节是对黔东苗语的空间指示系统进行概述，空间指示语义概念的形成离不开话语者所在的语境，与人称指示有密切关系，空间指示功能的进一步扩展往往就是往时间指示的投射和隐喻，空间、人称与时间这三类指示系统之间的语义关联在表达形式上亦有所体现；该小节以空间指示为核心，梳理人称指示、空间指示与时间指示三者之间的语义关联。

第三章选取黔东苗语方所词作为词汇层面的空间表达作个案分析。第一节通过描述处所词、方位词与名词之间的关联和区别来论述方所词的词类地位及其句法特征。第二节首先对黔东苗语中的方所语素的语义类型进行了列举式分类，并对 qa¹、tu¹、ky³ 等三个典型的方所词缀的虚化过程作了详细论述。第三节则选取黔东苗语中带有鲜明民族文化色彩的方所词 naŋ⁴、tɕɤ⁶、pɤ¹ 进行了文化语言学方面的分析,探索了这三个方所词的空间文化内涵。

第四章对空间范畴的重要次范畴——存现范畴的句法表达进行了详细分析,所涉及的句式结构包括存现句、处所句与领属结构,这三类句式结构有着相同的深层语义结构,梳理三者之间的形式差别和语义关联是该章节的主要内容。

第五章将位移动词看作位移事件表达核心,通过对位移动词的句法语义特征的探索来了解黔东苗语位移事件表达的语言个性。第一节运用认知语言学的相关理论和方法对位移动词的词化模式、位移事件的路径表达和体貌进行了详细分析。第二、三节分别选取了语法学界的热点词"去""来"义趋向动词作为研究个案,对其进行多功能句法语义分析。

▶ 二、研究意义

(一)充实苗语句法语义范畴研究的内容

苗语研究自 20 世纪 30 年代开始,迄今已近一个世纪。苗语的研究成果中,语音、词汇研究占绝大多数,而句法范畴研究却未能与学术前沿接轨,空间范畴是句法研究的重要内容之一,研究成果却寥寥。本课题结合语言人类学、认知语言学、功能语言学等相关理论和方法,通过考察苗语空间范畴相关表达的句法语义特征,进而揭示其相应表达形式的空间认知理据,有助于更科学、更全面地揭示和描述苗语语言规律,对认识苗语的语法面貌有一定意义。

语法本身是一个语言内部各子系统相互影响、相互制约的系统,内容涉及句法、语义和语用三个平面的交义。空间范畴并非简单的语义范畴,与"形""量""时"等有着密切联系;空间范畴表达式也非孤立的词法或句法结构,必然会与其他语义范畴的句法结构发生制约性关系,同样,也无法避开语用来单独谈语义范畴。对苗语空间范畴的认知研究,事实上就是利用认知心理学的有关理论和方法去阐释苗语中空间表达形式的生成机制,为苗语句法的认知语义学研究提供了专题式个案分析。此外,黔东苗语空间范畴属于苗语最基本的概念范畴,对空间范畴的研究有助于更为深入地描写和阐释苗语句法范畴。

（二）进一步丰富认知语言学在苗语句法研究中的运用

整个物质世界都存在于一个客观的时空范围内，人类对时空的认识也是普遍的，这种认知反映在语言表达上构成语言的时空句法语义标志（也可称之为时空表达式）。不可否认语言与人的认知有密切关系，认知概念对语言的制约首先反映在语言的象似性上，通过研究某种语言的空间表达式与空间认知概念之间的关系，有助于揭示人类的空间认知规律。本书试图将黔东苗语中的诸如方位词、处所词、指示语词、存现句、位移语词等重要的空间表达式从认知语义学角度进行系统的语义语法分析和描写，建立苗语空间范畴的语义认知组合模型，以丰富语言认知理论。

（三）为苗族文化、历史等学科研究提供语言学佐证

众多语言学家认为人类语言是涉及历史、文化、社会、生理、物理和心理等方面的行为和行为方式，语言从某种程度上来说是一种文化隐喻，反映人类和现实世界之间的关系，而这种隐喻和现实之间的关系又取决于人们的社会实践和历史记忆。张公瑾（1998）曾在《文化语言学发凡》提到："语言的文化价值不能仅仅局限于词汇所反映的文化意义，还应涉及语音、语法、语言的结构类型、谱系分类法、语言的分布及文字问题。"苗语中的有关空间词汇（包括但不限于地名）直接反映的苗族特殊的空间文化特征，但与空间范畴有关的句法特征或结构类型往往更深层次隐含了苗族空间文化内涵，如苗语中方位词的隐现问题反映了苗族对物体空间属性的认知特殊性；不同来源的存现句和"来"义词的不同语形表达都体现了社会结群是影响苗语母语者对空间范畴进行归类的重要因素，同时反映了苗族特有的空间文化和心理表征。本书结合认知语言学、文化语言学的相关理论对黔东苗语空间范畴进行描写、分析，从语言研究的角度探视黔东苗语母语者的社会实践和历史记忆，以揭示民族语言、民族文化、民族心理表征三者之间的互动关系，这些都对民族学、社会学等都有参考价值，也能为民族历史研究提供语言学佐证。

（四）为苗语的应用性研究提供参考资料

学界对民族语言应用研究的主要内容包括民族语言与民族识别研究、民族语言规划与政策研究、民族地区双语教学研究、民族语言资源保护开发和

利用等。马学良、戴庆厦（1983）曾在《语言和民族》一文中提出"语言在民族诸特征中占有特殊地位"。而苗瑶语的系属问题一直悬而未决，不少学者都从语音、词汇方面进行了详细分析和论证，也有部分学者试图从苗瑶语的句法特征另辟蹊径探索民族语言和民族之间的关系。国务院办公厅印发的《关于全面加强新时代语言文字工作的意见》指出，语言文字是文化的基础要素和鲜明标志，要积极推进中华优秀语言文化传承发展，保护开发语言资源，打造语言文化资源展示平台等标志性成果。本书对苗语中的空间范畴进行个案分析，不求能平学术争论，但期望能为苗族语言文化的个性和共性探索添砖加瓦，寻找空间文化在苗语言句法层面上的痕迹和烙印。马学良曾在《民族语言教学文集》（1988）及其主编的《民族语文研究新探》（1992）中围绕着建设有中国特色的社会主义服务的中心问题，研讨了在新形势下各少数民族语言文字工作中的实际和理论问题，这为民族语言文字研究确立了目标、指明了方向，但具体如何结合当地的语言现实来进行双语教学任重而道远，缺乏一些理论性成果作为参考。本书以对空间语言的深度描写为出发点，探索苗语空间表达的个性和共性，为研究出苗语母语教育与语言规划的科学理论和方法提供参考性意见，为双语教学研究添砖加瓦，对民族语言规划和教学、双语教学等有较好的实际意义。

▶ 三、研究思路

广泛阅读空间研究相关资料，结合苗语实际，设计空间范畴表达的词汇调查表和调查例句，深入苗语中部方言区的代表点大量搜集语料，力图找到实际可靠的活语料；同时，利用地方已有苗文文献或馆藏文献，收集苗文口述经典，找出相关语料并进行整理，补充田野调查的不足。相关调查主要涉及三个方面的内容：一是对活语料的田野调查。通过设计调查表的形式收集苗语黔东方言区空间概念的相关词汇，通过设计调查例句的形式收集黔东苗语空间范畴的句子表述，通过讲故事或情景对话的形式收集长篇语料，在长篇语料中探索空间表达式的语用情况，从人们现实生活的日常交际中收集话语材料。二是对民俗文化中的空间问题进行田野调查。通过观察法和访谈法去观察和调查苗语黔东方言区对空间资源的规划、空间知识的归纳、空间文化禁忌等。三是对与空间有关的民族心理进行实验性调查。通过设计不同空间环境和场景下的语境，结合现象观察和量化分析，对不同空间语境下苗族空间知识调动的倾向性、空间词汇和语义概念判断与反应的选择性进行数据分析和实验性调查。

将收集到的第一手资料进行初步分析，了解黔东苗语空间表达的特性，初步描写其基本概况。在详细描写的基础上，对黔东苗语空间表达式进行分类、归纳，运用认知语言学、类型学等相关理论知识梳理黔东苗语空间范畴的不同表达及其同义结构，归纳和解释其所蕴含的语言共性和殊性。对比分析黔东苗语中空间表达与汉语之间的差异，力图深究引起不同表达及其语义差异的文化、认知动因。

运用现代语言学相关理论和方法，在已有相关研究成果基础之上，完成黔东苗族空间范畴的认知语言学与文化语言学之间的结合研究。在描写和解释的过程中，注意使用共时与历时、定性和定量相结合的分析方法，使得研究结论以及与此相联系的所有观点都是以真实、可靠的语料以及田野调查为基础，用事实和数据说话。

第三节　语料来源及相关说明

▶ 一、本书的语料来源

（一）调查点及其语言概况

苗语是指苗瑶语族苗语支中的苗语，是绝大多数苗族人使用的语言。苗语分为三大方言——东部方言、中部方言和西部方言，主要依据是古苗语带鼻冠音的塞音和塞擦音声类在各方言中的保留情况，东部方言的鼻冠音保留在阴声调上，中部方言的鼻冠音已消失，西部方言的鼻冠音保留最完整，可以出现在所有调类上。三个方言内部又分次方言或土语。本书选的苗语方言点属于苗语中部方言，即黔东方言。

中部方言即为黔东方言，内部又分东部、西部、南部和北部四个土语，使用人口最多、分布最广的是北部土语，使用人口约 130 万人，主要分布在贵州黔东南苗族侗族自治州的凯里市及其周边的乡镇，麻江县的杏山街道、金竹街道，龙山镇、宣威镇、谷硐镇等，黄平县的大部分乡镇，台江县、剑河县、雷山县、丹寨县、施秉县、镇远县、三穗县、榕江县的平阳、两汪等乡镇，贵阳清镇市、安顺平坝区、黔西南布依族苗族自治州贞丰县、安龙县、兴仁市、望谟县等。苗语黔东方言的南部土语使用人口也较多，约 50 万人，主要分布在贵州省黔东南苗族侗族自治州丹寨、雷山、榕江、从江、黎平等县，黔南布依族苗族自治州的三都县和荔波县，广西柳州市的融水县、融安县和三江县。①

本书的研究对象——凯里三棵树镇苗语，以格冲村为主要调查据点，辐射周边，属于苗语黔东方言北部土语。格冲村是苗族聚居区，包括赏朗、格冲、铅厂、同牛、乌尧和杨家寨六个自然寨，人口有 4886 人，苗语使用人口占全村人口的 99% 以上。本书所选取的三棵树镇格冲村的铅厂苗语，与周边其他点的苗语语音上稍有差别，但基本上都能互相通话；与苗语黔东方言标准音三棵树镇养蒿苗语的语音差别也较小，只是体现在个别元音上的规则变化。

（二）三棵树镇的人文概况

三棵树镇位于凯里市东部，东抵台江县排羊乡和雷山县西江镇，南邻雷山县郎德镇，西接开怀街道和白果井街道，北到凯棠镇，距市中心 9 公里，交通十分便利，是凯里市通往黔东南州东部 9 县的必经之地，被誉为"苗岭新都第一镇"。1995 年，挂丁镇、开怀乡合并为三棵树镇；2010 年，市委、市政府决定从三棵树镇析出 10 个村设立开怀街道。全镇辖 15 个行政村 2 个社区，共 77 个自然寨 105 个村民小组，总人口 4.4 万人，其中苗族人口约 4.3 万，占全镇人口的 98%。全镇总面积 190.8 平方公里，耕地面积 3.4 万亩，林地 18.97 万亩，森林覆盖率达 68%。

该辖区的苗族传统文化资源丰富且保存良好，素有"三里不同风，五里不同俗，大节三六九，小节天天有"之说。该区的民俗风情浓厚，依旧保留着丰富浩瀚的口传文学，有苗族嘎百福、苗族古歌、苗族飞歌等，是我国民间古老传统文化保存最为完整的地方之一，苗语在该辖区全部通行。近年

---

① 转引自李云兵. 苗瑶语比较研究 ［M］. 北京：商务印书馆，2018：30.

来，青壮年多外出广东、福建等地谋生，留守儿童和老人较多，留守儿童多跟爷爷奶奶生活在一起，基本上都操一口流利的苗语，即便是在周围城镇生活的年轻父母也多与孩子用苗语进行交流。加上苗学会等民间社团组织致力于苗族文化的传承，其承办的苗文培训班也一定程度上助力于苗语传承和发展。因此，该辖区的苗语保留较为完整，通用范围也较广。

（三）语料来源

本书的语料有两个来源：

一是来源于作者长期对黔东南苗族侗族自治州凯里市及其周边县镇苗语语料的收集和整理。苗语虽非作者的母语，但自 2012 年以来，作者一直在凯里生活和工作，除了在三棵树镇格冲村铅厂有长期合作的不同年龄段、不同性别的发音合作人以外，还会在寒暑假或节庆日到凯里周边的丹寨、麻江、雷山、黄平等县调研，以收集更多的鲜活的话语材料。本书田野调查所得的语料都是由当地土生土长的苗语母语者提供。黔东苗语的主要发音合作人分别是：王长龙，男，农民，1961 年生，初中文化，一直居住在三棵树镇格冲村铅厂，当过村委小组组长，曾于 20 世纪 80 年代参加过政府组织的苗文班学习；杨胜德，男，1965 年生，初中文化，一直居住在三棵树镇格冲村铅厂，曾经是村里的乡村医生，曾于 20 世纪 80 年代参加过政府组织的苗文班学习；石光美，女，1957 年生，文盲，三棵树镇余寨人，16 岁嫁入铅厂后一直居住于此；杨心琪，女，1990 年生，初中文化，在三棵树镇格冲村铅厂长大；王金元，男，1985 年生，研究生学历，大学教师，在格冲村铅厂长大；金道珍，女，1982 年，凯里市万潮镇垛上村人，大专文化，会苗文。此外，作者于 2022 年 7 月到苗语东、西部方言区调研，苗语东部方言的主要发音合作人分别是：龙先英，女，1965 年生，小学文化，湖南省凤凰县山江镇上茶村人，年轻时在凤凰县城打工；吴秉承，男，1988 年生，研究生学历，大学教师，在凤凰山江长大；麻兴宇，男，1943 年生，初中学历，湖南省花垣县吉卫镇夜郎坪村人，腊乙坪村老支书；龙潜一，男，1971 年生，高中学历，贵州省铜仁市大兴人，苗族巴岱雄。西部苗语的主要发音合作人是：罗安杰，1996 年生，本科学历，在读研究生，贵州省威宁县大街乡大松村人，在大街乡大松村长大。

二是来源于现有的苗文资料，其中包括地方图书馆收集的苗族口头文学作品，涉及的苗语黔东方言书面文献材料有：

《苗语课本（黔东方言）》第1—6册，贵州省民委民族语文办公室编，民族出版社出版，1987年。

《苗语课本：黔东方言》，贵州省民族事务委员会编并出版，1983年。

《（黔东方言）苗语俗语小词典》，李锦平编著，贵州民族出版社，1994年。

《苗族情歌选》，贵州省少数民族语言文字办公室编，贵州民族出版社，2012年。

《苗族古歌》，燕宝整理译注，贵州民族出版社，1998年。

《王安江版苗族古歌》，王安江著，贵州大学出版社，2008年。

《贾词选译》，杨远松、吴佺新编，群言出版社，2015年。

《剑河苗族古歌古辞》，邰昌荣主编，中国文史出版社，2017年。

本书中所引用的苗语东、西部方言的例词例句除了田野调查和访谈所得，还分别来自于余金枝的《湘西矮寨苗语参考语法》，罗兴贵、杨亚东编著的《现代苗语（川黔滇方言）》，李云兵的《苗语动词的句法语义属性研究》等。

▶▶ 二、铅厂村苗语音系

（一）声母

表 0-1　声母例字表

声母	例字				
p	pɛ^{35} 满	pe^{13} 木板/平坦	pu^{35} 添、补	pu^{13} 脓/钻进	pu^{24} 打开
p^h	p^{h}ɛ^{35} 缝补	pi^{33} 烤	p^{h}u^{35}（花）开	pən^{33} 灰尘	p^{h}aŋ^{33} 床（量）
m	me^{11} 群（量）	mi^{11} 编（辫子）	mu^{33} 生病	mən^{13} 脓	maŋ^{11} 麦子
m^{ʰ}	m^{ʰ}e^{33} 跳蚤	m^{ʰ}i^{35} 牙齿	m^{ʰ}u^{33} 苗族	m^{ʰ}e^{44} 说话	m^{ʰ}aŋ^{44} 夜晚
f	fa^{11} 起（床）	fi^{55} 挂	fu^{33} 偏祖/超	faŋ^{55} 亮	faŋ^{35}（路）宽
f^h	f^{h}ɛ^{35} 吹口哨	f^{h}e^{33} 糠	f^{h}u^{35} 头	f^{h}ən^{35} 施法	f^{h}aŋ^{33} 荒
v	ve^{55} 天、上	vi^{11} 锅	vu^{13} 奶奶	vən^{31} 扔（掉）	vaŋ^{55} 园子
t	tɛ^{31} 踩	te^{55} 桌子	tu^{35} 木	təu^{33} 火	tau^{55} 戴（帽）
t^h	t^{h}ɛ^{44} 炭	t^{h}i^{33} 剔（骨）	t^{h}əu^{44} 吐口水	tən^{55} 生牛	t^{h}aŋ^{33} 梯子

（续表）

声母	例字			
n	nɛ^{55}人	ni^{11}浅	nau^{31}糯	nən^{13}扭伤	noŋ^{35}这
nʰ	nʰɛ^{33}天	nʰi^{33}下种	nʰe^{44}捅	nʰəu^{44}绣/织	nʰaŋ^{35}听
z	zɛ^{11}扇子/摇	za^{13}笋子	zo^{55}绿/水深	zən^{35}湿润	zaŋ^{55}草/呻吟
l	lɛ^{33}个(量)	li^{55}田	lo^{11}(归)来	lən^{33}钻进	loŋ^{11}长出
ɬ	ɬɛ^{33}黑色	ɬa^{13}富人	ɬo^{44}四	ɬən^{55}圆的	ɬoŋ^{55}聋
ɬʰ	ɬɛ^{35}伸舌头	ɬʰa^{44}月	ɬʰəu^{13}蜕皮	ɬʰei^{13}切/割	ɬʰoŋ^{13}下陷
ts	tsɛ^{35}果子	tsa^{33}晒稻子	tsu^{13}逃	tsau^{13}天黑	tsaŋ^{44}生意
tsʰ	tsʰɛ^{33}喷嚏	tsʰa^{33}拔掉	tsʰo^{33}吹	tsʰu^{33}叱呵	tsʰaŋ^{31}从来
s	sɛ^{35}砍	sa^{35}嫩芽儿	so^{33}花椒	sei^{55}钱	saŋ^{13}一辈
sʰ	sʰɛ^{35}米	sʰa^{44}离开/最	sʰo^{33}肥/肿	sʰən^{33}染	sʰaŋ^{35}堵塞
ȶ	ȶɤ^{44}汉族	ȶa^{44}男子	ȶo^{44}放/于	ȶən^{13}稳	ȶoŋ^{11}山冲
ȶʰ	ȶʰa^{33}张开	ȶʰɤ^{35}建造/调换	ȶʰo^{33}熬煮	ȶʰən^{35}扒开	ȶʰoŋ^{35}慢慢推着走
ȵ	ȵe^{11}鼓	ȵa^{35}蠢	ȵo^{55}算了	ȵən^{13}记得	ȵaŋ^{33}住/在
ȵʰ	ȵʰi^{35}心意	ȵʰu^{11}种子	ȵʰu^{44}年	ȵʰoŋ^{36}重	ȵʰaŋ^{23}汗/讥笑
ȡj	ȡja^{33}滑	ȡje^{11}久/远	ȡju^{23}救	ȡjən^{35}撬/闪状	ȡjaŋ^{33}鬼
ȡjʰ	ȡjʰa^{35}吐(口水)	ȡjʰə^{33}大	ȡjʰo^{35}乖	ȡjʰən^{33}外孙	ȡjʰoŋ^{33}手镯
lj	lja^{13}熟悉	lju^{31}遮没	ljo^{35}牛	ljən^{55}斜纹布	ljoŋ^{11}紫色
tɕ	tɕa^{33}药	tɕɤ^{13}上游	tɕu^{11}全	tɕi^{44}风	tɕaŋ^{55}生/完成
tɕʰ	tɕʰa^{33}划/欠	tɕʰɤ^{35}洒落	tɕʰu^{33}肚子	tɕʰən^{35}翘	tɕʰaŋ^{33}芽
ɕ	ɕa^{35}丑	ɕi^{44}相互	ɕu^{13}少	ɕɤ^{35}老虎	ɕaŋ^{13}匠师
ɕʰ	ɕʰa^{35}歌	ɕʰi^{33}害怕	ɕʰu^{24}粗糙	ɕʰɤ^{35}看/暖和	ɕʰaŋ^{35}血
ʑ	ʑa^{31}八	ʑe^{11}游	ʑɤu^{44}小	ʑi^{13}喂	ʑaŋ^{44}飞
k	ka^{13}鸭子	ke^{35}饭	ko^{13}倒	kɤ^{35}路	kaŋ^{33}虫
kʰ	kʰɛ^{33}犁田	kʰi^{33}热	kʰu^{33}小竹篓	kʰən^{44}篮子	kʰaŋ^{33}稗子
ŋ	ŋa^{11}下(动)	ŋi^{55}肉	ŋu^{31}烟囱	ŋən^{35}硬是	ŋaŋ^{11}吞咽
x	xɛ^{33}鞋	xe^{55}吼	xo^{33}雷	xei^{24}捞/盛	xaŋ^{33}发出气味
xʰ	xʰoŋ^{35}推	xʰi^{33}高	xʰo^{33}搜寻	xʰɤ^{33}话	xʰaŋ^{33}一半/边
ɣ	ɣe^{35}盖上	ɣa^{13}枯萎	ɣo^{31}勇敢	ɣɤ^{33}石头	ɣaŋ^{35}寻找
q	qɛ^{33}主人	qa^{33}个(词缀)	qo^{11}绕/披上	qoŋ^{35}脖子	qaŋ^{33}尾
qʰ	qʰɛ^{33}砧板	qʰa^{44}客人	qʰo^{33}头	qʰən^{44}酸痛	qʰaŋ^{35}洞

声母说明：

（1）同属于凯里三棵树镇，与养蒿标准音相比，铅厂的苗语多了 z 声母，与 n 有着严格的对应关系，且目前调查例子看来，z 声母例字的声调只出现在第 2 调、第 3 调、第 4 调和第 6 调中。

（2）擦音的声学特征本是气流从口腔的狭窄通道挤出而发，在世界语言中，绝大多数语言的擦音是无送气和送气之别，但黔东苗语中存在五对应整齐的不送气与送气擦音。铅厂苗语中有些送气与不送气并不区别意义，如"xo^{33}雷"与"x^ho^{33}搜寻"在养蒿音中是两个不同的音，而在铅厂苗语中这两个词就是同音词。但更多情况下擦音的送气与否有区别意义的作用，如"$xaŋ^{33}$发出气味""$x^haŋ^{33}$一半/边"在发音人的音感中有明显差异，是两个不同的词。有鉴于此，本书不考虑个别已经合流的情况。

（3）声母 ts^h 在黔东苗语中都是汉语借词声母。

（4）声母 x 的音较为靠后，接近喉音 h，二者之间没有区别意义，归为同一音位。

（二）韵母

表 0-2　韵母例字表

i	p^hi^{33}烤（火）	ti^{31}桶	li^{55}田	$ɬ^hi^{33}$宠爱	ki^{55}哭
e	pe^{33}挂	te^{35}拿	le^{55}瞄准	$ɬ^he^{33}$叫喊	$ɣe^{33}$病危
ε	$pε^{33}$给	$tε^{11}$个（量）	$nε^{55}$人	$ɬε^{11}$挤进	$vε^{55}$天
a	pa^{33}抓	ta^{55}来	la^{55}腐烂	$ɬ^ha^{33}$诱骗	$ŋa^{11}$下来/懒
o	po^{33}山坡	to^{33}布	lo^{11}（归）来	$ɬo^{33}$拃	$ŋo^{11}$咳嗽
ə	$tɕə^{33}$只（量）	$kə^{35}$路	$ɕ^hə^{35}$看/暖和	$ɟj^hə^{33}$大	$ɣə^{33}$石头
ɤ	$pɤ^{33}$我们/三	$p^hɤ^{33}$烧（酒）	$mɤ^{11}$去	$tɤ^{33}$鱼篓/打（人）	$tɕɤ^{13}$上游
u	pu^{33}知道	$tɕ^hu^{33}$肚子	lu^{11}老	$ɟj^hu^{33}$羽毛	$ɕu^{13}$少
ei	tei^{55}右	tei^{11}遗失	lei^{44}到	$ɬ^hei^{35}$割（草）	qei^{33}鸡
au	tau^{33}逗	nau^{13}鸟	$tsau^{13}$天（黑）	$ɬau^{35}$剥包谷	qau^{33}（干）活
əu	$təu^{33}$火	$təu^{55}$门	$zəu^{44}$小	$ɬ^həu^{6}$蜕（蛇皮）	$ɣəu^{35}$收（进）
ən	$tən^{55}$前	$nən^{55}$他	$ɕən^{33}$砖	$ɬən^{44}$厉害（贬）	$zən^{33}$烟
aŋ	$paŋ^{33}$件	$naŋ^{11}$鼠/下游	$taŋ^{35}$回	$ɬ^haŋ^{44}$懒	$zaŋ^{44}$飞
oŋ	$poŋ^{44}$很	$noŋ^{35}$这	$toŋ^{33}$中间	$ɬoŋ^{35}$红白喜事	$zoŋ^{35}$细长

韵母说明：

（1）韵母是苗语各大方言或土语差别较大的部分，甚至在同一个村的不同寨子之间的语音差别也是韵母之间的差别，如铅厂上寨念"肉"为 ŋi⁵⁵，下寨有部分人念为 ŋa⁵⁵。格冲铅厂苗语与黔东苗语标准音养蒿音的区别也主要是韵母的区别，如养蒿音的部分韵母 i 在铅厂音为 u 或 ɤ，养蒿音的部分 ən 韵，在铅厂为 i 韵，具体对应规则，本书暂不作论述。

（2）黔东苗语有一类通过语音曲折来表达语法意义的现象，这类音变形式只限于动词。变换规则为动词重叠，重叠后的前一动词的韵母由基式的原韵母变为 u，而音节的声母、声调并不发生变化，可看作是韵母曲折重叠形式。重叠后的词义发生了变化，在原动作义上增加了"凌乱义"。如 ɖjo⁸ 拉→ɖju⁸ɖjo⁸ 乱拉、ɖjən³ 撬→ɖju⁵ɖjən³ 乱撬、ɖja⁵ 搁→ɖju⁵ɖja⁵ 乱搁、fʰeʔ⁷ 吹→fʰuʔ⁷fʰeʔ⁷ 乱吹、sʰaŋ³ 堵塞→sʰuʔ³sʰaŋ³ 乱堵塞、ɕʰeʔ³ 看→ɕʰuʔ³ɕʰeʔ³ 乱看、ɕʰaŋ⁵ 抹→ɕʰuʔ⁵ɕʰaŋ⁵ 乱抹、ɕaʔ⁷ 梳→ɕuʔ⁷ɕaʔ⁷ 乱梳、ɕaŋ⁶ 说、告诉→ɕuʔ⁶ɕaŋ⁶ 乱说、乱传。

（3）黔东苗语铅厂音的韵母 ɤ 和 ə 呈互补分布，ɤ 出现在舌尖音后，ə 出现在舌面音和舌根音后，两个韵母听感上更接近于 ə；ɤ 出现得较少，事实上可以归为一个音位，本书分别列出只是为了区分其在实际语音中的听感差异，尤其是在调类为第六调的音节中，听感上更接近于 ɤ，如 tɕɤ⁶上游。

（4）黔东苗语铅厂音中的元音韵母 u 不跟舌尖音 t、tʰ、ɖ、ɖʰ 搭配，养蒿音与周边台江话对应的 u 音在铅厂音里读为 əu 音。

（三）声调

苗语铅厂话的声调有 8 个，如下表：

表 0-3　苗语铅厂话声调表

调类		1	2	3	4	5	6	7	8
调值		33	55	35	11	44	13	24	31
苗文声调标记符号		b	x	d	l	t	s	k	f
例字一	国际音标	te¹	te²	ta³	ta⁴	te⁵	ta⁶	ta⁷	tei⁸
	汉义	厚	桌子	长（短）	丢失	早晨	死	翅膀	扔
例字二	国际音标	pe¹	pe²	pɤ³	pe⁴	pe⁵	pe⁶	pən⁷	po⁸
	汉义	挂	挪开	我们/三/给	网	猪	木板	涩	轻快状

（续表）

调类		1	2	3	4	5	6	7	8
调值		33	55	35	11	44	13	24	31
声调符号		b	x	d	l	t	s	k	f
例字三	国际音标	εu^1	εu^2	εu^3	εu^4	εu^5	εu^6	εu^7	εu^8
	汉义	盒	季节	屙	鲊鱼	泡水	少	提/抬	湿
例字四	国际音标	$zaŋ^1$	$zaŋ^2$	$zaŋ^3$	$zaŋ^4$	$zaŋ^5$	$zaŋ^6$	$zaŋ^7$	$zaŋ^8$
	汉义	淹没	融化	段（量）	带领	飞	试	越过	凶恶
例字五	国际音标	so^1	so^2	so^3	so^4	so^5	so^6	so^7	so^8
	汉义	（花）椒	刨	早	—	放/瘦	凿/到达	猫头鹰	砸
例字六	国际音标	$\mathrm{d}ju^1$	$\mathrm{d}ju^2$	$\mathrm{d}ju^3$	$\mathrm{d}ju^4$	$\mathrm{d}ju^5$	$\mathrm{d}ju^6$	$\mathrm{d}ju^7$	$\mathrm{d}ju^8$
	汉义	羽毛	鬼魂	心	瞎	味浓/肥	丢弃	救	落

声调说明：

（1）格冲村铅厂苗语的8个声调在调值和调类上与黔东苗语的标准音养蒿音基本一致，差异在于第7调，具体是：养蒿音的第7调是高降调，而铅厂苗语的第7调是低升调，在调值上与第6调似乎一样，但有区别意义的作用，二者的区别在于声母和音节发音的长短。第6调的音相对音长比第7调长。

（2）苗语的低升调声母往往有浊音化倾向，苗语铅厂话的第6调与第7调在听感上是声母的清浊区别，而声调的调值差别不大：其中，第6调的声母相对浊化且发音稍有延长，甚至在有些爆破音声母中带有送气倾向，如$ta^6_{死}$的实际发音接近于d^ha^{24}；而与之对应第7调的声母保持清化，如$ta^7_{翅膀}$的实际读音接近ta^{23}。

三、本书标音及符号体例说明

（一）关于本书标音的说明

本书的苗语例句一律采用国际音标标注，并采用莱比锡标注法在国际音标对应的下一行逐个标注苗语词汇的汉语释义，但语料中所涉及的地名、人名以及个别专有名用苗文（国家民委20世纪50年代为苗语所创制的苗文拼音系统）来标注。

本书在正文中没有单独列出的例词词组或句子，采取在词下用"右下标"的形式标注该词的汉译。

由于苗语中的声调在具体语境中涉及变调现象，且第 6 调和第 7 调在音感上的调值差异并不明显，主要区别在于声母，而声母系统中并未有其他对立的清浊音位，为避免混淆，文中黔东苗语声调一律采用调类标注法来标注。

（二）关于本书符号体例说明

本书所涉及的例句较多，所用例句序号标注都以"节"为单位，每小节重新标序排号。本书涉及的图片较少，全书所有的图片按章排号，说明图片信息的词，都随图标示，另在正文中具体解说；为了表述方便明了，本书涉及的表格，按照章节重新排号。文中例句前的"?"表示该说法符合苗语语法，但在日常交际中并不常用，表述不自然；文中例句前的"﹡"表示该说法不符合苗语语法，在日常交际中并没听到该种表述方式；文中例句或例词之间的"→"为转换符号，表示例句或例词之间可以转换。

第一章
黔东苗语有角度空间系统与空间知识

　　人类空间思维主要涉及对实物空间特性的确认及其与其他空间物相对位置的感知。Talmy（1985）、Levinson（2003）、Levinson & Wilkins（2006）曾论证人们对空间关系最基本的描写不外乎有角度（angular）和无角度（non-angular）两种。其中，有角度主要是指目标物选取某一参照物并施加给参照物某一角度形成坐标系以确定目标物在该坐标系中的位置，也称参照空间，即使用坐标系的参照系，其内部又分垂直维度参照系和水平维度参照系；无角度是指无参照物、没有角度的、只涉及物体表面特征的拓扑关系的表达，也称地志空间，即不使用坐标系的参照系，无角度空间内部包括地名、指示和拓扑三类系统。具体如图 1-1 所示。

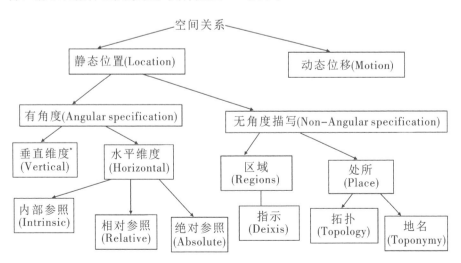

图 1-1　空间语言的语义义域图

人们对空间系统的认知建构主要包括空间参照框架、空间认知取向和空间知识的归纳。本章节以凯里市三棵树街道铅厂村为调查点，借鉴认知语言学、认知心理学等对空间范畴的相关研究理论和成果，重点探讨黔东苗语的空间参照系统的设置（即有角度的空间参照系统）、空间参照系统的倾向性以及空间参照系统的语言表达所涉及的空间知识归类等三个问题，以期揭示苗语黔东方言区空间关系语言表述与思维之间的关系，通过空间语言探索苗语黔东方言母语者独特的空间认知方式。

第一节　黔东苗语的空间参照系统

学术界对空间参照系的传统分类主要是二元分法——绝对与相对、他者中心与自我中心、物体中心与观察者中心、方向无约束与方向有约束之分；以 Levinson（2003）为代表的当代认知语言学学派在二分法的基础上将参照系分为以参照者为中心的相对参照系、以物体为中心的内在参照系和以环境为中心的绝对参照系三类。考虑到 Levinson 的三分法中"环境"所辖范围大至天体运动，小至地表的人类规范方向的地标，将直接造成"环境"与"物体"之间的概念边界存在模糊性，进而增加环境与绝对参照之间的争议；加之，根据实际调查所得，黔东苗语空间认知参照系并不存在与 Levinson 所提"环境"有着完全对应的绝对空间参照。有鉴于此，本部分对黔东苗语的空间参照框架不做出相对与绝对之分，而分为环境中心、物体中心和观察者中心三种参照框架来论述。

▶ 一、环境中心参照

黔东苗语主要分布区在贵州黔东南，该区苗族又多分布在雷公山地区。苗族聚居区多是群山环抱、地势险峻，村寨聚落依山而建，位于山顶或半山腰，从居住地来看，苗族属于典型的山地民族。山、水直接构成苗族生活生存空间要素，也是他们空间认知体系中的重要空间概念之一。就空间表达的词汇来看，黔东苗语中以"山、水（河）"为语义元素构成的空间词有

əu$^1_{河/溪}$、oŋ$^3_{泊/塘}$、naŋ$^4_{下游}$、tɕɤ$^6_{上游}$、pɤ$^4_{坡}$、ta$^1_{下}$、ɣaŋ$^2_{岭岗}$、po$^4_{山/坡}$、toŋ$^4_{山冲/山谷}$、xaŋ$^1_{山沟}$等。在苗族母语者的空间认知系统中，也多以山坡、河流作为空间认知的主轴设置空间参照框架，以确定物体空间位置关系。

莫里斯·梅洛-庞蒂（2001）构造的身体现象学曾将世界解释为一种身体性的世界，而空间也是一个被知觉的、现象的、主体间的空间。当自然环境作为人知觉内的主体空间时，自然环境参照便已被打上了认知主体主观性的烙印，就不再同于以地球和太阳的天体运动这一类以他者为参照所得出来的诸如东（East）、南（South）、西（West）、北（North）的绝对空间参照。苗语的"山坡""河流"作为一定空间环境的固定参照点，相对于"物体中心"而言，具有不可移动性和位置上的相对稳定性，其空间位置的固定性又为其成为规范方向的特殊空间概念提供了可能性，使其具备用来定位其他客体空间位置关系的参照物的能力。然而，山外有山，作为参照点的"山河"在更大的空间范围内并非唯一的备选参照，而具有主观上的可选择性。由此，"山河"参照所形成的空间表达带有语义上的相对性，并不能归为绝对参照系一类。黔东苗语中的 naŋ$^4_{下游}$、tɕɤ$^6_{上游}$ 是以"河流"为参照中心，以河流流向来指示空间方向或位置关系。这类空间参照系统常用于表达较大空间范围内的地理位置或房屋走向。

如日常生活中，最为常见的指路语如下：

（1）moŋ^2 ŋa^4 mɤ^4 qaŋ^1 ɣaɤ^4 ,qo^3 zaŋ^7 qa^1 ɣaŋ^2 han^1 pɤ^4 ɛ^1 ,tɕi^5 mɤ^4 nən^7 qa^2 lei^5.

    你 下 去 尾寨 绕过(缀) 岭 处 坡 那 上去 点 就 到

    你下到寨脚，绕过岗岭往坡上走一点就到了。

（2）moŋ^2 ŋa^4 mɤ^4 qaŋ^1 ɣaŋ^4 paŋ^8 tɕo^2 əu^1, tɕi^5 tɕɤ^6 qa^2 lei^5 zaŋ^2.

    你 下 去 尾 寨 的 条 河 上 上游 就 到 (助词)

    你下到寨脚的河，沿河上游走就到了。

从以上指路语的空间位置关系表达用词来看，苗族世居于崇山峻岭，对空间方位关系的确定往往会借助周围客观环境，所选取的空间参照框架带有明显的地方性知识和空间经验，常常将"寨、河、岗"等确立为路标。在日常口语交际中，黔东苗语空间方位和空间关系的表达中并没有诸如"东、南、西、北"这一绝对空间参照概念的词汇表达，也很少用到这类概念的曲折表达形式（短语或句子）；而以"山坡""河流"为参照形成的空间表达更为典型，在苗族古歌或贾词中出现的频率也较高。如：

（3）γe^1 $\gamma a\eta^2$ lje^7 γe^1 mu^6, ta^6 to^4 $\gamma a\eta^4$ $t\varepsilon i^5$ $t\varepsilon\gamma^6$.

　　　磨　刮擦　像　推磨　赶　些　寨　上　上游

　　　辗转像推磨，驱赶向西方。

（4）$n\varepsilon^1$ $\varepsilon^h e^5$ ∂u^1 $ts\partial n^1$ $\dagger a\eta^4$, po^1 $t\varepsilon e^2$ $s^h a\eta^1$ $k\gamma^3$ $\underline{na\eta^4}$.

　　　爹　娘　住　水　平整　坡　九　千　路　下游

　　　爹娘住在海边边，九千山坡的东方。

（5）$\dagger o^3$ γi^1 vei^2 $qa\eta^1$ $\underline{na\eta^4}$, $w\varepsilon^2$ $l\varepsilon^2$ $n^{ch}u^2$ lo^1 $p\gamma^4$.

　　　滚　石　围　尾　下游　围　个　种　来　坡上

　　　滚下岩石拦东边，围着树种来西方。

（6）$n\partial n^2$ $t\varepsilon e^8$ te^6 $t\varepsilon u^2$ $n^{ch}\varepsilon^2$ $m\gamma^4$ $\underline{na\eta^4}$, $t\varepsilon u^8$ $n^{ch}\varepsilon^1$ $t\varepsilon i^5$ $\underline{t\varepsilon\gamma^6}$.

　　　他　才　跟　九　天　去　下游　十　天　上　上游

　　　他才往东边找九天，往西边十天。

黔东苗语 $t\varepsilon\gamma^6$、$na\eta^4$ 分别表示水的上游、下游，在对较大空间进行定位或描述较大空间物之间的位置关系时，人们多会采用此参照框架。古歌所描述的空间范围若是以西东走向河流（如长江、黄河）作为参照，那么，$na\eta^4$、$t\varepsilon\gamma^6$ 恰好对应汉语中的"东""西"。有不少民族历史学家根据苗族迁徙路线推测苗族祖居地当在长江中下游，古歌中对 $na\eta^4$、$t\varepsilon\gamma^6$ 的翻译就多译为东方、西方。但若参照河流所指的并非西东走向的长江而是西北东南流向或南北流向的其他河流呢？若以环绕型或半环绕型的河流为参照点呢？如凯里三棵树铅厂村上寨根据地形，$na\eta^4$ 对应当地的北面、$t\varepsilon\gamma^6$ 对应的却是南面。可见，$na\eta^4$、$t\varepsilon\gamma^6$ 与东、西是在特定语境中的苗汉对译，$na\eta^4$、$t\varepsilon\gamma^6$ 所指的方位与其所参照的河流流向有关，具有动态性和相对性，这与绝对空间参照系统有本质区别。

黔东苗语中，以"山"为空间参照所得的空间词是 $p\gamma^4$ 和 ta^1。$p\gamma^4$ 的本义是"坡、坡面"，引申出"上方"义；ta^1 的本义是"地，土地"，引申出"下方"义。其中，$p\gamma^4$ 的方位语义源于山坡，以山坡作为语义基础和核心，在具体语境中也需依存于"山"才能指示方向①。由此，造成了 py^4 和 ta^1 内部在语义表达功能上存在不对称性：py^4 可以随参照点的坡度地势有所改变，既可以指垂直上方，也可以指斜上方，但不能表达两个平行面之间的上一平面；ta^1 既可以表达垂直下方和其他角度的斜下方，也可以表达两个平行平面的下一平面，ta^1 表达两个平行平面之间的空间关系时，与之相对的"上面"则用本义为"天空"的 $vε^2$ 来表达。如下例（7）中的 py^4 可以用 $vε^2$ 去替换，而例（8）中的 $vε^2$ 却不能用 py^4 去替换：

（7）$moŋ^2\ my^4\ py^4$，$vy^4\ my^4\ ta^1$.

　　　你　去　上　我　去　下

　　　你往上面走，我往下面走。

（8）$vy^4\ əu^3\ lju^4\ ky^3\ vε^2$，$moŋ^2\ təu^3\ lju^4\ ky^3\ ta^1$.

　　　我　要　块　路　上　你　拿　块　路　下

　　　我要上面那块，你拿下面那块。

由于苗族社会实践活动中的空间环境群山环抱，周围的空间多是地无三里平的山区，路是盘山路，房子也是悬在坡上的吊脚楼，连农田也是层层梯田为主。在日常交际过程中，对这一类空间位置关系的表达经常会涉及立体三维空间，此时，py^4 和 ta^1 的语义功能还分别表达水平面有夹角的一边和无夹角的一边。如下图所示：

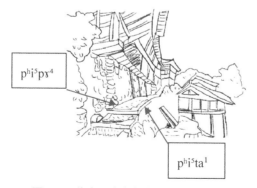

图 1-2　道路两边空间关系定位示意图

①　湘西苗语中，$zən^2$ 的本义为"山坡、山岭"，引申出"上方"义，但可以完全脱离"山"的语境而自由表达"上方"义，如"$zən^2\ u_{河流}$ 上游""$tɕi^3\ pe_{桌子}\ ta_处\ zən^2$ 桌子上面"。苗语东、西部方言中，以"山体"为认知原型建立起来的空间参照框架更为典型，山体类词语已完成了方位义的范畴化，成为典型的方位词。

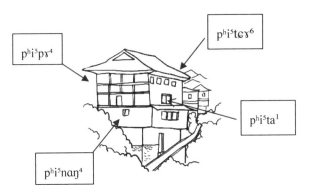

图 1-3 房屋空间方位关系示意图

苗族的生活空间依山傍水，以山水构成的环境中心空间参照是最常用的，房子、晒台、路等空间物体既不用"东南西北"来区分方位，也较少用"前后左右"以判方向，但有"靠坡面 pɤ⁴"和"靠下面 ta¹"之分。以图1-2中的空间实物"路"为例，日常生活中经常听到："moŋ² xaŋ³ mɤ⁴ pʰi⁵ pɤ⁴，ɕu⁵ xaŋ³ mɤ⁴ pʰi⁵ ta¹. 你要走路的靠坡边，而不能走路的下坎边。"又以图 1-3 所示黔东南最典型的吊脚楼的空间布局表述为例：房间的方位关系以房屋所在的山体和村寨周围环山的某一河流为参照，以中间的"lɛ¹个 tsa³房子 qa¹词缀 ɬoŋ中间 堂屋"为轴分两边，朝河上游方向的房间为 lɛ¹tsa³ pʰi⁵tɕɤ⁶，河下游方向的房间为 lɛ¹tsa³ pʰi⁵naŋ⁴；以房顶梁为轴分两边，靠山一面的房间为 lɛ¹tsa³ pʰi⁵ pɤ⁴，远离山体的另一面的房间为 lɛ¹tsa³ pʰi⁵ta¹。在苗族的空间文化中，一般情况下，家有老人在，处于 pɤ⁴ 位的房间为老人寝间；家有兄弟的，处于 tɕɤ⁶ 位的房间为未分家前的兄长寝间，详述见后文第三章第三节。以上 pɤ⁴ 和 ta¹ 作为语义相对的空间词只适应于有"坡面（山坡）"作为参照或基点，遇到两边无夹角坡面的桥或路两边方位的表达，就不能再用 pɤ⁴ 和 ta¹ 加以区别了。

因苗族深居山林，太阳升起的时间比较晚且南方山地一年内的晴天少，较少使用 pʰi⁵边 nᵒʰɛ¹太阳 ta²出来 和 pʰi⁵ nᵒʰɛ¹ lju⁸落下 作为空间参照，更没有固定的词汇形式来表达南北方[1]，反映了苗族认知体系中没有对南北方空间概念的直

---

① 依据"上北下南"的认知，苗语偶有"pɤ⁴ 临时表北面，ta¹ 临时表南面"的用法，在一些语境中，分别用"faŋ¹e³ 暖面""faŋ¹ sei⁴ 冷方"来表达南面和北面。

观认识。而上述苗语的 $t\varepsilon\gamma^6$、nan^4、$p\gamma^4$、ta^1 又有动态性和相对性，其使用语境对自然环境有较强的依赖性，具有一定的语境局限性。至此，我们可以定论，黔东苗语中以"山、河"这一自然环境为主轴（或参照）所建立的空间参照系统是一个"相对的自然界坐标系统空间概念"。苗族的空间认知系统中缺乏绝对空间参照框架，其语言中也缺乏对绝对空间参照系统的词汇表达，当他们与含有绝对空间参照的语言进行跨文化交际时，就不可避免存在空间概念对译和理解上的障碍；绝对空间概念在用苗语进行编码时就出现错位性和语境限定性。正因如此，苗语母语者对汉语东、南、西、北这一绝对空间方位的习得存在一定困难，还需先转化为本民族所建构的方位体系，再结合实际环境中的地势地貌来理解和习得。

Levinson（2003）指出："在某些社会，诸如亚马逊或北极，建筑被看作是世界的小宇宙，建筑的术语用作固定坐标映射到宇宙。但另一个更缓慢的方式，内在的系统和绝对系统的重叠是在直接环境标志可以被看作是一个大的内在系统，与观察者居住在一个空间内，一个建筑物内。"苗族社会的"山、河"作为一个空间参照系统的主轴（或固定坐标），当人们所处的整个生存空间与该固定坐标的参照系统相重合时，该参照系统与"绝对空间系统"发生叠合，就升级为一个大的内在系统，成为宇宙空间系统。苗语中的 $t\varepsilon\gamma^6$、nan^4、$p\gamma^4$ 等所构成的固定词汇的语义泛化恰好反证了这一点，详述见第三章第三节"特殊空间方所的空间文化内涵"。

不可否认，人类对任何事物的认识都在不断变化和发展中，人类对空间的认识也不断深化。人类空间认知体系中的绝对空间观念也并非生来就有，而是在自然科学的推动和生活经验的积累下，空间知识不断精细、科学、全面。随着苗汉民族语言文化的交流与接触日益频繁，加上苗族社会文化程度的不断提高，苗语空间参照体系可能也会受到汉族空间语言文化的影响，绝对空间方位表达也会慢慢渗入苗族语言系统。事实上，在有些苗语文学作品中存在用"$nan^4_{下游}$、$t\varepsilon\gamma^6_{上游}$"来表达汉语"东、西"方向的现象，只是尚未普及，也较少用于日常交际中；而"南、北"的表达可能要用汉语借词，而在苗语母语认知系统中由环境空间参照框架转变为绝对空间参照还有一个"语言影响空间思维"的过程。

⟫ 二、物体中心参照

物体中心参照是指根据参照物自身含有的空间特征得出来的方位参照，与环境中心参照一样，体现的是两向（binary）的空间关系，但相较环境中心具有移动性和不稳定性。Langacker（1993）把人们指定参照物并依据参照物认知目标事物的能力称为"参照点能力"。而参照物的空间特征与参照点能力是人们在认知过程中主观赋予的，会带上人们认知思维的主观性。认知心理学家 Hummel & Biederman（1992）认为人们对物体的识别依赖于物体原始部分的形状信息和该原始部分之间的空间关系信息来实现的。物体中心参照的建立往往是以对物体的形状、几何学特征的认知为基础的，对这些概念的编码又需要一个具有地方性的、民族性的、主观性的复杂规约来提供一个空间场景以确立起被公认的默认系统，从而被赋予参照点能力，即参照点的约定俗成。

人们在选择具有空间特性的某物作为"规约"参照物时，优先选择或识别该空间物具有凸显性的不对称特征，如动物肢体部位"头和尾""手和脚""面部和背部"等的空间特征识别度相对较高。当然，在苗族的认知体系中，身体并非空间关系词的唯一来源，除了"人体"具有这些空间特征识别度较高的物体原始部位以外，自然界的动植物，甚至山河道路都有可能被认为含有不对称肢体部位特征。这种认知观为备选参照物的规约化和固化提供了认知基础，从而影响到语言层面相关空间概念的表述方式。

以黔东苗语中的"f^hu^3"与"$qaŋ^1$"这对方位概念为例，f^hu^3 的原义是指"头"，$qaŋ^1$ 的原义是指"尾"，其认知原型是有头有尾的动物，其中又可分为以直立行走的人和爬行动物自身含有的空间特征得出来的两个方位参照。若以直立行走的人所含有的空间特征为参照，f^hu^3 和 $qaŋ^1$ 则引申出"上""下"之方位义；若以爬行动物为参照凸显物体本身的空间分布特征，f^hu^3 和 $qaŋ^1$ 则可以引申出"前""后"之方位义。除了根据参照物空间形体上的分布特征得出方位概念以外，人们还可以根据参照物反映在空间上的功能性特征得出对方位概念的认识。如，人们根据对进食和排泄的身体经验的空间体验（即前进后排），从而形成了以 f^hu^3 为"入口（先、首）"、以 $qaŋ^1$

为"出口（尾）"的空间认知。该空间认知可以直接投射到其他事物之上，如"$f^hu^3tɕi^3$潭$_头$"指水入潭的部分，"$f^hu^3kɤ^3$路$_口$"指路分岔进村寨的部分，$qaŋ^1kɤ^3$指路尽头；"$f^hu^3f^he^3$线$_头$"指穿针的一端，$f^hu^3ɣaŋ^4$寨$_子$指入寨口，$qaŋ^1ɣaŋ^4$指寨子脚；$f^hu^3tu^7$刀指刀尖儿，$qaŋ^1tu^7$指刀把儿。当然，f^hu^3、$qaŋ^1$也可以以人为中间参照物再间接投射到其他事物之上形成空间认知，多用于表述两个首尾空间特征并不明显的事物空间关系，即引入观察者参照系统，后文详述。

再看苗语空间词ku^8，其本义为"背"，但就其参照物体的几何特征来看，该词所指的空间参照物原型并非源于直立着的"人之背"：其一，从ku^8ma^4马$_背$、$ku^8ɣaŋ^2$山$_岭$（山之背即为岭）、ku^8po^3山$_顶$（山之背）、ku^8tau^5树$_上$、ku^8ta^2桌$_子$（桌之背）、ku^8tsa^3房$_子$（房之背）等这些由ku^8所组成的空间词所指的空间特性来看，ku^8的空间形状（几何学）语义特征凸显为物体的"凸面"；其二，从ku^8的同源词ku^7伞/罩$_子$、ku^4凸$_状$等所含的语义特征来看，"凸状"物体应当是ku^8的核心义素。而在苗族以"地"为下的认知系统中，更容易将"凸出"地面部分理解为"上部"，由此，ku^8在一定语境中可以当作"顶部、上部"这一方位概念来理解，但并不具有典型性，只能用作空间拓扑特征表达以描述空间部位关系，而与空间位置关系中的"上方"依旧存在明显区别。再如，黔东苗语中的$toŋ^1$（中间）可能是$toŋ^4$山谷、山中的音变构词，那么，$toŋ^1$的认知原型当是山中低洼处，即山中盆地（山谷）位置，苗族群山环抱的典型空间环境进一步加深了以$toŋ^1$为两头凸出物之"中间"（或作为周围环绕空间区域之"中心"）的认知，即为两山或环山之"中间"。但该词在语义上并不强调单个物体本身的拓扑（内）或形状特征，而凸显整体扫描式的位置特征，进而引申出可表空间序列关系的方位概念词。

然而，即便是同出于物体中心参照所得的空间关系词，在实际日常交际过程中，人们对物体的空间关系进行编码时，其选择也会带有不同的倾向性：当参照物的"f^hu^3首、$qaŋ^1$尾"特征凸显时，那么，参照物的空间关系信息在人的认知中可以直接识别，不需要再做出坐标"投射（或心理旋转）"。当参照物的"f^hu^3首、$qaŋ^1$尾"特征不显著时，由于物体的空间特性识别度不高，人们的认知系统就会将该物体与相近物体参照原型的空间表征进行匹配，同时启动空间坐标投射（或心理旋转）机制，再做出其他空间序列关系的识别。以"房子"为例，当说话者说出 $f^hu^3_{头}\,tsa^3_{房}$，听话者对这一空间信息进行理解时，由于房子本身并不凸显"首尾"这一空间特征，就要启动与 f^hu^3 直接相关的物体参照原型人或动物：以人为参照进行心理旋转得出 $f^hu^3\,tsa^3$ 所指示的空间区域为"房子中柱巅（头）"，以爬行动物为参照进行心理旋转得出 $f^hu^3\,tsa^3$ 指示"房子的出入的档头（房子的走向）"，在所调查苗语母语者的空间认知体系中，房子没有前后之分（或房子的前后空间关系不易识别）。ku^8 指物体带有凸状的上面部分，与 $f^hu^3\,tsa^3$ 相比而言，$ku^8\,tsa^3$ 的空间信息更为具体形象，更易于理解与识别，无须动用参照框架即可识别为房屋凸状部分（房顶）。这种空间概念主要是以动物首（f^hu^3）尾（$qaŋ^1$）作为前、后空间序列关系的进一步延伸。当话语者的视觉系统利用物体中心参照系来捕捉目标的机敏度时，空间关系词 f^hu^3、$qaŋ^1$ 则并未涉及空间序列关系，而只是关涉空间部位关系表达，如 $f^hu^3 toŋ^5_{中柱}$ 房顶、$qaŋ^1lo^2_{楼}$ 楼脚。

由物体中心参照得出来的方位概念还有 $vɛ^2_{上}$、$ta^1_{下}$、$ŋaŋ^6_{里}$、$ku^8_{外}$ 等。$vɛ^2$ 的原义是"天"，ta^1 的原义是"土"，分别泛指物体的上、下方位。但苗语中的 $vɛ^2$ 多用来表达相对位置关系中的方位，并不具备汉语中"上"用来表达物体表面的语义功能，偶尔用来表达"物体表面"也只限于与"上面"重合的那一面的物体表面。即 $vɛ^2$ 只用来表达物体水平面中的物体表面，而不表示垂直面中的物体表面，如"$qa^1_{词缀}\,ɕoŋ^2_{墙}\,tsa^3_{房子}$ 墙上""$qa^1\,tsa^5_{崖}\,ŋe^3_{凸}$ 悬崖上"等垂直表面不能用 $vɛ^2$ 表达，ta^1 的适应范围较广，只要是某物相对位置的"下"都可用 ta^1。如下图 1-4 物体所构成的方位关系，分别用 $vɛ^2$、ku^8、$qaŋ^1$、ta^1 来表述如下：

（9）$tɛ^4\,tau^5\,kɤ^3\,vɛ^2\,me^2\,qa^1\qquad d^hau^7\,vɛ^2$.

　　个　树　路上　有（缀）　　白　天

　　树上有白云。

（10）$le^1\,tɕ^hu^8\,ŋaŋ^1\,tɛ^4\,tau^5\,paŋ^8\,taŋ^4\,ku^8$.

　　个　球　在　个　树　的　处　背

　　一个球在树上。

(11) tɛ⁴ ljo³ n̠aŋ¹ tɛ⁴ tau⁵ nən³ pʰi⁵ ta¹.

　　个　牛　在　棵　树　那　边　下

　　牛在那棵树下。

(12) tɛ⁴ tau⁵ n̠aŋ¹ tɛ⁴ ljo³ paŋ⁴ taŋ⁴ qaŋ¹.

　　个　树　在　个　牛　的　处　尾

　　树在牛后面。

图 1-4　物体中心参照框架示意图

从以上空间关系的表述，我们可以看到，物体中心参照就是以物体内在或固有的空间特征为主轴建立的坐标，而该物体的内在特征是其所表征的空间关系的基础和前提，通过借用参照物的内在空间特征来确定方位，也称之为内在参照系统。人们启用物体中心参照时，同一方位常常因为被关联物的空间特征而采用不同的表达方式以传递更确切的空间信息，图 1-4 中的树之"上"在苗语中分别用 vɛ² 和 ku⁸ 来表达不同空间特征的"上"，对应以上例（9）和例（10）。此外，物体中心参照系统的同一空间词，在物体识别过程中往往也会因被关联物的空间特征差异而出现不同空间位置理解差异，亦如 qaŋ¹ 在图 1-4 中，用在"牛"之 qaŋ¹ 则为牛"后"，用在"树"之 qaŋ¹ 则为树"下"；若 fʰu³ 用于图 1-4，用于"树"之 fʰu³ 则为树"上"，用在"牛"之 fʰu³ 则为牛"前"。

三、观察者中心参照

自我中心参照是指以观察者为中心的参照系，涉及目标物、参照点和观察者，空间方位关系通过观察者的角度来表达，体现的是三向（ternary）空间关系。苗语黔东方言中以观察者中心为参照的方位词有 $f^hu^3_首$、$qaŋ_尾$、$tən^2_前$、$qaŋ_后$、$tɕaŋ^4_左$、$tei^2_右$。

在苗族人的空间思维中，"人"和"有首尾的爬行动物"具有凸显性的空间特征可用作参照物以定方位以外，其他的一般物体本身无前后左右凸显性的空间特征之分，需启用观察者中心，做出平移投射后再进行空间定位。苗语在对一般物体的空间关系进行描述时，也往往使用观察者中心参照，如图 1-5 所示台灯、桌子、椅子与球四者之间的位置关系分别如以下例句描述：

（13）$lɛ^1$ $t^hɛ^1$ $tən^1$ $ȵaŋ^1$ $tɕo^2$ te^2 $təu^3$ $paŋ^8$ $taŋ^4$ $pɤ^4$ $tɕaŋ^4$.

个　台灯　在　条桌书　的　端手左

台灯在书桌左边。

（14）$tɕo^2$ te^2 $təu^3$ $ȵaŋ^1$ $lɛ^1$ $t^hɛ^1$ $tən^1$ $paŋ^8$ $taŋ^4$ $pɤ^4$ tei^2.

条　桌书　在　个　台灯　的　端手右

书桌在台灯右边。

（15）$tɕo^2$ te^2 $təu^3$ $ȵaŋ^1$ $lɛ^1$ $tɕ^hu^8$ $paŋ^8$ $taŋ^4$ $pɤ^4$ $tɕaŋ^4$.

条　桌书　在　个　球　的　端手左

书桌在球的左边。

（16）$tɕo^2$ te^2 $təu^3$ $ȵaŋ^1$ $lɛ^1$ qo^1 $ɣən^4$ $paŋ^8$ $taŋ^4$ f^hu^3.

条　桌书　在　个　凳椅　的　处头

书桌在椅子前面。

观察者

图 1-5　观察者中心参照框架示意图

图 1-5 中的物体形状方正，其本身的空间特征并不明显，就台灯与书桌之间的空间关系，最直接的识别便是以观察者视角为物体定位，以观察者为中心建立的坐标轴直接平移投射到被关联物台灯或书桌上。若箭头指示方向为观察者角度，要描述台灯与书桌的关系，若将观察者中心参照平移投射至书桌，得出例（13）的空间方位表述，若将观察者中心参照平移投射至台灯，则得出例（14）的空间方位表述；要描述球和书桌的关系，若将观察者中心参照平移投射到球，则得出例（15）的表述；要描述书桌和椅子的关系，若将观察者中心参照平移投射到桌子，则有例（16）的表述。此种方位关系的定位，是直接将观察者中心参照坐标轴平移，并未将观察者做出主体旋转，也未对被关联物做出客体旋转。

若不考虑书桌与凳子的功能性空间特征，那么，书桌与凳子之间的空间关系就直接以观察者为中心作参照坐标轴且不经过主体或客体旋转，得出"书桌在前，椅子在后"。但若考虑图中书桌和凳子的功能性空间特征，会优先定位以桌子的使用面为"前"（即功能性规约方向）；然后，将被关联物做出心理旋转（或以观察者角度作主体旋转）至以观察者中心为参照的坐标轴，再定位左右方向；经过心理旋转后的空间关系定位，台灯在书桌之右，球在书桌之左。可见，以观察者为中心的参照框架，物体的空间方位关系既与观察者角度有关，会随观察者视角的变化而变化，也会因有无心理旋转而做出不同的空间方位关系判定和表述，该空间参照系统具有较强相对性，也称之为相对参照系统。

黔东苗语中，观察者中心参照系统下的方位词 təŋ²前、qaŋ¹后、tɕaŋ⁴左、tei²右 在空间方位表达上具有对称性，是相互依存的相对参照方位。苗语中有一个方位词 mɛ⁶跟前 似乎也是以"人（已物化的人）"为参照得出的方位概念，在语义上与 təŋ²前 接近，但二者分别属于不同空间参照系统得出的方位概念，应区别对待。mɛ⁶ 的原义是"脸、眼"，引申出视野可见的、近距离的"跟前或对面"义，其方位义是由人的"眼（面）"部位词发展而来。此外，苗语中还存在以环境为参照得出的"对面"义词"xaŋ¹"（xaŋ¹ pɣ⁴ 对岸/对坡），təŋ²、mɛ⁶、xaŋ¹ 有空间方位义的相近或相同，但因参照系不同，在句法语义上有明显差异。对比这三个词的苗语用例如下：

（17）nən² mɣ⁴ vɣ⁴ kɣ³ tən².

　　　他　走　我　路　前

　　他走我前面。

（18）nən² fa⁵ vɣ⁴ qa¹ mɛ⁶ lo⁴ mɣ⁴.

　　　他　过　我（缀）面　来　去

　　他从我跟前走过。

（19）vɣ⁴ tsa³ taŋ⁴ fʰu³ mɛ² o¹ tɛ⁴ tau⁵ tɕi⁵.

　　　我　家　处　头　有　两　棵　树　杉

　　我家前面（档头）有两棵杉树。

（20）vɣ⁴ tsa³ qa¹ mɛ⁶ ɬu² mɛ² o¹ tɛ⁴ tau⁵ tɕi⁵.

　　　我　家（缀）面　门　有　两　棵　树　杉

　　我家门前有两棵杉树。

（21）vɣ⁴ tsa³ xʰɑŋ¹ pɣ⁴ ɬo⁶ ɕo⁸ ɕau³.

　　　我　家　处坡　是　学校

　　我家对面是学校。

以上例句中，例（17）用 kɣ³ tən² 表空间序列的"前方"或隐喻时间的"先前"，可以与例（19）表序列的 taŋ⁴ fʰu³ 互换，都是以观察者为参照得出的空间方位表述；而 qa¹ mɛ⁶ 因以"人"为参照中心建立坐标得出的空间概念，似乎属于观察者中心参照，但事实上则是物体中心参照，体现的是"两向"空间关系。qa¹ mɛ⁶ 在很多语境中可以理解为"前方"之义，用法上较为受限，只表人（参照物）的较近距离的无障碍物的视野空间范围；xʰɑŋ¹ pɣ⁴ 则是以地理环境为参照的方位概念，且环境参照物为有一定坡度的无阻碍物。xʰɑŋ¹ pɣ⁴ 以"pɣ⁴ 坡"为限定性修饰成分，被关联的空间位置也有一定的坡度，以地势作为语义基础，进入该空间关系的物体中间隔有沟谷，可理解为"坡对面的坡"之间的空间关系；而被修饰语 xʰɑŋ¹ 的原义是某物被一分为二，指相离的两部分，xʰɑŋ¹ pɣ⁴ 即为隔开的两坡之间的空间关系。

小结

苗语对空间关系的表达会用到环境中心参照、物体中心参照和观察者中心参照，他们对较大范围内的空间关系进行描述时往往多启用以"河流"

"山"为参照物构成的环境中心参照；物体中心参照主要用于参照物具有鲜明空间特征的情况（如参照物有头、尾）；观察者中心参照也是较常用的参照系，但在运用过程中，人们往往直接将观察者所建立的坐标轴平移，对物体进行平面旋转，一般较少进行深度旋转操作。三个参照框架都具有动态性和相对性，因此，苗语黔东方言区的空间框架中缺乏绝对空间参照，这也是苗汉空间认知系统中差异之所在。也正因为这种空间框架参照系统的差异性，使苗汉跨语言交际过程中对空间概念的解读和语码转换过程中都会存在一定的障碍和误差。

第二节　黔东苗语的空间认知取向

人的认知能力有限，不可能不分主次、不加选择地用到一切客观存在的事物上，而总是有一定倾向性，这种认知倾向取决于关系该民族自身生存和发展的事物特征之上。吴恒贵（1996）从人类学的角度对杉坪寨苗族的认知方式进行了较为深入的考察，认为苗族精于识近而疏于识远，精于察地而忽于识天，精于外形的观察和动态的捕捉而疏于对内在结构的剖析。这也符合苗语母语者的空间认知特殊性，从苗语空间表达的句法语义特征可见一斑。就空间认知行为取向而言，苗族对空间参照系统的选择有倾向性差异，对空间维度的关注度也会因苗族的生存生活环境特征而体现出参照框架选择的取向性差异。空间认知取向问题事实上是一个倾向性选择的问题，而空间表达式的选择也是一个认知系统中的"权衡"问题，需要更多心理认知实验数据和空间表达式的句法分析来作参考和论证。本节借鉴认知心理学相关研究方法和研究成果，从语言特殊性的角度去论证苗语黔东方言母语者的空间认知取向问题。

一、空间参照选择的倾向性

苗族空间认知系统，存在环境中心参照、物体中心参照和观察者中心参照三个参照框架。人们在表达空间关系时，往往会根据实际语境对其中一种或两种参照框架，做出最具习惯性表达的选择，体现出对空间参照的偏好性取向。苗族人生活在地势崎岖的崇山中，生活多限于重山细水环绕的较为闭塞的空间内，交通也极为不便。重山细水为生于其中的苗语母语者提供了一个显著的视觉系统，根据地势来确定方位成为他们的空间认知惯性，他们对山水的空间感知有高敏感度，对由山水为参照得出的空间关系表达式也体现出一种语言表述惯性。在对较大空间位置关系进行描述时，苗语母语者会更倾向于启动这种最为熟悉的"山水"环境中心参照系统。

Levinson（2003、2006）对人类空间认知作了跨语言考察，认为"不同语言在参照系选择上存在的差异，在非语言认知事件上也会相应地存在差异"。刘丽虹、张积家、王慧萍（2005），张积家、刘丽虹（2007）曾对汉语南、北方习惯空间术语与空间认知之间的相互影响关系作了心理学研究，认为人们在习惯空间术语上的差异会导致空间认知上的差异，从汉语空间认知的角度验证了 Levinson 观点的科学性。由于苗语中缺乏绝对空间概念词，在实际生活中，就很少启动对绝对空间参照系统的认知机制。如苗族人对村寨、房屋、路状等进行定位时，很少用到东南西北等绝对空间概念表达（尽管有诸如"$p^h i^5_{边} n^{ah} \varepsilon^1_{太阳} ta^2_{出来}$、$p^h i^5_{边} n^{ah} \varepsilon^1_{太阳} lju^8_{落下}$"等大于词的语言结构来表达"东、西"方位），也较少用到前后左右的一类相对空间概念方位词，却对环境中心参照框架有较强的偏好。

笔者参照 Levinson、张积家等人设计的实验程序分别作了如图 1-6 的"箭头识别"实验，在苗语母语者中曾选取 30 名苗族成年人，男女各 15 人，将图 1-6 左图所示的画有箭头的白纸放在桌上，让被试观察箭头 2～4 秒后，向后转（即旋转 180°）再在图 1-6 右图所示的纸上找出 L、M 哪个是旋转前所看到的箭头。

被试旋转180°后

图 6　旋转 180°后箭头识别示意图

实验结果显示，抽取的 30 名被试，无一例外地认为右图中的 M 箭头为旋转前（左图）给出的原箭头，被试在对这一带有强方向特征的实物做出判断时，往往更侧重于以自身身体作为坐标轴和参照，对眼前实物的空间性语义信息进行编码。也就是说，苗族非语言空间认知中也几乎不启用绝对空间概念系统。

笔者又参照 Levinson 的动物排序实验设计了以下如图 1-7 的"事物摆放"实验，左图所示的画有排列顺序动物和距离 5 厘米处的放有方块物体的画纸放在桌上，让被试观察画纸图像 5～7 秒后，向后转（即旋转 180°）再在图 1-7 右图所示的纸上找出哪列是旋转前所看到的动物排列顺序。

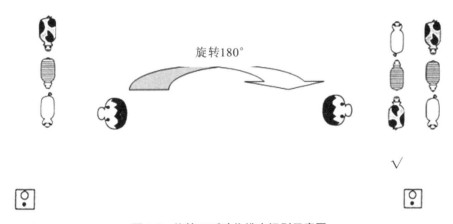

图 1-7　旋转 180°动物排序识别示意图

实验结果为：30 名被试中，有 23 名认为右图中打"√"的动物摆放顺序为旋转前（左图）给出的原顺序；有 7 名被试以动物朝向前方的方块物体为参照，得出右图中不标记的动物摆放顺序为旋转前给出的原顺序；当把方块物体拿开时，30 名被试无一例外认为右图打"√"的动物摆放顺序为旋转前给出的原顺序。该实验结果表明，苗语母语者非语言空间认知中优先选择以自我为中心的相对空间参照系，在其他具有强空间方位特征的物体存在时，会选择物体中心，但几乎不启用绝对空间参照。

当然，人们对空间参照系统的选择偏好反过来也会直接影响相关空间词在语言中的使用频率。苗语母语者对山、水、路等构成的环境参照框架的偏好度也会影响与之对应的山水环境空间词在苗语中的使用频率及其语义发展变化。如，苗语三大方言区都含有以山水环境中心为参照得出的方位概念表达，湘西苗语表"下、下方"义的方位词 xɑŋ³ 本义为"溪、谷、地势较低处（xɑŋ³pan² 坪坝）"，本义为"山岭"的 zən² 在花垣吉卫苗语中则用来表达"上、上面"之义，凤凰山江苗语中同用原义为"山岭"的 qɤ⁴ 参与"上、上面"义的语形表达（lo⁵qɤ⁴）。可见，湘西苗语的上、下方位概念与溪谷、山坡有直接相关性，前者是由后者的空间区位特征进一步抽象演变而来；黔东苗语用来表达"坡、山坡"的词 pɤ⁴ 也常用来表示方位"上"义，用表"地"的词 ta¹ 来表示方位"下"；苗语西部方言川黔滇次方言中的 pe⁴ 原义是"山、山坡"，作方位词用时表"上、上面"义（pe⁴ᵤₜ zau⁴ₓₐᵢ 上面的寨子），ntṣau⁴ 的本义指"平坝"，与中部方言的 nɑŋ⁴（下游）同源，用来表达方位概念为"下、下方"义（ntṣau⁴ xɑŋ³ᵤₜ 山弯下、ntṣau⁴ tṣoŋ²ᵤₜ 门下面）。此外，三大方言区的复合方位词多数都用 kɤ³ᵤₜ（湘西方言的 kɯ⁴⁴、川滇黔方言的 ke⁵⁵）作方位标记，可见 kɤ³ 与苗族空间区域划分出来的方位概念密切联系，也反映了苗族空间认知对"路"的认知偏好，"路"是人们确定空间序列关系最重要最常见的参照中心，以"路"为构词语素成为苗语空间方位概念最典型的表征形式。

从所收集到的黔东苗语日常口语和苗族传统口述经典的语料来看，因环境中心参照框架在判定空间位置关系时，更容易被激活，由此参照框架得出的空间方位词 nɑŋ⁴、tɕɤ⁶、pɤ⁴、ta¹ 的使用频率较高，其语义发生泛化（或词汇化）的可能性越大，语义所指越容易从空间域投射到其他语义域，其使用范围不再限于"山河"所指的空间区域。如苗语黔东方言中的 nɑŋ⁴、tɕɤ⁶ 在苗族古歌中具有较为特殊的文化语义内涵：其中，nɑŋ⁴ 不仅表河的下游，也泛指较平的地方，也是苗族的祖居地，由此引申出 nɑŋ⁴ 作为尊位的文化义项；tɕɤ⁶ 表示河的上游，也指地势险要之处，也是苗族迁徙路线的目的地。nɑŋ⁴、tɕɤ⁶ 在黔东苗语中的非山河环境中心参照系统空间方位用法如下：

（1）fʰa¹ ŋi⁵ ɕaŋ⁸ nɑŋ² tɕʰen³，na⁷ ɕʰe⁵ <u>tɕɤ⁶</u> qei² ɕi³？

　　掉转看 时候 年　 起　 牛　住上游 什么

　　反看远古时，牛住在哪里？

（2）tɕen¹ ta⁴ taŋ¹ tau⁵ ȵa⁶，tu¹ ȵo² <u>naŋ⁴</u> qei² ɕi³？

　　金　丢　根　木　挂　　放留下下游　什么

　　金子留下根拐杖，究竟搁在哪里呢？

（3）tɛ⁴ nɛ² moŋ² ŋa⁴ paŋ⁵ va⁵，to⁴　xo² pɛ³ <u>naŋ⁴ pɛ³ tɕɤ⁶</u>.

　　个　人　那　懒　很　很　些东西堆下游 堆上游

　　那人太懒，东西到处堆。

（4）tɛ¹ ta³ ʥʰo³ <u>fʰu³ naŋ⁴</u>，sʰen¹ nən² tɛ¹ pa³ lu⁴.

　　个 长 聪明 超常　　神　他　个爸年长

　　有位智者很超群，神仙老伯最聪明。

（5）nən² tɕu⁶ tei² <u>ɕʰaŋ⁵ naŋ⁴ ɕʰaŋ⁵ tɕɤ⁶</u>.

　　他　果　真超过 下游 超过上游（过分、超群）

　　他真是太过分了。

（6）moŋ² sʰa⁵ ʈu¹ tsa³ ta³ <u>tɕɤ⁶</u> poŋ⁵ non³，sʰen⁵ ʈu¹ tsa³ to⁵？

　　你　离开 里　家　长 久　很 这　　想　里 家 不

　　你离开家这么久了，想家吗？

以上例句（1）—（3）中 naŋ⁴、tɕɤ⁶ 的空间方位义已经模糊化，泛指不带具体空间方位的某处，其中例（3）是二者的遍指用法，与河之上、下游空间方位义没有直接相关性。例（4）中 naŋ⁴ 的"超常"义源于苗族人的迁徙历史记忆中的祖居地，naŋ⁴ 作为一切事物的源地，被苗族族群的祖先崇拜文化赋予特殊的含义，而并非简单客观物象的"河之流向"；而 tɕɤ⁶ 作为迁居地，也代表着苗族迁徙史上孜孜不倦的目的地，引申出"遥远"之义，如例（6）；naŋ⁴、tɕɤ⁶ 便构成了苗族迁徙历史和现实生活的所有空间，二者连用表"到处"，例（5）中的 ɕʰaŋ⁵_{超过} naŋ⁴ ɕʰaŋ⁵ tɕɤ⁶ 则表示超出生活空间，引申为"过分、超群"，后文相关章节详述，此不赘述。

就物体中心参照框架和观察者中心参照相较而言，当被关联物体的空间特征显著时，人们会优先选择物体中心参照框架；当物体本身的空间特性不凸显或受限时，则多用观察者中心参照来定位被关联物体。就物体中心参照框架内部而言，影响人们对空间参照物选择偏好的可能还涉及以下一些因素：一是空间中的被关联物体是否具有社会属性，会影响人们空间参照的选择，如在苗族社会中的护寨树比起其他树或物体更容易被当作参照物；二是空间中物体形状的大小也会影响参照物的选择，人们往往对大的空间物体的空间特征的辨识度更高，更容易被当作空间参照，如在苗族社会，大榕树比小杉树更容易成为参照物，柜子比小板凳更容易被当作参照物。

二、空间维度的关注度考察

空间维度关注度是体现认知取向的重要方面。由于苗语黔东方言区人们依山傍水，居住环境崎岖不平，聚居村落多呈垂直、立体分布，其生活空间的垂直变化明显；因而，相较水平空间维度，他们倾向于对垂直空间维度投入更多关注，体现在语言中，就是垂直空间概念的表征形式比较丰富，对垂直空间概念认知的精细度也往往高于其他平地或沿海族群。

苗语黔东方言中，表达垂直空间维度的有 $\text{vɛ}^{2}_{天/上}$、$\text{pɣ}^{4}_{坡/上}$、$\text{f}^{h}\text{u}^{3}_{首/上}$、$\text{tɕɤ}^{5}_{上游}$、$\text{ku}^{8}_{背/上}$ 等不同参照系得出的方位概念，分别表示带有不同语义特征的"上"，而 $\text{ta}^{1}_{地/下}$、$\text{naŋ}^{4}_{下游}$、$\text{qaŋ}^{1}_{尾/下}$、$\text{lo}^{1}_{脚/下}$ 分别表示不同参照系统下的带有不同空间几何特征物的"下"；苗语湘西方言中有 $\text{ləu}^{5}_{口/上}$、$\text{ləu}^{5}_{口/上}\ \text{qɣ}^{4}_{山}$、$\text{ta}^{3}_{处}\ \text{zei}^{55}_{山}$ 等表示不同语境中的"上、上面"，有 $\text{kji}^{2}_{底部}\ \text{du}^{1}_{处}$、$\text{ta}^{3}_{处}\ \text{xaŋ}^{3}_{溪谷/下}$、$\text{kəu}^{3}_{路}\ \text{xaŋ}^{3}_{溪谷}$、$\text{xaŋ}^{3}$ 表示不同语境中的"下、下面"；川滇黔方言中有 $\text{ʂou}^{44}_{脊背/上}$、$\text{nta}^{2}_{天/上面}$、$\text{te}^{1}_{地/上}$、$\text{pe}^{4}_{坡/上}$ 表示不同语义功能的"上"，$\text{qua}^{44}_{地基}$、$\text{tɕe}^{8}_{下面}$、$\text{tou}^{6}_{下面}$、$\text{qaŋ}^{43}_{尾}$ 可以表达"下"。苗语中这些垂直维度方向词都是在不同的参照框架下形成的不同方位概念词，这远比汉语中的"上、下"概念的语义表达要精细得多。在苗语黔东方言中，很多水平空间方位关系的表达也多用垂直空间维度词来表达：由于苗族的村寨房子都是傍山而建，房子当头的方位关系用 $\text{naŋ}^{4}_{下游}$、$\text{tɕɤ}^{6}_{上游}$ 来表达，房子朝向的前后方位关系用 $\text{pɣ}^{4}_{坡/上}$ 和 $\text{ta}^{1}_{地/下}$ 来表达，道路两边的方位关系也多用 $\text{pɣ}^{4}_{坡/上}$ 和 $\text{ta}^{1}_{地/下}$ 来表达，芦笙场、晒台、田地等的水平空间的方位关系都是采用带有角度的空间参照来表达，如图 1-8 对路的水平方位表述：

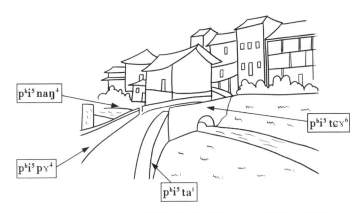

图 1-8 山体、河流参照框架下"路"的空间定位示意图

图 1-8 中"路"的水平方位表述，以山体为参照，路的水平两边位置关系用"pɣ⁴坡边"和"ta¹下边"来表示；以河流方向为参照，路的水平两边位置关系则用"tɕɣ⁶上游边"和"naŋ⁴下游边"来表示路两边的位置关系。"芦笙场"的水平方位表述，也是以该物体的水平平面与垂直平面所构成的角度关系来定，此外，pi⁵pɣ⁴ 也可说成是 kɣ³路 n̩aŋ⁶里，以靠近坡面为"n̩aŋ⁶里面"，田地也是以靠坡面为里面，因此黔东苗语有"qa¹词缀 n̩aŋ⁶里 li²田 田内坎"和"qa¹词缀 cʰaŋ⁴坎 li²田 田外坎"之分。湘西苗语则将认知主体的身体平移至山体，以山体作为参照，以山体中心为轴，远离山体向周围辐射的方向为"nɣ⁴前"，靠近山体中心方向为"tʂei⁵后"，用"tʂei⁵后 tʂəu³坎 la⁶田 田后坎""nɣ⁴前 tʂəu³坎 la⁶田 田前坎"分别表示田内坎和田外坎；而川黔滇苗语中用"ta¹脚 ntʂu⁷坎 la²田 田坎脚下（即上面那丘田的坎脚）""npɑŋ¹边沿/臂 ntʂu⁷坎 la²田 田坎边沿"分别指田内坎和田外坎。

认知语义学认为，概念结构源于体验，概念所呈现的范围和本质取决并受限于空间体验的本质。苗族作为以农耕为主的山地民族，其日常生活多穿梭于高低崎岖的高地与低谷之间，对空间的体验多为崎岖的垂直空间。这样的空间环境和生活方式必然致使其更加关注上边和下边而非左边和右边，从而使得他们对空间概念所呈现出的表征也多为垂直维度空间。关联理论认为，人的认知以最大关联为准则，人们在对空间关系识别或判定的过程中，也会在认知系统中匹配出具有最大关联性的参照物和被关联物。在空间方位关系的判定过程中，山地民族会更加依赖于当地的地势，胜过于依赖自己的身体。与汉语空间系统相比而言，汉语中多用水平维度词来表达泛化空间区域，而苗语则对空间的垂直维度更为敏感，侧重于用垂直维度词来表达泛化空间，如汉语的"走南闯北""东奔西跑"语义上对应苗语黔东方言的"naŋ⁴下游 naŋ⁴ tɕɤ⁶上游 tɕɤ⁶"，而苗语湘西方言用"χwei³⁵左 dʑɯ³⁵ χwei³⁵右 lo³⁵下"；汉语的"响彻四方"对译成黔东苗语为"shɑ¹响 tɑ¹下 shɑ¹响 vɛ²上"或"shɑ¹响 naŋ⁴下游 pi⁵边 tɕɤ⁶上游"，湘西苗语也用垂直空间特征的山坡来表示泛化空间"χwa³⁵喧哗 qə⁴⁴山坡 χwa³⁵喧哗 zaŋ³¹山岭"，川滇黔方言亦有类似表达；汉语中的"天南地北"对译黔东苗语"to⁴远 naŋ⁴ to⁴下 tɕɤ⁶"，"左顾右盼"对译黔东苗语"ɕhi³看 fhu³首 ɕhi³看 qaŋ⁴尾"，"东倒西歪"对译湘西苗语"qo²²倒 dʑɯ³⁵ qo²²倒 lo³⁵"等。这种空间垂直维度还体现在空间动态关系中，苗语中的很多动词在表达空间位置变化时，其本身带有空间向量语义，如"tɕi⁵爬"指由下而上的位移动作，"ŋa⁴下"指由上而下的位移动作。王辅世、王德光（1982），张济民（1987）等曾论述苗语西部方言中的一些空间方位词含有说话人所指具体位置的地形高低及其陡峭度等语义。这都说明了该族群对周围环境地势、地貌等空间概念的观察精细度以及他们与周围环境的互动，直接反映了他们在生产生活实践过程的空间动态感知和经验。

　　从以上列举的垂直空间维度词所构成的俗语或固定词语词义中，我们可以看到该类表达垂直空间的语素或词并不单单指客观空间方位，其语义所指的空间范围往往隐含了该民族在实践活动的空间体验和主观认知。苗语母语者对方位概念的认识是建立在具有文化和环境特征的具体空间概念之上的，正如 Steven Pinker（2015）所述："决定哪一种心智能力更容易被派上用场的真正因素并不是语言，而是文化和环境。"就人类认知的一般规律而言，尤其是那些特殊的空间概念关系到该民族自身生存和发展，更会引起该民族对该空间概念的深入思考，从而赋予其空间处所以外的更多语义内涵，引发该空间概念词的语义向其他语义域的扩展或赋予某空间词的特殊民族文化内涵。反之，苗语中的这些空间词又成了我们窥视苗语母语者认知空间特征的重要窗口。

三、具体实物空间属性的凸显

事实上，能反映苗族空间认知取向特征的绝非仅仅局限于词汇系统，苗语语言组合结构和方式，也能明显反映他们对空间认知的特殊性，也能反映他们对物体空间特征的认知取向。苗族对物体物理属性的观察细致入微，而他们对物体物理属性描写的重点也有不同倾向，重在对物体外形的空间特征的描写。可能正是因为苗族对物体的实体空间外形的关注度比较高，其普通物体名词的空间语义特征也就自然处在凸显地位，其表具体实物与表达实物所含空间范围（处所）之间可以自由切换。如苗语三大方言中的同源名词前缀 qa^1：qa^1 在苗语中多用于表示静态的、较小物体名词或某一整体中的部分物名词词根前，强调该具体实物的空间个体性（如 $qa^1 s^h \varepsilon^3$ 米粒），可以用于某些带有强空间特征的名词前，指代该名词所示的空间处所，如 "$lo^5_{嘴/口}$ on^5 坛子口" "$lo^5 to^7$ 罐子口" 等名词前加上 qa^1，则强调容器通内外之处 "$qa^1 lo^5 on^5$ 坛口处" "$qa^1 lo^5 to^7$ 罐口处"。qa^1 还可以用于某些静物名词前，指代以该物体为地标或参照的周围空间区域，如 me^6 指 "脸、面"，$qa^1 me^6$ 指 "跟前、面前"；$tau^5 t\varphi i^5$ 指 "杉树"，而 $qa^1 tau^5 t\varphi i^5$ 指大杉树所在空间区域，用来特指语域内有以大杉树为地标的地名，苗语的宗地地名就有很大一部分以 qa^1 为地名语素，详述见后面第二章。可见，苗语中，qa^1 既是名词词缀，也是空间方所词词缀，有指示空间区域的作用。

苗语中，除了空间概念的词形构成上与普通表物名词存在相通之外，在句法上也存在相似之处。就句法上而言，苗语中的一些空间处所概念也可直接用普通名词来表达，换言之，苗语中的诸多普通名词也可以不依赖方位词直接充当句子的处所成分。如以下例句：

（7）$t\varphi i^1 pe^5 to^5 l\varepsilon^1 n\gamma^2$.

　　关　猪　在　个　圈

　　把猪关在圈里。

（8）$xei^7 \varepsilon^1 x\varepsilon^1 \partial u^1 nei^6 to^5 to^4 vi^4 non^3$.

　　舀　一　瓢　水　掺　在　些　锅　这

　　舀一瓢水掺在这些锅里。

（9）nən² ɟjaŋ⁴ pɤ⁴ ne⁸ to⁵ lɛ¹ ɣi¹.

　　他　　跌跤　　砸　在　个　石头

　　他跌倒砸在石头上。

（10）qei² tɛ¹ lɛ¹ vi⁴ əu¹ to⁵ fu² lju² tɕi¹.

　　　就　架　个　锅　水　于　三脚架。

　　　就架个水锅在三脚架上。

汉语的量名结构或普通名词大多要加上方位词实现方所化以后才能表达处所，而以上苗语例句中的 lɛ¹ ŋɤ²、to⁴ vi⁴ noŋ³、lɛ¹ ɣi¹、fu² lju² tɕi¹ 等表具体事物的量名结构或普通名词却可以直接作处所介词 to⁵ 的处所宾语。可见，苗语中诸多静态普通名词在表达具体实物与处所时并无形态差异，苗族认知系统中对具体实物的认知依旧将其空间特征当作一个重要的属性来识别和记忆，他们对具体实物的认识依旧会根据视觉体验中的实物外形来把握其物理属性，从而将实物的空间外形特征作为语义核心要素列为具体实物名词的固有语义，以致该类具体实物名词可以不需要与方位词同现的情况下，直接实现其语义范畴的方所化。此外，苗语中的具体实物名词或量名结构还可以直接置于存在句句首作存在处所，如下列画线部分表达：

（11）qa¹ nau² tau⁵ ɳaŋ¹ ɛ¹ ɳu⁶ əu¹.

　　　（缀）叶 树　有 一 滴 水

　　　树叶上有一滴水。

（12）lɛ¹ la⁶ ljaŋ⁶ moŋ⁴ vo¹.

　　　个 地　长　群　菜

　　　地里长了许多菜。

当然，存在句是以空间处所为话题主语的句法结构，当句义上要强调或需进一步明确存在处所的具体位置或空间方位时，才会在普通名词后加上方位处所词，构成"名量词＋方位处所词"结构。如：

（13）lɛ¹ ki⁵ noŋ³ me² qa¹ tsʰɛ³.

　　　个 柜 这 有（缀）米

　　　这柜子有米。

（14）lɛ¹ ki⁵ kɤ³ ɳaŋ⁶ me² qa¹ tsʰɛ³.

　　　个 柜 路 里 有（缀）米

柜子里面有米。

(15) lɛ¹ ki⁵ kɣ³ ve² me² qa¹ tsʰɛ³.

　　个 柜　路 上 有（缀） 米

　　柜子上面有米。

以上例（13）的"lɛ¹ ki⁵ 柜子"是对话人意念中定指的空间物，其语义已含有空间特性，用来作处所词，可指代柜子所构成空间的任意部分空间，可以是柜子面上，也可以是柜子里，还可以指柜子的某个角落，具体依语境而定。也就是说，例（13）所表达的物体空间关系就涵盖了例（14）、（15）所表达的空间关系，但根据柜子 ki⁵ 的空间特征，例（13）中的 lɛ¹ ki⁵ 更容易被识解成例（14）的容器语义。又如下例（16）就单个量名结构作存在句主语的，不需加其他任何空间语义成分，其空间语义关系与下例（17）中量名结构加方位词完全同义：

(16) tɛ⁴ tau⁵ ŋɑŋ¹ pɣ¹ tɛ⁴ nau⁶.

　　个 树　有 三 只 鸟

　　树上有三只鸟。

(17) tɛ⁴ tau⁵ kɣ³ ve² ŋɑŋ¹ pɣ¹ tɛ⁴ nau⁶.

　　个 树　路 上 有 三 只 鸟

　　树上有三只鸟。

可见，在苗语空间认知语义系统中，具体事物名词的语义本身含有空间语义特征，空间特性是物体的基本属性。但需要注意的是，苗语中作处所的实物名词都无一例外要前加量词或处所词缀，名词的空间语义（实体性、容纳性和处所性）功能的凸显需冠以量词或处所词缀为主要手段。

小结

人类对空间的感知特征与其族群价值观念和生活经验密切相关。知觉的相互作用认知理论学家 Arnes，Cantril，Ittelson 等认为："知觉取决于每个人的目的，价值观念和生活历史。"[①] 关于知觉学习的认知，Eleanor

---

① 转引自埃莉诺·J. 吉布森. 知觉学习和发展的原理 [M]. 李维，李季平，译. 杭州：浙江教育出版社，2003：3.

J. Gibson（1996）进一步提出："环境中蕴含丰富、多变而复杂的潜在刺激信息，能够形成各种各样意义丰富的知觉。"[①] 不可否认，人类对空间物的空间属性的感知，很大程度上受不同环境下的刺激信息所影响，而这些潜在的刺激信息又并非不分主次地存在于人的大脑中。对苗语典型空间词的语义句法功能考察，是探索苗语母语者的认知空间特性的重要途径之一。

本章节所设的非语言空间认知实验结果表明，在没有带强空间属性的空间物介入的情况下，黔东苗语母语者优先选择自我中心参照。而从日常口语交际中苗语空间词的使用频率和语义功能来看，环境中心参照下的空间概念在苗语母语者认知系统中也带有强标识性和高敏感度。

由于苗语母语者对具体空间物的认知往往会强调其外形和功能性特征，从而会在空间概念表征中，先将空间名物词通过词缀或冠加区别词（量词）的形式来实现其语义上的个体化、实物化，这又直接影响了苗语空间表征中方位成分的隐现，形成具有苗语特色的空间表达句式。可见，要通过语言空间去考察认知空间，除了通过词汇层面的考察以外，句法层面的空间表达亦能反映出苗语母语者对空间的认知特征。

第三节　黔东苗语的空间知识归类

黔东苗语空间关系表征的特殊性反映了苗族对空间系统的认知差异，同时，不同生活空间环境下产生的空间思维和认知中所表现出来的民族性差异也会直接影响该民族对空间概念的语言编码。对空间知识的归类方面，苗族人对空间归属关系和空间距离关系等进行识别时，会因其社会实践经验和生存环境的特殊性，而对空间概念进行时间化、社会化、情状化，使得原本客观的物理空间概念不可避免地被打上族群社会空间文化的烙印，反映了空间思维的民族性特征。

[①] 转引自罗伯特·V. 卡尔. 儿童与儿童发展（上）[M]. 周少贤，窦东微，郑正文，译. 北京：北京教育科学出版社，2009：164.

▶ 一、时间语义参项

空间关系作为人类认知系统中最基本的范畴之一，是其他语义范畴（如时间关系、数量关系或性状关系）的认知基础（由空间域投射到非空间语义域），在世界绝大多数语言中，用空间词来表达非空间语义范畴符合人类认知的普遍规律。苗语空间知识体系中的空间和时间亦非两个相互分离的认知范畴，甚至对空间知识的归类往往会有时间属性的介入，这种知识归类特征在空间概念的语言编码中有所体现。

当然，我们从苗语的有角度空间参照系统中，较少看到方位概念相关表达式在表达空间方位的同时又含有时间语义信息；但这并不能说明苗语对空间概念的知识归类会将时间语义置之度外。其中，最为明显的例子是黔东苗语中的空间距离指示词属于多分指示类型，反映了苗族的指示语系统在对相关空间关系进行距离上的归类和划分时，比指示词二分法的语言有着更为复杂的语义参项。与汉语普通话指示词相较而言，苗族的指示词多分法不仅会考虑到说话者和所指对象的空间距离（分出近指和远指），还会考虑到听话人与所指对象的空间距离（有较远指和最远指的区别），甚至会考虑到对话者所在的"现时"场景与"非现时"场景的意念距离（即时间语义信息），从而分出一类"忆指"指示词 i³ 出来。苗语中这种对空间指示词的时间语义概念进行编码的方式，变二维为三维，可以加强空间指示系统的可感性或确指性。

事实上，时间语义信息的编码并不限于指示系统，有角度空间参照系统同样存在该类编码模式。如黔东苗语中表示空间存在的 ŋaŋ¹ 语义本身含有"时间"语义属性在内，其语义上具有"现时"性，往往也可以用来表示"在"某种状态，如 ŋaŋ¹ lu¹活、ŋaŋ¹ ɣu⁵好、ŋaŋ¹ ɣe⁶力气 都表示"健在"；而苗语另一限于表达空间"在"义的词 to⁵ 则并不含有时间语义，也不用来表达具有时间特征的状态。再如，苗语中的位移动词 faŋ⁵ 在表达外出义时，隐含有外出较长时间在内的常态义："mɣ⁴去/ta³来 ku³外 外出"相较"faŋ⁵出 ku³外"而言，后者指一般意义上的带有目的、较为正式的长时间外出；而前者含有久居家里到外闲逛的短时间的外出之义，mɣ⁴ 和 faŋ⁵ 分别表达不同语境下的

"外出"，含有时间语义信息差异在内。

人类学家和民俗学家也对苗族社会空间进行了多方位考察，苗族社会内部会因空间地理位置的不同，而选择不同时日过同一个节日；苗族川黔滇方言区，同一个月份名称在各次方言中会用不同的生肖名称表示，如先进以兔月作为正月，宗地以龙月为正月，石门坎以蛇月为正月①。这些都论证了苗族空间认知中时、空内部的对应性和同一性。苗语专门用来表达较精确的时间词很少，多是汉语借词，很多具有时间特征的表达往往与空间距离、量化词是用同一个语形来表达。如 dje^4 在黔东苗语中既表主观上难以抵达的空间"远"（dje^4tu^1 城里），也表时间上的"久"（dje^4la^2 很久以前）；to^4 可以用来表达空间上的"远"（to^4nan^4 遥远），也可表时间上的"晚"（$\text{to}^4\text{m}^\text{h}\text{an}^5$ 深夜）；距离指示词 non^3 既可以用来指空间上靠近说话者的"这"（xan^1non^3 这里），也可以指时间上靠近说话时间的"今、现"（$\text{n}^\text{h}\varepsilon^1\text{non}^3$ 今天）。从这方面来看，苗族中的时空认知已是接近统一状态，带有时间语义特征的空间往往并非静止的，而是动态的。

▶▶ 二、社会关系语义参项

苗族对空间的认识与现代意义上客观的物理空间有较大出入，并非绝对纯客观的物理概念，而是一个主客体相统一的概念，有明显的山地文化特色与丰富的社会内涵。他们对社会结构的认识也会在空间概念表达上有所体现，将社会关系上的亲疏等次投射到空间知识的归类标准及其语言表达之中。

首先，在对相关地域的命名上，苗族地名隐含了苗族社会盟约关系，而地名所指的空间地域范围也会随族群支系的延伸而扩展。时空概念的表达之间存在隐喻关系是世界语言的共性，而时间与空间的知识归类存在的特殊对应关系则是某些民族所特有的，苗族时间与空间形成的特殊对应关系是苗族语言文化的一大瑰宝，也体现了苗族时空认知的特殊性。

苗族村寨聚落和集市在空间上的分布往往与时间形成对应关系，而时间与空间之对应分配往往将苗族内部的社会结群逻辑作为桥梁。如苗族社会各

---

① 转引自孙宏开，胡增益，黄行. 中国的语言［M］. 北京：商务印书馆，2007：1494.

集市之间形成的集市圈，与场市有关的地名往往又以集市场日来命名，场日又根据十二生肖命名。诸如"Dangx Jud 酒场""Dangx Niel 跳鼓场""Dangx Ninx 斗牛场"等空间区域的命名则主要考虑其空间的使用功能语义作为命名理据。而"Dlib Jangl 西江""Dlib Hxit 青蔓""Dlib Songd 山丙""Dlib Kad 高标"等地则是以 Dlib 这一苗族古代氏族名称来命名，直接反映了这些空间地域在社会结群上的血缘亲属关系。

　　除了空间名词的语义内容会体现苗族对空间知识的归类特殊性以外，也可以从黔东苗语空间结构或句式的语义特征中窥见。如苗语的存在句就有物理性空间存在和社会领属性存在的区别：黔东苗语典型存在句有 $me^2_有$ 字句和 $\eta an^1_在$ 字句两种，二者都能译成汉语"有"字句。但 me^2 字句来源于领属句，存在空间与存在物之间存在领属关系，其更接近含有社会领属关系语义在内的"有"字句；而 ηan^1 字句强调当前空间存在，多强调物理空间的存在性，在语义上更接近"在"字句。吴福祥（2010）在《东南亚语言"居住"义语素的多功能模式及语法化路径》提到了多种语言中"居住－处所－存在"语义链变化，一些语言中有居住义语素的存在动词会局限于指有生命物体的存在。也就是说，有些语言对空间存在的认知归类可能会以存在物的有无生命性这一语义特征作为划分标准，从而在表达式上有所区分。而黔东苗语对空间存在的认识却并不关注存在物的生命度，而将关注焦点放在对存在物的社会属性上，从而分成了物理性空间存在的 ηan^1 字句和领属性存在的 me^2 字句两种表达，二者的句法语义差异在后面章节详述，此不赘述。此外，在空间位移的表达上，黔东苗语也会因社会亲疏关系不同而分别用不同的趋向动词表达，如以下例句：

（1）$v\gamma^4$ $ka\eta^4$ Kad Linx lo^4 p^hi^5 $no\eta^3$.

　　　我　从　　凯里　来　边　这

　　　我从凯里（回）来（这里）。

（2）$v\gamma^4$ $ka\eta^4$ Kad Linx ta^2 p^hi^5 $no\eta^3$.

　　　我　从　　凯里　来　边　这

　　　我从凯里（非归）来（这里）。

（3）nən² tɛ⁴ tɛ¹ pʰi⁶ lo⁴ qʰa⁵ lɛ¹ ɣɑŋ⁴ noŋ³.

    他 个 姑娘 来 客 个 寨子 这

    他的姑娘嫁来这个寨子。

以上例句中的"lo⁴"与"ta²"都表示空间位移主体向观察点靠近，可译成汉语的"来"，二者之间的语义差别在于位移主体的社会归属差异：lo⁴暗含位移主体在社会关系层面上是归属于观察点的，而 ta² 则暗含位移主体的社会关系不属于观察点。例（1）用 lo⁴ 预设"vɣ⁴ 我"是"这里"人，而例（2）用 ta² 预设 vɣ⁴ 不是凯里人，而是外地人。例（3）中的"嫁"用"lo⁴qʰa⁵"而不用"ta²qʰa⁵"更是预设了婚姻结群关系对空间归属划分的影响。可见，黔东苗语中空间位置关系的表达含有社会空间关系语义参项。

▶ 三、空间性状语义参项

苗族对事物情状的把握十分精细，体现在语言中较为明显的就是苗语三大方言中都存在较为丰富的一类特殊词类"状词"。黔东苗语的状词包括拟声状词和拟态状词，其中，拟态状词主要是用来摹状动作或状态的。有一部分的拟态状词能表达空间特性，描写空间位移，摹状动态空间性状。如：

（4）ɛ¹ me⁴ nau⁶ zɑŋ⁵ tən⁸ zən⁸ mɣ⁴ zɑŋ².

    一群 鸟 飞 慢悠状 去（助词）

    一群鸟慢慢悠悠地飞走了。

（5）to⁴ nɛ² noŋ³ ɳɑŋ¹ ki¹ ɬʰei¹, to⁵ mᵒʰe¹ xʰe¹.

    些 人 这 坐 静止状 不 说 话

    人们静静地坐着，不说话。

（6）fi² ka³ lji³ lɛ¹ tɛ⁸ to⁵ qa¹ ɕoŋ⁵ tsa³.

    挂 下垂状 个 袋 于（缀）墙 房

    口袋挂在板壁上。

以上例句的状词在语义上并不是对主体的情状进行描摹，其语义不指向句子主体而指向动词在空间范围中的显示性状，包括速度、方向、空间运动方式等。在语法上，状词对前面的空间动词具有依附性：例（4）中 tən⁸zən⁸ 表位移动作速度慢的样子，ki¹ɬʰei¹ 表空间动作状态静止不动的样子，ka³lji³ 表物体沉重下垂的样子。拟态状词并不能单独使用，必须与动词连用，可看成是动词的一种准构形形态，在句法语义上属于动词所表动作性状的一部分。

除了借助状词来表达空间动态的情状以外，苗语中有的动词本身的语义就含有动作性状语义特征。如 ɕu⁵ 和 laŋ⁸ 是一对表"浸入"义的同义词，ɕu⁵ 表达物体浸泡的部位多、时间也相对较长、程度也更深，也可用来表达"渗入"义；而 laŋ⁸ 表达物体浸泡的部位相对少、时间短、程度浅，也可用来表达"蘸"义。也有的动词既能表达动作过程，也能表达动作结果，如下例句：

（7）nᵍʰɛ¹ noŋ³ moŋ² mɤ⁴ qa¹ ɣu³ qaŋ⁵ tu⁴.

天　这　你　去（缀）林　挑　柴

今天，你去坡上挑柴。

（8）qɛ³ tau⁵ noŋ³ ɛ¹ taŋ⁴ pu¹ ɛ¹ taŋ⁴ qaŋ⁵.

根　木　这　一　端　垂　一　端　翘起

这根木棍一头下垂一头翘起。

例句（7）中的 qaŋ⁵ 用作动词，表（能使物体向上的）施力动作，而例（8）中的 qaŋ⁵ 用作状态形容词，描述（施力动作后）物体向上的结果状态。qaŋ⁵ 作为空间动作动词，其语义本身含有空间性状，在一定的语境中，该空间情状语义很容易被激活。这类动词本身可以不借助其他情状助词，既可以表达动作，也可以表达动作结果；既可以指自动位移，也可以表达致动位移，如 qʰa³ 既可指"卸、下"这一位移动作，也可以指"下"这一位移结果，既可表自移的"下"义，也可表致移的"卸"义。

此外，苗语有些空间处所概念词也有语义上的空间情状差异，常见的差异体现为同一空间部位因被关涉物体的性状差异而使用不同的词来表达。如同样是用来表达物体的底部，qaŋ¹ 既可表达具体物体的下部（qaŋ¹ vi⁴ 锅底），也可表达抽象物体的下部（qaŋ¹ ɬʰa⁵ 月底）；tɘu⁷ 只限于表具体实物的圆形底部（qa¹ tɘu⁷ vi⁴ 锅底，qa¹ tɘu⁷ paŋ² 花骨朵，qa¹ tɘu⁷ za⁴ 朝下部分的鼻尖），表达"底部"义时，对所关涉的空间物的形状有所限定；而 ɬaŋ² 可指垂直物凹陷的底部（qa¹ ɬaŋ² vi⁴ 锅底，qa¹ ɬaŋ² li² 田底儿），也可以指物体凸出某平面的顶部（ɬaŋ² po¹ 山顶，qa¹ɬaŋ² qʰo¹ 头顶）。又如，同样用来表达物体边缘部分的概念词，pu⁵ 表示物体水平方向上的边缘部分，而 tu⁵ 表悬挂状态物体下垂的边缘部分，对比以下由 tu⁵ 和 pu⁵ 所构成的空间部位（或空间处所）例词：

（9）qa¹ tu⁵ pa⁴ 网脚　　　　　　　　qa¹ tu⁵ qʰe⁵ qʰu⁷ 裤/群脚（裤裙边沿）

　　　qa¹ tu⁵ u³ 衣脚（衣服的边沿）　qa¹ tu⁵ tsa³ 屋檐

（10）qa¹ pu⁵ kɤ³ 路边边/路两边　　qa¹ pu⁵ tsa³ 屋墙壁/房子周围

　　　qa¹ pu⁵ ɕaŋ³ 碗边边/碗旁边　qa¹ pu⁵ oŋ³ 塘边/塘周围

tu⁵ 与 pu⁵ 相较而言，tu⁵ 所表达的"边沿"部位隐含对空间物的具体实物性状的限定和预设，多限于指垂直维度中向下延伸的空间部位，不能用来泛指其他空间部位关系；而 pu⁵ 在语义上更加泛化，可以用来表达所有具有"中间-边沿"特征的空间部位关系，适用性更广，与空间物的大小、形状或向量部位无关。

除了空间名词、空间动词以外，苗语中有一部分量词不仅能表达空间度量，还能描述被度量物的空间性状。如下例（11）、（12）中的 pe⁵ 捏 用作量词表被弄成一定形状的软体物的单位量；例（13）中的量词 tʰoŋ⁸ 不仅表达量范畴，也凸显了量化对象"粗大"的空间形体量；例（14）中的量词 po³，不仅可以计量，还能凸显被计量对象的形状为圆球形。

（11）pe⁵ ɛ¹ pe⁵ kɤ³ nau².

　　　捏　一　团　饭　吃

　　　捏一团饭吃。

（12）te⁴ kaŋ¹ tɕoŋ¹ qən⁴ ljən⁴ ɛ⁵ ɛ¹ pe⁵.

　　　个　虫　蚯蚓　蜷缩　作一 团

　　　蚯蚓蜷缩成一团。

（13）tʰoŋ⁸ tsa³ moŋ² taŋ⁴ fʰu³ me² ɛ¹ tʰoŋ⁸ tau⁵.

　　　栋　房子 那　处 头　有 一大棵 树

　　　那栋大房子一头有一棵大树。

（14）nən² təu³ o¹ po³ qa¹　ta¹ ŋo² qo² po⁴ ɬo⁴ ɛ⁵ tɕu⁶ kɤ³.

　　　他　拿 两块（缀）土搅和 掺杂状　做 一 路

　　　他把两坨泥巴搅和在一起。

以上空间量词在表达空间计量的同时，包含了对空间物体形状的描述。苗语中甚至还有空间度量词不仅可以表达空间量或形状，还含有说话人的主观情状，如下例（15）qɛ³ 用作量词有表达轻蔑、厌恶情感在内，例（16）中的 ŋa⁴ 用作量词有表达说话人不满、不如意的情绪在内。

（15）qɛ³ nɛ² moŋ² ɛ⁵ lɛ¹ qei² ɕi³ sei² qɛ¹ ni¹ qa⁴ ŋa⁴.

　　个　人　那　做个　什么　也　慢吞吞状

　　那个人做什么都慢吞吞的。

（16）ŋa⁴ tɕu¹ noŋ³ ʌ² ɣu⁵ pɛ¹ u³.

　　根　针　这　不好　补衣服

　　这根针不好补衣服。

量词本身是凸显事物个体性和空间性的重要词类，用来描述人们对事物空间特征的视觉感知，这种视觉感知不可避免会引发人的心理体验，而苗语中的一些量词在承载对客观物体视觉感知信息的同时，也被赋予连带性的主观心理体验信息在内。可见，人们对具体实物自身固有的空间特征进行识解时，会带有主观性和民族性，再通过特定的认知方式对空间物的属性或特征做出特定语言文化体系内的知识归类。

小结

空间并非一个独立的概念系统，必然会涉及其他非空间语义概念信息。通过对黔东苗语空间表征的笼统性分析，我们发现，空间关系表达的语义概念中往往会渗入时间语义参项、主观认定的社会关系语义参项、空间物的性状语义参项和主观情状语义参项。黔东苗语空间表达式中这些非空间关系语义参项的进入，恰恰反映了苗语母语者对空间知识的归纳特性，是我们考察黔东苗语空间表达语言共性和个性的重要内容之一，也是进一步了解认知空间的重要参考。

第二章
黔东苗语无角度空间系统

空间范畴是人类对"客观虚空世界"的一种经验性感知，带有社会性和实践性。康德（1982）曾提出："空间是感性的直观形式，而不是自在之物的性质。"列斐伏尔《空间：社会产物与使用价值》（2021）提到"空间是一种社会关系"。而法国哲学家莫里斯·梅洛-庞蒂（2001）则认为空间概念是建立在身体行为和经验或知觉经验的基础之上。无论哲学家们对空间的思考是如何变化，总不能否认空间在人类认知体系中不可回避的主观性和想象性，亦不能否认人的"身体构造"在人类空间感知和体验中的重要作用。

Levinson（2003）将静态空间关系分为有角和无角两类。无角空间系统指的是无参照点的空间关系描写系统，即物体本身所体现出来的空间特征，不需要经历空间投射的、不随观察者视角的变化而改变的空间关系，其内部又包括拓扑系统、地名系统和指示系统。本章节重点论述黔东苗语空间拓扑系统、宗地地名系统和空间指示系统。

第一节　黔东苗语空间拓扑系统

人类对空间的认识都起于对具体空间实物的可感属性的认识，再通过隐喻认知方式将空间概念投射到其他语义认知域。Casati（2006）认为空间拓扑性是所有空间特征中最重要的特征。Piaget & Inhelder（1956）曾提出在欧洲语言中，儿童对空间概念的习得起于空间拓扑概念，他们认为儿童最先习得拓扑概念，再习得度量和角的几何学，尔后才掌握地理学概念。当然，这种儿童对空间概念的习得序列在不同语言中或许有所不同，但不能否认拓扑关系作为世界语言中普遍存在的最基本的空间关系，处于儿童优先习得序列。拓扑关系原指物理数学领域对基本空间数据目标点、线、面之间的邻接、关联和包含等空间结构关系。Frawley（1992）将语言学上的静态空间关系中的非投射关系定义为拓扑关系，分为附着、里、外三种，类似于Talmy（1983）所提的"图形"与"背景"概念。

　　本小节重点讨论空间拓扑关系在黔东苗语中的表征形式，并试图通过对相关表达式共时层面的句法语义特征拟构各表达式之间的历时演变关系，梳理空间拓扑关系在整个苗语空间表达系统中的位置。由于物理空间上的拓扑关系与语言所涉及的空间关系表述并不一一对应，本小节引借 Langacker 的认知语法理论"射体"与"界标"概念来论述空间拓扑关系的认知概念框架。

一、空间物的拓扑特性及其表征

　　物理学上的"拓扑"是指把具体实物抽象成与其大小、形状无关的"点"后，再用线集"点"而成的结构图。空间物的拓扑特性是指，人类在认知系统中根据空间事物节点特征而划分出来的不同空间部位点之间所连接成的拓扑结构。若将某具体实物看作一个拓扑空间，那么，人类根据认知取向划分出来的空间各部分就是该拓扑空间的子空间，子空间（各部分）所在的空间域被抽象成"点"后并不随具体实物的大小、形状或平移而有所改变，该子空间所具有的这种特性即为拓扑特性，这种拓扑性质实质上就是"整体"与"局部"构成的抽象空间关系。

　　结合物理学上对客观实物的拓扑结构类型的划分，我们可以将语言中人们对空间物内部结构拓扑特性的认知表征分为线型、星型、环型三种类型。苗语母语者对空间物的拓扑性认知特性通过语言中词汇层面不同处所词表达出来。

（一）线型拓扑性及其语言表征

线型拓扑性主要是指空间物的连接关系呈单线型展开，既可以指呈水平维度的线型连接关系，也可以指呈垂直维度展开的线型拓扑关系。黔东苗语中表达物体线型拓扑的词有 f^hu^3、tan^4、p^hi^5 等，都表物体的两端（或端头）。其中，f^hu^3 是身体部位词"头、首"的虚化，可以表达不同形状或大小物体的端头，如例（1）的例词；tan^4 的虚化程度更高，原义不明，可能是汉语借词"档头"，实用性较 f^hu^3 更为普遍，甚至可用作一个空间拓扑性并不明显的处所词，如例（2）所列例词；tan^4、fhu^3 经常连用一起表达事物的顶端，如例（3）所列短语；phi^5 原义不可考，可能是汉语"边"的借词，不能单独用作处所成分，常作为方位词的构成成分，如例（4）所列短语。

（1）$f^hu^3 \varphi^hi^5 q^hau^5$ 裤头（腰）　　$f^hu^3 tsa^3$ 房子档头（两侧）

　　　$f^hu^3 t\varphi u^1/\ell u^7$ 针尖儿/刀尖儿　　$f^hu^3 p\gamma^4/t\varrho u^4$ 山头/（炭）烟头

（2）$tan^4 nan^4$ 下游端　　　　　　　$tan^4 \varkappa u^5$ 细端

　　　$tan^4 p\gamma^4$ 上头　　　　　　　　　$tan^4 f^hu^3$ 前面

（3）$f^hu^3 tan^4 qan^2$ 扁担的顶端　　$f^hu^3 tan^4 f^he^3$ 线头

　　　$f^hu^3 tan^4 tsa^3$ 房档头　　　　$f^hu^3 tan^4 ku^8$（物体）顶端

（4）$p^hi^5 pa^3/mi^8$（物体的）正/反面　$p^hi^5 nan^4$ 下游边

　　　$p^hi^5 p\gamma^4$ 里边（靠坡边）　　　$p^hi^5 ta^1$ 下边（靠坡下边）

就物体内部线型拓扑性的图式分析来看，我们若将被关联的空间物当作界标（或图形），那么，该界标（或图形）就被抽象或描述成一个呈一维线型扩展的空间；而该被关联的空间物的结构组成部分就相应地被抽象或描述成二分"线状"的两端，且两端点就被当作空间关系中的射体（或焦点）来突显，且与空间物的形状大小无关，用 f^hu^3、tan^4、p^hi^5 等词来表达。这些由二分法得出的表达内部线型拓扑特征的部位空间词所表述的拓扑空间部位往往具有对称性，两个拓扑"点"之间相互依存，其区别性语素在语义场中成对反义出现；线型拓扑方所词与其他表物名词或方位词进行搭配时，往往处于"中心语（中心语在前，修饰语在后）"所在的句法位置，但语义上依存于修饰语，分不出哪个为语义核心，与修饰语同为射体。

（二）星型拓扑性及其语言表征

星型拓扑性主要是指空间物的连接关系从某点向四周呈扩散式拓展结构或四周向某点聚拢式结构，既可以是呈水平维度的射线单向扩散或聚拢，也可以是呈垂直维度的射线式拓扑，也包括树型拓扑式。黔东苗语中表达星型拓扑性的词有 $ɬaŋ^2$、$qaŋ^1$、ku^8、qa^1pu^5、$qa^1toŋ^1$ 等。其中，$ɬaŋ^2$ 作为射体凸显的是空间物往垂直维度的上（或下）延展的那部分，如下（5a）例词表达垂直向下延展的拓扑性，（5b）例词表达垂直向上聚拢的拓扑性；如下例（6）由 ku^8 构词的词单单表达垂直向上延展的拓扑性。例（7）由 $qaŋ^1$ 所构成的词表达垂直向下延展的拓扑性；例（8）qa^1pu^5 类词作为射体凸显的认知图示指空间物往边沿辐射的界点区域；例（9）$qa^1toŋ^1$ 类词指空间物边沿往中心聚集的点位置。

（5）a. $ɬaŋ^2li^2_{田}$ 田底儿　　　　　$ɬaŋ^2oŋ^5_{塘}$ 塘底

　　　b. $ɬaŋ^2qʰo^5_{头}$ 头顶　　　　　$ɬaŋ^2po^1_{山}$ 山顶

（6）$ku^8tsa^3_{屋}$ 屋顶　　　　　　　$ku^8tɕo^2te^2_{桌}$ 桌面

　　　$ku^8po^1_{山}$ 山顶　　　　　　　$ku^8ɣaŋ^4_{寨子}$ 寨子上边

（7）$qaŋ^1ŋe^2_{圈}$ 圈底　　　　　　　$qaŋ^1ɣaŋ^4_{寨}$ 寨脚

　　　$qaŋ^1vɣ^4_{锅}$ 锅底　　　　　　　$qaŋ^1tsa^3_{屋}$ 屋脚

（8）$qa^1pu^5ɣaŋ^4_{寨}$ 寨边　　　　　$qa^1pu^5kɣ^3_{路}$ 路边

　　　$qa^1pu^5tɕi^4_{炕}təu^4_{火}$ 火塘边　　$qa^1pu^5əu^1_{河}$ 河边

（9）$qa^1toŋ^1tsa^3_{屋}$ 堂屋　　　　　$qa^1toŋ^1kɣ^3_{路}$ 路中

　　　$qa^1toŋ^1xʰi^1_{心}$ 内心　　　　　$qa^1toŋ^1əu^1_{河}$ 河中央

与线型拓扑性相较而言，星型拓扑性在连接链上不具有对称性，由此认知方式所得出的部位空间词所表述的拓扑空间部位存在多分性，拓扑"点"之间相互独立。狭义的星型拓扑结构抽象出来的空间图式为中心—边缘图示，典型空间概念词为 $qa^1pu^5_{边缘}$ 和 $qa^1toŋ^1$；而广义的星型拓扑结构还包括树型结构，树型结构抽象出来的空间图示为"上—"结构（或"下—"结构），呈半星型拓扑结构，如上所举例词 $ɬaŋ^2$、ku^8、$qaŋ^1$。星型拓扑词在句法语义上都居于核心位置，作为射体与修饰语形成焦点与背景关系。

（三）环型拓扑性及其语言表征

环型拓扑性主要是指空间物的连接关系成环状形成内外结构，被关联的空间物被抽象成一个环形包含各个结构点在内的容纳式空间结构，即事物本身的整体空间结构与其子空间为互相包含的关系。从认知图式角度而言，环型拓扑空间的图形和射体之间实现了空间叠合，在语义概念上并不像以上所述的线型和星型拓扑那样凸显某个部位的特征，而是表达概括式的整体空间。黔东苗语中用来表达空间物的环型拓扑特性的空间词有 tu^1、$\text{ta}\text{ŋ}^2$、$\text{q}^\text{h}\text{a}\text{ŋ}^3$，这些词都可以直接汉译成"处/场所/地方"等，如下列用词：

（10）$\text{t}\text{u}^1\text{po}\text{ŋ}^2_{激流}$激流处　　　$\text{t}\text{u}^1\text{a}\text{u}^1_{水／河}$河里　　　　$\text{t}\text{u}^1\text{ɣa}\text{ŋ}^4_{寨／村}$村里

　　　　$\text{t}\text{u}^1\text{po}^7_{山顶}$山顶　　　　$\text{t}\text{u}^1\text{qei}^5_{街}$街上　　　　$\text{t}\text{u}^1\text{tsa}\text{ŋ}^5_{田坝}$田坝

（11）$\text{ta}\text{ŋ}^2\text{tɕu}^3_{酒}$酒场　　　　$\text{ta}\text{ŋ}^2\text{ki}^3_{芦笙}$芦笙场　　　$\text{ta}\text{ŋ}^2\text{ɟja}\text{ŋ}^1_{鬼}$敬鬼处

　　　　$\text{ta}\text{ŋ}^2\text{ɳi}^3_{水牛}$斗牛场　　　$\text{ta}\text{ŋ}^2\text{za}^4_{鱼}$鱼窝

（12）$\text{q}^\text{h}\text{a}\text{ŋ}^3\text{ɣe}^8_{塌陷}$塌陷处　　　$\text{q}^\text{h}\text{a}\text{ŋ}^3\text{tsau}^7_{暗}$暗处　　　$\text{q}^\text{h}\text{a}\text{ŋ}^3\text{ɳa}\text{ŋ}^6_{内}$内心/里面

　　　　$\text{q}^\text{h}\text{a}\text{ŋ}^3\text{va}\text{ŋ}^3_{低洼}$低坑　　　$\text{q}^\text{h}\text{a}\text{ŋ}^3\text{ɕa}^3_{草木丛}$丛林处　　$\text{q}^\text{h}\text{a}\text{ŋ}^3\text{ɟo}\text{ŋ}^6_{山坳}$山坳

就空间拓扑关系而言，以上语义较为虚化的 tu^1、$\text{ta}\text{ŋ}^2$、$\text{q}^\text{h}\text{a}\text{ŋ}^3$ 等抽象空间概念词所表达的空间处所范围与其后面的具体实物概念词（或空间性状表述词）所表示的处所范围和空间区域完全重合，即该拓扑子空间与母空间呈相互包含的叠合关系。从人类对单个事物的空间性认知层面来看，"包含"这一拓扑性即为事物的空间特性的内在性，亦如 Langacker（2013：229）所提的"认知常规"与"次结构"之间的包含关系，这种内在性包含关系贯穿于整个空间物的拓扑结构特征。而环型拓扑结构的包含关系是相互的，是"认知常规"与"次结构"之间的重合。表达这类空间关系的处所词与其后面限定词在句法上属于正偏（被修饰与修饰）关系，语义关系属于复指关系，二者叠合为第三方射体的图形（或背景）。

二、拓扑关系类型及其表征

拓扑是人类表征空间位置关系的重要方式和空间关系推理的基本模型之一。空间拓扑关系、空间参照系统下的方向关系、空间指示系统下的距离关系，三者一起构成狭义的空间关系。空间拓扑关系作为空间表征中最基本的空间关系，是人类空间认知最敏感和最易获得的空间关系，无须借助其他参照物或坐标来界定，也不需要启动相对复杂的空间认知能力（心理旋转、心理叠合、心理展开），也无关乎空间距离的量度。空间拓扑关系涉及两个具有相对独立边界的空间个体物之间的静态位置关系或动态位移关系；与空间参照系统下的方向关系相较而言，更强调被关联的空间目标物边界上的联结情况。根据空间关联物边界上的联结情况，大体分为包含、接触（边界上的部分叠合但不渗入）和相离（边界上的相互分离）三类拓扑空间关系。

（一）包含关系

空间包含关系是指被关联的空间物之间存在边界上的全部渗入或部分渗入关系。被关联物涉及包含物与被包含物，包含物是具有容纳性特征的有界空间物，可以把另一被关联的空间物容纳其中；而被包含物是带有物质实体性的空间物，被另一关联物所容纳。被包含物的边界部分或全部深入到包含物的有界范围之内，其具体方位关系可用图 2-1 表示：

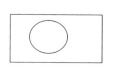 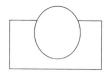

图 2-1　包含关系图示

如图所示的包含关系包括全包含关系（被包含物的边界全部渗入包含物的边界之内）和部分包含关系（被包含物的边界部分渗入包含物的边界之内）。但这两种包含关系在苗语认知系统中并没作区分，其表达式没有形式上的区别，都可以借助方位词 nan⁶ 较为直接地表达事物之间的里外包含关系，用名词性结构表达为"名物词 1 ＋方位词＋（领属助词）＋名物词 2"，如下：

（13）le¹ ti⁵ kɤ³ nan⁶ pan⁸ to⁴ ke³ nau² tɕu⁴ ze¹.

　　　个 碗 路 里 的 些 饭 吃 完（助）

　　　把碗里的饭全吃掉。

（14）le¹ van¹ kɤ³ nan⁶ to⁴ əu⁴ non³ lo⁵ zaŋ².

　　　个 塘 路 里 些 水 这 消（助）

　　　这水塘里的水消了。

（15）to³ van² kɤ³ nan⁶ pan⁸ qa⁴ zan² cʰo¹ ɣu⁵ zaŋ².

　　　块 园子 路 里 的（缀）草 处理 好（助）

　　　土里的草薅干净了。

该结构中的方位词也可以省略，直接由"名物词 1 ＋名物词 2"组成，如：

(16) lɛ¹ ɬo² kɤ³ kʰi¹ nᵗʰaŋ¹ zaŋ².

个　锅饭　热　锅巴（助）

鼎锅里的饭起锅巴了。

(17) tɕi⁴ kʰən⁵ tɛ⁴ qa¹ tɛ¹ nau⁶ zaŋ⁵ zaŋ².

个　篮子个（缀）崽　鸟　飞（助）

篮子里的小鸟飞走了。

(18) tɕo² faŋ¹ noŋ³ to⁴ qa¹ ɣaŋ² pɤ⁴ xʰi¹ xʰi¹ ka⁴ ka⁴，a² tsən² poŋ⁵ va⁵.

条　方　这些（缀）岗　山　高　高　矮　矮　不平稳　很　很

这地方的山岭高高矮矮的，一点也不平。

以上包含关系式的拓扑表达采用的是由"界标（背景）"到"射体（图形）"的结构方式，即"观察点＋（方位词）＋焦点"，整个结构是一个名词结构，是空间拓扑特性概念（整体—部分）的语义转喻。

以上所采用的"界标（背景）"到"射体（图形）"语序结构多用来表达静态包含关系，其中的界标多被识解成容器，射体即被容物，构成"容器—被容物"之间的存在关系。当界标（图形）为容器，其容纳物作为射体（焦点），二者之间存在常规性的逻辑语义关联，此时的射体，在认知操作过程中往往会直接被视为界标的内部结构的某部分而不是外来物，在苗语中体现为，若不凸显射体所在的空间区域，不需要借助"内外"区域义的方位词来表达，如以上例（16）—（18）方位词的省略。

（二）接触关系

空间接触关系是指被关联的空间物之间存在边界上的部分叠合但并未渗入的空间关系，多指二维空间面与面之间的接触关系，其具体方位关系可用图 2-2 表示：

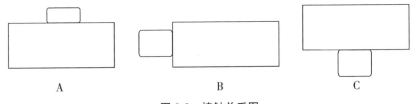

A　　　　　　　B　　　　　　　C

图 2-2　接触关系图

图 2-2 所示的被关联物面与面之间的空间接触关系，包括水平面接触和垂直面接触。其中，A 图所示的水平面或物体表面的接触或附着往往是可不借助外力的自主性接触，A 图的界标接触面往往可借助方位词 $k\gamma^3_{处} v\varepsilon^2_{上}$ 和身体部位词 $ku^8_{背}$ 来表达，如：

（19）$ku^8\ tsa^3\ to^4\ \eta i^4\ la^4\ lo^6\ za\eta^2$.

　　　背 屋子些 瓦 散乱（助）

　　　屋顶上的瓦散乱了。

（20）$qa^1\ ku^8\ tau^5\ k\gamma^3\ v\varepsilon^2\ t\varepsilon^4\ nau^6\ za\eta^5\ m\gamma^4\ za\eta^2$.

　　　（缀）背 树 路 上 只 鸟 飞 去 （助）

　　　树梢上的鸟飞走了。

（21）$l\varepsilon^1\ ki^2\ ts^h\partial n^4\ t\partial u^3\ \eta a^6\ za\eta^2$.

　　　个 柜子 层 纸 干（助）

　　　纸箱上的一层纸干了。

（22）$t\varphi o^2\ \textctl e^5\ pa\eta^8\ p^ha\eta^1\ u^3\ \varphi u^8\ \partial u^1\ ze^4$.

　　　条 绳子的 件衣服 湿 水（助）

　　　绳子上的衣服湿了。

以上句中的 $k\gamma^3 v\varepsilon^2$ 在不特别强调"上面"方位的情况下，都可以省略。水平面上的接触关系可以用"名物词 1＋方位词 $k\gamma^3 v\varepsilon^2$ ＋（领属助词 $pa\eta^8$）＋名物词 2"来表达，但由于接触关系中被关涉物之间的边界黏合，往往可看成同一空间整体，其中的方位词多省略（而相离关系中的方位词 $k\gamma^3\ v\varepsilon^2$ 不能省略）如例（21）、（22）。但图 2-2 中 B、C 所示的接触关系往往是有外力施加的被动性接触，射体和界标之间的空间关系则更倾向于被识解成一种不可随意移动的部分—整体关系，往往不用方位词 $k\gamma^3_{处}\ v\varepsilon^2_{上}$ / $k\gamma^3_{处}\ ta^1_{下}$ 来表达这种"表面"附着或接触关系。且图 2-2 中 B 所示的接触关系也不构成"上、下"方位关系，不能用 $k\gamma^3 v\varepsilon^2$ 来表达，这也是苗语 $k\gamma^3 v\varepsilon^2$ 与汉语"……上"在空间表义上的不对应的句法体现，如例句（23）可以用 $k\gamma^3 v\varepsilon^2$，而例（24）（25）则不能用 $k\gamma^3 v\varepsilon^2$ 来表达接触关系了：

（23）$qa^1\ \ pe^2\ v\varepsilon^2\ to^4\ pi^6\ la^2\ la^4\ za\eta^2$.

　　　（缀）楼板上 些 木 板 烂（助）

　　　天花板上的板子烂掉了。

（24）qa¹　pe²　tsa³　lɛ¹　tən¹　faŋ²　ʑaŋ².

（缀）楼板　房　个　灯　亮（助）

天花板上吊有灯。

（25）qa¹　tɕʰoŋ¹　fʰi¹　me²　ɛ¹　lɛ¹　fa³.

（缀）墙　挂　有　一　幅　画

墙上挂有一幅画。

至于图 2-2 中 C 所示的接触关系，从空间关系上来看，虽构成的是上下空间序列关系，但这种接触式的上下关系在苗语中往往被描述成"……底"而非"……下"，射体和界标之间的关系倾向于被识解为部分—整体关系，并不用 kɤ³处 ta¹下来表达，如下例：

（26）moŋ²　mɤ⁴　təu³　ɛ¹　lɛ¹　təu³　ło⁵　qaŋ¹　ti⁵.

你　去　拿　一　个　纸　于　底　碗

你去拿张纸放在碗下面。

（27）qaŋ¹　ki⁵　me²　lɛ¹　qəi²　i³?

底　柜子　有　个　什么

柜子下面有什么东西？

格式塔心理学家的相关研究表明空间距离接近的点容易被知觉为一个整体，即格式塔接近律。苗语中接触关系中方位词的使用情况为这一人类普遍性认知原则提供了例证。但接触关系中，如图 2-2 中的 B 图相较 A、C 图更易被识解为一个整体—部分空间关系；而 A 与 C 相较而言，因凸显物体大小的影响，A 的空间关系更易被识解为独立个体之间的空间关系。

（三）相离关系

空间相离关系是指被关联的空间物之间的边界相互分离，没有任何接触或叠合的部分。苗语中处于相离关系的空间物，一般无法整合为一个整体，二者之间的空间关系不能单纯靠某一事物的空间特征来获得解读，此时必须要有方位词的出现，才能表达相应的相离关系。如下图被关联物之间的空间拓扑关系表述：

A 球与椅子：lɛ¹　qo¹　to⁸　kɤ³　vɛ²　lɛ¹　tɕʰu⁴.　　OR　　lɛ¹　qo¹　to⁸　lɛ¹　tɕʰu⁴.

个　凳椅　路　上　个　球

B 球与椅子：lɛ¹ qo¹ to⁸ kɤ³ ve² lɛ¹ tɕʰu⁴.

C 球与椅子：lɛ¹ qo¹ to⁸ kɤ³ ta¹ lɛ¹ tɕʰu⁴.

D 球与椅子：lɛ¹ qo¹ to⁸ kɤ³ ta¹ lɛ¹ tɕʰu⁴.

绳子与树：tɛ⁴ tau⁵ kɤ³ ve² tɕo² ɬʰa⁵.　　OR　　tɛ⁴ tau⁵ tɕo² ɬʰa⁵.

　　　棵　树　路　上　条　绳

绳子与衣服：tɕo² ɬʰa⁵ kɤ³ ve² pʰaŋ⁸ u³.　　OR　　tɕo² ɬʰa⁵ pʰaŋ⁸ u³.

　　条　绳　路　上　件衣服

图 2-3 中，只有 A 球与椅子之间为接触关系，既可以用"NP1＋方位词＋NP2"结构，也可以省去方位词，直接用"NP1＋NP2"结构；但 B、C、D 球与椅子为相离关系，则只能用"NP1＋方位词＋NP2"结构，其中的方位词不能省略。而图 2-4 中绳子与树、绳子与衣服之间的空间拓扑关系为接触或包含关系，适用于两种结构。此外，专表相离关系的空间处所词有 pi⁵/qa¹ ku² 外面、qa¹ mɛ⁶ 对面、xʰaŋ¹pɤ⁴ 对岸等，如下例句：

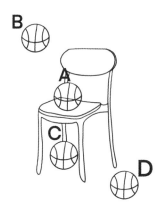

图 2-3　球与椅子空间关系图

图 2-4　绳子、树与衣服空间关系图

(28) oŋ⁵ əu¹ qa¹ ku² paŋ⁸ to⁴ ki¹ ŋi⁴ ŋa⁶ ta⁶ tɕu⁴ ʑaŋ².

　　缸 水（缀）外 的 些 螺 干干状 死 完（助）

　　水缸外面的田螺都干死了。

(29) qa¹ mɛ⁶ ʈu² o¹ tɛ⁴ tau⁵ ŋa⁶ lja⁷ tɕu⁴ ʑaŋ².

　　（缀）脸门 二 棵 树 李树　 枯完（助）

　　门前两棵李树都枯死了。

(30) moŋ² fʰa¹ mɛ⁶ mɤ⁴ ɕʰe³ vɤ⁴ tsa³ xʰaŋ¹ pɤ⁴ to⁴ maŋ⁴ ɛ¹.

　　你 掉转脸 去 看 我 家 对岸坡 些 麦子 那

　　你把脸掉转过去看我家对面的那些麦子。

由于相离关系中的被关联物之间在空间上是两个完全独立的空间个体，因此，不能采用以上包含、接触关系中的"领属表达式（界标名物词＋射体名物词）"结构来表达。以上例句（28）中的方位词"qa¹ku²……之外"是专表距离较远的相离关系，但在诸多语境中会用"qa¹pu⁵……边上（旁边）"来替代。而 qa¹pu⁵ 既可用来表达接触关系也可表达相离关系，具体是表达哪类还需借助动词和语境来进一步明确，如例（31）表达接触关系，而例（32）、（33）则表达相离关系：

(31) nᵒʰɛ⁵ noŋ³ ki¹ nᵒʰɛ¹, pɤ⁴ tsa¹ na² ʈo⁵ qa¹ pu⁵ kɤ³ ma⁴.

　　天 这 热 太阳 我们晒稻于（缀）边路马

　　今天出太阳，我们晒谷子在马路边。

(32) nən² ŋu² ŋu⁴ ʈo⁵ qa¹ pu⁵ tɕi¹ təu⁴, mᵒʰe⁵ ʌ² tɕaŋ² lɛ¹ xʰə¹ ʑə⁴.

　　他 蹲 于 （缀）边 坑 火　 说 不 成 个 话（助）

　　他蹲在火塘边，说不出话来。

(33) lɛ¹ ɬa³ qən⁶ ljən⁶ ʈo⁵ qa¹ pu⁵ tɕi¹.

　　个 狗　 盘卷 于（缀）边 火坑

　　狗盘卷在火塘边。

拓扑关系中的包含关系和接触关系只需利用语境中的意义或逻辑联系来实现语义表达和理解（即意合方式），而不借助专门的词汇手段（即方位词的参与），相离拓扑关系的表达则必须借助词汇手段（空间关系词）来表达。

▶ 三、空间部位、空间拓扑与空间方位的隐喻关系

　　人类对空间概念的表达起源于对自身身体构造的认知，具体实物的构造部位是人类对空间关系进一步认知的基础。一个空间实体部位词语义中往往包含多个隐喻意义，其词义的构成往往又包含功能特征、几何形状特征、空间拓扑特征、方向指示特征等多个意义。但一定语境中的空间实体部位词只能凸显其中一种语义特征，从而实现词义的空间所指。

（一）空间几何概念及其与拓扑概念的区别

　　人们对物体空间几何特性的认识与拓扑概念的认识起于对物体内部属性的认知，二者既有联系也有区别：物体的空间几何性是指将物体的大小、形状或内部子结构的相对位置作为认知凸显，重在描述构形特征；而物体的拓扑特性则侧重于物体内部子结构之间的关联性，内部子结构已被抽象成与大小、形状无关的"点"；前者更具有直观性和描写性，更接近于该空间物的实体性描述。此处提到的空间几何概念并不等同于几何学上的度量和角的概念，而是指人类对物体表面基本形体的直观感知。

　　任何具体实物的空间组构都有其自身的图形属性，包括轮廓、形状、颜色、性状（质地）等，其中，人们对实物轮廓和形状的认识又是欧式几何空间图形认知的基本内容。图形轮廓是三维具体实物投射在平面上的凹凸曲线图，事实就是认知主体对物体"凹凸"曲率的感知，尚未涉及度量和角的抽象几何问题。这种空间图形认知接近于直接感官认知，更早于拓扑空间概念认知，不需要借助经历心理旋转、心理折叠等[①]来认知，如以下黔东苗语中表达空间几何形体的概念词：

　　（34）凸状几何概念

　　　　　γan^2 岗：$qa^1 \gamma an^2 tu_{11}^2$ 门槛　　　　$\gamma an^2 py_{11}^4$ 山岭　　　$\gamma an^2 ton^2 za_{鼻}^6$ 鼻梁

---

　　①　心理旋转就是指在内心将某个图形的映象加以转动的心理操作过程。（转引自叶浩生．西方心理学理论与流派［M］．广州：广东高等教育出版社，2004：434．）心理折叠是空间表征的一个重要方面，要求个体在头脑中将二维的空间图形经过表象操作，转换成三维的空间图形。（转引自周江霞，张景斌，周珍．中学生心理折叠能力的发展性及其与智力的相关性研究［J］．数学教育学报，2007（1）．）

$\gamma a\eta^2 vi^4_{锅}$ 锅沿 $\qquad$ $\gamma a\eta^2 li^2_{田}$ 田坎

ku^8 背：$ku^8 tau^5_{树}$ 树梢 $\qquad$ $ku^8 tsa^3_{房}$ 房顶 $\qquad$ $ku^8 po^1_{坡}$ 山顶

(35) 凹状几何概念

$q^ha\eta^3$ 缝：$q^ha\eta^3_{洞} tsa^3_{房}$ 屋缝

$qo\eta^6$ 缝：$qa^1 qo\eta^6 p\gamma^4_{手}$ 手指缝 $\qquad$ $qa^1 qo\eta^6 m^{ch}i^3_{牙}$ 牙齿缝

$\qquad$ $qa^1 qo\eta^6 \gamma a\eta^4_{寨}$ 巷子

γe^8 陷塌：$qa^1 \gamma e^8 qo\eta^3_{脑子}$ 后脑窝 $\qquad$ $qa^1 \gamma e^8 \varsigma e^5$ 腋窝 $\qquad$ $qa^1 to^1 \gamma e^8$ 深山窝

$va\eta^4$ 洼：$va\eta^4 \partial u^1_{水}$ 水塘/坑 $\qquad$ $va\eta^4 qa^3_{屎}$ 粪坑

vu^4 湾、窝：$qa^1 vu^4 \gamma i^1_{岩}$ 岩山窝 $\qquad$ $qa^1 vu^4 li^5_{江}$ 河湾

$ko\eta^1$ 沟：$ko\eta^1 \partial u^1_{水}$ 水沟 $\qquad$ $ko\eta^1 li^2_{田}$ 田沟 $\qquad$ $ko\eta^1 \eta i^4_{瓦}$ 瓦沟

ki^8 沟：$i^1 t\varphi o^2_{条} ki^8$ 一条沟 $\qquad$ $ki^8 \partial u^1_{水}$ 水沟

以上例词 ku^8、$\gamma a\eta^2$、$q^ha\eta^3$ 等所表达的空间概念都是凸显物体轮廓的高曲率值的概念，其语义空间模型具有较高识别度。认知心理学相关理论认为，人们在对实物进行形体识别时，轮廓在形体（图形）识别中占有重要作用，而图形轮廓曲率大小也被看作是图形识别的最重要的心理维度之一，成为现代空间认知心理学的重要内容。Friedman 的相关研究成果（2005）表明，空间实物形体的高曲率轮廓所携带的认知信息往往比图形其他部分所携带的信息要多得多。物体的凸、凹状作为曲率极性的正、反面部分是人类知觉物体内部结构的关键特征，在认知加工中占有重要作用。黔东苗语对物体轮廓凹状物体的区分较凸状物更为细致，如 $ko\eta^1$ 指较浅的长形沟、槽，而 ki^8 指较深的长形沟槽；γe^8 指较浅、范围较小的凹处，vu^4 指不深不浅、范围稍大的凹处或湾处，$va\eta^4$ 指较深的凹处等；据此，我们可粗略推断，苗语黔东方言区人们对物体轮廓凹状的关注度高于凸状部分。然而，语言只是反映思维认知的小部分，人们在空间图形认知中对轮廓曲率的凸、凹状敏感度数值及其影响因素，还待进一步相关实验的证明。

图形轮廓曲率凹凸状是凸显物体空间特征最有代表性的表征，而图形形状则是物体空间特征最为直观的表达。在有量词的语言中，用来表达物体空间形状使用频率最高、最典型的是空间量词，而苗语作为凸显状貌语法范畴的语言，除空间量词以外，还有专门一类名词词缀，冠于名词前，激活某物

的空间形状属性，如：

（36）ton^2，管状几何概念：

　　$ton^2 q^h au^5_{裤}$ 裤腿　　　　　$ton^2 za^6_{鼻}$ 鼻腔　　　　　$ton^2 zən^1_{烟}$ 烟杆儿

（37）ki^1，角状几何概念：

　　$qa^1_{词缀} ki^1_{角} tsa^3_{房子}$ 屋角　　$qa^1 ki^1 li^2_{田}$ 田角　　　$qa^1 ki^1 la^6_{地}$ 地角

（38）po^3，圆球状几何概念：

　　$po^3 qaŋ^1_{臀}$ 臀部　　　　　$po^3 f^h u^3_{头}$ 发髻

　　$po^3 qoŋ_{喉咙}$ 喉结　　　　　$po^3 ɣi^1_{石}$ 石头

（39）pa^1，块状几何概念：

　　$qa^1 pa^1 pɣ^4_{手}$ 手掌　　$qa^1 pa^1 xa^6_{鞋}$ 鞋底儿　　$qa^1 pa^1 lo^6_{脚}$ 脚掌

以上例词 ton^2、ki^1、po^3、pa^1 等相较例（34）（35）中的轮廓凹凸状空间词，其所表达的概念物的空间特征更为具体，可称为摹状性空间词。这一类词从语义上直接为人类认知过程中的空间形状、性状等视觉表象贴上了标签。这类对物体轮廓和形状的认识是其他空间属性认知的基础，是空间几何特征的敏感因子。也正是因为这类词语义上的具体摹状性影响了其向更抽象的空间语义域（如拓扑性质）的转化。如：$po^3 qaŋ^1$ 臀部中的 po^3 因其语义中含有对空间物的圆形摹状义，只限于表达"圆状的 $qaŋ^1$ 尾部"；不能像 $qa^1 qaŋ^1$ 中的 qa^1 可泛指一切事物的" $qaŋ^1$ 尾部（或物体的最下部分）"，更不能跟 qa^1 的句法语义功能一样，向处所、方位等空间方所义转化。

概言之，物体的空间几何性虽也独立于观察者所选择的空间视角，但其关注物体的形体变化，是物体空间关系的形象化表达，这是几何特征与拓扑特征的本质性区别。也正因几何特征空间词在语义表达上带有空间实物的具体形状性表达，其语义虚化程度远远低于已抽象化了的表空间位置的拓扑空间词。

（二）实物部位、拓扑空间与参照空间的隐转喻关系

在具体实物空间特征的表达式中，往往会出现同一空间概念因语义侧重不同而有不同语形的情况。如苗语中的"臀部"有 $po^3 qaŋ^1$、$xaŋ^3 qa^3$、$qe^3 qaŋ^1$ 三个词形，其中 $po^3 qaŋ^1$ 强调形状，空间语义最为具体，不易发生语义泛化；$xaŋ^3 qa^3$ 则侧重功能表达，其转喻所得的释义更依赖于经验知识

而非空间知识；只有 qɛ³qaŋ¹ 强调空间结构部位。就不同空间关系之间的系统性而言，强调结构部位的具体实物空间特征表达式具有语义泛化（或多功能化）的条件，与拓扑空间、参照空间之间有着语义上的历时关系。从实物部位到抽象的拓扑空间结构，人们的空间认知经历了一个由实物身体构造的具体空间语义域到更为抽象的拓扑结构语义域的隐喻过程；而从拓扑空间结构与参照空间关系之间又经历了一个由部分到整体的转喻过程，从而实现由内部结构拓扑性延展到外部空间关系的认知过程。以 qaŋ¹ 为例，人们对qaŋ¹ 所表达的空间概念的认知经历了如下图所示的过程：

图 2-5　qaŋ¹ 所表空间概念扩展图

以上图 A 所示阴影部分空间部位的语义概念用 qɛ³qaŋ¹ 表达，是 qaŋ¹ 的初始义，指动物的身体部位（尾部）概念，该语义概念还可以用强调部位形状的 po³qaŋ¹ 和强调部位生理功能的 xaŋ³qa³ 来替代。而图 B 所示的空间区域是经历了对图 A 的隐喻认知过程所得，该空间概念实现了由"部位概念到拓扑概念"的延伸。需要注意的是，从 A 到 B 的空间关系的隐喻编码和识解还需要经历一个复杂的规约过程：约定场景中的实物整体与局部之间的位置关系，如以上动物 qaŋ¹ 的空间部位识解过渡到 qaŋ¹ 在图中小车部位的识解，必须经历一个规定以小车运动方位为 taŋ⁴fʰu³头 方向，运动反方向的部位为 qa¹qaŋ¹ 的认知过程。由 B 到 C 的认知过程则是将物体的内部次结构的位置概念作为认知凸显（射体），整个结构作为认知背景图形（界标），根据认知系统中人们对物体拓扑特性的可扩展性（空间认知的心理展开），外延空间延至射体周围所包含的空间区域。从 C 到 D 的空间认知则在由射体和界标所组成的空间概念框架中又加入了观察者的参照视角。D 图所示阴影部分的空间概念的识解，是一个内部参照框架内的空间认知系统，图中的车作为参照物，以其运动方位为前，建立坐标轴，再通过空间平移得出对 D 图阴影部分的识解。同理，我们也可以从 fʰu³普、ku⁸背、lo¹脚、naŋ⁴下游、tɕɤ⁶上游等身体部位词的空间语义变化过程中，看到实物部位、拓扑空间与参照空间关系之间的认知隐转喻关系。

事实上，拓扑概念是空间认知中的无角度空间，不需要另一参照物（一定视角）来对目的物进行定位，而方位概念是空间参照系统中的有角度空间，目标物的空间定位需要依照其他参照物。拓扑空间结构与参照空间之间存在历时层面转喻认知模式的过程。黔东苗语中有些词既可以用来表达空间实体部位，也可以用来表达拓扑关系，还可用来表参照系统中的方位概念，但句法形式上稍有差别以区别以上 A—B—（C）—D 历时层面的三种不同空间关系，如下：

（40）A 段：$qe^3_{词缀}$ $qan^1_{尾}$　　臀部

　　　　B（或 C）段：$qe^3_{词缀}$ $qan^1_{尾}$ $ts^he^1_{车}$　　车后部

　　　　D（或 C）段：$le^1_{上}$ $ts^he^1_{车}$ $tan^1_{处}$ $qan^1_{尾}$　车后面

从以上表达式可看出，A 段空间身体部位的表达最简单；B（或 C）段的拓扑空间表达是对 A 段的隐喻，只需在身体部位词后加修饰性成分（苗语修饰语后置）即可；D（或 C）段则有观察者所选定的某一视角的加入，用方位结构"量名（名物词）＋方所词"表达。其中，C 段是拓扑空间到参照空间的过渡段。又如"$fu^3 yan^4$ 上寨（寨头）"表达拓扑空间关系，只运用于隐喻的认知方式用以表达某物体部位所在的区域，其语义更突显处所性；而"$yan^4 tan^4 fu^3$ 寨前"则表达参照空间关系（内部空间参照），其语义中的方位概念更为凸显。Levinson（2003）曾提出，语言在拓扑空间关系与参照空间关系的不同系统之间会保持相对清晰的距离。再如，阿伦特语用不同格标的不同结构来区别拓扑和区域，在区域表达中，有些名词发展为内部表达，实现方位词的语法化，促成了身体部位名词或区域名词到方位词的语法化。类似于这种拓扑与参照空间不同系统下的不同空间关系的表达差异在苗语中则用不同语序来区别，如例（40）中 B 与 D 中空间词 qan^1 的句法位置差异。

语言反映思维。在苗语空间关系表达中，拓扑空间的表达是以部位词作中心词，而实物词作修饰语，即"射体＋界标"结构。而苗语中的方位结构是以"名词在前，方位词在后"的结构形式而存在，该结构中，物体是中心词，方位词是属于修饰成分，即"界标＋射体"结构。作为"射体"的空间词在表达方位概念时，并不处句法中心位置，可见，方位概念在苗语空间认知系统中只是一个实物名词的引申概念。这也恰巧反证了在不强调具体方位的情况下，苗语中的方位词可以直接省略的认知机制。

小结

空间物的身体部位概念是认识空间物拓扑特征的基础，由身体部位隐喻到空间物的拓扑部位，再转喻到拓扑部位周围的拓扑区域，进而指该空间物拓扑部位所延展出来的方位空间，这就是实体空间部位到空间拓扑再到空间方位之间的隐转喻认知过程。黔东苗语中的这三个空间概念都用同一空间词来表达。从苗语中拓扑关系表达式来看，人们对拓扑关系内部的包含关系和接触关系的理解多依赖于空间经验知识，对方位词的依赖性并不大；而相离关系的表达则必须借助方位处所词来表达。

第二节　黔东苗语宗地地名系统

地名不仅仅是一个地理空间实体的表达符号，也是一种蕴含了当地独特文化内涵的文化现象，还是一种反映当地人文历史的社会现象。通过对地名的研究可了解和认识该地周围地理环境改造的历史、民族的迁徙历史，或是当地的文化风情、宗教信仰等。地名作为典型的空间概念，是自然和人文的结合体，也是语言和文化的结合体，是联系人类物理空间、语言空间和心理空间的桥梁；结合语言学、认知心理学等学科理论知识对地名及其认知理据分析，有助于理解人类对空间的认识。

宗地是指土地使用权人的权属界址范围内的地块，是登记地籍的基本单位。宗地地名是地名的重要内容之一，但又与传统地名学研究的一般行政地名有所区别，宗地地名所示的空间范围更小，是比村寨还小一级的非行政区划类地名，地域性特征更强，更能反映当地居民对地理位置命名初期的语言特征以及认知模式。本小节选取苗语黔东方言区北部土语区的宗地地名作为研究对象，以 2017 年全国农村土地确权登记的核查数据为基本数据，调查该区 16 个村寨的宗地地名。记录并核对土地确权登记册上的宗地地块名的汉字译写与苗语实际读音，并分析苗语宗地地块名的语词结构类型、命名理据，以探讨苗族宗地地名与苗族文化之间的关系，从地名学的角度揭示苗语母语者对空间的认识取向和方式。

一、苗语宗地地名语词构成

宗地地名作为苗语语言词汇系统中的部分内容，具有苗语词汇特有的一些词法特征，在构词形式方面，苗语地名的语词结构以"正偏式"为主，中心语在前，修饰语在后，即通名在前，专名在后。从所收集到的苗语地名来看，宗地地名语词以三个音节的最多，其次是二音节宗地地名，四音节地名占了少数，没有单音节宗地地名。

（一）通名系统

"通名"一词最早出现在西汉扬雄的《方言》中，既是语言哲学的一个基本概念，也是地名学的基本概念之一，与"专名"相对，表示地名类型属性的部分。地名中的通名往往是由普通空间名词定指化而来，体现的命名学理论是语义上类指的普通空间实物概念的特指化和实指化过程，亦如荀子所言"制名以指实"，通过"指实"来实现其"名"在社会交流、社会活动和管理方面的社会功能。

1. 自然地理实体通名

苗语黔东方言母语者生活居住的环境山地多平原少，耕地面积较少，地形地貌较为复杂，该区的农业生产以立体垂直农业为主，耕地地形地貌在该区显得尤其重要，人们对不同地形地貌环境下的耕地认知也较为细致。以地形地貌特征为通名划分出来的宗地地名所包含的空间区域归属也较为明确：山体的岗、岭、谷、冲、坪等部位和地形的分类明确，在地名前多冠以地貌词素以别地块属性类别，山体类用词是苗语中最为常见的地名通名用词。

$\gamma\alpha\eta^2$，岭、岗、山梁，苗文记作 vangx，汉字记苗音为"养""仰""羊"等。苗语中用 $\gamma\alpha\eta^2$ 作通名的大小地名都直接表达该地名所示区域的地形和位置特征。如凯里市"养蒿"苗寨，即为苗语音译地名，以岗岭作为寨名，"$\gamma\alpha\eta^2_{岗}$ $xo^1_{云雾}$"因地处巴拉河左岸山梁上，常年云雾缭绕而得名。又如凯里舟溪新光村的"$\gamma\alpha\eta^2 a^1 ma^4$ 养哪嘛"，其中，a^1ma^4 汉译为"马鞍"，因该地处于像马鞍一样的山岭上得名；"$\gamma\alpha\eta^2 na^2_{红薯}$ 养那"，因该地的山岭较大片地用于种红薯而得名；"$\gamma\alpha\eta^2 \gamma i_{石头}$ 养衣"，指石头较多的岗岭等；舟溪大中村宗地地名"$\gamma\partial u^2 li^2 ta^3$ 大山长田"指山梁上成长条分布的田，其中，$\gamma\partial u^2_{岗}$ 标示该田所在的空间地貌特征。苗族社会聚居区的山地地貌特征明显，苗族宗地地名以 $\gamma\alpha\eta^2$ 为通名的有很多，基本上每个村寨的宗地地名都有以 $\gamma\alpha\eta^2$ 为通名的，如"养里丢""养排""养凶""养安""养闹冲""养小"等。

$o\eta^3$，塘、泊，是指山岭的低洼处，苗文记作 ongd，汉字记苗音多用"翁"。$o\eta^3$ 用在地名中，往往并不指代 $o\eta^3$ 本身所示的空间实体，而指以 $o\eta^3$ 为地标或地理特征的包含 $o\eta^3$ 在内的、更大范围内的周围空间。如铅厂上寨的"$o\eta^3 ka^6_{鸭}$ 鸭塘（此处有个水池，经常有鸭子在水池游泳）""$o\eta^3 p\gamma^1_{坡}$ 翁别（坡腰上的水池）""$o\eta^3 lei^1_{猴子}$ 猴子坳（曾多有猴子出入）"等，又如凯棠的"$o\eta^3 \mathfrak{t}j^he^1_{大}$ 翁汤（大坳）"。需要注意的是，$o\eta^3$ 虽然常常汉译成"塘"，但苗族社会中的 $o\eta^3$ 与汉族社会中的"塘"有一定的文化语义差别，汉语中的"塘"主要指人工的水利工程，含有较浓厚的社会文化含义，不属于自然地理实体的一部分；而苗语中的 $o\eta^3$ 泛指山岭的低洼处，属于自然地理实体，稍深的 $o\eta^3$ 蓄水后成为牛打滚或养鸭的洼处。被冠以 $o\eta^3$ 作通名的宗地地名，语义指明了该地低平的地貌特征。从地名的名与义之间的关系来看，$o\eta^3$ 类地名存在语义扩大和语义相符两种情况，如 $o\eta^3 ka^6_{鸭}$ 在铅厂上寨的地名属于语义扩大的情况，实际所指的是包含 $o\eta^3 ka^6_{鸭}$ 这一低洼处在内的周围空间；而舟溪的 $o\eta^3 ka^6_{鸭}$ 则属于语义所指与空间范围相符的地名，实际所指的空间范围就是 $o\eta^3 ka^6_{鸭}$ 所指的山岭间的低洼处。

$\mathfrak{t}o\eta^4$，山冲、山谷的坡面，苗文记作 diongl，汉字记苗音多用"同""董"等。苗语中的 $\mathfrak{t}o\eta^4$ 汉译成"冲"，但与汉语方言的"冲"存在一定的语义差异：汉语"冲"的原义是指山区的平地，本是山区特有的自然地理实体词。由于山地地形对地方交通、经济等产生阻隔作用，山区特有的"冲"便引申出交通相对不便、经济相对落后的含义，即汉语地名通名中的"冲"泛指交通不便、平地较少的山区，如马皇冲、肖冲等是村庄名，并不特指山区的某一平地。ʨoŋ⁴ 用在苗语宗地地名中，其所指的空间范围仅指山脊或山岗的坡面，所指空间的地貌特征明显，不包括 ʨoŋ⁴ 周围的其他空间范围，更不泛指山区，如丹寨石桥的 ʨoŋ⁴ŋoŋ³ 同翁、ʨoŋ⁴kʰaŋ¹sʰoŋ¹ 陡峭冲（也称苦竹冲）是指处于坡面（山冲）的宗地地名；紧挨 ʨoŋ⁴ŋoŋ³ 同翁的旁边一块宗地为 qa¹tse⁵ 显岩，而紧挨 ʨoŋ⁴kʰaŋ¹sʰoŋ¹ 陡峭冲上方的一块宗地名为 ɣɘu²ɕaŋ⁵ljo³ 放牛坡。ʨoŋ⁴ 用于地名所指示的空间范围小，很少用作村寨及其以上行政级别的通名。

　　ɬoŋ⁶，山坳，苗文记作 dlongs，汉字记苗音多用"松""索""送"等。台江方召的 ɬoŋ⁶pʰa¹（汉字记苗音作"松巴"，称"松巴寨"，汉译为长有五倍子树的山坳）、qa¹ɬoŋ⁶ʨei⁵（汉字记苗音为"瓜松计"）等，又如剑河柳川的 ɬoŋ⁶li²（汉字记苗音为"索里"，汉译为"田坳"），ɬoŋ⁶ɬi⁷（汉字记苗音为"索细"，ɬi⁷ 为"蝌蚪"义，汉译为"蝌蚪坳"，因靠近 ɘu¹ɬi⁷ 蝌蚪河而得名），ɬoŋ⁶nan⁴（汉字记苗音为"索农"，汉译为"下坳"）等，再有凯棠的 ɬoŋ⁶li田⁴、ɬoŋ⁶nau欠⁶、ɬoŋ⁶ʨi风⁵，雷山的 ɬoŋ⁶ma欠⁸ljo牛³、ɬoŋ⁶ze笤²ɲu瓦⁴，等等。

　　qʰaŋ³，洞、处，苗文记作 khangd，汉字记苗音用"康""凯"，qʰaŋ³ 在苗语中的本义是"洞"，后因空间具体语义虚化而泛化为一个处所词缀，泛指"某处"。qʰaŋ³ 用作处所名词指示空间处所，有两种情况：一是指此宗地附近有一个洞（岩洞、铅洞），如丹寨石桥村有块宗地名为 qʰaŋ³ke²（涵洞、消水洞）是指该洞旁边的耕地区域，而 qʰaŋ³qa¹ta¹tʰɛ⁴ 是煤洞旁边的耕地区域，此时带 qʰaŋ³ 的宗地地名语义上凸显该处所的地貌特征；又如凯棠大坪村的 qʰaŋ³ɲi牛⁴（汉字记苗音为"康你"）指示该宗地曾有一个用来圈养牛的洞。二是泛指某处，该处的空间地貌一般指范围较小的平处，但在语义上并不强调该处所的地貌特征，相当于汉语湘方言娄邵片中的"……当（所）"，如凯棠（苗音为 qʰaŋ³taŋ²，有一因大而扬名的芦笙场而得名）、凯里的湾水（苗音为 qʰaŋ³tɕan⁴，意译为水湾之处）、凯棠的 qʰaŋ³ɕe³（汉字记苗音作"凯哨"，意译为向阳温暖处）、qʰaŋ³ɲi⁸ 指狭窄处，类似的地名还有许多。语义泛化后的 qʰaŋ³ 所指的空间处所往往是带有普遍性特征的泛义处所，具有普通空间处所名词的语义功能，也用来指专有地名，但苗语宗地

地块名中的 $q^h\alpha\eta^3$ 往往取本义"洞"，指示有洞这一地貌语义特征的处所。

tse^5，岩、崖，苗文记作 zet，汉字记苗音多用"者""蔗"。以 tse^5 为通名的宗地，一般指此宗地有一块较大的岩石作为地貌特征，苗族属于山地民族，生产实践活动的自然环境以山区为主，岩石多，更容易成为标识性地理实物。地名用岩石作为通名比比皆是。如三棵树南花村的宗地地名"者告"是苗语 $tse^5_{岩}qei^7_{夹着}$ 的音译名，而南皋石桥村与之相同的苗语地名则使用意译名"夹岩"。以 tse^5 作通名的有湾水的 $tse^5\textipa{ð}a\eta^1_{鬼}$、黄平的 tse^5zo^8（岩英寨）、雷山丹江的 $tse^5\textipa{ð}u^1_{白}$（音译为"怎留"）。

$p\gamma^4$，山坡、坡面，苗文记作 bil，汉字记苗音多记作"摆""白""别"等。苗族聚居区多属于山区，在地名上体现为多用"山"类语义场词作为地名通名。$p\gamma^4$ 虽指山坡，但相对峭壁悬崖 tse^5 而言，地势稍微平坦，且以沙土为主，适合栽种农作物，属于苗族聚落生活范围，是最常见地名通名用词。凯棠养小村以 $p\gamma^4$ 为通名的宗地就有 $p\gamma^4x\alpha\eta^2$（别香）、$p\gamma^4tsa^5$（别扎）、$p\gamma^4z\textschwa n^1$（别烟）等五处。$p\gamma^4$ 所指的空间区域是苗族活动最频繁的处所之一，其语义也发生了泛化，如 $m\gamma^4qa^1p\gamma^4m\gamma^4$ 去坡上（干活）。另有小山丘，苗语为 po^7，苗文记作 bok，汉字记苗音为"报""包"等，如凯棠的 $po^7\textipa{ð}e^4_{鼓}$，汉字记苗音为"报牛"，意译为"鼓坡"，地处山丘小台地，因曾用作跳鼓场而得名；又如凯里湾水的 $po^7\gamma i^1_{石}\textipa{c}i^5_{相互}t\textipa{c}a^8_{夹}$（直译为互相夹起的石头坡）、$po^7tse^5_{岩石}\textipa{ð}a\eta^1_{鬼}$（直译为鬼岩坡）、$po^7qei^3$ 松树坡、$po^7\textipa{ð}u^1\textipa{c}e^3$ 老虎坡。黔东苗语中，γu^3 也指山，但多指未开垦的树木茂密的山林，较少用作耕作宗地地名。

$\textschwa u^1$，河、水，苗文记作 eb，汉字记苗音多记为"乌""欧"或"翁"。以 $\textschwa u^1$ 作通名的地名往往是指河流名称，但由于在苗族地区的河流较稀少，且流量小，多以小溪流为主，流域范围相对较小。河、水便成为区别地理位置的重要标识性特征，以河段名或历史上的河段名作为地名的也相对较多，$\textschwa u^1$ 多音译成"乌"，如台江县的"$\textschwa u^1fu^4$ 乌弗""$\textschwa u^1t\textipa{c}o\eta^1$ 乌龚""$\textschwa u^1ni^2$ 乌尼""$\textschwa u^1tsau^7$ 乌州"，剑河的"$\textschwa u^1\gamma o\eta^2$ 乌勇""$\textschwa u^1mi^8$ 乌密"等，凯里、黄平、丹寨等多地都使用的重名"$\textschwa u^1s^ho^1$ 乌烧"，三棵树南花村的"$\textschwa u^1\textipa{c}a\eta^8$ 乌赏""$\textschwa u^1lja\eta^1to\eta^1$ 乌亮冲""$\textschwa u^1\textipa{c}o\eta^3$ 乌雄""$\textschwa u^1tse^5$ 乌站"等都是直接以

河流名作为指称该段河流某一流域的地名。

po^1，山，苗文记作 bob，汉字记苗音多记为"报""包"。黔东苗语中 po^1 与 pɣ^4 是同义词，二者的区别在于 po^1 指整个山，而 pɣ^4 主要指坡面。由于 po^1 是指山地整体，在比宗地大一范围的地名中，po^1 会比 pɣ^4 更容易作为通名而出现，主要用作山地地名的通名。po^1 也可以作为通名与同为通名的 pɣ^4 同现，形成双通名，如凯里市的"香炉山 po^{1}pɣ^{4}tɕe^4"，又如凯棠大坪村的"报边几 po^{1}pɣ^{4}tɕi$^5_{凤}$"等。也有的宗地地名只以 po^1 作通名，如凯棠大坪村的"报烟秀 po^{1}ɣi^{1}ɕe$^3_{暖}$"，剑河新民村的"ɣoŋ^{2}po^1"等。

tsaŋ^2，坪，坪地，苗文记作 zangx，汉字记苗音为"展""掌"等。剑河柳川镇的 tsaŋ^{2}vu^6 是指种芋头的坪地，而 tsaŋ^{2}toŋ^1 指山谷中的那片坪地；台江县和凯里市湾溪共有的地名 tsaŋ^{2}mɛ^{6}sʰən^1，是指种棉花的坪地；凯棠的 tsaŋ^{2}fʰi^1 意译为葛藤坪，因多葛藤而得名；凯棠的 tsaŋ^{2}qa^3 意译为尾巴坪，因居于凯棠边界各村寨之尾而得名；施秉的施洞，苗语为 tsaŋ^{2}ɕaŋ^2，苗文记作 zangx xangx，指赶场的坪地。凯里、凯棠、台江等地都有"掌响 tsaŋ^{2}ɕaŋ^2"这一地名；又如雷山的肇泰堡（苗语为 tsaŋ^{2}ɕoŋ$^2_{场}$，苗文记作 zangx xongx）、雷山丹江的南屏堡（苗语为 tsaŋ^{2}qa$^3_{屎}$ljo$^3_{半}$，苗文记作 zangx ghad liod）与长丰堡（苗语为 tsaŋ^{2}qei^1，苗文记作 zangx gheib，汉译为"鸡场"）、台江的台盘（苗语为 tsaŋ^{2}tɕe$^7_{竹鼠}$，苗文记作 zangx jek）。

2. 人文地理实体通名

qa^1，苗文为 ghab，汉字记苗音多记作"嘎""干（甘）""瓜""甲""革""加"等。qa^1 是苗语中一个特指整体中的部分的语义特征的词缀，本书将该通名用词放在人文地理实体通名内，主要是因为该词的语义并不具有任何表达地貌或地形特征的语义内涵，且用作地名通名时，多指有某物作地标的小地名。苗语黔东方言区中的很多村寨的宗地地名都以该词为通名用字，其构成方式为"qa^1＋普通名物词"，而能够进入该宗地地名语词结构的普通名物词包括有地貌词、物产名词、动植物名词等。如台江方召的 qa^{1}doŋ^6（汉字记苗音作"瓜松（寨）"，因地处山坳而得名），此类地名在苗族社会十分常见，有 qa^{1}təu$^8_{处}$ tsau$^2_{平整}$ sei^1 太平坡、qa^{1}tse$^2_{岩石}$ deu$^1_{白}$ 白岩、qa^{1}lo$_{脚}$ 甲劳、qa^{1}kaŋ^8 干杠、qa^{1}toŋ$^4_{冲}$ la$^3_{半}$ le$_{猴}$ 羊冲浪、qa^{1}tau$^5_{树}$ ɕu$^8_{芭蕉}$ 芭蕉林、

qa¹tau⁵树大 dɉʰe¹大 大树脚、qa¹tɕa潭 dʰe¹潭 黄鹰潭、qa¹qo³栗树 甘果。由 qa¹ 构成的宗地名在用汉字记录时往往有"意译""音译""音意译"三种：当 qa¹ 后的普通名词为具体实物时，则多采用"意译"，加之，由于宗地是在较小区域范围内（村寨）通行的一类地名，冠以 qa¹ 作通名的宗地多直接用该普通名物来标示简单易懂，也不容易造成误解。但较大地名的通行范围相较更广，直接用 qa¹ 后的普通名词来"意译"容易造成较多异地同名现象和地名误解，此时，地名采用"音译"或"音意译"两种。但无论是音译还是音意译，这两种汉译地名的 qa¹ 都必须采用音译，在土地登记时，qa¹ 多用汉字"加、甘、嘎、干、革"等，如黄平县的"qa¹pʰa¹ 加巴"、凯里市的"qa¹ɕʰoŋ¹ 革冲"、台江县的"qa¹zən⁸ 革一"等。

tɕu²，桥，苗文为 jux，汉字记苗音多用"就"。桥是苗族社会中带有宗教色彩的实物，黔东南苗族社会中的桥文化尤为浓厚。苗族的山区地貌崎岖不平，溪涧较多，河流又不便于通航，架桥成为山区通行的重要方式，人工架桥在苗族社会都较为常见。加之，黔东南地区的喀斯特地貌较为显著，天然石桥也并非罕见，天然石桥较人工架桥更是被赋予了一种大自然给的神力，在日常生活中占有重要地位，从而产生了为较为浓厚的祭桥文化。桥作为苗族社会重要的空间物，在人们的空间认知系统中亦占据重要位置，识别度高，很容易用来作空间标识物，并被作为地名的命名依据，如舟溪枫香村就有三个以 tɕu² 为通名的地名——"就香 tɕu²ɕaŋ¹""就无略 tɕu²ɣu³ljo³""就坂 tɕu²tɕi¹"；苗族聚居区有很多地方都存在以"石桥 tɕu²ɣi¹"作为地名的重名现象。在调查过程中，我们可以看到很多地方以"桥 tɕu²"为名，却看不到桥，如格冲村"tɕu²ɣi¹"，该地名中的"桥"并非指真正的桥，而是具有浓厚地方社会文化特色的"祭桥处"①。

ɣaŋ⁴，村、寨，苗文为 vangl，汉字记苗音多记作"养""羊""阳"等，如雷山丹江镇的羊常堡（ɣaŋ⁴saŋ⁴，苗文记作 vangl sangl），凯棠的阳柳

---

① 苗族社会有祭桥接，祭桥神，桥神是送子神，还能保佑桥神健康成长。苗族社会几乎每家都自己的桥，而全族的大桥有可能是真正的桥，在桥头用竹篾扎成弧形；也有的用来祭祀的桥并非真桥，而是在经常有人经过的山间路上铺一块木板以作"桥"，再用竹篾扎成弧形，以供祭祀；还有在家中堂屋内埋一长形木板，以作"引子桥"。

（ɣaŋ⁴lju²，苗文记作 vangl liux）。黔东苗语中的山岭 ɣaŋ² 和村寨 ɣaŋ⁴ 语音接近，汉字记苗音也常用同一汉字记音，可以认定为同源词，看作是音变构词中的变调构词，二者认知语义上也有关联①。苗语中的 ɣaŋ⁴ 是带有明显社会性的聚落场域特征，该词作为通名用字在宗地地块名中一般用来指他称：如 A 寨子的某户人家的一块地位于 B 寨的寨脚下，那么 A 寨的人就称此宗地为 ɣaŋ⁴A，即 A 寨，用于他称；但 B 寨的人称此处的宗地为"qa¹lo¹ɣaŋ⁴ 寨脚"，用于自称，此时的 ɣaŋ⁴ 是宗地地名的专名部分。可见，以 ɣaŋ⁴ 作通名的地名往往用于村寨地名，不用于宗地地名，如枫香村的"ɣaŋ⁴ta¹tɕe³ 沾土寨""ɣaŋ⁴fʰaŋ¹ 荒寨"，凯里开怀的"ɣaŋ⁴ naŋ⁴ 下寨（汉名为大屯村）"。

　　taŋ²，作为地名的常用通名词，作"……处，……场"解，该词很可能是苗语对汉语方言"当（所）"的借词，其所指示的空间范围相对较小，指具有某一特征的空间场所。相较汉语中的"……当所"而言，苗语中的 taŋ² 更强调其空间语义中的"社会功能性"特征：如苗语中的 taŋ²ki² 芦笙场、taŋ² ɬjaŋ¹ 敬鬼的场所、taŋ²tɕu³ 酒场、taŋ²za⁴ 鱼窝、taŋ²nɤ⁴ 跳鼓场（埋鼓场）、taŋ²ni² 斗牛场、taŋ²tʰɛ¹ 烧油锅场等，综观苗语中这些被冠以 taŋ² 作通名的地名，可以发现，taŋ² 类地名往往是指因某社会活动而有人群聚集的某一场地。苗语词 taŋ² 的构词能力并没有汉语方言中的"……当所"那么强，taŋ² 后不能加谓词性词来表示具有某种谓词所指语义特征的一类空间，多只限于与有限的几类物名结合来表达具有某种空间文化意义的地名。以 taŋ² 作通名的地名一般指某一空间范围内的某一特定场所，往往是某一具有结群关系的社会群体内部的公共空间，该类地名多在该社会群体内部具有专名性特征，较少用来指村寨级及其以上的地名。

　　ɕaŋ²，作为苗语地名的通名用字，指的是"集市""市场"，与该通名搭配使用的专名往往是由十二生肖名充当，该类地名的得名与农村集市有直接关系。苗族农村集市是根据十二生肖日来定场期的，不同的场期往往对应不同的集市，如某一地点约定以牛场天为赶集日，那么，该地就直接命名为

---

　　①　苗语东部方言中的"山岭"与"村寨"用同一语音形式 qɤ⁴ 来表达。可见，在苗语母语者认知系统中，"山岭"与"村寨"属于语义上有密切关系的空间概念。

"牛场 ɕan²_场 ljo³_牛",此类地名还有福泉的"鸡场 ɕan²_场 qei¹_鸡"、凯里的"龙场 ɕan²_场 von²_龙"等。当然,这类具有集市功能的社会场所在不同的地方亦普遍存在,在较大地区范围内,同一赶集日的地方不止一处,自然也就产生了诸多异地同名现象。

li²,是农村宗地地名最常用的通名用字,指的是"田""水田",也可泛指"地",与之搭配使用的专名部分往往是对该田地的地理位置、形状、性质、用途、归属等进行描述,如 li² qa¹_词缀 pɤ⁴_坡(坡上田)、li² fʰu³_头 pɤ⁴_坡(坡头田,望天水田)、li² toŋ¹_山谷 ki⁸_沟(沟谷田)、li² tu⁴_处 tsaŋ²_坪地(坝子田)、li² ki¹_干旱(旱田)、li² qa³_渣 sa⁸_锈(锈水田)、li² laŋ⁸_烂泥(烂泥田)等地块名是非常常见的苗语宗地地名。剑河的"小巫库",苗语读作 li² tɕɤ⁶,苗文记作 lix_水田 jes_上游,因在 əu¹kʰu³ 河之上游而得名。"li² fʰaŋ¹ 荒田""li² ɬaŋ⁶ 肥田"地名是对田地土质的描述;"li² ki¹_角 三角田""li² ta⁵_长 长田""li² pɤ⁵ ŋaŋ¹ 里边粘(田像妇女背小孩的背带而得名)"等依田地的形状得名;"li² qau¹ li¹ 李公田""li² vu⁷ lɒu⁸ 娄妪田"则以开荒人或地块所有者命名。当然,也有较少是记录故事的,如剑河新民村的"li² ta⁴ ɲaŋ¹ 丢媳妇田"等。苗语中的旱地用 la⁶ 表示,苗文记作 las,苗语地名中以 la⁶ 命名的地名远远少于以 li² 命名的地名,主要是因为对"la⁶ 旱地"的区分没有对"li²"的区分那般细致。

(二)专名系统

通名主要起到指类作用,专名则承担指别功能,用来指称某类事物中的单个对象或个体。"专名"作为地名的重要内容之一,是代表地名个性特点的词,是能体现地名的命名特色、起区别作用的名称部分。

1. 人文历史专名系统

人文历史专名系统包括人物历史、族群历史和神话历史故事等。

人物专名系统。汉族历史上的诸多地名与人物姓名之间存在"姓氏源于地名""地名用作人名""人名用作地名"三种关系。其中,"姓氏源于地名"是指历史上的诸侯国采邑等封地被封后的后裔以封地作为姓氏的历史现象;"地名用作人名"往往是以某人对某地的怀念或某人的出生地为人名的情况;而"人名用作地名"则多以纪念历史人物、民族英雄,或历史上曾因某一家族在此聚居而改用其人名或姓氏作该地地名,该情况往往是给新地名命名或给旧地名更名时用到。苗语的地名与人物姓名之间的关系以第三种为主，人物姓名作为专名用词特征是指该宗地所辖区域曾归某人所有或是某人开荒所留下来的，该人物名在很多情况下并非限于指当地的历史名人。凯棠的"qe³ɣaŋ⁴ 勾宇寨"相传因名叫勾宇的老人曾居住于此而得名；舟溪新光村"ɣu⁷ɣaŋ⁴ləu⁴ 吴仰楼"因该宗地曾经归属名为 ɣaŋ⁴ləu⁴ 的老妪而得名，ɣu⁷ 是苗语中对老妇的尊称，而 ɣaŋ⁴ 为人名，ləu⁴ 汉译为"老"；"qau⁵ma⁴mei³ 告马没"因该宗地是名为 ma⁴mei³ 的公公所有而得名，其中，qau⁵ 是苗语对老叟的尊称，而 ma⁴ 为该公公的名，mei³ 为该公公父亲的名（苗族社会的子父连名制）。台江方召的诸多地名如 qau⁵ sʰaŋ¹（公商寨）、qau⁵ ɬɛ⁷（公岁寨）、qau⁵ qau⁴（公稿寨）、qau⁵ ke¹（公哥寨）、qau⁵ fən¹（公芬寨）等都是以人名命名的地名。

以族群历史作为专名用词是指该宗地所辖区域曾经是其他族群住过的地方，该地名以居住过的苗族以外民族或苗族其他支系的名称作为专名部分加以区别：汉族人曾住过的地方含 ɬe⁴（苗族人称汉族为 ɬe⁴）为专名，雷山西江镇的北建（苗语为 əu¹河 ɣi⁴窝 ɬe⁴汉族，苗文记作 eb vil diel）、震威堡（苗语为 ɣaŋ寨 ɬe⁴汉族，苗文记作 vangl diel）都反映了汉族曾在此居住的历史，该处至今也是苗汉杂居区；如丹寨县石桥村的一块宗地地名为"qa¹词缀 tse⁵岩 ɣaŋ⁵寨 ɬe¹汉族 挖滩岩头"亦与汉族居住史有关；又如凯里舟溪新光村有宗地地名为 qa¹词缀 tʰən⁸屯 ɬe⁴汉族，tʰən⁸屯 为清朝驻兵之地，该地曾被汉族人侵占屯兵；又如雷山县的"to⁴ʑe⁴ 陶尧"，反映了历史上自称为"to⁴ʑe⁴"的苗族人（现居丹寨境内）曾在此居住过；再如凯棠的"ɣaŋ⁴lju² 阳柳"因历史上为"lju²"支系苗族在此居住而得名；剑河久仰的"ɬje¹paŋ²vɛ² 西榜尾"，ɬje¹ 是指苗族的一个家支名称。

神话历史故事和传说。如剑河的"冉高迫"，苗音 ɣan²ko⁴pei⁶，因相传有一个姑娘在这个地方饿晕而得名；又如，"兄榜迫"，苗音 tɕoŋ⁸paŋ²phe⁷，据说该处山谷里有一个姑娘被抢走了；再如，丹寨石桥的"qa¹tse⁵li²von⁵ 归仓岩"因相传有一条龙在此洗澡，一颗大岩石挡住了去路，龙打断了岩石而得名；剑河新民村的"li²ta⁴丢失 nɑŋ媳妇 里大粘"汉译为"丢媳妇的田"，相传这丘田面积很大，周围的树木茂盛，主人家带着媳妇去劳作，其间新媳妇不知去向而得名；凯棠的"tɕi⁵ tɕɤ⁴肢/腿尾巴寨"，汉字记苗音为"季节"，意译为阿计的腿，相传很久以前名为阿计的人在深山老林里被一只老虎所害，其一条腿被拖到此处而得名。

2. 物产专名系统

苗族多聚居在山区，坡地多、平地少，耕地面积少。其一，根据宗地土质特征来耕种适宜的农作物，以最大限度合理利用现有耕地是人们对宗地的基本认识，直接影响人们对宗地的命名。其二，苗族特有的生物观决定了其独特的生态观，苗族多采取顺应自然规律的态度以保持生态平衡，对宗地的改造力度并不大，保持宗地原有的生态环境，那么以宗地自然生物物产命名的专名也不在少数。根据宗地物产（包括社会物产和自然物产）来命名，以物产作专名系统的重要组成部分是宗地地名与一般地名的重要区别性特征。

社会物产专名。宗地本身就是一个社会性概念，涉及某一社会群体成员之间的空间关系，而很大一部分的宗地地名专名部分往往能直接反映"社会主体"与"宗地客体"之间的作用关系。以社会成员对宗地的用途作为宗地专名，最典型的是以该地的农业物产作为专名，如"li² təu⁸pəu³ 黄豆田"以物产黄豆作为专名；有的根据曾经较为特殊的土地用途来命名，如"ɣaŋ⁴寨 fʰa¹tʰo⁷ 陶器厂" "qa¹词缀 ton⁵神 ɣi³石 ŋe⁴瓦 制瓦丁（汉记苗音作'干松衣念'）" "tsa³家 ti³打 tan⁵油 油榨"等以该地的经济作物命名。此外，苗语社会还涉及一系列民俗、军事等用途宗地，如"ɣəu⁵qa¹li³理"中的专名部分直接标明该地是"讲理的地方，用来处理社会纷争的地方"，该地名在丹寨石桥，凯里舟溪大中、凯棠养小村等都有重名现象。再如"tu¹tən⁷"，汉字记苗音为"丢屯"，汉译为屯兵之地，该地名在黔东南也不少见。

自然物产专名。苗族在社会实践过程中很注重生态环境的平衡，人类对自然的改造往往并不会刻意去改变区域生物圈系统，以致某区域的自然物物产相对稳定，对该区域进行命名时，也就直接采用该地具有代表性特征的自然物作为专名来命名。比较常见的有以地方某一代表性动物作为宗地专名，如"ɣaŋ² nau⁶tɕu¹ 养闹中"中的专名部分选取该地方的代表性动物"nau⁶鸟 tɕu¹ 画眉"而得名；"qa¹ tsʰoŋ¹kaŋ¹va¹ 干从刚挖"则因该地的代表性动物为"kaŋ⁴虫 va¹马蜂 刚挖"而直接音译苗语得名；"qa¹ton⁷qau¹ɕaŋ¹naŋ¹ 干同告相狼"

是因该地有很多"naŋ¹ 蛇"而得名；凯棠的"toŋ⁴沖lju⁶黄鳝同留"，汉译为"黄鳝冲"，因地势为山冲且多黄鳝而得名；凯棠的"ɣaŋ²闷ɕe³虎养小"，汉译为"老虎岭"，因地处山岭且多有老虎出没而得名；以多产代表性动物为专名的地名还有"qa¹ toŋ¹ la³羊ŋa²野兽羊冲""paŋ⁶ nau¹ 老鼠坡""toŋ¹ kaŋ¹ nən⁴ 蚂蟥冲"。

苗族多傍山而居，对山、石、水、桥等自然物都存在一种神灵崇拜，在苗族的生物认知观念中，"ɣi¹ 石头""tse⁵ 岩""zo⁶ 钟乳石"等也都是有生命的自然物，更是带有较强的社会性存在于人们的现实生活中。山石既是具有标志性特征的物产，也跟动植物一样，是人们生活生产实践的一部分。在苗族社会，山石甚至是被赋予一种超自然的、神圣化的宗教信仰物，在他们的认知系统中占据重要地位，常常也被用来标识空间位置，作为地名的专名部分，如万潮的"ɣi¹ qʰo¹ ma⁴ 马头石（马脑壳）"。再如"qa¹ ɣaŋ² ɣi¹ 干养衣"的专名部分 ɣi¹石头，"qa¹ sʰoŋ¹ ɣi¹ mo⁷ 干松衣冒"中的专名部分 ɣi¹ mo⁷风化石，"əu¹ ɣi¹ qa¹ tse⁵ ɬeu¹ 妤衣白岩山"中的专名部分 tse⁵ ɬeu¹白岩 等。

河流是地球生命的源泉，是人类文明的摇篮，河流文化是世界农耕民族的普遍性文化。在水资源较为匮乏的山林地区，河流更是弥足珍贵的自然馈赠，是族群文化的向心力和物化象征。苗族作为山地民族，更是对河流有一种特殊的情感，以河流名作为专名用词的地名在苗语地名中占了很大一部分，只要有河流经过的地方，必定有一处是以该河流来命名，只是会冠以相对位置上的通名"naŋ⁴""əu¹"等来加以区别，如"naŋ⁴ tei⁷ 朗德"的专名部分"tei⁷"就是河流"əu¹河tei⁷ 欧德河"的专名，又如"naŋ⁴ tɕoŋ¹ 南龚"的专名部分 tɕoŋ¹ 是指"əu¹河tɕoŋ¹ 乌龚河"。

3. 树名专名系统

此处将树名专名从自然物专名中单列出来，是因为树在苗族社会中占有重要地位，是苗族认知观念中较为重要和特殊的一类生物。以某树作为宗地专名的情况在苗族各村寨比比皆是，如台江的 qa¹ tau⁵ te⁴（汉字记苗音作"夏豆条"，意译为汉族树，即杜仲树）。如 qa¹ tau⁵ ɖjhə¹大 大树脚：tau⁵ ɖjhə¹大树，即保寨树，该宗地地名基本上在每个村寨都有，即"大树处（脚）"。在苗族村寨中，绝大部分的村寨里都有至少一棵保寨树（也称护寨树）。一般而言，保寨树是寨子最大的树，多为以单棵形式生长的枫树，位于寨子的制高点或进寨口等重要位置，是保寨子平安、驱魔辟邪的神树。其次，在苗族社会，杉树是最常见的树种，用处也较为广泛，具有较强的识别性，宗地地名中以杉树作为专名的并不少见。如三棵树街道的南花村和格冲村都有以 $qa^1 tau^5 tɕi^1$ 大杉树作为宗地地名的；$qa^1 tau^5 tɕi^1 tɕu^6$ 上游大杉树，是丹寨南皋石桥新村对面的一块宗地，"$qa^1 tau^5 ʑo^1$ 干道腰"因有一棵很大的青杠树而得名。再如，凯棠的"$pɤ^4 qei^3_{松树}$ 别干"，意译为"松林坡"，因松树茂密而得名。

（三）语词结构

1. 通名＋专名

由于苗语的语序结构以"中心语在前，修饰语在后"为优势语序，苗语地名亦遵循该语序规则，地名中最常见的语词结构是"通名＋专名"结构，最常见的地理实体通名用词有 $ɣaŋ^2$、$ɣaŋ^4$、$pɤ^4$、$naŋ^3$、tse^5 等。

在较大一部分苗语地名中，我们甚至可以看到一个地名含有多个通名，构成"通名＋通名＋专名"，甚至有"通名＋通名＋通名＋专名"结构的存在，如"$qa^1 tse^5 li^2 voŋ^5$ 归仓岩"中只有"$voŋ^5$"作专名部分，其他三个都是苗语中常用的通名用词。但该结构中，靠近专名的通名往往有专名化倾向。如 tse^5 在"青岩 $tse^5_{岩} no^2_{青}$"这一地名中是通名，而在"青岩坳山 $po^1_{山} ɬoŋ^6_{坳} tse^5_{岩} no^2_{青}$"这一地名中就是专名部分中的通名。

"通名＋专名"是苗语中最常用的地名语词结构，但由于受汉语"修饰语在前，中心语在后"的语序类型的影响，苗语地名"通名＋专名"结构在汉译过程中，往往会在结构后又重复出现前面的通名，构成"（通名＋专名）＋通名"的语词结构，如当地人将"$əu^1_{河} faŋ^2_{黄} əu^1_{河} ne^4_{浑}$"称为"浑水河"；而汉语中的一些地名如果用现代苗语表达成"通名＋（专名＋通名）"的结构，如"黄河""长江"，则可表达为"$əu^1 xuan^8 xo^8$""$əu^1 tsaŋ^8 tɕaŋ^1$"，再如凯里湾水镇的"$po^1_{山} ɖʰje^1_{大} qaŋ^3_{洞}$（汉字记苗音作"包学卡"，意译为大洞山）"。苗语中有大部分的河流名用来表达地名，如"$əu^1 fu^4$ 乌弗""$əu^1 ljaŋ^5$ 乌亮""$əu^1 tɕoŋ^1$ 乌龚"等，而河流名则再加通名"河"（如乌弗河、乌亮河、乌龚河）以作区别，这种通名重复现象在中国其他少数民族地名中也较为常见。此外，有地名用苗语表达成"（通名＋专名）＋通名"，如剑河柳川镇的董敖村，苗语为 ɬoŋ⁶əu¹tsʰən¹，因在 əu¹kʰu³ 河旁的山坳而得名，是苗汉地名词语结构的结合。"通名＋专名＋通名"作为一种特殊的地名词语结构，其内部语义关系较为复杂，多是汉语和民族语言接触影响下的语序借用杂糅现象。

2. 专名＋通名

苗语中的宗地地名多用苗语表达，对宗地的登记也是采用音译的形式来表达，因此，宗地地名的语词结构较为接近苗语原有的句法结构形式，较少受到汉语语序的影响。苗语修饰语后置的语序特征决定了苗语宗地地名的语词结构以"通名＋专名"为主，少部分宗地地名受汉语语序的影响呈"专名＋通名"结构，如凯棠的"tsaŋ²oŋ³ 掌翁（平地塘）"。

苗语中的"专名＋通名"结构地名多出现在村级以上的行政单位，如"ʐaŋ⁸ɣaŋ⁴ 八寨""tɕɛ²ɣaŋ⁴ 九寨""qau⁵ₓtsaŋₓli² 告张田（张公田）"多出现在与外界外族交流接触较多的村寨，或是多民族聚居区。

从目前所收集到的苗语宗地地名来看，有很多与"ɣoŋ² 龙"有关的宗地地名多采用"专名＋通名"结构，如剑河新民村"巫包 ɣoŋ²po¹"即"龙山"，相传有五条龙化成的山。从苗语中由 ɣoŋ² 构成的普通名词结构来看，一般用"修饰语在前，中心语在后"的结构形式，如"ɣoŋ²əu¹ɣoŋ²pɣ⁴ 龙水龙山""ɣoŋ²tɕʰaŋ¹ 龙宫""ɣoŋ²tən¹ 龙灯"等。苗语地名也不乏有"（专名＋通名）＋通名"的语义结构，如凯棠的"tsaŋ²oŋ³ɕʰaŋ¹pɣ⁴ 掌翁向别（意译为平地塘对面）"。

3. 单个专名

苗语中有些地名分不出通名部分，在语词结构属于单纯词一类的，如"to⁴ʑe⁴ 陶尧"这一地名现在贵州雷山境内，不含通名部分，该专名也是某一部分苗族的自称。但这一类可以单独运用的专名都是双音节或多音节的，没有单音节的。有一部分的宗地地名直接以该地的权属人来命名，不含通名部分，该类以人物专名作为地名，往往只是在较小范围内（该村寨内部）通行，多限于宗地地名，起区别作用，较少有村寨或村寨以上的行政单位采取此类语词结构来命名。

也有一部分宗地地名直接以某物产作为该地地名，由普通名词直接实现地名专名化，如丹寨石桥的"$\gamma i^1 \varphi u^7 tau^4$ 火石沙"。一般情况下，只含有专名部分的地名作为专有地名，这类语词结构的地名往往在命名理据上也基本已经无法溯源。但需要注意的是，这种以单个专名直接作为地名的情况在苗语地名中较少，往往会冠以相对应的通名。

4. 处所词缀＋普通名词

苗语中的地名多是以双音节或多音节为主，几乎不存在单音节地名，在一些地名的表达中往往会用处所词缀 qa^1 来组合，构成一类特殊地名，如下地名。

$qa^1 na\eta^7$，苗文记作 ghab nangk，汉字记苗音为"干朗"。$na\eta^7$，烂泥，该地名指泥巴很深、烂泥巴多的地方或水田。

$qa^1 \text{\textltailn}o\eta^1$，苗文记作 ghab dlongb，汉字记苗音为"干穷"。$\text{\textltailn}o\eta^1$，冲，该地名所指为冲湾湾处。

$qa^1 \varphi o\eta^2$，苗文记作 ghab xongx，汉字记苗音为"干兄"。$\varphi o\eta^2$，麻，该地名原是种亚麻多的地方。

$qa^1 nau^7$，苗文记作 ghab nauk，汉字记苗音为"干脑"。nau^7，草，该地是长有深野草（用来捆绑东西的草）的地方。

$qa^1 t\varphi i^1$，苗文记作 ghab jib，汉字记苗音为"干鸡"。$t\varphi i^1$，杉树，该地长有一棵大杉树作为地标。

以上地名中的 qa^1 作为处所词缀，源于名词词缀，词义已经虚化，不表实际概念义，qa^1 后接普通事物名词，既起到标示地名（即处所词缀）作用的同时，还有称音作用（苗语的地名几乎不存在单音节地名，若用单音节的标志性实物作为地名，往往就必须在该实物名词前加词缀 qa^1）。这与侗语地名形成鲜明对比：侗语的单个地名存在不少单音节地名，诸如 $\text{\c{s}}\text{ə}n^{53}$黄牛、$tei^{31}$大岭、$t\varphi i\eta^{35}$山谷、$luo^{53}$、$m\text{ə}n^{53}$泉水井 等单音节地名，侗语中常见双音节地名往往又是诸如 $tei^{31} t\varphi i\eta^{35}$、$tei^{31} m\text{ə}n^{53}$ 等一类两地地名连用的情况。同一命名理据下的地名，苗语用双音节地名，而侗语则有可能用单音节地名，如苗语的 $p\gamma^4 ni^2$牛坡，而侗语为 $\text{\c{s}}\text{ə}n^{53}$黄牛，苗语的 $qa^1 \text{\textltailn}o\eta^1$冲，侗语为单个 $t\varphi i\eta^{35}$山谷。

苗语中，除了 qa^1 作为地理处所标记的词缀表达某一族群聚居区以外，还有 $ta\eta^2$ 类地名。$ta\eta^2$ 在苗语中作"……场所"解，是苗语常见的地名语素，从语音和语义来看很可能是借用汉语中的"当"，如黄平县的"taŋ²ko² 当高"、凯里的"taŋ²ɟhe˥ 大中"。还有各地方的 tu¹ 类地名，如麻江的"tu¹ sən¹ 下司"、凯里的"tu¹pu³ 万潮"、凯里湾水的"tu¹ku³ 岩寨"、谷陇的"tu¹ka⁸ 大寨"、舟溪的"tu¹zən² 丢银"等；qhaŋ³ 类地名，如凯里的"qhaŋ³ɣoŋ² 康雍""qhaŋ³ tɕaŋ⁴ 湾水""qhaŋ³ɕhe³ 凯哨"。从地名语义学角度来看，地名本身就是一种语言符号，其所含的意义是由符号形式与符号内容之间的相互关系构成的。诸如 qa¹、taŋ²、tu¹ 等处所词缀的语义本指具有某空间特征的一切场所或处所，其语义具有泛指性、不定指性；然，这类处所词缀用在地理标记（地名）中，其符号内容与符号形式之间的相互关系发生了变化，其"指示义"由"泛指"实现了"专指化"过程。

苗语母语者在日常生活空间实践过程中，习惯于用具体的空间实物来指涉以此为地标中心展开的空间区域和范围。空间实物名词被用作宗地地名时，就实现了其词义的特殊化，其词义发生了转指，要实现普通名词到宗地地名的转指，其最为重要的手段就是语言知识的约定俗成特指作用，而非空间知识的普遍性描述。

二、苗语宗地地名命名法与空间文化

任何一个地名都指向一定的空间。苗族族群文化和区域文化对苗语地名有影响，反之，苗语地名反映苗族族群和区域文化。

（一）植物名命名法与农林生态文化

在不同的村寨宗地地名中重复率最高的当属以某树树名作为宗地地名，可见，树在苗族空间区域识别中具有高区别性特征，这直接反映了树在苗族社会中的重要地位。山林环境系统既是苗族赖以生存的物质基础，也是其农业发展的瓶颈，一方面，苗语黔东方言区一带属于海拔较高的山区，密谷深林，森林资源丰富，这为苗族人民生活生产提供了大量就地可取的木材；另一方面，山林地带的山多地少所带来的口粮问题也是他们无法回避的，混农林系统中的"林粮间作"模式便应地而生，形成了苗族较为独特的农林生态文化。苗族宗地的农林作物命名法也无不反映了其农林生态文化。

苗族宗地地名中以某区域制高点的大树名命名的宗地并不占少数，如"qa¹tau⁵ʑu² 干道腰"这一宗地地名在舟溪镇新光村、大中村、凯棠养小村、黄平番省村等都有重名。另有"qa¹tau⁵sʰo¹（长有一棵大棕树的地方）""qa¹tau⁵tɕi¹（以前这里有很多杉树）""ɬoŋ⁶qa¹va² 梨树坳""tsaŋ²va² 梨子坪"等以某种树命名的地名在苗族地区比比皆是，这无不体现出苗族民众对自然环境中"树"的高标识性。苗语黔东方言区中与杉树有关的地名很多，如凯里三棵树有"杉树冲 ɬoŋ⁴tau¹tɕi¹""杉树岭 ɣaŋ²tau⁵tɕi¹"，镇远有"杉木林 ɣu³tau¹tɕi¹""杉木山 po¹tau¹tɕi¹"。苗族对地理位置的定位往往也优先选择以大树为参照物，因此将标志性"树"直接作为某处地名也就不足为奇了。然而，树类地名中，"杉树"地名又多于其他树地名，这也是因为杉树在苗族社会生活中的普遍性和重要性。苗族社会中的杉树，不仅可以用来建房造屋、制作棺木，还可以用作祭祀用具等。也正是因为杉木在苗族社会生活中如此典型，人们也会根据不同的生长习性将杉木分得更细，如"tau⁵tɕi¹əu¹ 水杉""tau⁵tɕi¹ɕu⁴ 油杉""tau¹tɕi¹tse⁵ 岩杉"等。

事实上，"树"在苗族社会中的"生命性特征"在苗语相关词法句法中亦有所体现：其一，苗语中的"树"在语言环境中与之搭配使用的量词与有生命的动物及人的量词是一致的，用 tɛ⁴；其二，只有用来表达地名的树名才在前面加 qa¹，其他语境中的树名不加 qa¹，这是因为在苗族认知体系中，"树"跟人一样，是一个完全独立的个体，并非隶属于某个整体的部分，加上 qa¹ 后，表明该树是作为某个地理空间整体中的一部分而存在。

除树名以外的其他具体实物名称 qa¹ 类地名，亦反映了苗语母语者的这种直观式认知特征，尤其在宗地地名的专名系统中，大量存在用该地的具体实物物产来命名的直观命名方式。如"li²təu⁸pəu³ 黄豆田""tsaŋ²təu⁸ 豆子坪""la⁶fa⁶paŋ¹ɬe⁴ 胡萝卜地""tsaŋ²me⁶sʰən¹ 棉花坪"等。

综观苗族各地的宗地、村寨等地名，可以看到很多地方都以动物命名，存在诸多同名不同地的现象，这种以动物命名的地名除了是由于该地有某类动物频繁出入以外，更多的是由十二生肖的赶场日所得的地名。赶场日在苗族社会中又具有浓郁的农林文化特色。这些以动植物命名的地名系统，直接反映了当地居民社会生产实践活动中所创造出来的农林生态文化，也反映了当地居民对其所在空间环境地方性知识充分了解后对空间资源的配置、规划和使用情况。

（二）地理特征命名法与山地文化

苗族是一个典型的山地民族，其生活实践的环境以山地为主，根据山地地形地貌特征命名是山地民族最常见的地名命名法，地名命名也带有鲜明的山地文化特征。从共时的角度来看，以山地地貌特征命名具有较强标识性，从历时的角度来看，以山地地貌命名的地名较为稳定，较少存在更名的情况。苗语黔东方言区有很大一部分属于喀斯特地貌，岩石文化是喀斯特地貌自然山地文化的衍生部分。作为典型的山地民族，苗语黔东方言区的岩石文化较为浓厚，将岩石作为地名的亦比比皆是。

通过对已收集到的 16 个苗族村寨的宗地地名通名系统用字情况进行分类统计，我们发现，宗地地名的山岭类通名用字包括 $\gamma a\eta^2$、$p\gamma^4$、po^1、γu^3 等。对比其他通名用字情况来看，山岭类通名就占了 30％以上，据地方资料统计，黔东南从江县已上"地名志"中的地名被冠以"摆 $p\gamma^4$"的地名就有一百多个。以"山岗"作为地名的通名也就占大多数，以"山岭""坡"为宗地地名通名用词的也十分常见。对于坡多水少的山区民族而言，平地、河溪流稀少却珍贵，在社会生产实践中起重要作用，比起其他自然物更具有识别性，但在同有河流的情况，宗地地名又会优先以水体类（$na\eta^4_{下游}$、$\ni u^1_{水}$、$m\ni\eta^5_{井}$）作为通专名。

苗语湘西方言中以"山 $q\gamma^4/zei^2$""山堡 po^1""坡 pu^4""崖 $pa\eta^5$"等作为通名的地名不计其数，此外，还有与山有直接相关的"$xa\eta^1$（山沟）""q^hau^3（岩洞）""$to\eta^6$（山坳）"作为通专名的地名也远远多于以"河、溪"等词作为通专名的地名。苗语西部方言的苗族居住地分布相对较为分散，相对东中部方言而言，保存的苗语地名相对较少。苗语地名中，除了以族群命名以外，也多以"山谷 ku^6""山 $to\eta^1$""山中盆地 $n\undertie{t}au^4$"等作为通名用字。

小结

地名作为表达空间概念的专有名词，在语义上指有定的空间区域，属于空间无角度系统中的地志空间，一定程度上反映了该地的地貌、物产等空间属性；但地名又绝非一个简单的地理概念，更含有其本身的社会属性，直接反映了当地人们对该空间的主观认识，融合了当地人们的空间历史文化。宗地地名作为人们对空间认知的语言表征，是研究人们对物理空间进行认知的重要桥梁，也是语言空间研究的重要内容。宗地地名语词构成的地域性特征强，相较一般行政区划地名，更能反映出命名者对空间的社会文化建构及其空间的认知特征。

苗语宗地地名的语词结构较少受到周边其他语言语词结构的影响，多采用"通名在前，专名在后"的语词结构。一方面，宗地地名对空间处所的标识是建立在人们对空间事物的普遍性认知基础之上，很多宗地地名都尚未脱离普通名词的语词结构特征，同一苗语语言系统范围内的不同村寨的宗地地名，其命名方式和依据存在共同特征，产生了诸多宗地同名现象；另一方面，又由于地方方音差异而造成了不同汉字记同一地名的现象。

宗地地名是地名的重要内容之一，但又与传统地名学中所研究的地名有所区别。宗地地名所指范围和通行范围多限于村寨以内，是与个人或家族对土地控制权有直接相关性的空间单元，存在于人们日常生活实践中。与宗地有关的空间知识源于地方日常生产生活实践，必然为该地域社会群体内部绝大多数人所熟悉，也是社群对空间处所的一种具有普遍性的共性认识。从宗地地名的专、通名用字情况和命名理据来看，当地人们在命名过程中体现出对农林有关空间物的偏好，直接以物产的树、动物、石等来命名的宗地地名不少，山地类地名亦占较大比重。宗地地名的命名法反映了当地具有地域特征的农林、山地文化，但要通过地名来深入探究当地人们对空间的认知，还需分别对地名的专、通名用字情况作量化统计分析，以进一步考察命名过程中的倾向性问题，从而了解地名系统中所反映的认知空间。

第三节　黔东苗语空间指示系统

　　指示是任何语言都有的语义范畴，指在一定语境中对某一信息结构所表达的事件概念进行时空上的定位功能。语言中表达指示功能的语言形式称为指示语。指示语（Deixis）包括空间指示语、时间指示语、人称指示语、语篇指示语和社交指示语，其中语篇指示语和社交指示语是指示语的语用范畴，并没有相对独立的专有表达式。指示语是一个封闭的语言系统，但语义关系较为复杂，涉及使用者的心理认知、民族文化和母语语言结构等因素，一直以来是语用学研究的重要课题。近年来，随着认知心理学的发展，语言指示系统研究进入认知语言学的研究范围，尤其受到认知语义学的青睐。Levinson（1983）曾提出指示语的四维空间模式，强调指示语的空间维度，认为其他指示语的确定依赖空间指示。Fauconnier（2008）提出的心理空间理论从认知语言学角度阐释了人们在使用距离指示语过程中的指示中心转移并产生映射的过程，他认为人们对远、近距离空间指示语的使用不仅仅受物理空间距离的制约，更多涉及主观心理距离。Lakoff（1987）也指出心理空间是人类认识和理解外部世界与自身之间关系的一种机制和认知方式，语言一旦离开心理空间认知方式就无法被表征和理解。可见，空间指示语系统是一个带有主观性的心理空间语义系统。

　　指示语是语言中表达抽象概念的一类语词，其语义本身的所指并非实际存在的具体实物概念，而是依赖语境存在的、具有语义游移性特征。指示语就其所指示的语义范畴而言，包括人称指示语、空间指示语和时间指示语，表达形式可以是名词、副词、词缀、位移动词、方向介词或介词短语、附加词等。由于空间指示语的语义表达具有强语境性，与话轮中的主体定位有着密切联系，与人称指示有渊源关系；同时，空间指示语在语义功能拓展中又绕不开时间指示，与时间指示有认知隐喻关系。有基于此，本小节将空间指示系统放在整个指示系统中来谈，对人称指示、空间指示和时间指示作一个系统性梳理。

▶ 一、黔东苗语人称指示语

Benveniste（1973）曾将人称指示语定义为"编码于言语活动中的参与者或相关角色的符号指称，它在各指示语中占据主体与核心地位"。世界大多数语言的人称指示语包括人称代词、物主代词和反身代词，黔东苗语并不区分人称代词和物主代词，人称、旁称、反身和统称的区别。当然，"人称"并非限于指人，还可指人以外的事物。人称代词是以话语中的参与者为视角，根据话语"主体角色"情况划分出来的语法范畴。指代话语行为中的主体（说话者）即为第一人称"我"，次要主体（听话者）为第二人称"你"，指代话语参与者以外的客体即用第三人称代词"他"。

黔东苗语人称代词没有主、宾与格之分，但有单数、双数和复数的区别，如表 2-1 所示：

表 2-1　黔东苗语人称代词单数、双数和复数的区别

指示语类别	第一人称	第二人称	第三人称	旁称	反身	统称
单数	$vɤ^4$	$moŋ^2$	$nən^2$			
双数	o^1	$maŋ^1$	$nən^2 \ lɛ^1$	$pu^4 / nɛ^2 \ tɕu^1$	$noŋ^8$ 自己	$nɛ^2 no^5 / taŋ^2 \ to^4$ 大家
复数	$pɤ^1$	$maŋ^1 / moŋ^2 \ to^4$	$mɛ^2 / nən^2 \ to^4$			

从以上表格中各代词数范畴表达情况来看，黔东苗语人称代词中的第一人称代词的句法语义类别最多，有单、双、复数的区别；第二人称只有单、复数上的区别，不再区分双、复数；而第三人称虽有单复数的区别，但不在词形上区别，是一种"第三人称代词＋多数量词"的创新组合形式；不定指代词旁称、反身代词和统称代词就没有单复数的区别了。表格中人称代词从左到右的语义类型呈现出从多样到单一、从细致到简单。从认知层面来讲，这种语义表达的细致情况体现了苗语母语者对表达自我的第一人称的关注度最高，其次是第二人称。

多数语言中的人称代词在词类归属上划为名词一类，其在语义上代指人或物，与普通名词属同一语义范畴，因其在句法上亦与普通名词有相同的句法特征。但黔东苗语人称代词与普通名词有不同的句法特征，尤其是在作修

饰语时，与中心语的语序并不一致。苗语人称代词作修饰语时位于被修饰语之前，而名词作修饰语位于被修饰语之后，如例（1）、（3）、（5）中的人称代词 nən²、pɤ¹、pu⁴ 分别位于中心词 tɕɤ⁴ lo¹、tsa³、pʰɑŋ⁵ 之前；例（2）、（4）中的名词修饰语 toŋ⁵ tsa³、qɑŋ¹ lo¹ po⁴ 位于中心语之后：

（1）nən² tɕɤ⁴ lo¹ ko⁶ sʰaŋ¹ ʑaŋ².

　　　她　身　脚　着　伤（助）

　　　她的脚受伤了。

（2）to⁴　qa¹ lo¹ toŋ⁵ tsa³ noŋ³ mu⁵ vu⁶ tɕu⁴ ʑaŋ².

　　　些（缀）脚　柱　房　这　朽　烂　完（助）

　　　这些房柱脚都朽烂完了。

（3）to⁴ tau⁵ ko⁶ lo⁴ nei¹　pɤ¹　tsa³ ʑaŋ².

　　　些　树　倒　来　压我们　房（助）

　　　几棵树倒下来压着我们的房子了。

（4）to⁴ tau⁵ ko⁶ lo⁴ nei¹ lɛ¹ tsa³ qɑŋ¹ lo¹ po⁴ ʑaŋ².

　　　些　树　倒　来　压　个　房　尾　脚　坡（助）

　　　几棵树倒下来压着山脚的房子了。

（5）ʈo⁸ vo⁸ ʈo⁵ pu⁴ pʰaŋ⁵，pu⁴ pʰa¹ lo¹ pu⁴ to⁵.

　　　滚　于　别人　坡　　别人扒开来别人得

　　　滚到别人草坪上，别人扒开就拿到。

受苗、汉语语言接触的影响，苗语普通名词作修饰限定语，与中心语存在两种语序并存的情况，但现代苗语依旧以"中心语在前，修饰语在后"语序为优势语序。而黔东苗语语法史上的人称代词作为修饰限定语，却一直以"前置于中心语"作为唯一语序。从修饰语和中心语的语序来看，黔东苗语人称代词与普通名词在句法上存在着较大差异。又如复数量词 to⁴_此 与一般名词搭配时，放在名词前，构成"to⁴_此＋名"，如"to⁴_此 nɛ² 人们""to⁴_此 ɖa³_狗 狗（复）"等；而人称代词的复数表达若要借用 to⁴ 来表达，则将 to⁴ 放在人称代词后，构成"人称代词＋to⁴_此"形式，如"pɤ¹ to⁴ 我们""moŋ² to⁴ 你们""nən² to⁴ 他们"等。可见，黔东苗语中的人称代词虽然在语义功能上代指人或物，但句法上却和名词有着不同的句法分布特征。

▶ 二、黔东苗语空间指示语

传递空间信息的词汇形式表达包括非指示性处所词（如上海、学校、单位等）和指示性空间词（亦称空间指示语）两种。空间指示语具有主观性和交互主观性特征，语义中有言者行为主体的隐性存在，具体又分为空间方向指示、空间距离指示等。

（一）空间方向指示语

空间方向指示语是指语义中含有空间矢量特征的词或短语，黔东苗语中的空间方向指示语包括方位词、趋向动词、部分位移动作动词以及介词 to^5 构成的结构。

1. 黔东苗语中表达空间方位的主体词类是方位处所词（$ky^3 v\epsilon^2_{上面}$/ $nan^4_{下游}$/ $ta^1_{下}$/ $t\varphi an^4_{左}$/ $qan^1_{后}$ 等），方位处所词往往只用来表达物体的静态方位处所关系，如例（6）、（7），一般不能直接用作动作性较强的位移动词的宾语来指示行为动作的具体方向。

（6）$\epsilon^1 l\epsilon^1 \, nan^1 \, nen^2 p^hi^5 \, p\gamma^4 \, \underline{tei^2}$，$\epsilon^1 l\epsilon^1 \, nan^1 \, nen^2 p^hi^5 \, p\gamma^4 \, \underline{t\varphi an^4}$.

　　一个　在　他　边　手　右　　一个　在　他　边　手　左

　　一个在他右边，一个在他左边。

（7）$\underline{ky^3 \, v\epsilon^2} \, nan^1 \, ne^2$，$\underline{k\gamma^3 \, ta^1} \, t\varphi hi^1 \, pe^5 \, ljo^3$.

　　路　上　住　人　　路　下　关　猪　牛

　　上面住人，下边关猪牛。

（8）$\epsilon^1 l\epsilon^1 \, m\gamma^4 \underline{tei^2}$，$\epsilon^1 l\epsilon^1 \, m\gamma^4 \, \underline{t\varphi an^4}$.

　　一个　去　右　　一个　去　左

　　一个往右，一个往左。

（9）$mon^2 \, p\gamma^5 \, \underline{ky^3 \, ljen^3 \, qan^2}$，$\Lambda^2 \, k\gamma^3 \, p\gamma^5 \, k\gamma^3 \, kon^3 \, t\varphi on^8$.

　　你　睡觉路　翻　下巴　不　要　睡　路　弯　曲

　　你要仰着睡，不要趴着睡。

以上例句中的画线部分存在方位处所和方位方向的区别，例（6）、（7）的方位概念强调空间处所，其中的方位语素作为限定性成分限定修饰前面的处所语素，句法语义核心在于结构首端的处所成分。而例（8）、（9）画线部分的方位概念表达式则重在阐明动作的空间趋向，处所语义并不凸显。黔东苗语中的方位词或方位语素还有 "ku² 外" "ȵaŋ⁶ 里" "tən² 前" "tɕɤ⁶ 下" 等。在特定语境中，诸如 "fʰu³ 头" "təu⁵ 脚" "ku⁸ 背" "qa³ 尾" 等凸显空间位置的身体部位词亦可用来指示空间方位。在苗语东、西部方言中还存在不少山体部位名词以指示空间方向。

2. 除方位处所词以外，趋向动词也是黔东苗语中指示空间方向的重要词类之一，较多只涉及诸如 mɤ⁴（lo⁴mɤ⁴、ta²mɤ⁴）、lo⁴、ta² 等几类单纯趋向动词，较少有复合趋向动词。其中，mɤ⁴（lo⁴mɤ⁴、ta²mɤ⁴）所指示的方向为远离说话人（或参照点）方向，lo⁴ 与 ta² 所指示的方位为靠近说话人（或参照点）方向，多用来指示行为动作相对于说话人的空间位置变化趋向。如：

(10) tɛ⁴ ɬaŋ³ ȵo³ to⁵ tɛ⁴ qei¹ mɤ⁴ / lo⁴ mɤ⁴ zaŋ².

　　　个　鹰　抓　得　个　鸡　去　　来　去（助）

　　　老鹰抓走了一只鸡。

(11) lei⁵ ɕaŋ⁸ i³ moŋ² noŋ⁵ ta² lei⁸.

　　　到　时　那　你　必须　来（语助）

　　　你到时一定要来嘞。

(12) pɤ¹ təu³ ȵaŋ² mɤ⁴ tɕʰi¹ xu⁵ mɤ⁴.

　　　我们　拿　船　去　运　货　去

　　　我们用船运去送货物。

3. 为表达更为具体的动作方向，黔东苗语也不采用像汉语那样诸如 "出去" "进来" "下去" 等一类复合趋向动词的表达方式，而是使用 "趋向动词＋方位语素" 组合。该组合结构的句法语义特征与汉语复合趋向动词有较大的区别：汉语中的复合趋向动词跟在动词后面作趋向补语并向结果补语扩展，在语义上强调已然动作的 "过程－结果" 阶段；而苗语中的 "趋方" 结构跟在动词后作方式状语，在句法语义上更接近于表达动作趋向的 "往/向/到……来/去" 等一类的介词结构，强调动作过程的 "开始－过程" 阶段，与结果的关联性不大，不能发展为结果补语。如：

(13) moŋ² tsʰo¹ mɤ⁴ ku² , vɤ⁴ xʰu⁷ mɤ⁴ ȵaŋ⁶.

　　你　吹　去　外　我　吸　去　里

　　你往外面吹，我往里面吸。

(14) nən² to⁴ ȵaŋ¹ ȵaŋ² mɤ⁴ ȵaŋ⁴.

　　他　些　乘　船　去　下游

　　他们乘船往下游去。

(15) tʰoŋ⁸ ɣi¹ ko⁴ vo⁴ lo⁴ ta¹ , pe⁵ tʰu⁷ vɛ² tʰu⁷ ta¹.

　　（粗）个　石　圆圆状　来　下　响　天　震　地

　　大石头往下滚来，震天动地。

以上例句中的趋向动词与方位语素之间往往不能插入其他成分，方位语素并不能单独运用，在句法上对趋向动词有依附性。

苗语中还有一类动作动词，语义中也含有空间方向语义特征，如：

(16) t͡ɕi⁵ tɛɣ⁶ ʌ² zaŋ² ɖən⁴ , ɣu⁷ naŋ⁶ ʌ² zaŋ² ɖən⁴ , nᵸɛ¹ qa⁵ qa⁶ ʌ² qei⁴.

　　上　上游　不　了　进　下　下游　不　熔　进　太阳　挡住　不　断

　　上也进不了，下也去不成，太阳把路塞。

(17) qa¹　ta¹lo⁶ t͡o⁵ kɣ³ vɛ² lo⁴.

　　（缀）土　塌　于　路　上　来

　　泥土从上面塌下来。

(18) t͡ɕo² əu¹ɖo³　t͡o⁵ kɣ³ vɛ² lo⁴.

　　条　水　倾泻　于　路　上　来

　　水从上面倾泻下来。

以上句子中的位移动词 t͡ɕi⁵、ɣu⁷、lo⁶、ɖo³ 等语义本身既表达具体的位移行为动作也指示一定的空间向量，其中，t͡ɕi⁵ 表位移主体由下向上移动，ɣu⁷、lo⁶、ɖʰo³ 指位移主体由上向下移动。该类动词在具体语境中往往只跟特定（所指示的方向一致）的空间方所词连用，如 t͡ɕi⁵ 只与表纵向"上"方向的 tɛɣ⁶ 或 vɛ² 连用来表达动作趋向，而 ɣu⁷、lo⁶、ɖo³ 则预设纵向的"下"方向为位移趋向。这类动词在句法语义上的功能相当于一个"行为动作动词＋趋向动词"组合，由于该类词本身的语义概念中带有一定的动作方向指示功能，往往可以不借助方位词而只需带单个趋向动词来表达方向，如：

（19）nən² ʌ² nᵒʰɑŋ³ tɕu¹ nɛ² to⁴ xʰe² , ɖʰju³ ɖʰi³ ʈu⁷ lo⁴ .

　　他　不　听　别人　些　话　　乱抽　刀　来

他不听别人的话，胡乱拔出刀来。

（20）lɛ¹ mən⁵ i³ ɕu³　mᵒʰa³ ɘu¹ pei³ sei³ pei³ sei³ .

　　个　井　那　冒出　泡　水连续不断冒出状

那口井不断冒出水泡。

（21）tɛ⁴ ʐa⁴ tɕu⁶ te⁸ nən⁵ , nən² qa² tɕu⁶ fi⁷ lo⁴ .

　　个鱼　一　咬钓钩　　他　就　一　提　来

鱼儿一吃钩，他就一下子提起来。

以上例句中的 ɖʰju³ ɖʰi³、ɕu³ 的语义本身指示"向外"（ɖʰju³ ɖʰi³＝抽＋出，ɕu³＝冒＋出），不需要再借助方位词"ku²外面"来指明动作方向；而 fi⁷ 的语义本身指示"向上"（fi⁷＝提＋起/上来），也不需要再加"vɛ²上面"来指明动作方向。苗语中的这类词在日常交际中，根据其本身的语义逻辑关系可以直接指示空间方向，可直接加光杆趋向动词表达动作方向，也就不需要诸如"出来""出去""上来""下去""起来"等一类复杂趋向动词组合来进一步补充趋向语义。

（二）距离指示语

距离指示语，是指表述说话对象与话语者（或现时语境）之间距离的词，苗语黔东方言区的距离指示语不仅涉及空间距离，还含有时间语义参项。世界语言的空间指示词按距离的远近可以分为二分型、三分型和多分型三种类型，黔东苗语的指示词属于多分型。如表 2-2 所示：

表 2-2　黔东苗语多分型距离指示词

距离 ＼ 指示词			noŋ³	nən³	moŋ²	ɛ¹	i³
场内	话轮内	说话人（第一人称）	近	远	不近不远	远（能见）	远（不能见）
		听话人（第二人称）	远	近			
	话轮外					近	远
场外							近

黔东苗语中的距离指示系统属于五分法，是结合时、空距离语义参项区分出来的指示词类型，这反映了苗族人对以"自我为中心"层层向外扩散的空间知识归类的多分方式。苗语中的指示词"non^3 这"指离说话人"我"最近的位置，是整个距离指示系统中的其他不同距离指示词的初始位置，这符合人类对空间概念的认知发展规律——身体是认知主体进行认知的载体，并直接为认知提供基础感知觉的内容。当 non^3 以"我的身体"空间作为原点用来指示空间距离时，必然就会出现相对于"我的身体"之外的"你"的空间位置——离听话人"你"较近的位置"nən^3 那里"，从而形成 non^3—nən^3 这一对最简单的"非我即你"的现场二元认知概念框架。如下例句：

(22) pen^2 tu^3 ȵaŋ^1 moŋ^2 xaŋ^1 <u>nən^3</u>，a^2 ȵaŋ^1 vɤ^4 xaŋ^3 <u>non^3</u>.

　　　本　书　在　你　处　那　不　在　我　处　这

　　　书在你那儿，不在我这儿。

(23) to^4 <u>nən^3</u> vɤ^4 ŋ^{dʑ}oŋ^1 ta^4 tɕu^4 zaŋ^2.

　　　些　那　我　忘记　丢　完（助）

　　　那些我全忘记了。

以上例句中的 non^3 指离说话者近的位置，nən^3 指离听话者近的位置，二者是最基础的距离指示词，总是被优先纳入空间距离认知加工过程，也是世界绝大部分语言里都有的距离指示词。随着认知加工活动的进一步发展，人们也会对"自身"范畴有更深的认识，将对话现场中的"我（说话者）""你（听话者）"进一步整合并理解为一个包含"我、你"在内的共同的整体空间。此认知过程中又形成了"非你我即他"另一个二元认知概念框架，从而形成一个对话现场中的对话主体（我、你）之外的"他"者空间 moŋ^2——离听人和说话人都不远但又独立于对话之外的客体所在的距离指示词。虽然 moŋ^2 是一个"我、你"以外的第三者空间，但其语义所指的空间距离依旧在对话现场视野范围内的不远处，这依旧是一个视线范围内可借助自身身体实现认知的空间距离。当所指空间已超出对话现场的视野范围时，就必然存在一个既独立于对话之外又远离对话现场的客体空间——离说话人和听话人都远的距离指示词 ɛ^1，如以下例句：

(24) lɛ¹ mo⁶ <u>moŋ²</u> to⁶ nən² paŋ⁸.
　　个 斗笠 那 是 他 的
　　那个斗笠是他的。

(25) nən² ȵaŋ¹ haŋ³ ɛ¹ moŋ⁵ qa⁵.
　　他 在 边 那 探 视
　　他在那儿探视。

(26) a² pu¹ xaŋ³ nau² to⁴<u>moŋ²</u>, ɕʰi¹ nɛ² tɕu¹ ta⁸ tɕa¹ to⁵, mɤ⁴ pʰi⁵ɛ¹ tɕʰu¹ lo⁴.
　　不 知 愿 吃 些那 怕 人 别人 掷 药 于 去 边那 取来
　　不要随便吃这（那）些东西，怕有人在上面投放毒药，去那边拿来。

张永祥的《苗汉词典》释义距离指示词 moŋ² 为"在对方和自己之间的人或物"，ɛ¹ 指"较远指"。我们认为，二者是在 noŋ³ 与 nən³ 的基础上延伸出来的空间指示：noŋ³ 指离"我"近；nən³ 指离"你"近；moŋ² 的空间所指不偏向"你我"任一一方，且离"你我"都不远；ɛ¹ 所指的空间距离亦不偏向"你我"任一一方，但离"你我"都远。除了这四类距离指示词表空间距离以外，苗语中还存在另一个具有苗语特色的距离指示词"i³ 那"。若将 noŋ³ 与 nən³、moŋ² 与 ɛ¹ 看成是一个以话语主体（说话者和听话者）为中心所形成的话语场景的"现时空间"整体，那么，与该"当前现时"空间概念相对的另一空间概念"意念空间（指向过去或未来）"则是"i³ 那"所指的空间。如下例句，可以看出指示词 i³ 的"忆指"和前四类指示词的"当前指"区别：

(27) nᵒʰɛ¹ noŋ⁴ to⁴ uo¹ <u>i³</u> xaŋ⁵ ɕʰu¹ ʑaŋ², vɤ⁴ a² nau².
　　昨天 些 菜 那 臭 馊 了 我 没 吃
　　昨天那些菜馊了，我没吃。

(28) to⁵ uo¹<u>moŋ²</u> xaŋ⁵ ɕʰu¹ʑaŋ², a² kɤ³ nau² ze⁴.
　　些 菜 那 臭 馊 了 不要 吃 了
　　那些菜馊了，不要吃了。

(29) nᵒʰu² ten² paŋ⁸ lɛ¹ fʰu³ kɤ³ <u>i³</u> moŋ² tɛ⁴ ȵen⁶ to⁵?
　　年 前 的 个 事 路 那 你 还 记得 不
　　前年的那个事你还记得吗？

（30）nən² A² to⁵ xʰi¹ qen³ lɛ¹ noŋ³.

  他 不 喜 欢 管 个 这

  他不喜欢管这事。

（31）lei⁵ ɕaŋ⁸ i³ moŋ² noŋ⁵ ta² lei⁸.

  到 时 那 你 要 来（语气助词）

  到那时你一定要来哩。

以上例句中的"i³"与其他指示词最大的区别就是其语义义素含有明显的非现时场景性，该词所指示的距离不再仅仅指空间距离，更是强调了时间距离。换言之，noŋ³ 与 nən³、moŋ² 与 ɛ¹ 所指的时间即为当前，将时间距离度量标为 0，那么，i³ 所指的时间距离度量则大于 0。由此可见，苗语指示词的五分法直接体现了苗族空间认知的时间语义参项的进入——苗族认为过去（或未来）的事或人存在于由当前生存空间延伸出来的、不同于当前空间的另一空间。

苗语中的五个距离指示词作为空间距离概念的表达，其中，noŋ³ 与 nən³ 是空间距离认识的起点（参照点），最易被识得且使用频率也最高。这些指示词除了指示空间认知域内的距离以外，其语义范畴也可以依据语境投射引申到其他认知领域（时间域、事相域等）。其中，最为典型的是空间域向时间域的投射，如"nᵗʰɛ¹天 noŋ³ 今天""nᵗʰɛ¹天 noŋ⁴ 昨天""ɕaŋ⁸ noŋ³ 现在""ɕaŋ⁸ i³ 那时"等。但指示词在时、空域的表达上存在不对称性，这与苗族对时间的认知特征有关：苗语中的时间词多以语义相对的成对存在为主，采取两分法，这并不与空间距离指示的多分法呈一一对应关系。

指示词的语义域还可以实现由空间域向事相域的投射，指示词的事相域实际上就是抽象化的空间域，将所指空间实物对象扩展到抽象对象，如"ɛ⁵做 noŋ³（像我/我们）这么/这样""ɛ⁵做 nən³（像你）那么/那样""ɛ⁵moŋ²（像他们）那样""ɛ⁵i³（像过去）那样"等。指示词在表达事相时，能且只能以"ɛ⁵＋X"的固定格式出现，在句中作方式或程度状语；其中，ɛ⁵ 本是泛义动作动词（轻动词），在该组合格式中已失去了动词功能，句中需出现其他谓语动词，如"ɛ⁵ ɛ⁵ nen³ 这样做""nau² ɛ⁵ moŋ² 那样吃"。这类指示词组合中，所指的事相与该指示词本身所指的空间距离形成对应关系，依然具有较强的对话语境性，所表达的语义与对话主体依旧存在较大的相关性。此外，最为常见的指示词 nən³ 还能用作假设标记，如：

(32) moŋ² mɣ⁴ nən³，vɣ⁴ qa² mɣ⁴.

　　　你　去　那　　我　就　去

　　　如果你去，我就去。

(33) xaŋ³ moŋ² nən⁷ lɛ¹ qa¹ me⁶ tɕoŋ⁵ tɕoŋ⁵ nən³，qa² to⁵ lei⁸ əu¹.

　　　如果 你 拧 个(缀) 盖 紧 紧 那　就 不 溢水

　　　如果你把盖子盖紧了的话，就不会溢水。

苗语中用来作假设标记的 nən³，在句法语义上与前一句的句法语义距离更近，前后分句的语音停顿一般在 nən³ 后，属于后置型假设标记，往往和 xaŋ³ 连用，构成"xaŋ³……nən³"的框式假设结构。nən³ 还可以用作连词，既可表示顺接，汉译成"于是"，如例句（34）；也可表示转折，汉译成"然而"，如例句（35）：

(34) ……nən³ tɛ⁴ ɕe³ qa² mɣ⁴ ɣaŋ⁶ tɛ⁴ tɛ¹ ʌ³ lo⁴ pɛ¹ nən² tsa² ɛ⁵ naŋ¹.

　　　　　那 个 虎 就 去 找 个 崽妹 来 给 他　家 做 媳妇

　　　……于是，老虎就去找个姑娘来给他家作媳妇。

(35) ɕaŋ⁸ i³，lɛ² lɛ² sei² pu¹ to⁵ tɕu⁴，nən³ tɕaŋ⁵ ɛ⁵ noŋ³ no⁵ n̥u⁵ fa⁵ mɣ⁴

　　　时 那 个 个 也 知 唱 完 然而 成 这样 多 年 过 去

　　　zaŋ²，to⁴ lu⁴ pu¹ to⁵，to⁴ ɣaŋ⁵ ʌ² pu¹ to⁵ ze⁴.

　　　了 些 老 知 唱 些 青年 不 知 唱 了

　　　那时，人人都会唱，然而，这么多年过去了，老年人会唱，年轻人不会了。

以上例句，例（34）中的 nən³ 顺接前后分句的事态发展，后一分句所述事件是承接前一分句的事态顺其发展；例（35）中的 nən³ 带有一定的转折义，前后分句所述情况有所不同或截然相反。黔东苗语中，这种用来表"如果……的话""于是""然而"等句法语义功能，一般只限于指示词 nən³，其他指示词 noŋ³、moŋ² 等未见该类似用法。

苗语中的距离指示词具有时间语义参项，除了用带有实词性质的指示词以指示时空距离以外，苗语中的特殊介词 ɖjə⁴ 也可以表达空间或时间距离。

张永祥、曹翠云（1999）曾在《黔东苗语 ɬiu⁴ 的类属》指出 ɬiu⁴ 是黔东苗语中兼表时间"早""远"语义的一个特殊介词，如：

(36) nən² tsa³ naŋ¹ ʈo⁵　ɬjə⁴　xʰaŋ¹ pɤ⁴ haŋ³ ɛ¹.

他　家　住　于（远）　对面坡　处那

他家住在遥远的对面。

(37) tɛ⁴ nau⁶ i³ ʐaŋ² ɬjə⁴ ɕʰi¹ ta⁵ qʰaŋ³ so³ mɤ⁴ ʐaŋ².

个　鸟　那　飞　于　时　早　处　早　去（助）

那只鸟一大清早就飞走了。

表达"久远"义，常用 ɬjə⁴ 构成固定短语，如"ɬjə⁴la² ɬjə⁴la²i³ 很久很久以前""tən²ɕʰi¹ɬjə⁴lo⁵o⁵ 远古时期"等。当然，空间距离指示的义域映射往往并非机械的、单一的空间语义表达，必然涉及言者复杂的空间认知、心理和语用因素。从 ɬjə⁴ 出现的语境来看，ɬjə⁴ 所表示的时空距离具有较大的主观性特征，往往并非指实际场景中的物理时空距离上的"久远"，而是指说话人主观认定的心理距离，带有较强的情感色彩，有时指说话人主观认定的偏僻之处或较难企及到达之处，再看以下例句：

(38) nən² to⁴ mɤ⁴ lei⁵ ɬjə⁴ fʰu³ ɣaŋ⁴ kɤ³ vɛ².

他　些　去　到　于　头　寨　路上

他们走到寨头上。

(39) ni² naŋ¹ ɬjə⁴ kɤ³ naŋ⁶, tɕən¹ naŋ¹ ɬjə⁴ kɤ³ naŋ⁶，tsa¹ taŋ¹ sʰo³ tɛ⁴ qoŋ⁶.

银　住　于　路　里　金　住　于　路　里　五　把　锄头　挖

银住塘里头，金住塘里头，五把锄头拿去挖。

例（38）用 ɬjə⁴ 引介地点，表明"fʰu³ ɣaŋ⁴ kɤ³ vɛ²"处于寨子的偏远处；例（39）用 ɬjə⁴ 表明金、银所在之处是人们难以企及的地方，金、银不容易挖到。从句法上来看，ɬjə⁴ 的句法性质更接近于汉语中兼表时空的"在"，但在语义上体现出较大差异，汉语中的"在"表此时此地，而 ɬjə⁴ 则表彼时彼地，句法语义功能为引介意念中的时空概念。

▶▶ 三、黔东苗语时间指示语

认知语言学研究成果表明世界上绝大多数语言对时间的认识源于空间认知。黔东苗语中的时间表达往往也是空间域向时间域的投射或隐喻，除了

"n^{ʰ}ɛ^{1}noŋ^4 昨天""fu^{1}fa^4 明天"以外的专有时间名词以外，其他的时间名词大多由空间词与时间词组合而来。Clark（1973）曾指出人们对时间的认识可分为"时间在动的隐喻"和"自己在动的隐喻"两种情况，若"时间在动"而"自己不动"，方位词"前"则表过去时间，"后"表未来时间；若"自己在动"，方位词"前"则表未来时间，"后"表过去时间。苗语时间表达用方位词"前、后"表达，"tən^2/fʰu$^3_{前}$"只表过去时间，"qaŋ$_{后}$"只表将来时间，这种对时间的认识可划为"时间在动的隐喻"认知模型。

　　由于苗族认知系统内对事物进行分类时往往采用二分法，其对参照时间的区分也是多采用二段式，即参照时间基点来区分"之前"和"此后"，且并不严格区分时长。此认知模式影响下，黔东苗语的参照时间概念表达多采用"前后式"，少有"来去式（即便有，多是受苗汉语言接触影响，借用汉语的来去式表达）。苗语中参照时间概念的表达多是直接借用空间名词或名词短语的隐喻义，这一类空间词的时间义，只标示时间流逝的方向，并不严格区分时间流逝的度量，如以下例句的 kɤ^3 tən^2，既可以表示过去时间较长的"从前"，也可表示前不久的"刚刚"。

（40）kɤ^3 tən^2 qa^2 n^{ʰ}aŋ^3 ko^4 ve^1 ve^1，ɕaŋ^8 noŋ^3 taŋ^8 lo^5 tsʰa^5 zaŋ^2.

　　　路　前　就　听　叫　叫状　　时　这　停　嘴　突变状（助）

　　　刚才还听叫汪汪的，现在住嘴了。

（41）kɤ^3 tən^2 pɤ^1 faŋ^1 ko^6 kaŋ^1 no^5 va^5，ʌ^2 mɛ^2 nau^2 ʌ^2 mɛ^2 naŋ^4.

　　　路　前我们地方遭　　虫　多　很　不　有　吃　不　有　穿

　　　以前我们地方遭虫灾，没有吃没有穿。

（42）taŋ^4 tən^2 moŋ^2 ɛ^5 qəi^2 ɕi^3 ɕu^5 m^{ʰ}e^5 x^{ʰ}e^1.

　　　端　前　你　做　什么　不　说　话

　　　刚才你为什么不说话。

　　苗语空间方位词在时间的隐喻表达中，和时间词连用往往是作修饰性成分，如例句（43）中的 n^{ʰ}ɛ^1 taŋ^4 qaŋ^1 不能理解为"一天后"，应理解为"后一天"；例句（44）中的 lɛ^1 fʰu^3 kɤ^3 taŋ^4 tən^2 只能理解为"之前的事"，不能理解为"这事之前"；在表达某事发生的时间用专有时间指示词 i^3，如例（44）与例（45）中时、事表达形成对比。

(43) n̥ᵈʰɛ¹ taŋ⁴ qaŋ¹, ɛ¹ tɛ⁴ mi⁸ qei¹ ʐaŋ⁴ ɛ¹ me⁴ qa¹ tɛ¹ qei¹ ɣaŋ⁶ kaŋ¹ nau².

    天　端　后　一个　母　鸡　带　一群(缀)仔鸡　找　虫　吃

    第二天，一只母鸡带着一群鸡仔找虫吃。

(44) lɛ¹ fʰu³ kɣ³ taŋ⁴ tən², moŋ² tɛ⁴ nən⁶ ʌ² nən⁶?

    件事情路　处　前　你　还　记得　不　记得

    之前的事，你还记得不？

(45) ʌ² pɣ⁴ nau² ke³ i̱³, moŋ² ɛ⁵ lɛ¹ qei² ɕi³?

    没　吃　饭　那　你　做　个　什么

    吃饭之前，你在做什么？

苗语中不常用汉语中的"来去式"表达时间概念，却经常用到"上下式"，但值得深究的是，苗语中的"vɛ² 上""ta¹ 下"都用来表示"未来"时间，但"vɛ² 上"表"未来"的用法更为常见。如：

(46) n̥ᵈʰɛ¹ noŋ³ mɣ⁴ vɛ², moŋ² noŋ⁵ fa⁴ so³ ɛ⁵ qei¹.

    天　这　去　上　你　要　起　早　干活路

    从今往后，你要早起干活。

(47) ɕaŋ⁸ noŋ³ mɣ⁴ ta¹, xo¹ tɛ¹ təu⁴ pʰi³ sei² ʌ² ɕʰi¹.

    时　这　去　下　雷　打　火　烧　也　不　怕

    从此以后，雷打火烧都不怕。

(48) n̥ᵈʰu⁵ vɛ², vɣ⁴ to⁵ o¹ tɕu⁸ n̥°u⁵ ʐa⁴.

    年　上　我　得　二　十　年　（助）

    后年，我有二十岁了。

苗语中"vɛ² 上""ta¹ 下"都用来表示"未来"时间的这一认知基础很可能跟其居住环境有关（傍山腰而居，方位的认识与"路"有关，而"路"从山腰出入，再往上下延伸）。加之，苗族对空间的认知是以自我为中心的"二分法"，以自身居住的山腰为中心、向上下延展作为时间的运动方向有一定的认知基础和认知理据。苗语的"来去"趋向动词一般不能单独表达时间，多用以辅助方位词表时间展开的矢量[1]，用来辅助方位词表时间时，也

---

    [1]　汉语的趋向动词可以单独使用表时制，如"过去""将来""过往"等；也可以作核心成分表达时间，如"来日""去年"等。

多用"去"义动词 $m\gamma^4$，如例（46）、（47），较少用"来"义动词 lo^4 和 ta^2。"来"义动词 lo^4 和 ta^2 往往用在动词后表"时体"，即表动作或事件在时间轴上的进程。

亚里士多德（2009）曾提出"时间是运动的数"，在苗族人"时间在动"的时间认知模式中，将时间作为运动主体不足为奇，直接用行为动词来描述或陈述时间运动过程的表达式比比皆是。苗语中用行为动词来表示时间概念的有：$s^h\mathrm{\vartheta}n^7$ 本义为承接、衔接义，"$s^h\mathrm{\vartheta}n^7_{连接}\ n^{\mathrm{\vartheta}h}\epsilon^1_{天}$"指接下来的日子，即"将来""从今以后"；$\mathrm{z}a\mathrm{\eta}^7$ 的本义为"翻越""走过"之义，"$\mathrm{z}a\mathrm{\eta}^7_{走过}\ qa\mathrm{\eta}_{后面}$"指事情刚过的一段时间，即"刚才"；$fa^5$ 指经历、经过义，"$n^{\mathrm{o}}u^5_{年}\ fa^5_{过}$"指过去的一年，即"去年"；$t\mathrm{\varepsilon}a\mathrm{\eta}^2$ 本是"完成"义动词，用来表述时间指"刚过去的……"，如"$t\mathrm{\varepsilon}a\mathrm{\eta}^2o^1_{二}\ n^{\mathrm{o}}u^5_{年}\ no\mathrm{\eta}^3_{这}$过去的这两年"。只是 $t\mathrm{\varepsilon}a\mathrm{\eta}^2$ 在黔东苗语中使用的频率较高，尤其是常用来对事件的动作过程进行描述，便逐渐虚化成时间副词，表达"已经"义，成为苗语中特有的本民族语时间副词。如：

（49）$v\gamma^4\ n^{\mathrm{o}h}a\mathrm{\eta}^3\ n\mathrm{\vartheta}n^2\ x^he^3\ m^{\mathrm{o}h}i^3\ t\mathrm{\varepsilon}a\mathrm{\eta}^2\ i^1\ \mathrm{n}o\mathrm{\eta}^4\ no\mathrm{\eta}^3\ \mathrm{z}a\mathrm{\eta}^2.$

　　　我　听　他　唠叨　成 一 时段 这（助）

　　　我听他唠叨了好长一段时间了。

（50）$n\mathrm{\vartheta}n^2\ ts\mathrm{\varepsilon}^3\ t\mathrm{\varepsilon}^4\ ljo^3\ ta^6\ t\mathrm{\varepsilon}a\mathrm{\eta}^2\ p\gamma^1\ n^{\mathrm{o}h}\epsilon^1\ \mathrm{z}a\mathrm{\eta}^2.$

　　　他　家 个 牛 死 成 三 天（助）

　　　他家的牛死了已三天了。

（51）$mo\mathrm{\eta}^2\ nau^2\ ke^3\ t\mathrm{\varepsilon}a\mathrm{\eta}^2\ p\gamma^1\ ti^5\ \mathrm{z}a\mathrm{\eta}^2.$

　　　你　吃 饭 成 三 碗（助）

　　　你已经吃了三碗了。

事件时间以事件过程本身作为时间认知的基点，属于绝对时间，这是相对于参照时间而言，参照时间有事件本身以外的时间参照基点。苗语中的事件时间表达式并不如汉语那般丰富，多是通过参照时间来表达事件的内部时态或时制，因此，苗语中几乎不存在诸如汉语"着""了""过"等一类专门表达事态变化的动态助词或体标记。这也恰恰反论证了苗语中空间参照框架的"相对性"主体认知模式在时间轴上的投射。

▶▶ 四、人称指示、空间指示与时间指示之关联

本部分之所以用"空间距离指示词（以下简称指示词）"而不用指示代词，是为了将苗语中的指示词从名词或代词中分离出来，苗语的指示词在语义上具有游离性，在句法上却相对较为稳定并不随其所指代对象的词性变化而改变句法性质。结合人类对空间知识的一般性认知规律以及苗语指示语义功能的语形表征，可以看到苗语指示词的语义演变源头是人称指示语，即苗语中的距离指示词与人称代词存在历时层面演变发展关系。苗语距离指示词不同于汉语中的指示代词：汉语中的距离指示词"这""那"等在句法句义上与代词一致，归属代词一类，而苗语中的指示词与代词虽有历时层面的同源关系，甚至二者之间有相同或相近的语形，但二者的句法差异较大。张永祥、今旦、曹翠云（1980），王辅世（1985）、王春德（1986）、陈其光（2003）、石德富（2007）等一致认为苗语的指示词与代名词（人称代词）有较大的句法差异，指示词不能划归为代词一类，而是不同于代词的另一封闭性词类。尽管如此，我们依旧不能否认语言中人称代词与指示词之间历时演变关系的存在。

（一）空间指示与人称指示之关联

空间指示词作为语言中重要的词类范畴，与语境的关系密切，往往放在语用学中讨论，主要用来指示话语者与语言运用中空间环境之间的密切关系。一般说来，人类对空间关系的认知源于对"自我"身体空间的认识，空间距离的语言表达依赖于话语环境空间，且体现出较强的主观性，人类语言的空间指示系统亦遵循自我中心性原则——空间距离指示词所表达的指示中心亦指说话人所处的空间。人称指示与空间指示之间的语义关联首先体现在"自我中心"与"空间距离"之间概念化的关联中。曹翠云（1988）论证了苗瑶语、古代汉语第三人称代词由名词"人"或无定代词"别人"或指示代词"那"发展而来；张惠英（2002）列举了汉藏语言、汉语方言与古代汉语中人称代词与指示词同用的情况，如古代汉语"之、彼、其、伊、若、尔、乃"等都是兼作第二或第三人称代词和指示词，第三人称"他"也可表示指示；谢关艳（2020）举例证实了大营苗语已经出现指示词语法化为代词的

现象。

　　黔东苗语中的距离指示与话语环境中的人称指示之间的密切关系既具有人类语言的普遍性特征，也具有其本身的特性。吴一安（2003）曾通过义素分析对空间指示语中的"自我"进行了探讨，阐明了［自我］、［指示］、［位于空间的时体目标］和［距离］之间的密切联系，其他义素都以［自我］为基点，这种空间指示的"自我"性具有认知上的普适性，这也适用于苗语的空间指示。"自我"概念的表达形式即为人称，苗语中的空间指示与"自我"之间的密切关联，有的直接体现为二者相同的语形表达，如黔东苗语 moŋ² 既是第二人称代词"你"的语形，也指离说话人和听话人都近的空间距离指示。此外，在具体语境中，人称指示词与距离指示词通常对举使用，在语义上前后复指及对应，来加强语气和说话人的主观性，如以下画线部分：

（52）<u>moŋ²</u> tɛ⁴ nɑŋ³ ta⁶ <u>moŋ²</u>.

　　　你　　个 哭啼死 那

　　　你个哭丧鬼（你那）！

（53）<u>nən²</u> tɛ⁴ nɑŋ³ ta⁶ <u>ɛ¹</u>.

　　　他　　个哭啼 死那

　　　他个哭丧鬼（他那）！

（54）moŋ² ɕʰe³ <u>nən²</u> pʰoŋ¹ maŋ⁴ pʰoŋ¹ me⁶ <u>ɛ¹</u>.

　　　你　 看　他　 灰　脸　灰　眼 那

　　　你看他灰头土脸的（他那）。

（55）moŋ² ŋu² ŋoŋ² to⁴ qəi² ɕi³ <u>nən³</u>?

　　　你　　乱哼唧　些　什么　那

　　　你乱哼唧些什么（你那）？

以上例句中代词和指示词对举使用，多用在对话语篇中，句子末尾的指示代词可以去掉，并不影响句子的逻辑语义；但句末指示代词的使用让句子表达情感更为强烈，尤其是凸显了说话人的讽刺、责备语气。可见，此语境中，句末的指示词在空间上的语义所指已经泛化，具体用哪个指示词依句子前面的代词而定。这种指示词在句法分布上与代词的对举用法，直接体现了人称代词和空间指示词之间更深层面的语义关联。事实上，人称与指示之间的语义关联就是话题参与者之间的标识性关联，距离指示的语义基础是参与者的认知角色，二者可以被识解为同一语义场，有预设性照应关系。以上例句中的空间指示词与前面代词一前一后对举出现，激活了二者的预设性照应关系，从而使得空间距离指示词的空间语义变得冗余，只是起到表达说话者主观感情或语气的作用，进一步凸显了话语的主观性。换言之，该语境中的空间距离指示词就是一个由空间语义域投射到话题情感义域的过程，借用空间实际距离的表述来表达话轮中说话人的情感距离。

认知语言学认为，人类语言的"自我中心性"是人类普遍的共同认知，人们在组织语言时，也必然含有说话人的"自我"主观性，这种主观性最为直接的表达形式便是"自我"空间指示词。而空间指示词在表达空间关系的过程本身就是把自身作为参照点的指示现象，表达时空关系如此，表达人际关系亦然。

（二）空间距离指示词与人称指示词之差异

黔东苗语中的空间距离指示词最常见的句法功能是修饰限定功能。苗语人称代词和距离指示词都可以在句中作定语，修饰其他名词性词，但二者在句中的句法位置不一样，人称代词限于作前置定语，前置于被修饰语；而距离指示词作后置定语，后置于被修饰语。如：

（56）mon² tu³ to⁴ qa¹ sʰa¹ sʰɛ³ non³ mɤ⁴ tʰi¹ nən⁷ ȵo².
　　　你　拿 些（缀）米　这 去 舂 点儿算了
　　　你把这些米头拿去再舂一下。

（57）mon² tu³ nən² to⁴ qa¹ sʰa¹ sʰɛ³ mɤ⁴ tʰi¹ nən⁷ ȵo².
　　　你　拿 他 些（缀）米　去 舂 点儿算了
　　　你把他的米头拿去再舂一下。

苗语中作修饰语的代词和指示词除了存在句法位置上的语序差异以外，也存在与其他词类的搭配性差异：苗语代词可以直接修饰光杆名词但不能修饰光杆量词；而指示词可以直接修饰光杆量词，却不能修饰光杆名词，即指示词不能与名词直接搭配，这也是苗语中指示词独立于代词另成一类词的一条重要标准和依据。如下例句：

(58)* moŋ² nɛ²／nɛ² moŋ² ɕaŋ⁴ ɕaŋ⁴ ɬa¹ la⁴ nɛ² tɕu¹ to⁴ pi² səi².

　　　那　人　　　　常　常　骗　人　别　些　钱

　　那人经常骗别人的钱。

(59) nən² tsa³ lju⁴ pɤ⁶ ɬa⁷ mɤ⁴ ta¹ mɤ⁴ ʑaŋ².

　　他　房　块　板　塌　去　下　去（助）

　　他的房子的木板塌下去了。

(60)* noŋ³ tsa³／tsa³ noŋ³ lju⁴ pɤ⁶ ɬa⁷ mɤ⁴ ta¹ mɤ⁴ ʑaŋ².

　　　那　房子　房子　这　块木板塌　去　下　去（助）

(61) lɛ¹ tsa³ noŋ³ lju⁴ pɤ⁶ɬa⁷ mɤ⁴ ta¹ mɤ⁴ ʑaŋ².

　　个　房子　这　块木板塌　去　下　去（助）

　　这房子的木板塌下去了。

从以上例句可见，苗语中能与指示词构成直接成分关系的只限于处所词、方位词、量词和数量短语，苗语中的普通名词不能直接受指示词的修饰，而人称代词不受此限制，人称代词在句法上与普通名词功能一致。究其原因，主要是因为距离指示词的主要功能在于指示，是对空间属性的一种限定性（或修饰性）表述；而代词主要功能在于指代，是对空间实物的代替性表述。换言之，苗语中的指示词的句法语义功能更倾向于限定词，带有形容词性，而人称代词更接近于名物词，带有名词性。

苗语人称代词替代名词，具有人物名词所含有的句法功能，可以单独作主语和宾语；而距离指示词带有形容词性，不能作主语或宾语中心语，只能位于定语位置，作限定性成分。如：

(62) lɛ¹／to⁴ nən³ ɬo⁶nən² ɛ⁵　qa¹　naŋ⁴ xo⁵.

　　个/些　那　是　他　做（缀）　穿（语助）

　　那是他设的圈套。

　　* nən³ ɬo⁶ nən² ɛ⁵ qa¹ naŋ⁴ xo⁵.

(63) tɛ⁴ moŋ² qa² ɬo⁶ nən² paŋ⁸ ɬa³ tɛ⁶ ɣi¹ xo⁵.

　　个　那　就　是　他　的　狗　跟　石（语助）

　　那人就是他的走狗。

　　* moŋ² qa² ɬo⁶ nən² paŋ⁸ ɬa³ tɛ⁶ ɣi¹ xo⁵.

（64）ʌ² kɤ³ ʈu² tən² əu¹ ʈo⁵ xaŋ³ noŋ³.

不 要 乱 贮 水 于 处 这

不要乱贮水在这。

* ʌ² kɤ³ ʈu² tən² əu¹ ʈo⁵ <u>noŋ³</u>.

ʌ² kɤ³ tʰu¹ əu¹ lju⁵ ʈo⁵ <u>vɤ⁴</u>.

不要 吐 水 口水于我

不要向我吐口水。

苗语中的指示词虽然与其所指物有密切关联，但其语义辖域只限于空间属性，并不能指代含有该空间属性的所有物。相对汉语的指示词而言，苗语指示词的语义功能还停留在能且只能指示某物空间属性的阶段，且该空间属性还未能实现部分指代整体的功能（即不能用指示词所表达的空间属性去替代该事物），即只指空间属性而不指代空间实体。苗语指示词的语义功能尚未扩展到可以单独指代空间中的实物，也不能直接指代处所作处所宾语，如下例句中的处所成分 xaŋ³、taŋ⁴ 不能省略：

（65）nən² ta² xaŋ³ noŋ³ me³ ɖo¹ lɛ¹ fʰu³ ŋᵈʰu⁵ ʐaŋ².

他 来 处 这 有 四 个 头 年 （助）

他来这儿已经有四个年头了。

（66）moŋ² ɲaŋ¹ ʈo⁵ taŋ⁴ ɛ¹，vɤ⁴ ɲaŋ¹ ʈo⁵ taŋ⁴ noŋ³.

你 坐 于 处 那 我 坐 于 处 这

你坐那头，我坐这头。

黔东苗语指示词虽带有限定性，但作谓词的限定性成分也是有较大句法限制的。指示词作谓词修饰语往往只限于固定搭配——"ɛ⁵ noŋ³ 这样/这么""ɛ⁵ nən³/moŋ² 那样/那么""ɛ⁵ tei⁶ 怎么"等，苗语中表达"这么多年"需用语形"ɛ⁵ nən³ no⁵ ŋᵈʰu⁵"，其中的 ɛ⁵ 不能省略。从这些固定搭配的语形来看，此结构中的指示词往往又容易被误解成实义动词"ɛ⁵ 做"的宾语，但事实上，指示词并不是 ɛ⁵ 的支配对象，而是对 ɛ⁵ 动作方式上的限定或补充。整个"ɛ⁵ ＋指示词"结构在更大的语境中，也凸显出其方式语义功能，在句中作状语，很少直接作谓语。如下例句：

(67) moŋ² ȵaŋ¹ taŋ⁴ ε⁵ nəŋ³ xo⁵ , vɤ⁴ qa² A² te⁶ moŋ² ε¹ kɤ³ ʑe⁴.

　　你　　既　然 做 那 说　我 就 不 跟　你 一 路（助）

　　你既然那样说，我就不跟你一起了。

(68) moŋ² xo⁵ lε¹ noŋ³ ε⁵ tei⁶ ε⁵ ?

　　你　说 个 这 做 怎么 做

　　你说这个怎么办？

(69)? moŋ² ɕu⁵ kɤ³ ε⁵ noŋ³.

　　你　不 要 做 这

　　你不能这么做。/你不能这样。

(70) nən² tʰən¹ sʰən⁵ xaŋ³ tei⁶ lo⁴ pu¹ vɤ⁴ ε⁵ nən³ ?

　　他　听 信　处 哪 来 知 我 做 那

　　他根据什么知道我是这样的？

以上例（67）、（68）中"ε⁵＋指示词"结构在句中一般不能作谓语中心，只能作方式状语，句子后往往另有行为动作动词作谓语核心。当然，苗语也有诸如例（69）、（70）中的 ε⁵noŋ³、ε⁵nən³ 在现实语境中的这种用法，但只能看作是 ε⁵noŋ³ε⁵、ε⁵nən³ε⁵ 的省略，其中的指示词也不能看作是 ε⁵ 的受事宾语，更宜看作补语。从词汇化的角度来看，苗语中的"ε⁵＋指示词"在句法上已经完成了词汇化过程，中间不能再插入其他成分，在语义上也不能理解为施受关系，已凝固为状态性代谓词，相当于汉语中的"这样/那样"。

（三）空间指示与时间指示之关联

时间是一个不能直接进行具象性感知的范畴，人类对时间的认识往往会通过运动、事件、空间方向等作为认知基础来表征，尤其会借用一些空间概念投射到时间域，来建构时间框架。认知语言学的相关研究案例证明，世界上很多语言中的时间表达往往直接借用带有极强空间语义特征的语形来表达。时间与空间概念之间的认知关联具有普遍性，苗语黔东方言母语者认知体系对时间的认识较大程度上依存于空间感知，二者存在直接相关性，时间概念的表达往往带有较强的空间因子。Lakoff（1993）认为："时间是以事物以实体和位置的形象及其移动来理解的，主要涉及以下映射：时间是事物；时间的流逝是移动；将来的时间在观察者之前，过去的时间在观察者之后；某一物体在移动，另一物体处于静止状态，静止的物体为指示中心。"结合苗语时间表达的语言事实，我们认为，苗语中时间认知的意象图式类型主要包括"时间是空间""时间是空间距离""时间是位移中的动体"三种。

"时间是空间"的隐喻内部又可分为"时间是空间点（方所）"和"时间是空间量"两种类型。"时间是空间点"的隐喻主要体现在时间概念对空间方所词的直接借用上，用来表达某一时间点，如例（71）组例词：

（71）qaŋ¹ 后/后面 → nᵈʰu⁵ qaŋ¹ 来年/第二年

ve² 上/上面 → nᵈʰu⁵ ve² 后年

ʨoŋ¹ 中间 → ʨoŋ¹ nᵈʰɛ¹ 中午、晌午

fʰu³ 头、首 → fʰu³ ʨoŋ³ 季节初

kɤ³tən² 前面/kɤ³qaŋ¹ 后面 → kɤ³ tən² 之前/kɤ³ qaŋ¹ 后来

qʰaŋ³ 处所 → qʰaŋ³nᵈu⁴ 远古时候/qʰaŋ³so³ 早上

以上例词时间概念的表达直接借用空间方所词，用相对空间方所来表达相对时间点。此外，"时间是空间量"的隐喻主要体现在时间段概念的表达可直接借用空间名（量）词的临时组合来指示时间轴上的某一具体时段，即空间处所就是时间所处位置。如：

（72）ɛ¹kɤ³ 一道/一路 → ɛ¹kɤ³ 一起/同时

taŋ⁴ 半（在中间）→ taŋ⁴ nᵈʰɛ⁵ 半天/taŋ⁴ mᵈʰaŋ⁵ 半夜

naŋ⁶ faŋ¹/kɤ³ 一带地方/一截路 → naŋ⁶ ɕʰi¹ 一段时间

"时间是空间距离"认知模式下的表达主要体现在指示语方面，黔东苗语的时间指示语往往就是该语言系统中空间指示语的转喻义，空间距离就是时间距离。如下所列空间指示词的时间语义表达，带有距离语义特征的空间介词也可以直接用来引介时间，同样带有时间距离语义：

（73）noŋ³ 这 → nᵈʰɛ¹ noŋ³ 今天 nᵈʰu⁵ noŋ³ 今年 te⁵ noŋ³ 今早上

o¹nᵈʰɛ¹noŋ³ 这两天

ɛ¹ 那 → nᵈʰu⁵ ɛ¹ 去年

ȵaŋ¹ɬje⁴xaŋ¹ɛ¹ （在遥远的地方）

→ ȵaŋ¹ɬje⁴la²ɛ¹ 在远古时期

　　人类学家曾证明苗族认知系统中对时间的认知往往带有一定的空间性，苗族传统时间观与空间有密切关系，且该空间也并非只是限于物理空间，还会涉及社会空间（即社会亲属关系的远近），如同一个节日会因不同地方、不同支系、不同社会群体而选择不同的日期来过。可见，在苗族时间认知系统中，时间与空间有着天然的联系，空间表达式直接用来表达时间概念也就不足为奇了。但需要注意的是，从苗语指示词的时间表达功能来看，指示词内部的时间指示功能并不对称。Lakoff（1987）曾指出空间指示语是语用意义的语言表征范畴，当指示语指示空间方位时，是空间构式的典型成员，具有原型特征，而表示其他诸如时间或事件等语义类型则属于非典型成员，是由原型成员演变而来。也就是说空间指示语的时间隐喻用法是非典型用法，在行使时间表述功能时，亦体现出不对称性，如苗语黔东方言中，除了"当前时间（现在、本月、今年）"使用近距离指示词 non^3 以外，苗语中的其他指示词的时间指示用法并没有实现词汇化。

　　空间与时间之间的认知隐喻关系还体现为"时间在动"。在 Lakoff 看来，空间指示的非典型构式的演变是一种经验格式塔过程，经验完形又包括说话人、听话人、实体、方位、言语行为及背景等。Lakoff 提出的该认知模式在苗语中以"时间在动"的认知观念中体现得尤为明显。如苗语中"去年"除了用距离指示语 ε^1（$n^{ɕh}u^5\varepsilon^1$）或方位短语等名词性短语来表达以外，还可以用空间位移动词来表达，$n^{ɕh}u^5_年 fa^5_{过/越过}$、$n^{ɕh}u^5_年 zɑŋ^7_过$ 都表"去年"义；再如，$tɕi^5$ 是苗语中的表"上行、爬"义的位移动词，后接时间名词作宾语，$ɕhi^5 ɬha^5_月$ 表示"进入新的一月，月初一"，$ɕhi^5 n^{ɕh}u^5_年$ 表"开年、年初"。这种时间概念用动作事件表达式来描述，空间位移与时序二者之间的语义转换就是经过人们的经验格式塔来完成的，其基本认知机制就是"时间在动"。再如苗语中动词带状词的表达形式直接预设了动作的时间量，如下例句中的状词：

（74）$nən^2$　$mɤ^4$　　$ɬjən^4$　　qa^2　lo^4.

　　　他　去 动作急速状 就 来

　　　他去一会儿就来。

（75）vɣ⁴ tɕo² lo¹ mu¹　ɬən³, ɕʰi³ noŋ³ ʌ² to⁵ mu¹ ʑe⁴.

　　　我　肢脚痛　忽然状　时　这不得痛（助）

　　　我的脚刚疼了一下，现在不疼了。

　　从以上时间概念的表达式来看，动态的空间位移可以隐喻时间的变化，空间方位词也同样可以用来指示时间的运动方向。

小结

　　人类对空间指示的认知源于主体 - 身体空间认知，人称指示、空间指示与时间指示之间存在认知上的隐喻关系。黔东苗语中空间距离指示词的五分法，源于人们对自身身体空间的二元分法，时间语义参项的介入，分出非现实的"忆指"，再根据离话轮主体的距离分出较远指和远指，在此范围内又根据话轮内部的说话者和听话者的距离分出近指和中指。可见，人们对空间距离的认知源于以自身为中心的处境空间，而空间指示又是时间指示的认知基础，二者之间存在隐喻关系。空间指示词投射到非空间义域中句法语义功能存在着不对称性，黔东苗语中的距离指示词往往"只指不代"，并不能毫无制约地行使"代词"功能。苗语空间指示投射到时间义域中分为"时间是空间""时间是空间距离""时间是位移中的动体"三种。

第三章
黔东苗语方所词

　　传统意义上的方所词是除去地名以外的方位词和处所词的集合。作为表述空间位置关系的重要体词，方所词又与名词之间存在千丝万缕的联系，尤其在表达空间关系时，二者呈现出特有的空间语义指示功能。广义的处所词，是空间方所表达的重要形式之一，在句法上能作处所主语和宾语，在语义上能回答"哪儿"，在语用上也能用指示空间词"这儿""那儿"来指代的空间词。

　　关于苗语方所词研究，张济民在《苗语方位词的归类问题》（1998）一文中，以西部苗语为例，论证了苗语方位词与名词的句法语义功能差异，并对苗语方位词的表义类型作了简单概括；李云兵在《花苗苗语方位结构的语义、句法及语序类型特征》（2004）一文中将西部苗语花苗的方位词分为位置方位词、处所方位词和距离指示方位词三类。张文中的方位词接近于李文中所提的位置方位词。李文中的"方位"概念包括方向和处所，接近传统意义上的"方所"概念，本章称之为方所词。黔东苗语中不存在李文所述的距离指示方位词一类，而位置方位词往往又依赖于处所语素（处所词缀）而存在，甚至有些空间词既可以表达方位也可以用来表达处所。我们认为"方所词"的提法更能体现黔东苗语中方位概念和处所概念之间的关联性和同一性。

第一节　方所词的词类地位及其句法特征

　　苗语中的处所与方位之间存在历时层面的发展关系，且句法语义上也并不存在截然分明的界限，二者不宜分别各立词类。而方所词在历时层面上又是由身体部位名词或空间实物名称历经语义隐喻或转喻发展变化而来，但在句法语义上，方所词与名词之间在表达空间关系时有各自不同的句法特征和功能，不宜当作同一词类对待。黔东苗语中的方位、处所与事物（或事物部位）名称三个概念之间的语义关联性或同一性在语形表达及其句法特征上如何体现？三者之间的语义、语形及其句法特征的差异到底有多大？下面将进行具体阐述。

▶ 一、处所与方位的同一性

　　从认知层面上来，处所概念是以实体空间为地标确立的某一特定空间区域，而方位概念则是脱离实体空间的、更为抽象的某一特定空间方向；前者是后者的认知基础，后者较前者更为抽象。黔东苗语中，处所与方位之间认知层面的相关性及其隐喻过程中的语义演变关系在其语形表达上有所体现——黔东苗语的方位表达并不能完全脱离处所语义成分而独立存在，方位概念的语形由处所成分作为词形要素发展而来，方位概念的表达在语形上含有处所成分。就句法功能而言，方位表达式与处所表达式的句法语义功能亦大同小异。基于语义、语形和句法上的相关性和同一性，我们将苗语中方位与处所两个概念词统称为方所词，其内部无须区别立类。

　　首先，苗语中的方位表达是一个封闭的类，数量少，且一般不能单独作句法成分，对其他空间成分有强依附性：其一，方位语素在句法上依附于"$tɑŋ^4$""$kɤ^3$""$fʰu^3$""qa^1"等处所语素，构成"处所＋方位"结构形式来表达方位概念，即方位语素在表达空间位置关系时对处所语素具有依赖性，如例（1）、（2）；其二，方位语素附着在位移动词或趋向动词后，其间不能插入任何成分，以表达动作趋向，即方位语素在表达空间动态关系时对位移动词或趋向动词有强依赖性，如例句（3）、（4）；其三，方位语素一般不单独使用，单独使用时往往成对对举使用，构成固定结构，如例（5）、（6）。

(1) lɛ^1 ki^5 kɤ^3 ȵaŋ^6/pʰi^5 ȵaŋ^6/kɤ^3 ku^2/pʰi^5 ku^2 sʰo^3 mu^4 sʰo^3 ta^5 va^5.

  个 柜 子　路里边　里　路外　边外　乱乱状　　　很

  柜子里/外脏乱极了。

  *lɛ^1 ki^5 ȵaŋ^6/ vɛ^2 sʰo^3 mu^4 sʰo^3 ta^5 poŋ^5 va^5.

(2) moŋ^2 ŋi^5 kɤ^3 vɛ^2/taŋ^4 fʰu^3, ʌ^2 kɤ^3 ŋi^5 kɤ^3 ta^1/taŋ^4 qaŋ^1.

  你　看　路上　端前　不要　看　路下　端后

  你往上/前看，别看下面/后面。

  *moŋ^2 ŋi^5 vɛ^2, ʌ^2 kɤ^3 ŋi^5 ta^1.

   你　看　上　不要　看　下

  你往上看，不要往下看。

(3) pɤ^4 noŋ^5 loŋ^4 fʰu^3, ʌ^2 kɤ^3 tʰa^7 qaŋ^1.

  我们要　冲　前　不要　退　后

  我们要往前冲，不能后退。

(4) ŋa^4 ta^1 poŋ^8 mᶜʰi^3 lo^3, tɕi^5 pɤ^4 poŋ^8 ɖju^1 ɖu^1.　（张永祥 1990：326）

  下 下　见牙齿　掉　上　上　见　头发　白

  往下打量看见牙齿掉落，往上打量看见头发斑白。

(5) to^4 nɛ^2 ta^2 ɕɤ^3 tsu^7 ki^2 ɬɛ^1 ta^1 ȵi^6 vɛ^2.

  些　人　来　看　跳芦笙黑　下　花　上

  来看跳芦笙的人黑压压一片。

(6) nən^2 ɛ^5 qe^1 kɤ^3 ŋi^5 fʰu^3 ŋi^5 qaŋ^1, ɛ^5 ʌ^2 tɕaŋ^2.

  他　做事　情看　前　看　后　做　不　成

  他做事情瞻前顾后，做不成。

综观苗语方位概念表达，诸如以上例（1）、（2）的"处所＋方位"结构表达最为典型、最常见；而例（3）、（4）用趋向动词表达方位，对前面的空间位移动词或趋向动词具有强依附性；当例（3）、（4）中的空间动词拓宽到其他行为动词时，其中的方位成分必须以同义联合或反义对举的形式出现，如例（5）、（6），该方位词用法可视为苗语中的固定短语，语义上不指方向而指处所。类似的固定短语还有"ɖʰo⁵密 ta¹下 ɖʰo⁵密 vɛ²上 密密麻麻""sʰa¹响 ta¹下 sʰa¹响 vɛ²上 响彻云霄""ɕʰan⁵超过 nan⁴下游 ɕʰan⁵超 tɕɤ⁶上游 胜过""ŋi⁵看 vɛ²上 ŋi⁵看 ta¹下 上下打量"等。该类固定短语中的 ta¹、vɛ²、nan⁴、tɕɤ⁶ 等方位语素不再凸显出具体方位语义,而是以对举的形式实现方位语义的模糊化,在语义上指泛义处所(或遍指处所),更宜看作处所词。可见,苗语中的方位表达既在形式上对处所成分有依赖,在表义上又未完全脱离空间处所义。

其次,黔东苗语中的方位词多是由方位语素和其他构词成分结合而成的复合方位词,没有单纯方位词。从"前""后""左""右""上""下"等这类基本方位概念的语形表达来看,黔东苗语的相关方位词并未完全从身体部位词或空间名词中脱离出来,也未完全实现方位语义功能的专指或特指,还需借用身体部位词、处所词或地理名词等的语义隐喻或转喻来表达。以"左右"为例,黔东苗语凯里革冲一带的词汇系统中,虽然有词汇表达身体部位的"pɤ⁴tɕan⁴ 左手""pɤ⁴tei² 右手",却没有"左""右"的特指词。在表达方位概念时,很多语境下都还是借用身体部位概念"pɤ⁴tɕan⁴ 左手""pɤ⁴tei² 右手"去转换,如"左脚"用"lo¹脚 pɤ⁴ tɕan⁴左手"来表达,"右脚"用"lo¹脚 pɤ⁴ tei²右手"来表达,类似表达又如"左眼 ʈu²ma⁶眼睛 pɤ⁴tɕan⁴(左手眼睛)""右眼 ʈu²ma⁶pɤ⁴tei²(右手眼睛)";此外,也可以通过处所位置曲折表述方位,如 pʰi⁵pɤ⁴tɕan⁴左手边 和 pʰi⁵pɤ⁴tɕan⁴右手边,该方位表达中还须带有处所语素 pʰi⁵边,如"左眼 ʈu²ma⁶pʰi⁵pɤ⁴tɕan⁴(左手边眼睛)""右眼 ʈu²ma⁶pʰi⁵pɤ⁴tei²(右手边眼睛)"等。再如,黔东苗语"上""下"方位概念的表达也没有特指词,"vɛ²上"的本义是"天空",方位义"上"是通过对"天空"位置转喻所得;同样,ta¹ 的方位义"下"则通过对"土地"的位置转喻所得,且这类词在表达方位概念时是不成词方位语素,也往往需有处所语素参与,组成"处所语素+方位语素"的复合式方位表达。换言之,"vɛ²""ta¹"单用时,只能取"天""地"义,表达方位必须使用"kɤ³路 vɛ² 上面""kɤ³路 ta¹ 下面"。再如,"fʰu³""qan¹"单用时,分别表达"首""尾"义;要凸显其方位义,必须与处所语素组合成复合方位词"tan⁴端头 fʰu³ 前头/前面""tan⁴ qan¹ 后头/后面"。苗语中的临时方位词也是由处所语素作词根组合而成,如"kɤ³路 tɕu³拧紧 拧紧方(顺时针方向)""kɤ³ tʰa³拧松 拧松方(逆时针方向）"kɣ³ɕʰoŋ¹ 顺向""kɣ³qaŋ⁴ 横向"等，其中，kɣ³ 的本义是"路"，是苗语三大方言中最典型的同源处所语素。从语义上来看，苗语中的方位词源于空间物象名词（或天地，或山河，或人体部位），且并未完全脱离该物象名词而独立成一类抽象方位概念。

再次，方位与处所在句法语义上较为接近，二者常常连用构成方所。处所成分与方位成分连用时，二者语序比较固定，即处所在前，方位在后，如"qa¹级 qoŋ⁶缝 kɣ³路 nɑŋ¹里 缝隙里""qaŋ¹底部 ɣaŋ⁴寨 kɣ³路 ta¹下 寨脚下面"。苗语修饰关系的语序多以"中心词在前，修饰语在后"为优势语序，处所词往往处于中心词位置，在句法上更接近于名词；由于方位词的空间语义更倾向描述性，方位词往往处在修饰语位置，在句法功能上多体现为限定性。方位和处所在句法上，往往相互依存。

综上所述，无论是由身体部位名词直接通过语义演变而来的方位词，还是通过附加处所语素组合而来的方位词，其演变过程都不能跳过"处所"这一节点，黔东苗语中的方位词从语义、语形上都尚未脱离处所成分而独立存在；而处所成分因表义的不明确性，往往也并不能单独成词、在句中作句法成分。当然，在调查点的对比中，黔东苗语革冲村以外的其他点也少有存在有方位语素单独使用表达方位的情况，如"nən² nɑŋ¹ ve² 他在上面"，但并不典型，且可以单独使用的方位语素也只局限于个别，该情况只能代表方位词的发展较快、较为成熟的情况。不可否认，根据语言接触和语言内部发展规律，方位词从空间物象名词或处所词中独立出来，实现句法语义的独立化（不依赖处所成分可单独表方位）是空间方所词汇系统的发展趋势。

二、方所词与名词的关联和差异

方所词之所以不能做出盖棺定论的词类定位，主要是因其与名词之间的密切关联，有不少语言学家作过专门讨论。就汉语处所词而言，李崇兴（1992）、储泽祥（1997）曾对处所词的形成过程作了探讨，认为先秦时期的普通名词与处所词并无句法语义形式上的界限和区分；而方位词的语法定位在语言学界更是莫衷一是，邱斌（2007）、林晓恒（2011）认为方位词是一个依义聚合的词类，并不仅仅关乎词类问题。就共时层面句法功能而言，黔东苗语中的普通名词在很多情况下不借助方所词或语素也能单独表达处所，这证实了处所词和普通名词之间的句法同一性，也直接为区别处所词与普通名词增加了难度，甚至可能会得出黔东苗语处所词并未从名词中独立出来的结论。但黔东苗语方所词与名词在表达空间概念时也并非毫无句法差异。

（一） 与名词同源不同流

储泽祥（2010）曾从汉语历时发展和类型学角度提出现代汉语处所词从名词中独立出来立类的依据和标准，并认为"形体即空间"是贯穿汉语方所始终的内在脉络，这为我们对苗语方所词的词类句法地位的探讨提供了参考意见。历时层面而言，黔东苗语中的方位词源于处所词，而处所词又源于空间实物名词。黔东苗语的方所概念极其接近空间实体，尤其是，有些处所方所词在语义泛化之前，跟空间实体名词有高度的语义同源性和语形同一性。尽管如此，我们依旧可以从共时层面根据具体语境以及词与词的搭配关系，区别同源同形下的方所词和名词。

黔东苗语的处所语素 qa^1，同时又是最典型的名词词缀。qa^1 作名词词缀时，表示该名词所指的实体概念是另一完整空间实体中的一部分，即表达的是一个部位名称。通过隐喻认知过程，该类名词所指的概念域进一步扩展到其他物体，其语词搭配和使用范围也进一步扩展，概念域的扩展过程事实上就是语义的泛化过程。如由名词词缀 qa^1 构成的 $qa^1pɤ^2$ 本义是指楼的"楼板"，而 $qa^1pɤ^2ti^8_{桶}$ 指桶底儿、$qa^1pɤ^2ti^5_{碗}$ 指碗底；$qa^1tɕ^3$ 指尾巴，$qa^1tɕ^3u^3$ 指衣脚处、$qa^1tɕ^3əu^1$ 指河床。除 qa^1 以外，处所标记 $kɤ^3$ 的原义是"路"，处所语素 $q^hɑŋ^3$ 的原义是"洞"，方位方所语素 $vɛ^2$ 的原义是"天"等，类似的方所例词的语词构成，可见方所与名词（尤其是部位名词）之间存在同源性，方所是名词所表实物空间性状的进一步识别与凸显。

黔东苗语中的方所词源于名词，在句法上也一定程度上保留了一些名词的特征：名词最大的句法特征就是可以与量词搭配，用以计量或定指，而黔东苗语的方所词在很多情况下也能受量词与量词搭配，构成"量＋处所"结构，指某一整体性的空间区域。如：

（7） nən² tsa³ to⁴   qa¹   ɬu² qa¹ tsa³ sʰa¹ ŋa⁶ pon⁵ va⁵.

   他   家   些（缀）门（缀）家   最   干净很   很

他家屋前屋后干净得很。（张永祥 1990：140）

(8) nən² ɲaŋ¹ <u>lɛ¹ taŋ² tɕu³</u> kɤ³ ɲaŋ⁶ lən⁶ tɕu³.

　　　他　在 个 处　酒 路 里 疯 酒

　　他在酒场上发酒疯。

(9) tɛ⁴ tɕu¹ tɛ¹ moŋ² ɲaŋ¹ lɛ¹ qa¹ qaŋ¹ tɕu² kɤ³ ta¹ ɛ⁵ lɛ¹ qei² ɕi³?

　　个 小孩　那 在 个（缀)尾 桥 路 下 做 个 什 么

　　那个小孩在桥底下做什么呢？

(10) <u>lɛ¹　qa¹　toŋ¹　li² mɛ² lɛ¹ taŋ² za⁴</u>.

　　个（缀) 中间 田 有 个 处 鱼

　　水田中间有个鱼窝。

以上例（7）中的 ɬu²、tsa³ 对举使用表处所，处所结构 qa¹ ɬu² qa¹ tsa³ 前用多量量词 to⁴₄ₑ 限定，属于"量词＋处所词"组合，指特定的"成片"的整体空间区域；例（8）、（9）是"量词＋处所词＋方位词"组合，其中，量词的使用强调了某一带有方位的具体整体性区域；例（10）是"量词＋方位词＋普通名词"组合，句法中心成分是方位词，其中，量词也起到了强调某物的某一具体方位区域的语义功能。方所词前可加量词又是其与名词语法同一性的体现，名词来源的方所词依旧存有名词的句法特征。

（二）句法功能上与名词同中有异

郭锐、李知恩（2021）通过对 99 种语言和汉语方言进行考察，指出："量词功能的扩张主要是向语用性功能和结构性功能两个方向展开。"黔东苗语中，量名结构与量方所结构两种结构中的量词也存在结构性与语用性功能两个不同的方向，其功能特征有较大差异：当名词单独出现在处所位置表达空间处所时，前加量词具有句法强制性；此外，当名词与空间词（趋向动词、空间介词、空间距离指示词、方所词）连用时，需加上量词以提取名词中空间实体性语义特征强调其空间性，前加量词是句法强制性要求，起凸显空间语义功能。而方所结构前面的量词只起语用上的强调整体性空间的作用，在句法上并非强制性要求。对比以下例句：

(11) A. nən² tɕi⁵ lei⁵ <u>lɛ¹ ɣaŋ² kɤ³ vɛ²</u> mɤ⁴ zaŋ².

　　　 他 上 到 个 岭 路 上 去（助)

他爬到岭上去了。

* nən² tɕi⁵ lei⁵ <u>ɣaŋ² kɤ³ vɛ²</u> mɤ⁴ ʐaŋ².

B. nən² tɕi⁵ lei⁵ <u>lɛ¹ ɣaŋ²</u> mɤ⁴ ʐaŋ².

他 上 到 个 岭 去（助）

他爬到岭上去了。

* nən² tɕi⁵ <u>lei⁵ ɣaŋ²</u> mɤ⁴ ʐaŋ².

C. nən² tɕi⁵ <u>lei⁵ lɛ¹ kɤ³ vɛ²</u> ʐaŋ².

他 上 到 个 路 上（助）

他爬到上面去了。

nən² tɕi⁵ <u>lei⁵ kɤ³ vɛ²</u> ʐaŋ².

（12）A. <u>lɛ¹ vaŋ⁴ əu¹ noŋ³</u> va⁵ ljən⁶ ȵo².

个 塘 水 这 脏 很

这个水塘里的水脏得很。

* <u>vaŋ⁴ əu¹ noŋ³</u> va⁵ ljən⁶ ȵo².

B. lɛ¹ noŋ³ va⁵ əu¹ ljən⁶ ȵo².

个 这 脏 水 很

这个脏水得很。

C. lɛ¹ kɤ³ ȵaŋ⁶ noŋ³ va⁵ əu¹ ljən⁶ ȵo².

个 路 里 这 脏 水 很

kɤ³ ȵaŋ⁶ noŋ³ va⁵ əu¹ ljən⁶ ȵo².

路 里 这 脏 水 很

这里面的水脏得很。

以上例（11）中的普通名词 ɣaŋ² 无论作方位方所词 kɤ³ vɛ² 的中心语，还是作位移动词 lei⁵ 的处所宾语，都必须前加量词。同理，例（12）中的实物名词 vaŋ⁴ əu¹ 在与空间距离指示词 noŋ³ 连用时，也必须前加量词。与普通名词作空间处所相比，方位处所词 kɤ³ vɛ²、kɤ³ ȵaŋ⁶ 前以不加量词为优势语形。黔东苗语属于量词显赫语言，在光杆空间体词（包括距离指示词）前冠以量词即可表达空间处所的句法现象亦可以看作其量词显赫语言的表征。据此，我们可以将量词的出现是否强制性作为区别名词与方所词的重要标准和依据。

　　黔东苗语中的一般事物名词在很多情况下可以直接作介词或趋向动词的处所宾语，但都无一例外在名词前加上量词，以凸显该事物的实体空间性。如：

（13）tɛ⁴ za⁴ na⁶ ki⁵ ɬo⁵ <u>lɛ¹ sʰo¹ ki⁵ za⁴</u>.

　　　个 鱼 产 蛋 于 个水草 蛋鱼

　　　鱼在鱼籽草上产卵。

（14）a² kɣ³ mɣ⁴ <u>to⁴ fʰu³ tei⁵ moŋ²</u>，ɛ¹ ɕʰo⁵ ɬaŋ³ pɣ⁴ mɣ⁴ ta¹.

　　　不要 去 些 陡坎 那 一 时 摔 坡 去 下

　　　不要去那陡坡处，以免摔下去。

（15）<u>tɕi⁴ ti⁸ pɛ³</u> əu¹ va⁵ ʑaŋ²，tɕu⁶ ɬo³ ɬei⁷ qa² ta² ku² ʑaŋ².

　　　个 桶 装 水 厉害（助） 一 晃 荡 就 来 外面（助）

　　　桶里装水太满，一晃荡就洒出来了。

（16）<u>lɛ¹ vaŋ²</u> me² qa¹ tse⁵ no² ɬʰo⁵ ta¹ ɬʰo⁵ ve².

　　　个 菜园有（缀）岩 绿 密 下 密 上

　　　菜园子里有密密麻麻的青岩石。

（17）<u>lɛ¹ ɬo²</u> ke³ kʰi¹ nᶜʰaŋ¹.

　　　个 鼎罐 饭 热 锅巴

　　　鼎罐里的饭起锅巴了。

　　以上例（13）中的 lɛ¹sʰo¹ki⁵za⁴ 由"量＋名"构成的量名结构直接作介词 ɬo⁵ 的处所宾语，例（14）中的 to⁴fʰu³tei⁵moŋ² 直接作前一趋向动词 mɣ⁴ 的处所宾语；例（15）、（16）的量名结构作处所主语；例（17）中的量名结构 lɛ¹ɬo² 作处所定语，其中的量词亦不能省略。不少苗语语法论著认为苗语中的量名结构是量词核心结构，其中的量词为中心词，后面的名词是修饰成分，如张永祥、曹翠云（1996），王春德（1986）。暂且不论量词的句法成分，但苗语中的量词确实具有多功能句法语义特征，该量名结构中量词的使用使得本身带有物质性的普通名词在句法语义上凸显出有界性，被冠以量词的名词句义上的物质性相对弱化，被描写成可以量化且占据一定视觉场景分布的空间实体。

此外，黔东苗语少数普通名词凸显空间语义，这些名词通过对举使用，亦能凸显空间处所语义，不冠以量词也可直接作位移动词或空间介词的处所宾语，如：

(18) $ɖ^hoŋ^5$ ta^2 so^6 $\underline{tu^2}$, $loŋ^4$ lo^4 so^6 $\underline{tsa^3}$.

　　　走　来到 门　走　来 到 家

　　走到门前，来到家中。

(19) $nən^2$ $ŋaŋ^1$ A^2 to^5 $ɛ^1$ $ɕ^ho^5$, 　$ɖ^hjən^7$ $\underline{ku^2}$ $ɖ^hjən^7$ $\underline{tsa^3}$.

　　　他　坐 不 得 一 时　忽而状 外忽而状 家

　　他一点也坐不住，忽出忽进的。

黔东苗语中的方所词从名词中独立出来，可以独立用来表达空间位置或处所，在句法上可以直接作介词"to^5在、$kaŋ^1$从"、趋向动词"$mɣ^4$去、lo^4来、ta^2来"以及到达义动词"so^6到、lei^5到、vi^2到"的宾语，如以下例句画线部分的空间词都属于方所词：

(20) $moŋ^2$ $mɣ^4$ $\underline{kɣ^3$ $vɛ^2}$/$\underline{kɣ^3$ ta^1} $taŋ^4$ $vɣ^4$.

　　　你　去 路 上/路 下 等 我

　　你去上面/下面等我。

(21) $nən^2$ $kaŋ^1$ $\underline{q^haŋ^3}$ $\underline{to^4}$ $\underline{xaŋ^3}$ ta^2.

　　　他　从 处 远 场 来

　　他从远处走过来。

(22) $kaŋ^4$ $\underline{ɖaŋ^2}$ $\underline{po^1}$ f^ha^1 $ɣi^1$ lo^4.

　　　从　处 顶 滚石头 来

　　从山顶滚石头下来。

(23) $kɣ^3$ $naŋ^4$ $vɣ^4$ $ŋaŋ^1$ $ŋaŋ^2$, $vɣ^4$ $ɖoŋ^5$ lei^5 qa^1 $taŋ^2$.

　　　路 下游 我 坐 船　我 转 到(缀)场

　　水道我坐船，来到芦笙场。（王安江 2008：95）

以上例（20）的画线部分空间词是传统意义上的复合方位词（处所语素＋方位语素），语义上强调空间方向，即方位词；而例（21）—（23）是不带方位的纯处所词，表达一定区域范围内的处所。即处所词方位词在苗语中表达一个空间区域或位置概念，是认知系统中具体可感的空间概念，虽与名词有天然的语义联系，但名词作趋向补语与处所宾语的能力不如方所词。

可见，苗语中的名词作动、介词的处所宾语或其他处所成分都是有标记的，需要加上量词或与方所词对举使用才能作处所语义成分；而方所词作动、介词的处所宾语或其他处所成分是无标记的，方所词在表达空间处所时往往不需要加量词。未冠以量词的普通名词不能直接受诸如空间指示词和方位方所词等空间词的修饰，也不能受位移动词的直接支配作处所宾语，而方所词可以。在区别名词和方所词时，黔东苗语中的名词前加量词可凸显实物的个体性，可以获得空间语义解读，量名结构的空间处所用法并非典型用法。

三、方所词的语序问题

（一）方所词与名词组合时的语序问题

从历时层面来看，方所词是由部位空间词发展而来，而部位空间与拓扑认知有直接相关性。苗语中的多数身体部位空间词的语义功能已实现了部位空间到拓扑空间的扩展，从而产生一词多义现象。此时，需要注意区分其语义上的拓扑认知系统下和参照认知系统下的语义差别，这些语义差别往往会通过不同的句法手段（语序或组配或重叠等）来加以区别。

方所词与名词组合时，从语义结构上来说，可能存在三种语义关系：一是某物的某部位，二是以某物为参照的某方所，三是某方所的某物。从语言表达形式来看，方所词与名词的组合存在"方所词＋名词"和"名词＋方所词"两种语序，两种不同语序表达不同空间语义关系。如"lɛ⁴个 tsa³房 taŋ⁴处 qaŋ¹后 房子后面""lɛ¹ tsa³ taŋ⁴ fʰu³ 房子前面"等用"名词＋方所词"结构，表达的是拓扑空间位置关系；而"taŋ⁴ qaŋ¹ lɛ¹ tsa³ 房子后部""taŋ⁴ fʰu³ lɛ¹ tsa³ 房子前部"等用"方所词＋名词"结构，体现的是空间实物整体-部分的内部空间关系。当然，并非所有的空间方所词都可以通过这两种不同的句法位置分布以区别两种不同的空间关系。如 qaᵑ¹ 这一词缀构成的方所词，强调的是整体中的部分空间方所，就只能用"qaᵑ¹＋名词"结构来表达某物某部位的内部空间关系，而不能变换语序以表达空间参照关系。

那些没有实现拓扑空间语义扩展的身体部位名词，不能算作典型的方位词，这类词用作方所成分时，往往只有"部位词（方所词）＋名词"作为唯一语序，且该结构的凝固性强，一般不能插入其他成分，甚至可以看作合成词。该凝固性结构在一定的语境中可以表达两种空间关系——以部位空间为典型空间语义关系，以拓扑空间方位为非典型语义关系。如下例句中的 ku⁸tsa³ 在没有特殊语境情况下，往往指的是房子内部的部位空间，即房顶；但在一定语境下，ku⁸tsa³ 也可以指房子的拓扑空间方位，即房顶上。如：

（24）ku⁸ tsa³ paŋ⁸ to⁴ ŋi⁴ la⁴ lo⁶ ʐaŋ².

　　　　背　房　的　些　瓦　移　位（助）

　　　　房顶的瓦散乱了。

（25）nən² tɕi⁵ ləi⁵ lɛ¹ ku⁸ tsa³ mɤ⁴ ʐaŋ².

　　　　他　上　到　个　背　房　去（助）

　　　　他爬到房顶上去了。

（26）moŋ² tu³ vo¹ so⁵ ku⁸ te² lo⁴，pɤ¹ qa² ŋaŋ⁴.

　　　　你　拿 菜 放置 背桌 来 我们 就 吞

　　　　你拿菜摆桌子上来，我们就吃。

以上例句中的 ku⁸ 本作为身体部位词（指房或桌子的上面的部位），引申出拓扑空间方所义（指房顶或桌子面上空间方所）。诸如 ku⁸ 一类的身体部位词用于表达拓扑空间方位时，已虚化为一个方所语素，成为方所词的组成部分，其语义本身的"部位义"直接转喻该部位所在的空间方位，但其名词特征依旧明显，并不存在诸如 lɛ¹tsa³ku⁸ 一类的"名词＋部位词（方所词）"语序。其他的 fʰu³头、qaŋ尾、pu⁵边、lo⁵口等身体部位词和名词组合成方所结构时，也都只有名词后置于部位词的语序结构。

空间范畴中的空间实物部位与拓扑空间方位属于语义连续统中的交界处，存在语义模棱两可，往往可以借助其他空间成分得到明确的语义解读，但二者的语义解读差异在时间义域上体现得更为明显。如，方所词与名词组合的语序差异构成的语义关系差异在表达时间语义概念时更为明显：以苗语 fʰu³、qaŋ¹ 为例，其语义解读为"首尾"或是"前后"，可以通过其与时间名词组合的语序来区别——拓扑认知系统下的前、后时间表达以时间名词作为修饰语位于方位词后，如 qa¹fʰu³ɖʰa⁵月 为"月初"，qaŋ¹ɖʰa⁵月 为"月底"；而参照认知系统下的前后时间表达则时间名词在前方位词在后，如

ɖʰa⁵taŋ⁴fʰu³ 指这个月的前面一个月，即"上个月"，ɖʰa⁵taŋ⁴qaŋ¹ 指这个月的后一个月，即"下个月"。qa¹ku⁸ɖʰa⁵ 只隐喻 qa¹ku⁸ 的内部空间部位语义，理解为"月底"，而 qa¹ɕe¹ɖʰa⁵ 只能指"月初"。

（二）处所语素与方位语素连用时的语序问题

前文在分析方位词时，提到方位语形的独立性不强，往往以语素的形式与处所语素组合成多音节复合方位词。黔东苗语方位语素单独使用的情况很少，单独使用时，多限于置于趋向动词或空间位移动词后，表达动作趋向或朝向。如：

（27）ʌ² kɤ³ mɤ⁴ ku² tɕi⁴ səi⁴.

　　　不 要 去 外 风 冷

　　　不要出去受风寒。

（28）əu¹ la⁴ mɤ⁴ naŋ⁴，təu⁴ tɕi⁶ mɤ⁴ vɛ².

　　　水 流 去下游　火 燃 去 上

　　　水往下流，火往上燃。

（29）moŋ² ʌ² kɤ³ xaŋ¹ kɤ³ nən⁷ qaŋ¹ nən⁷ qa³.

　　　你 不 要 走 路 摇摆 后 摇摆渣

　　　你走路不要东扭西歪的。

（30）naŋ¹ ta¹ lo⁴ nən²，ɕʰu³ vɛ² lo⁴ no⁶.

　　　坐 下 来思考 站 上 来 想

　　　坐下来思索，站起来思考。

以上例句中的单纯方位只能依附于前面的位移动词或趋向动词来表达动作的趋向，其在语义指向上只是指向动词动作本身，而跟句子中论元性成分的空间处所没有语义上的直接关联。即，紧跟趋向动词或位移动词后的方位词作补语，补充说明动作趋向，并不表达实体空间方位处所。要表达某物的空间处所或空间位置关系时，方位语素必须与 kɤ³、taŋ⁴、pi⁵、pu⁵ 等处所词或语素组成复合方位词。如：

（31）nən² pu² pe² to⁴ pa⁶ na² ɬo⁵ le¹ vaŋ² kɤ³ naŋ⁶.

　　　他 乱 埋 些 白 薯 于 个 园子 路 内

　　　他胡乱把白薯藤埋在园子里。

* nən^2 pu^2 pe^2 to^4 pa^6 na^2 to^5 van^2 nan^6 / nan^6 van^2.

（32）vɤ^4 ȵaŋ^1 qa^1 so^5 taŋ^4 qaŋ^1/kɤ^3 ku^2.

我　在（缀）灶　处　后／路　外

我在厨房后面/外面。

* vɤ^4 ȵaŋ^1 qa^1 so^5 qaŋ^1 / ku^2.

黔东苗语的大量语料证明，方位词或语素在表达某物某方位或某方位的某物时，一般不能直接与名词组合以修饰名物词或受名物词修饰。

既然方位语素在更多情况下是依赖于处所词或语素而充当方所成分，那么，"方位"与"处所"的同现是方位语形的常态，二者同为空间词，在共现时以"处所语素在前，方位语素在后"为唯一语序。如以下例句：

（33）taŋ^4 qaŋ^1 me^2 nɛ^2 te^6 qaŋ^1.

端　后　有　人　跟　后

后头有人跟踪。

（34）moŋ^2 pu^6 mɤ^4 kɤ^3 ȵaŋ^6 ȼ^{h}ɤ^3.

你　钻　去　路　里　看

你进里面去看。

（三）方所词连用形式

同类同义词连用现象在很多语言中存在，同义词构词也是许多语言词汇系统的构词手段之一，尤其是以名词同类词连用构成同位结构或联合结构与语气副词连用等较为典型。黔东苗语的方所词连用现象存在两种情况：一是同一方所词或语素的自身重叠组合；一是不同方所词或语素的连用组合。

1. 方所词或语素的自身重叠组合

自身重叠形式分两种，其中一种是叠音式的 AABB 重叠。这种重叠多限于方位词重叠，而处所词并不能以这种形式重叠。关于方位词的重叠，王志敬（2009）曾总结出汉藏语共有的重叠式就包括方位词重叠，并指出这种方位词重叠及其特殊功能只能归咎于汉藏语同一原始语的同源关系。黔东苗语方位词 AABB 式重叠受一定句法限制，需由语义相对的方位词成对出现，如下例句画线部分词：

（35）nən² ε¹ nᵗʰε¹ <u>naŋ⁴ naŋ⁴ tɕɤ⁶ tɕɤ⁶</u>，lo¹ pɤ⁴ ʌ² so⁶ ta¹.

　　　他　一　天　　下游　　上游　脚 手 不 到 下

　　他一天东奔西跑，手脚停不下来。

（36）nən² nᵗʰε¹ nᵗʰε¹ <u>pɤ⁴ pɤ⁴ ta¹ ta¹ / vε² vε² ta¹ ta¹</u>，na⁷ poŋ⁵ va⁵.

　　　他　天　天　　上　下　　　上　下　　忙　很　很

　　他天天上蹿下跳的，忙得很。

（37）tε⁴ qau¹ lu⁴ moŋ² mᵗʰe⁵ xʰe¹ <u>qaŋ¹ qaŋ¹ fʰu³ fʰu³ / ɣaŋ² ɣaŋ² pɤ⁴ pɤ⁴</u>.

　　　个　公　老　那　说　话　　后　头　　　岗　　坡

　　那个老头说话颠三倒四的/东拉西扯。

　　从语法形式上来看，以上例句中的方位方所词重叠不能单独一个重叠，必须是同类语义相对的方位处所词以固定的语序和格式重叠。如，单个 naŋ⁴ 或 tɕɤ⁶ 不能单独重叠成 naŋ⁴ naŋ⁴ 或 tɕɤ⁶ tɕɤ⁶；重叠格式固定，naŋ⁴ naŋ⁴ tɕɤ⁶ tɕɤ⁶ 亦不能改变语序换成 tɕɤ⁶ tɕɤ⁶ naŋ⁴ naŋ⁴。重叠后的方位词在语义上具有描述功能，多在句中作谓语、状语或补语，带有强调的谓词性，方位处所词的语义重点在描述一个抽象的或不必明确的大致事件运动范围。从收集到的语料来看，诸如以上 AABB 式方位词重叠后的语义并不是 A、B 语义上的简单叠加，而指空间语义的泛化，方位处所词重叠式在句法语义上都存在一定的稳固性或词汇化，可看成是固定短语。

　　处所词的自身重叠组合，多以 ABAC 式重叠出现，其中 B 和 C 也是同义词或词义相关的同类词，如下例句中画线部分：

（38）nən² ε⁵ noŋ³ ɬju⁶ naŋ⁶ ʈo⁵ <u>taŋ² ɲi² taŋ² tɕu³</u>.

　　　他　做　这　弃　命　于　处 肉 处 酒

　　他就这样丧命在酒肉场。

（39）<u>taŋ² ki² taŋ² ɳe⁴</u> tɕu⁶ tei² nau³ re⁸ poŋ⁵ va⁵.

　　　处 芦笙 处 鼓　一　真　闹　热　很　很

　　芦笙场真的很热闹。

（40）nən² ɕaŋ⁴ ɕaŋ⁴ pʰε⁸ tei³ ɳaŋ¹ <u>taŋ⁴ qaŋ¹ taŋ⁴ qa³</u>.

　　　他　常　常　排队　坐　处 尾 处 屎

　　他常常排队在最后面。

例（38）—（40）中画线部分结构在句法上还依旧属于体词性结构。从整个重叠式内部的语词成分来看，能构成该重叠式的方所词为不含方位义的处所词，且该重叠式中处所词的空间语义还较为具体，更像是两部分的语义叠加，并不是像例（35）—（37）方位词 AABB 式重叠那样泛指活动空间。这种处所词 ABAC 式重叠更适合看成是两个同义词或同类词的联合并列，AB 与 AC 之间在句法语义上都相对较为松散，可以单独运用，组合后的语义基本上等于 AB 与 AC 的语义相加。黔东苗语类似的组合较为常见，如"qʰaŋ³ xʰi³高 qʰaŋ³ ga低 长短""kɤ³ ɟjʰe¹大 kɤ³ faŋ³亮 阳光大道""qa¹ toŋ³谷 qa¹ ki⁸沟 幽谷深涧""tʉu¹ faŋ方 tʉu¹ ɣaŋ⁴寨 地方上/寨上"等。

2. 不同方所词或语素的连用组合

黔东苗语中的方所词多是从空间名词演变而来，在语义上与身体部位或山河体部位名词有历时发展演变关系。方所词既然处于历时演变过程中，就必然存在各方所词的演变发展不平衡性，以致不同方所词的语义虚化程度存在一定差异。当不同语义的方所词连用时，它们各自的语义虚化程度决定了它们在组合中的语序，往往是虚化程度较高、语义更虚的处所成分在前，而虚化程度低、空间方位或处所指示语义更为具体的方位处所成分居后；而处于结构最前面的方所成分往往是已接近词缀或处所标记，处于方所词语法化的最前端。如下例句中画线部分的方所词或语素的连用现象：

（41）moŋ² lo⁴ fʰu³ taŋ⁴ naŋ⁴, taŋ⁸ tɕi⁵ nən⁷.

你　来　头　处　下游　挡　风　点

你到下游来，背风点儿。

（42）nən² naŋ¹ ʈo⁵ qa¹ fʰu³ taŋ⁴ te² moŋ² nau² ke³.

他　坐　于(缀)头　处　桌　那　吃　饭

他坐在桌子的那头吃饭。

（43）nən² tɕu⁶ tu³ ɛ¹ pa¹　ke³ mɤ⁴ kɤ³ taŋ⁴ qaŋ¹.

他　全　拿　一　把(量)　饭　去　路　处　后

他拿一把饭就到后面去了。

（44）maŋ² to⁴ ɣaŋ⁶ tɕa⁶ qʰaŋ³ tɕʰu⁵ ɕʰe⁵ ɣe⁶.

你们　些　找　着　处处　歇　力　气

你们找到休息之处没？

　　例（41）"f^{h}u^3 tɑŋ^4 nɑŋ$^4_{下游}$"中的 f^{h}u^3 指没有任何空间方位义的"一头"，只是一个处所词缀，此处的 f^{h}u^3 语义上比 tɑŋ$_{处}$ 更加虚化，直接去掉也不影响语义；qa^1 比 f^{h}u^3 更虚，二者与连用时，qa^1 又居前，构成如例（42）的"qa^1 f^{h}u^3 tɑŋ^4 NP"结构。而例（43）kɣ^3、tɑŋ^4 联合使用，该组合中的 kɣ^3 的语义比 tɑŋ^4 更为虚化；若是以 tɑŋ^{4}kɣ^3 的语序出现，则只能理解为"半路"，此时的 kɣ^3 不能被理解为虚化后的处所词，而是具有实际意义的"路"之义。同样，例（44）中 qɑŋ^3 比 tɕ^{h}u^5 更为虚化，前者 qɑŋ^3 可以单独与空间名词以外的形容词或动词连用，起到转指空间的作用，当处所标记使用；而 tɕ^{h}u^5 的本义是"床/床铺"①，其在黔东苗语中的语义虚化程度远远低于 qɑŋ^3，居于 qɑŋ^3 之后。也正是因为苗语处所词虚化后呈前置分布的语序特征，决定了处所词虚化的方向为"前缀"而非"后缀"，如处所语素 qa^1 就是黔东苗语中最典型的处所前缀。但需要注意区分处所词作量词和作处所语素或词缀的区别，如下例（45）、（46）中的处所词 pe^5 与例（47）中的 q^{h}ɑŋ^3 都在句中作处所量词使用，而例（46）中的 q^{h}ɑŋ^3 则是处所词缀。

（45）moŋ^2 mɣ^4 pe^5 qa^1 tɕu^5 to^8 ve^8 i^3 qoŋ^6 to^4 qa^1 qo^7 lo^4 ɬo^3.
　　　你　去　处(缀)　处　低　洼　那　挖　些　(缀)树墩　来　烧
　　　你去个低洼处挖点树兜兜来烧。

（46）pe^5 noŋ^3 ʌ^2 mɛ^2 pe^5 q^{h}ɑŋ^3 tɕu^5 nɑŋ^1 ta^1.
　　　处　这　没　有　处　处　处　坐　下
　　　这里没有座位了。

（47）ɬa^7 moŋ^2 ɣɑŋ^6 q^{h}ɑŋ^3 tɕu^5 mi^3 ɬo^5 vɣ^4.
　　　请求你　找　处　处　藏　于　我
　　　求你找个地方给我藏。

　　苗语中，并非所有方所词都可以重叠，也并非所有方所词都可以作处所量词。处所词与处所量词之间经历了句法层面重新分析的过程，量词在功能

---

①　tɕu^5 是苗语三大方言的同源词，语音语义都十分接近，tɕu^5 在黔东苗语中常取其本义"床/床铺"用法，表达"……处所"时，多用于 qɑŋ^3、tɑŋ^4 等处所词后；而在湘西苗语中，其"床铺"用法多只用于歌谣或固定结构中，其表达"……处所"用法则较为常见，如 tɕu^5 tɕoŋ^5 住处、tɕu^5 ɕo^5 休息处；在苗语川滇黔方言中，tɕu^5 既有"床铺"义用法，也广泛用来表达"地方/……处所"，如 tau$^5_{开拓}$ tɕu^5 开辟疆土，tɕu^5 nau$_{住}$ 住处，tɕu^5 nte$_{长}$ 长处，其的语义已虚化成与黔东苗语 qɑŋ^3 相当的处所前缀，具有转指处所的功能。

上归属于实义体词一类，在苗语中是显赫词类，语义上有一定指称性；而处所词缀属于虚义语法标记一类，已经词缀化或类词缀化了，一般就不能再当处所量词使用。比如 kɤ³ 的虚化程度较高，是苗语三大方言区共有的方位词词缀，不能再作为处所量词使用，处所词缀 qa¹ 一般也不具备作处所量词的功能。

小结

广义的方所词包括方位词和处所词，黔东苗语中的方位词和处所词存在同一性，方位词是从空间实物名词经由处所词演变而来，且尚未完全脱离处所词而单独成类，黔东苗语中的方位表达往往就是处所词的功能拓展用法。黔东苗语中的方位词或语素往往需要与处所词或语素（或与空间动作性较强的动词）连用，很少单独作动词（或介词）的处所宾语或其他论元性处所成分。黔东苗语日常交际中，空间方所词还可以重叠使用构成四字结构，重叠后表示空间区域遍指；而同义方所词的连用现象在黔东苗语中是十分的典型和常见，但不同方所词连用时的语序往往较为固定，一般是语义越虚的方所词越靠前，甚至有些方所词已经发展成为方所前缀。

第二节　处所语素的语义类型及其泛化

▷▷　一、黔东苗语处所语素的语义类型

就处所词所指的空间区域的语义特征来看，处所可以分为定域处所和非定域处所。定域处所所指的空间区域具有特指性，指某类实物（或某状态下）的特定空间部位，其结构形式可表达为"处所标记＋名词（或谓词）"。当处所标记后接名词时，其所指的空间区域为该名词所指物为地标的区域范围；当该名词为身体部位名词时，处所语素与身体部位词之间的句法语义关联性更强，且处所语素的空间语义还比较明显，对身体部位词有语义上的转指功能（即由具体实物转指实物所在的区域）。当处所标记后接谓词（包括

动词和形容词）时，其所指空间区域为动词所指的某活动场所或形容词语义所指某特征的区域范围，处所语素在语法语义上亦主要体现为转指功能。

非定域处所所指的空间区域具有语义游移性或类指或泛指，并不指示某一特定空间区域，一般其结构形式为"处所标记＋方位语素（或指示词）"，所指的空间区域为该方位词或指示词所指的空间方位，并不能表达具体的区域范围，在句法语义功能上相当于一个空间指示词，对其空间所指的理解更大程度依靠语境来补充①。非定域处所词要表达具体空间区域还需补充上下文语境，可以与名词组合，但其在句法位置上处于修饰语位置，后置于名词，其中的处所语素的空间语义已经虚化，并不指实体空间处所或区域。

苗语中定域、非定域两类处所词在构成上都含有处所语素（或标记），且构成"处所语素（或标记）在前，空间指示词（包括普通名词、指示词等）在后"的语序。而苗语处所语素（或标记）多源于人或物的身体部位词，也有少数汉语借词。黔东苗语处所标记较为丰富，如表 3-1 所列：

表 3-1　黔东苗语处所标记类型

处所标记类型	处所标记认知原型	定域处所表达例词	非定域处所表达例词
泛义处所标记	qa¹	qa¹ 本身就是一个名词词缀，用作处所表达，指某个整体中的部分空间，体现的是可向周围扩散的环型空间拓扑特征。	qa¹ɖo⁷ 衣领处 qa¹ɖa² 腰部	qa¹ qaɲ¹ 底部 qa¹ tu⁷ 尖底儿 qa¹ toŋ¹ 中间 qa¹ qɛ¹ 根部
	xaŋ³	xaŋ³ 没有具体空间特性，表达抽象的空间处所。	xaŋ³ qa³ 臀部	xaŋ³ ɛ¹ 那里 xaŋ³ vɛ² 上面 xaŋ³ tɕʰi³ 起点 xaŋ³ təi⁶ 哪里
	ɬu¹	原义为"背"，虚化程度较高，可以与名词连用，表空间"可居点"，大的处所空间，也可指小的部分空间。	ɬu¹ ɣaŋ¹ 寨子里 ɬu¹ tsaŋ⁵ 田坝上 ɬu¹ əu¹ 水里	—

①　一是借助副语言特征才能理解语义，二是必须知道话语事件的基本空间时间参数才可以理解。也是传统意义上的指示语的指示用法。

（续表）

处所标记类型		处所标记认知原型	定域处所表达例词	非定域处所表达例词
泛义处所标记	taŋ⁴	原义为"半"，主要指对称性空间，呈线型空间图示。	taŋ⁴ pɣ⁴ 半山腰 taŋ⁴ kɣ³ 半路	taŋ⁴ qaŋ¹ 后面
	pɣ⁵	本义为"块、团"量词，用作处所词，可以单独用为"住所"，也可作"处"词缀。	ɛ¹ pɣ⁵ 一处 pɣ⁵ ŋi⁴ 窄处 pɣ⁵ tsau⁷ 暗处	pɣ⁵ noŋ³ 这里 pɣ⁵ təi⁶ 哪里
	pʰi⁵	汉语借词"边"，往往指有正反相对的某处。	pʰi⁵ pa³ 正面	pʰi⁵ ta¹ 下边 pʰi⁵ noŋ³ 这边
	tɕʰu⁵	原义是"床、床铺"，语义泛化为住处、容身之处。	tɕʰu⁵ ɳaŋ¹ 住处 tɕʰu⁵ faŋ³ 宽处	tɕʰu⁵ noŋ³ 这里
	kɣ³	原义是"路"，语义泛化为方所标记，是苗语三大方言区都有的方位处所标记。	kɣ³ faŋ² 明处 kɣ³ vu⁵ 好处	kɣ³ ve² 上面 kɣ³ ku² 外面 kɣ³ noŋ³ 这边
功能空间性处所	lo⁵	原义为"口、嘴"，隐喻为空间处所词，指物体由里通外的地方。	qa¹ lo⁵ oŋ⁵ 坛子口 qa¹ lo⁵ ti¹ 簸子口 qa¹ lo⁵ ɬoŋ⁶ 山坳	—
	taŋ²	可能是汉语处所词"当（汉语方言处所词）"的借用。	taŋ² ŋi² taŋ² tɕu³ 酒 肉场所	—
部位性空间处所	lo¹	原义为"脚"，隐喻为具体实物下部起支撑作用的部分。或泛指某物体的下部分。	lo¹ te² 桌子脚 lo¹ tsa³ 屋脚（特指吊脚楼起支撑作用的柱子） lo¹ ɣaŋ⁴ 寨脚（指顺山地势分布的聚居村寨的下部）	—
	xʰaŋ¹	对半的"一边、一面"，用作处所语素，多限于有相对方位的处所。	xʰaŋ¹ faŋ² 对面亮处 xʰaŋ¹ tsau⁷ 对面暗处	xʰaŋ¹ pɣ⁴ 对面 xʰaŋ¹ ɛ¹ 那边 xʰaŋ¹ noŋ³ 这边
	ɬaŋ²	原义是向单个方向凸出的一端，后泛指某处。	ɬaŋ² po¹ 山顶儿 ɬaŋ² li² 田底儿 ɬaŋ² qo¹ 头顶儿	ɬaŋ² ta¹ 地上

（续表）

处所标记类型		处所标记认知原型	定域处所表达例词	非定域处所表达例词
部位性空间处所	ku⁸	原义是背部，后泛指物体的向上一端，即"……上面"。	ku⁸ te² 桌子上 ku⁸ tɕɤ⁴ 臂膀上 ku⁸ lo² 楼上	—
	po³	原义是圆形的东西，且包含有"凸出"的空间语义在内。	po³ ze⁴ 鼻子 po³ qoŋ³ 喉结 po³ qaŋ³ 臀部	—
	qʰaŋ³	原义是"洞"，用来指处所多指空间范围不大，且含有"凹陷"空间语义在内。	qʰaŋ³ sʰu⁷ 囟门 qʰaŋ³ tɕaŋ⁴ tɕʰu⁴ 拐弯处 qʰaŋ³ tən⁶ 平稳处 qʰaŋ³ faŋ³ 明处 qʰaŋ³ to⁴ 远处	qʰaŋ³ non³ 这儿 qʰaŋ³ tei⁶ 哪里
	ki¹	原义为"角"，用作空间处所词，指物体边沿相交的地方，即"角落"。	ki¹ tu² 门角落 ki¹ li² 田角	—

以上处所标记词大部分都是由空间名词通过语义转喻或隐喻泛化演变而来，即以名源处所标记。在与其他实义词搭配时，往往前置于其他词，是整个处所结构的句法语义核心。黔东苗语中的处所标记（处所语素）较多，能构成各种不同语义的处所词，含有以上处所语素（或标记）的处所词是典型处所词，典型处所词系统与能表达处所的量名结构在词源上有较大区别以外，也分别处于语法化链中的不同阶段。

二、黔东苗语典型处所词缀的句法语义特征

苗语中的处所词或语素很多都并未完全虚化为标志性成分，各处所标记之间也处于不同语法化阶段。这些处所词缀系统内部存在的语法化程度不平衡性，致使其在与其他词类组合时，也体现出较大的句法差异性：一是，与同类词搭配显示出不同的意思，如 qa¹ vɛ² 指天空，而 kɤ³ vɛ² 指上面；qa¹ qaŋ¹ 指底部，kɤ³ qaŋ¹ 指后面。二是，不同的处所标记与其他词搭配的

受限情况有差异，如 qa^1 不与形容词、指示词搭配；而 $k\gamma^3$、xan^3 可以与动词、形容词、距离指示词搭配却不能与名词搭配构成处所词，但 xan^3 几乎不与方位词搭配，而 x^han^1 只限于与方位语素和距离指示词搭配。又如 tan^4 多与 qan^1 搭配；而 $k\gamma^3 v\varepsilon^2$ 比 $tan^4 v\varepsilon^2$ 更常见。三是，不同的处所标记所构成的处所词在空间域以外的其他语义域中的投射功能有差异，如 qa^1 所构成的处所词只能表达具体空间域，而 $k\gamma^3$ 构成的处所词既可以表达空间域，亦可以表达抽象的事相域（……方面），还能表达时间域（……以前）。而 tu^1、$\textipa{ƚan}^2$、lo^1、lo^5、ku^8 等的句法语义功能则更为受限，只是算作是准处所标记，语义中所含的具体空间义尚明显。

（一）qa^1 的句法语义特征

qa^1 是苗语东、中、西三大方言所共有的、较为常见的同源名词词缀之一，也被许多苗语语法论著称为名词前加成分。王辅世（1985）的《苗语简志》概述"qa^1 表示人伦、植物的部位和与植物有关的事物、人体和动物体的部位、用具、自然物和抽象事物"，龙杰（1988）、关辛秋（2006）分别对苗语东部方言的 qo^{35} 所出现的句法环境和语义功能作了详细描写和分析；李云兵（1992）曾对苗语川黔滇次方言中的 qa^{43} 的构词功能与语义作过简单论述；吴正彪（2011）则对苗语中部方言 qa^1 的构词特点和功能进行了分析和探讨，石德富（2016）在《黔东苗语中 ab 和 ghab 的功能》一文中指出 ghab 的语义功能有空间定指、空间部位划分和数量有界化的功能。

苗语黔东方言中的 qa^1 作为名词的前加成分，附于名词词根前，最常见的语义功能为表示人或动植物一类有生命物体的部位乃至无生命物体等的部位。既是涉及"部位"，其语义上必然带有一定的空间指示性，所指的某物被预设为某一整体空间中的部分。如：

（1）$\underline{qa^1\ nau^2}$ tau^5 $s\varepsilon^4$ ηa^6 lja^7 $t\textcteurt^4$ zan^2.

$\quad$（缀）叶 树 都 干 枯 完 （助）

$\quad$树叶都枯萎了。

（2）to^4 tau^5 $t\textctci^1$ non^3 lon^4 $\underline{qa^1}$ $\underline{o^5}$ ta^2 zan^2.

$\quad$些 树杉树这 长 （缀）嫩芽 来 （助）

$\quad$这些杉树抽薹了。

（3）tɛ⁴ tau⁵ noŋ³ ljaŋ⁶ <u>qa¹ li¹</u> no⁵ va⁴.

　　个　树　这　长　（缀）杈　多　很

　　这棵树生很多杈子。

以上 qa¹ 用于实物部位名词前，作为名词词缀，整个词的语义所指聚焦于后面的名词词根，但 qa¹ 的使用提示了（或凸显了）该名物是属于"整体中的部分"语义特性，如"qa¹tɕʰu¹ 肚子""qa¹tɕʰi⁵ 脾气""qa¹ni⁸ 舌头"等。

当 qa¹ 后的词根由实物部位名词扩展到非具体实物部位时，qa¹ 本身的"部位空间义"则似乎更加凸显。如：

（4）nən² n̥aŋ¹　<u>qa¹ ɬaŋ⁴</u> ɛ¹　ti¹　lo¹ pɤ⁴ dən⁵.

　　他　在　（缀）坪那 伸展 脚手 能　干

　　他在坪地那儿练武术。

（5）moŋ² to⁵ n̥aŋ¹ ta¹ to⁵ le¹　<u>qa¹ ɣaŋ²</u> ɬu² ti⁴ kɤ³.

　　你　别　坐　下　于个（缀）岗岭 门　挡　路

　　你不要坐在门槛上挡路。

（6）xo⁵ tɕu¹ tɛ¹ ʌ² kɤ³ tu³ tau⁵ kən⁴ kən⁴<u>qa¹ xʰaŋ¹</u> li².

　　叫　崽　不要 拿 木 戳　（缀）槛 田

　　叫孩子不要拿棍子乱戳田埂。

例（4）—（6）中，qa¹ 后的名物词根，较例（1）—（3）的词根而言，其词根语义中带有明显的空间几何语义特征，而其具体实物语义性则相对减弱。加之，qa¹ 的语义本身也涉及"部位"，而部位即为空间。由此，该类词的空间义也进一步凸显，在语义上也实现转喻或隐喻过程，如 qa¹ɣaŋ² 本义是指岗岭，后转指某一实物中形状像岗岭的那部分——qa¹ɣaŋ²ɬu² 门槛、qa¹ɣaŋ²vi⁴ 锅沿、qa¹ɣaŋ²mɛ⁶ 脸棱（脸型）。又如 qa¹lo⁵ 从具体所指的"嘴"的语义扩展到泛指容器通道。有的以 qa¹ 为词缀的名词的义域可以扩展到时间、事件等语义，如 qa¹ɕe¹ 表有生命物体的根，后拓展到其他非生命物体的"根基部分"，根基部分就是生长（或发展）的初始部分，投射到时间域（或事件域）指"XX初"，例词如 qa¹ɕe¹ɬa⁵ 月初、qa¹ɕe¹n̥ʰu⁵ 年初、qa¹ɕe¹fʰu³kɤ³ 事情开端等。

苗语中以 qa^1 为词头的相对意义词对举使用，指相对的一部分，表达某范围内的特定某一类。此时的 qa^1 起冠词的作用，后加量词短语，如下例句：

(7) εi^5 qa^1 $t\varepsilon^4$ to^5 sa^5，xa^5 qa^1 $t\varepsilon^4$ o^5 ɗaŋ^5.

　　念（缀）个得情侣　可怜（缀）个单身

　　美慕那些成亲的，可怜那些单身的。　　（张永祥 1990：346）

(8) x^hu^7 qa^1 to^4 vu^5 $m\gamma^4$ me^4 $m\gamma^4$，tu^3 qa^1 to^4 $la^2la^4m\gamma^4$ $fən^7$ $m\gamma^4$.

　　挑选（缀）些　好　去　卖　去　拿（缀）些　烂　去　扔　去

　　挑好的去卖了，扔掉坏了的。

(9) to^4 $təu^8$ $noŋ^3$ nau^2 qa^1 $t\varsigma o^2$.

　　些　豆　这　吃（缀）条

　　这些豆吃条状的。

可见，qa^1 的语义功能可以使原本表达类属的名词具体化、定指化。因此，由 qa^1 组成的苗语方所词往往是表达某类具体的空间处所，其语义上的具象性决定了其语义功能只限于表达空间域，不能向时间义域或事相义域转变。

若说 qa^1 是名词前的处所词缀，那么，与之相对的 $q^h\text{aŋ}^3$ 则是常用在谓词前的处所词缀，能使原本描述某类特征的谓词实现语义句法上的名物转指。如：

(10) εu^5 $n^{oh}a^1$，A^2 $k\gamma^3$ $p\varepsilon^2$ to^5 $q^h\text{aŋ}^3$ γe^8.

　　　别　动　不要　掉　于　处　塌陷

　　不要动，不要掉到塌陷处了。

(11) $q^h\text{aŋ}^3$ $p\gamma^6$ $m\gamma^4$ q^ha^1 li^2，$q^h\text{aŋ}^3$ ɬɛn^6 $m\gamma^4$ t^hi^3 tsa^3.

　　　处　平整去　垦田　处　平整　去　造　房子

　　在平处开田，在稳处建屋。

(12) $maŋ^2$ $\gamma aŋ^6$ $t\varsigma o^6$ $q^h\text{aŋ}^3$ ς^he^5 γe^6 A^2 $p\gamma^4$?

　　　你们　找　着　处　歇　力气　没

　　你们找到休息场所了没？

$q^h\text{aŋ}^3$ 的原义是"洞"，语义扩展后可泛指具有凹陷形状的空间实物，如

"qʰɑŋ³mɛ⁶ 眼睛""qʰɑŋ³qa³ 肛门"等。宋金兰（1994）曾指出："汉语和藏缅语的住所词几乎都与洞穴词和土地词有密切的语音关系。这种现象暗示汉语与藏缅语的住所词可能来源于洞穴词和土地词。"苗语中的 qʰɑŋ³ 便属于这类洞穴词语义功能的处所性功能扩展，qʰɑŋ³ 的语义进一步扩展后，在空间上具有凹陷形状的具象性也减弱，不再限于有凹陷特征的空间处所，如例（11）、（12）。受原义语义特征所限制，语义扩展后的 qʰɑŋ³ 多表达较小范围内的空间处所，且表达的是有区别于周围环境地势特征的某处。在句法上，qʰɑŋ³ 可以与形容词或动词搭配，也可以与方位语素、指示词等搭配，受形容词、动词、指示词等的修饰或限定，且位于修辞词前面，用来表达具有某种区别性特征的某处；在语义上，qʰɑŋ³ 类处所词或短语也并不限于空间义域，可以表达事相域，乃至时间域。如：

（13）te⁴ nɛ² noŋ³ no⁵ qʰɑŋ³ zaŋ⁸ va⁵.

　　　个 人 这 多 处 坏 厉害

　　　这个人缺点太多了。

（14）ta⁵　noŋ³ qʰɑŋ³ so³ nɛn² qa² mɤ⁴ zaŋ².

　　　早晨 这 处 早 他 就 去（助）

　　　今天清早，他就走了。

（15）lei⁵ kʰɑŋ³ tɕaŋ⁶ li²，vɤ⁴ na⁸ ljɛn⁶ ɳo².

　　　到 处 插秧田 我 忙 很

　　　到插秧时节，我忙得很。

苗语名词前缀 qa¹ 虽有处所标记的功能，尤其是用在普通名词前能使相关名词语义具体化、空间化。但 qa¹ 的这种处所标记功能并非其典型功能，相较其他处所标记，具有一定局限性，qa¹ 类方所词只能表达内部空间关系。如同一词根 fʰu³ 构成的 qa¹fʰu³ 和 taŋ⁴fʰu³ 相较如下：

（16）nɛn² ta³ qa¹ fʰu³ ʈu⁷ tɕu⁶ ɕʰɑŋ¹ ʈo⁵ tɕo² te².

　　　他 拿（缀）头 刀 一 划 于 条 桌

　　　他用刀尖在桌子上一划。

　　　*nɛn² ta³ ʈu⁷ qa¹ fʰu³ tɕu⁶ ɕʰɑŋ¹ ʈo⁵ tɕo² te².

（17）lɛ¹ tsa³ taŋ⁴ fʰu³ mɛ² ɛ¹ tɛ⁴ tau⁵.

　　个房子　处　前　有　一　个　树

　　房子前面（档头）有一棵树。

（18）taŋ⁴ fʰu³ lɛ¹ tsa³ ɬo⁶ vɣ⁴ tsa³.

　　处　　前　个房子是　我　家

　　前面的房子是我家的。

以上例句中的 qa¹fʰu³ 只能后加名词作其修饰限定性成分，而 taŋ⁴fʰu³则有前加名词和后加名词两种不同语序结构构成的两种不同的语义结构关系。再如，qa¹n̪aŋ⁶ 与 kɣ³n̪aŋ⁶ 的语义区别：qa¹n̪aŋ⁶ 指某物的内部，后加限定成分如"qa¹n̪aŋ⁶li² 田内坎""qa¹n̪aŋ⁶kɣ³ 路内坎""qa¹n̪aŋ⁶pɣ⁴ 岸边"等；而 kɣ³n̪aŋ⁶ 指某空间参照物的里面，与其他名词组合时存在前加限定成分和后加限定成分两种语序：lɛ¹li²kɣ³n̪aŋ⁶ 指某丘田的内坎，而kɣ³n̪aŋ⁶lɛ¹li² 指（某空间参照物）里面的一丘田。需要注意的是，qa¹ 后可以加方位语素转指方位的所在处所，但不能加形容词来转指具有某类特征的处所，如"明处""暗处""好处"等则不能用"qa¹＋形容词"。

事实上，由 qa¹ 构成的处所词在句法语义上都更接近于普通名词（表达某一事物部位的普通名词），其与修饰成分之间的语序关系遵循一般普通名词结构"被修饰成分在前，修饰成分在后"的语序。这也反证了苗语中的方所词在句法语义上应当划为独立于名词的另一词类。

（二）ɬu¹ 的句法语义特征

ɬu¹ 作为处所标记，前置于其他实词或语素，句法功能带有前缀性。罗安源（1990）对 ɬu¹ 所构成的处所词作了相关论述，李一如（2016）则对 ɬu¹ 的句法语义特征及其历时演变进行了详细分析，但表达空间处所义的 ɬu¹ 的句法地位及其词性依旧没有定论。

ɬu¹ 是苗语三大方言同源词，原义为身体部位词，指包括胸部在内的"背部"。如下例句：

（19）nən² tɕo² ɬu¹ ʌ² tei².

　　他　条　背　不　直

他的背不直。

（20）tɛ⁴ ɣu³ lu⁴ moŋ² po⁵ ʈu¹ po⁵ tɕɤ³ tɕu⁴ ʑaŋ².

　　个　妪　老　那　驼　背　驼　身　完（助）

　　那个老奶奶弯腰驼背得厉害。

ʈu¹ 在黔东苗语中亦与其同义词 ku⁸背 连用，ʈu¹ku⁸ 指脊背。当然，ʈu¹ 并不限于指人或动物的背，也隐喻其他无生命物体的上部，如 ʈu¹sa⁵ 指柴刀背，ʈu¹po⁷ 指山顶。进一步语义虚化后的 ʈu¹ 表泛义空间，在不同的语境中，其所表达的空间处所的具体位置具有游移性，既可以是水平面的"……上"，也可以是立体空间的"……里"，如 ʈu¹əu¹ 既可以指"河面"，也可以指"河里"。如：

（21）tɛ⁴ nɛ² ta⁶ pʰu¹ kaŋ⁴ ʈu¹ əu¹ ta².

　　个　人　死　浮　从　处　水　来

　　尸体从水里浮上来。

（22）to⁴ qa¹ nau² tɕi⁴ pʰu¹ ʈo⁵ ʈu¹ əu¹.

　　些（缀）叶　茶　漂　于　处　水

　　茶叶漂在水面上。

（23）moŋ² so⁵ ti⁵ ʈo⁵ ʈu¹ tɛ² ʈo⁵.

　　你　放　碗　于　处　桌　于

　　你先把碗放桌子上吧。

（24）nᵈʰɛ¹ noŋ³ ʈu¹ ɕaŋ² li³ nɛ² tɛ¹.

　　天　这　处　市场　拥挤　人　完状

　　今天市场上挤满了人。

（25）tɛ⁴ nin² tɕʰi¹ ʈo⁵ ʈu¹ ŋɛ²，nən² nau² ʑaŋ² tɕu⁴ ʑaŋ².

　　个　牛　关　于　处　圈　他　吃　草　完　了

　　水牛关在圈里，他把草吃完了。

（26）ɕu⁵ kɤ³ tu³ pe⁴ sʰu³ sʰaŋ³ ʈu¹ kɤ³.

　　不　要　拿　荆棘　乱　堵　处　路

　　不要拿荆棘乱堵塞道路。

就句法功能上来看，虚化后的 ȶu¹ 只限于与空间语义较强的具体实物名词连用，且前置于该空间实物名词，构成"ȶu¹＋名"结构。"ȶu¹＋名"结构在苗语中就相当于一个空间短语，与苗语中的"量名"结构在空间语义表达上有相同的句法语义特征。但 ȶu¹ 是否就可以看成是一个专表处所的量词？苗语属于量词显赫的语言，苗语中的量词最为典型的句法功能是可以直接受指示词或形容词的修饰充当主语或宾语，而 ȶu¹ 却不能。我们认为，ȶu¹ 作为一个处所语素，后加具有强空间性的实物名词，与后面的名词构成语义上的复指关系、句法上的同位语关系，并不存在修饰或补充关系；而从语义上来看，ȶu¹ 的语义具有游离性，随后面的名词而改变空间指示的范围，即 ȶu¹ 的语义所指就是其后的名词或名词结构，对语境的依赖性很强。可见，ȶu¹ 在处所词中的句法语义功能类似于复指，复指后面名词所指的地物对象，那么，我们可以判断 ȶu¹ 在苗语中的词类地位相当于处所代词，在句法上有一定独立性而在语义上又存在强依附性。李一如（2016）指出的"作为处所格标记或地理标记的 ȶu¹ 是由指示代词演变而来"这一观点从 ȶu¹ 相对独立的句法上来说有一定解释力，但我们在黔东苗语的日常语料中并未找到 ȶu¹ 的指示代词用法。ȶu¹ 的本义是指包括胸膛、背部在内的身体部位，是人体中心部位之所在，也可直接指身体，如苗语日常用语"nən²他 ȶu¹ tɕ¹个 ɕʰoŋ⁵强 ɣe⁶力 他的身子强有力"中的 ȶu¹ 前置于表人量词 tɕ¹ 前，指代身体；再如"vɣ⁴我 me⁵妈 zaŋ¹生 vɣ⁴我 tɕu⁶全 tɕo²紧 ȶu¹ tɕɣ³身 我妈生了我"中的 ȶu¹ 前置于躯体词 tɕɣ³，指代身体；而身体部位通过隐喻认知转指空间处所亦符合人类空间认知的一般规律。

此外，ȶu¹ 在表达处所语义时，依附于实义性处所，几乎不和语义较为抽象的方位词或语素连用，也不能直接放在表义游移的指示词之前用来表达空间位置或处所。ȶu¹ 的这种句法限制，主要是因为苗语中大多数方位语素或词与指示词本身只是指示方位或距离而不指代具有实义性的具体处所，如此一来，单独的 ȶu¹ 的空间语义依附便落空。同理，ȶu¹ 也不能直接与表达空间特征的一类形容词连用，由于该词在语义上对某一具体实物对象的依赖性，也就不能转指具有某一特征的空间处所，如"明处""暗处"等抽象空间处所不能用"ȶu¹ faŋ²明""ȶu¹ tsau³暗"等来表示。

处所词与处所词连用的语序问题相关章节已论述过，苗语多个处所词连用时，往往将语义更虚的处所词置前；那么，我们可以根据 ʨu¹ 与其他处所词连用时的句法位置来判断其句法语义的虚化程度。ʨu¹ 与 taŋ² 相较，在空间词"taŋ²ʨu¹ 落脚处"中，taŋ² 的语义更虚，前置于 ʨu¹；ʨu¹ 的语义所指更为具体，后置于 taŋ²；该词中，ʨu¹ 的"空间据点"义还可见，尚未完全虚化为一个纯空处所词缀，其表达空间处所尚具有一定的具体可感性。如下例句：

(27) tsa⁶ fu⁴ mɤ⁴ ʨu¹ poŋ², tsa⁶ ko⁶ za⁴ ɕi¹ no².

撒 网 去 处 激流 撒 得 鱼 新 绿

网撒到急流中捕得一条大青鱼。

就 ʨu¹ 与其他词的搭配情况来看，ʨu¹ 比其他典型处所词缀的搭配条件更为受限，往往只限于与名词搭配，且限于空间语义特征较强的名词。也就是说，ʨu¹ 本身不具备句法语义上对形容词和动词的转指功能，也就不能和形容词、动词进行搭配来表达具有某一特征的空间处所。从"ʨu¹＋NP"中 ʨu¹ 与 NP 之间的空间关系来看，二者属于环型拓扑空间中的重叠关系，也就是说 ʨu¹ 所含的空间域与 NP 所指的空间域是相互重合、相互包含的关系。这种同指性的空间重合关系，造成了 ʨu¹ 类处所词能产性弱于其他非重叠关系的处所语素或词缀。

（三）kɤ³ 的句法语义特征

苗语中，很少出现单音节方位词独立使用的情况，从句法上来看，苗语的纯方位成分在表达方位语义功能时并不自足，往往需要处所语素的加入，对"方所"起到语义句法的补充作用。换言之，苗语中的方位语素多还处在只指不代（只指示方位，并不代指某处）的阶段，无论是在语义上还是在结构上的完形，方位语素都需与处所语素同现，对处所语素具有依赖性。

kɤ³ 的本义是"路"，是黔东苗语中最为常见的空间词，也是苗语中合成方位词最典型的处所语素之一，属于高频构词语素，跟方位语素连用，表达方位概念。kɤ³ 是苗语三大方言的同源词，其在三大方言中的句法语义有高度一致性，涉及的方位区域都可以用 kɤ³ 来表达，涵盖了汉语的"面、处、边"的语义内容，体现了苗族方位认知与"路"的密切关系。

在苗族空间认知系统中，kɣ³ 是较为常见的空间概念，往往也可以用来指代除"路"以外的空间处所，可用在表达空间属性的形容词或动词前，转指具有该形容词或动词所指性质的空间范围或处所。如：

（28）nən² ȵaŋ¹ kɣ³ faŋ², moŋ² ȵaŋ¹ kɣ³ tsau³.

　　他　　在　路　亮　你　在　路　暗

　　他在明处，你在暗处。

（29）moŋ² to⁵ xaŋ³ mɣ⁴ kɣ³ taŋ³ qa³.

　　你　不要　走去　路　回（缀）

　　你不要走反方向的那边。

kɣ³ 作处所语素，常用在方位语素前，与方位语素构成方位处所词，表达方位语素所指方向的空间处所；也常用于距离指示词前，代指距离指示词所指示的空间处所，空间语义明显。如：

（30）ɛ¹ lɛ² ȵaŋ¹ kɣ³ ku²，ɛ¹ lɛ² ȵaŋ¹ kɣ³ ȵaŋ⁶.

　　一个　在　路　外　一个　在　路　里

　　一个在外面，一个在里面。

（31）moŋ² mɣ⁴ lei⁵ kɣ³ ɛ¹，vɣ⁴ ȵaŋ¹ xaŋ¹ noŋ³ lo⁴ ɣe⁶ ɛ¹ ɕʰo⁵ ze⁵.

　　你　走到　路那　我　坐　处　这　来　力气一时（助）

　　你到那边去，我坐这里休息一会再说。

例（30）、（31）中的"kɣ³＋方位语素/指示词"结构在句中指处所，在句法语义上带有一定的转指功能（转指方位或指示词所指的某一处所）。然而，在更多语境中，"kɣ³＋方位语素"结构指方位，不指处所，此时 kɣ³ 的语义不具备转指功能，比处所语素更为虚化，整个结构的语义中心在后面的方位语素或指示词。如：

（32）moŋ² xaŋ¹ mɣ⁴ kɣ³ tən²，ɕu⁵ taŋ³ qʰo¹.

　　你　走去　路前　别　回头

　　你往前走，不要回头。

（33）te⁴ ɬa³ moŋ² kɣ³ ɛ¹ lɛ¹ po³ sʰoŋ³ to⁵ lɛ¹ lo⁵ kɣ³ ȵaŋ⁶.

　　个狗　那　叼　一个　骨　头　于　个嘴　路　里

　　那只狗叼着一个骨头在嘴里。

（34）moŋ² ŋi⁵ kɤ³ pʰi⁵ pɤ⁴ / kɤ³ pʰi⁵ tɕɤ⁶.

　　　你　看　路　边　坡　　路　边　上游

　　你往上看。

上例（32）—（34）中，由 kɤ³ 构成的方所词只表方位，不含有处所义（即不表达某一空间区域范围），其中，kɤ³ 的处所义进一步虚化，只起构词作用；kɤ³ 还可以前置于其他处所词缀前，如例（34）中的 kɤ³ 用在处所词缀 pʰi⁵ 前，并不影响结构原有语义。当 kɤ³ 进一步虚化成方位词的构词前缀，其构词功能可以扩展到不表空间方所的动词或形容词前，表抽象意义上的某一方面。如下：

（35）nən² tei³ xʰi³ pɤ⁵ ku³ tɕu¹, to⁵ tei³ xʰi⁵ pɤ⁵ kɤ³ ljən³ qaŋ².

　　　他　对　心　睡　趴　状　不　对　心　睡　路　翻　下巴

　　他喜欢趴着睡，不喜欢仰着睡。

（36）ɛ⁵ nɛ² noŋ⁵ ɛ⁵ kɤ³ ɣu⁵, ʌ² kɤ² ɛ⁵ kɤ³ zaŋ⁸ ɟju³.

　　　做人　要　做　路　好　不要　做　路　恶　毒

　　做人要做好事，不要做坏事。

（37）tɕo² ki⁸ noŋ³ paŋ⁸ kɤ³ faŋ³（kɤ³ ta³）mɛ² tsa¹ tɕi⁷.

　　　条　沟　这　的　路　宽（路　长）有　五　尺

　　这条沟的宽度/长度有五尺。

以上例句中，与 kɤ³ 组合的词不再限于空间方位词，可以在动词前，表达动作所指示的情状，此语境下的 kɤ³ 在结构中具有自指功能，指该动作发生的具体情状；也可以位于形容词前，表达该形容词所指的性状，此语境下的 kɤ³ 在结构中亦体现转指功能，转指具有某种性质的某事或某情况，可汉译成"……方面"；kɤ³ 放在空间性质形容词前，直接表达空间"度量"，如以上例（37）中的"长度""宽度"。

处所语素 kɤ³ 在苗语中的使用范围较广，语义功能也呈现出多样性，与形容词连用，相关词组可以实现由空间语义域向事件义域的投射；在一些固定词组中，kɤ³ 也可以向时间义域的投射。kɤ³ 与数词 ɛ¹ 连用，实现了词汇化过程，可汉译成"一路、一起、一块儿"等，但我们依旧可以体会到 kɤ³ 较为凸显的空间原型义，对比以下由 kɤ³ 构成的固定词组"ɛ¹kɤ³ 一路、一

起"与由 taŋ⁴ 构成的"ε¹ taŋ⁴ 一处、一起":

(38) moŋ² ɕu⁵ ɲo² qo² po⁴ ɬo⁴ qo⁴ ε⁵ ε¹ kɤ³.

你　别　搅　和　夹　杂　状　做　一路

你不要搅和到一块儿。

(39) moŋ² təu¹ o¹ lε¹ nau² ɬo⁵ ε¹ taŋ⁴.

你　　拿　二　个　这　于　一处

你把这两个放在一块儿（作一类）。

(40) vɤ⁴ pɤ¹ lε² mɤ⁴ ε¹ kɤ³ tɕɤ⁸ to⁵ ta⁴.

我　三　个　去　一路　才　不　丢

我们三个一起走才不会走失。

(41) tε⁴ ni² qa² su⁴ tε⁴ qau⁵ ɕe³ ε¹ kɤ³ xaŋ¹ ta² qa¹ pu⁵ ki⁸ əu¹ mɤ⁴.

个　牛　就　和　个　公　虎　一路　走　来(缀)　边　沟　水　去

牛和老虎就一起走到水沟边去了。

(42) pɤ¹ lε² ε¹ taŋ⁴ mɤ⁴ ɕaŋ⁵ ɬaŋ³ təu³ mɤ⁴ zaŋ².

三　个　一处　去　放　鹰　纸　去（助）

三个一起去放风筝去了。

例（38）、（39），ε¹kɤ³、ε¹taŋ⁴ 后置于谓语中心，表达客体在动词的影响下实现空间上的统一（一处、一块儿）；例（40）—（42），ε¹kɤ³、ε¹taŋ⁴ 放在动词前，表达主语多个主体动作在一同空间内进行，过程即时间，其动作过程在空间路径上的一致容易造成时间上"同时"进行的理解，从而实现空间域向时间域的语义投射。综合诸多语料中 ε¹kɤ³ 与 ε¹taŋ⁴ 的用法，taŋ⁴ 的本义是"一半、一端"，虚化后泛指某处、某端，ε¹taŋ⁴ 多用来表示对半分的"一处"，涉及空间量，语义上倾向于对整体事物的划分，后多用来表达对某些事物的"划分或归类"；而 kɤ³ 在语义上更倾向于对分散事物的合并，且 ε⁵kɤ³ 不能直接对时间进行划分，不接时间词。如例（43）中的 ε¹taŋ⁴ 不能用 ε⁵kɤ³ 替代：

(43) tε⁴ qau⁵ ɕe³ ɕu³　　ε¹ taŋ⁴ nε¹ tɕe⁸ lo⁴ ε¹ qe³ qa³.

个　公　虎　拉(屎)　一　处　天　才　来一截屎

老虎拉了半天才拉一截屎。

（44）tɛ⁴ tɛ¹ mɣ⁴ te¹ tsən¹ tɕaŋ² ɛ¹ taŋ⁴ ɬ⁴a⁵ qa² ɣu⁵ ljaŋ⁴ ɕʰaŋ¹.

　　　个孩子去 打 针 成 一 处 月 就 好 断 根(痊愈)

　　　孩子打了半个月针就好了。

　　此外，前文中我们提到处所词 qʰaŋ³ 亦可以指时间，但与 kɣ³ 在时间域上的投射有着本质区别：源于"洞"义的处所词 qʰaŋ³ 可以将空间义域投射到时间义域，转指与之搭配成分所述时间，如"qʰaŋ³ ɕu²̯₍₎ 冬天""qʰaŋ³ n̥aŋ³̯₍年₎ 年节"；而单个 kɣ³ 不能直接投射到时间域，必须与其他方所语素构成方位复合词以后才能隐喻时间，如复合方位词"kɣ³ tən² 先前、kɣ³ qan¹ 后来"可以指时间，但 kɣ³ 不能单独与时间词搭配，如"kɣ³ so³̯₍早₎、kɣ³ n̥aŋ³̯₍年₎"是不合苗语语法的。

小结

　　苗语方所词是由处所语素和其他空间语素成分组成，从语义所指来看可分为定域处所和非定域处所，根据处所语素标记的类型可分为语义处所标记方所词、功能空间性处所标记方所词和部位性空间处所标记方所词。黔东苗语处所语素多是由空间部位词发展演变而来，qa¹、tu¹、kɣ³、qʰaŋ³ 是最常见的处所语素，构词能力强，但因其处于不同的语法化阶段而有不同的句法语义差异。qa¹ 是名词词缀，有凸显名词空间"部分"语义的功能，具有使名词处所化的功能，但不能直接和形容词、动词连用而转指，却经常用在一般实体名词前表该实体所在的处所，因此，qa¹ 也是最常见的地名用词。tu¹ 经常用在表处所的名词前，复指名词所指空间范围，其本身不能单独表达处所，也不能和动词、形容词连用转指具有某一类性质的处所。kɣ³ 的本义是"路"，作为处所语素，具有很强的能产性，与形容词、动词等连用时具有转指功能，也是三大方言中最典型、最常见的方位词构成语素。

第三节　特殊方所词的空间文化内涵

　　人类对空间方位的认识多源于对周围环境的认识，空间方位概念的形式也取于环境参照。苗族是一个典型的山地民族，其对空间的认识呈现出鲜明的山地文化特征，其中，naŋ⁴ 与 tɕɤ⁶、pɤ⁴ 与 ta¹ 就是苗语两对典型的环境参照空间概念词，这两对词在苗语方位词汇系统中的地位相当于汉语中的"东、西、北、南"，常用于空间地图的表述，在苗语日常交际中，使用频率高且词义蕴含浓厚的苗族空间文化。

naŋ⁴ 与 tɕɤ⁶ 是以河流流向为参照得出的一对空间方位词，naŋ⁴ 为"河之下游"，tɕɤ⁶ 为"河之上游"。pɤ⁴ 与 ta¹ 则是以山体部位为参照得出的一对空间方位词，pɤ⁴ 的本义为"坡"，引申为"（坡之）上面"，也常用来表述地理地势的"靠坡面"；ta¹ 的本义为"土、地"，引申为"（低于地面物体）的下面"。除了用来表达空间方位的基本词汇义以外，这两对词还承载着苗族集体空间记忆和族群历史文化信息，反映了苗语母语者的空间观。

▶ 一、naŋ⁴ 与 tɕɤ⁶、pɤ⁴ 与 ta¹ 的传统汉译及其空间指涉

naŋ⁴ 与 tɕɤ⁶、pɤ⁴ 与 ta¹ 是黔东苗语中最主要的环境参照空间词，也是苗族古歌中出现频率较高的空间词，也是黔东方言区苗族基于族群迁徙历史记忆而产生的文化概念词。通过对不同版本苗族古歌译本的考查，我们发现古歌对 naŋ⁴ 与 tɕɤ⁶ 的传统汉译多为"东方""西方"，尤其涉及祖居地和迁徙地时，无一例外；只有极少数语境中被译为"下边（或河之下游）""上边（或河之上游）"。传统汉译下的 naŋ⁴ 与 tɕɤ⁶ 被理解为绝对空间概念"东、西方"后，在该方位系统框架建立起来的"北、南方"也就被类推用 pɤ⁴ 与 ta¹ 来与之对应。然而，苗语空间认知体系中无绝对参照框架的特征造成了这种传统苗汉方位对译的错位性，造成方位认知理解及其语码转换过程中的混乱：苗族口传文学作品或口碑史的译者与研究者将 naŋ⁴ 所表示的祖居地和 tɕɤ⁶ 所表示的迁徙目的地表述成东、西方的做法是否符合苗族文化语境？能否将 pɤ⁴ 与 ta¹ 置于绝对参照坐标系中，被推理为北、南方？pɤ⁴ 与 ta¹ 又是否仅仅只能表达山地的上、下概念？厘清这一问题是了解苗语母语者空间认知和空间哲学的第一步。

（一）naŋ⁴ 与 tɕɤ⁶ 的传统汉译与空间指涉

首先，就苗族空间认知系统而言，苗语与世界诸多山地民族语言一样，

并不存在与东（east）、西（west）、南（south）、北（north）相对应的绝对空间概念词，属于无绝对空间参照框架的语言。当其与有绝对空间参照框架的民族语言进行跨文化交际时，不免存在转译和理解上的认知障碍，在不同语码转换过程中必然出现错位性。换言之，苗语"naŋ⁴、tɕɤ⁶"与汉语中的"东、西"语义不对等。《说文解字》中释"东"："动也，从木，官溥说，从日在木中。"[1] 东，指太阳升起之处，语义上对应苗语"pʰi⁵边 nᵒʰɛ⁶日 ta²来 太阳出来那面"；"西（先稽切），鸟在巢上，象形，日在西方而鸟栖，故因以为东西之西。"[2] 西，即太阳落山一方，对应苗语"pʰi⁵边 nᵒʰɛ⁶日 lju⁸落 太阳落下那面"。作为方位概念，"东、西、南、北"是以超出人类活动空间以外的天体运动（太阳升落）为参照得出来的理性空间认知（即绝对空间），是不以观察者和周围环境变化为转移的水平空间维度。而苗语中的 naŋ⁴ 本义是指"河下游或地势较低平的地方"，tɕɤ⁶ 的本义是指"河上游或地势较高的地方"，两个词是以人类活动空间以内的周围环境（河流的运动方向，地势）为参照得出来的视觉空间，带有一定的相对性，以周围环境变化来确定。

　　就空间维度而言，naŋ⁴、tɕɤ⁶ 语义本身所指的空间语义并不是指水平空间维度，更倾向于一种垂直空间的上、下方向。如苗语中常与 tɕɤ⁶ 搭配使用的位移动词用带有"向上"矢量的动词 tɕi⁵爬上，而与 naŋ⁴ 搭配使用的位移动词则用带有"向下"矢量的动词 ŋa⁴下。又如苗族俗语"əu¹ la⁴ mɤ⁴ naŋ⁴，təu⁴ tɕən⁶ mɤ⁴ vɛ² 水往下流，火往上燃"中 naŋ⁴ 与 vɛ²上面 的对举使用，可证明其表达垂直空间的语义倾向，即垂直维度的"下方"。与 naŋ⁴ 相对的 tɕɤ⁶，则指海拔较高的水源高地，如苗族俗语"əu¹ taŋ³ tɕi⁵ tɕɤ⁶ 水回上游"，即河水倒流，比喻不可能发生的事。自然规律中，水往"西"流并非奇事，而水返上游源头绝不可能。从这些固定俗语可看出，tɕɤ⁶ 的本义为"水之上游"，与"西方"并无直接关联。

　　若从 naŋ⁴、tɕɤ⁶ 所表示的物理空间而论，其与"东、西"二词的对译

---

　① 转引自：张潮著，于童蒙编. 幽梦影［M］. 南京：江苏凤凰科学技术出版社，2018：84.
　② 转引自：许慎著，秦向前编译. 说文解字精华［M］. 南京：江苏凤凰科学技术出版社，2018：106.

只不过是中国西高东低地势语境下的语义偶然性对应，需建立在观察者对中国整体地势地形的了解之上，再对汉语空间系统的认知进行语码转换所得。而这种空间认知差异，在儿童汉语习得和地理空间概念习得过程中表现得尤为明显，由于苗语母语者缺乏绝对空间语义概念而形成负迁移理解障碍，教师在讲解空间概念时也各行其是，更是存在学生理解上的诸多混乱。

其次，古歌对 nan⁴、tɕɤ⁶ 所描述的地理学信息量多集中在地势、地貌，而非方位。古歌记载的 nan⁴ 是一个"əu¹tsən²ɬaŋ⁴ 水平端头处""a²mɛ²qa¹po¹pɤ⁴ 没有山坡""a²mɛ²əu¹lja⁴lja⁴ 水不再流动"的低平之地；而 tɕɤ⁶ 则是与之相对的、需逆水而上的艰险之地。nan⁴、tɕɤ⁶ 所包含的地理特征与"河（əu¹）、地势"有关，而与"太阳升起、落坡处"没有关联性。据古歌所述，至盘古出现及其身体化作十二座山，后有仙人赶着十二坡离开了 nan⁴ 前往 tɕɤ⁶，nan⁴ 才变回水平汪洋之地，tɕɤ⁶ 也随之成为有崇山峻岭的地势险峻高地。苗族口传经典叙事中，nan⁴、tɕɤ⁶ 的地理特征和语义内涵与"河流""迁徙"有千丝万缕的联系，"迁徙"是二词所含空间语义不断丰富的重要实践来源和文化语境。仅凭中国西高东低的地势推导出 nan⁴、tɕɤ⁶ 的东、西方语义，显然不符合二词所表示的实际语义，更是硬生生剥落了该对空间词浓厚的山河文化内涵。

（二）pɤ⁴ 与 ta¹ 的传统汉译与空间指涉

在汉语绝对空间参照系统以及中国整体地势西高东低的地理背景影响下，许多苗语口传文学作品中的 nan⁴ 与 tɕɤ⁶ 被汉译成东、西方的同时，不少苗文语篇直接用含上下义的 pɤ⁴ 与 ta¹ 来苗译汉语的"北、南"。如在苗汉双语教学的苗文课本中曾如是解说贵阳地图：

（1）pʰi⁵nan⁴mɛ²lɛ¹ Senb Linf Gongb Weef，

　　边 下游 有个　森林　公　园

　　pʰi⁵tɕɤ⁶mɛ²lɛ¹ Huab Xib Gongb Weef

　　边 下游 有个　花溪　公　园

　　pʰi¹pɤ⁴mɛ²lɛ¹ Qeef Linf Gongb Weef，

　　边 下游 有个　黔灵　公　园

$p^hi^1 ta^1 m\varepsilon^2 l\varepsilon^1$ Naif Jaob Gongb Weef,

边　下游有个　南　　郊　　公　　园

$qa^1 \underset{.}{t}o\eta^1 zi^6 m\varepsilon^2 l\varepsilon^1$ Hof Binf Gongf Weef.

（缀）中　城　有个　河　　滨　　公　　园

译文：东边有个森林公园，西面有个花溪公园，北边有黔灵公园，南边有个南郊公园，中间有个河滨公园。

据调查，把该段苗文方位表达念给黔东苗语母语者听，他们很难联想出语段中所指的"东、西、北、南"的概念，更多的是在脑海中呈现出一幅以"山河"为参照系建立起的地理分布图。同样，我们选定 20 位初中以上文化的苗语母语者作为被试，要求被试画出意念中任意区域内的一幅地图以标示某一目标位置，被试无一例外先定地势，画出河流（或路）及其走向，再在图中描出"山""河"的位置，再依据山河走势标出目标位置。

在苗族古歌中，$p\gamma^4$ 的方位义较 $na\eta^4$、$t\varphi\gamma^6$ 更是随文而释，如：

（2）$to\eta^6 ni^2 p^ha^1 ni^4 na\eta^4$，$to\eta^6 t\varphi in^1 p^ha^1 ni^4 p\gamma^4$.

　　柱　银　支　撑下方　柱　金　支　撑上面

　　银柱撑东方，金柱撑西方。（王安江 2008：59）

（3）$ta^1 f^ha\eta^2 na\eta^1 k\gamma^3 na\eta^4$，$ta^1 \underset{.}{t}\varepsilon^1 na\eta^1 k\gamma^3 p\gamma^4$.

　　土　黄　在　路　下　土　黑　在　路　上

　　黄泥土地在东方，西边土地黑泥壤。（《剑河苗族古歌古辞》2017：200）

以上例（2）（3）译文中将 $p\gamma^4$ 译成"西面"，与前文的 $na\eta^4$ 相对应。在实际语境中，$p\gamma^4$ 与 ta^1 最容易被译成"上""下"，ta^1 在苗语中已经完全虚化为一个纯方位概念，与汉语中的方位名词"下"的语义语用基本对等；而 $p\gamma^4$ 在苗语中却依旧含有"坡面"语义在内，只表达坡面之"上"，与汉语中的"上"并没有实现语义上的对等。除了表达坡面义以外，$p\gamma^4$ 还可以用来表达"水边的陆地（岸边）"，如"$qa^1 p\gamma^4$"既指山坡，也指岸边，二者在山地地形上体现为同一空间概念框架。但需要注意的是，苗族词汇认知系统的中 $p\gamma^4$ 并非指崇山峻岭，而是指可以种植作物的小山坡。可见，以"坡面"为原型 $p\gamma^4$ 涉及的空间是一个"山地"环境系统，含有鲜明的山地形象义和山地文化色彩义。

▶ 二、nɑŋ⁴、tɕɤ⁶、pɤ⁴ 的空间认知及其文化内涵

空间范畴是人类最基本的认知范畴，世界大多数语言的空间词都有丰富的隐喻义和文化内涵。nɑŋ⁴ 与 tɕɤ⁶、pɤ⁴ 与 ta¹ 作为黔东苗语中两对最重要的环境空间词，其文化色彩亦体现了苗族空间文化的独特性：其本义源于河、山，其词义的引申与发展是围绕河 "əu¹ 水""pɤ⁴ 山"进行的。

苗语中的 əu¹ 同时承担"河流"与"水"义，也是苗族口传经典记录的与族群迁徙体验有直接相关性的核心词之一。吴一文（2016）曾对苗族历史文献、古歌和语言材料进行考察，论证黔东南苗族迁徙"一部分沿湘、潇、资水而上，到五岭西部，顺江而下或经陆路至都柳江下游，再溯江而上；一部分沿沅江、清水江而上"。同时，作为族群社会记忆的操演仪式的黔东苗族芦笙舞、水鼓舞等民俗活动也无不包含苗族族群迁徙过程中的水河元素。"河"标记了苗族族群历史记忆中迁徙的大致轨迹——沿"河"而迁，而与"河"有关的"nɑŋ⁴"（上游）与"tɕɤ⁶"（下游）标示迁徙的空间方所——沿河"上"迁，并非沿"太阳落坡方"迁徙。此外，在苗族口头文献中，pɤ⁴ 是迁徙途中的驻留处，与"山"有关的 pɤ⁴（坡上）标示迁徙历史中的空间分布地——依山而居、环山建寨。

（一）祖居地：以 nɑŋ⁴ 为尊

诸多民族史学家根据苗族神话传说和汉语文献材料论证苗族先民的原始居住地为今天的华北平原与长江中下游一带。苗族古歌和神话传说中的这一祖居地被表述为 nɑŋ⁴。古歌《开天辟地》中的 nɑŋ⁴ 是在万物产生之前，就作为唯一一个不用怀疑其存在的自明性空间存在，万物（包括人类始祖）产生之初就存在一个叫作 nɑŋ⁴ 的地方，它是苗族社会万物产生和生产实践活动的源点，苗族古歌中的云、雨、雾、气等自然物象和人类始祖都起源于 nɑŋ⁴ 所在的空间范围之内。如：

（4）əu¹ xo¹ lo⁴ sʰa⁵ tən²，əu¹ xo¹ tɛ⁴ ʑu⁵ ɲo²，tɛ⁴ ɕi³ tɤ⁴ xʰi¹ faŋ²，

　　　水　雾　来　最　前　　水　雾　还　小　算　了　个　哪　个　心　亮

tɛ⁴ ɕi³ lo⁴ sʰa⁵ tən²？ lo⁴ ɕʰi³ o¹ lju⁴ ȵaŋ⁴，tɛ⁴ ne¹ qei² ɕi³ ȶaŋ⁴，

个　哪　来　最　前　来　看　二　块　薄片　个　父母　什么　哪　生

tɕe⁸ to⁵ o¹ lju⁴ ȵaŋ⁴，ȵaŋ¹ to⁵ faŋ¹ kɤ³ naŋ⁴，tɕi⁵ ta² kʰi¹ ȶu⁴ ȶu⁴？

才　得　二　块　薄片　住　于　方　路　下游　风　来　颤　抖抖状

云雾来最前，云雾还小啦！哪个心亮？哪个来最前？来看两块薄

片，哪个妈妈来生它，才得两块薄片，住在地东方，风一吹来颤抖

抖？（王安江 2008）

（5）ɕʰu¹ ȵu² dən² ki¹ vi¹ tɕu⁵ naŋ⁴，tɕaŋ² kaŋ¹ tɕe¹ pe⁵ mɤ⁴．

修　狙　滚　角　圈　处　下游　成　虫　茧　睡　去

修狙圆螺螺滚在下方，变个蛹儿屋里睡。（王安江 2008）

苗族古歌《开天辟地》以"tɛ⁴ɕi³tɛ⁴xʰi¹faŋ² 谁的心最亮"
"tɛ⁴ɕi³lo⁴sʰa⁵tən² 谁来最早"这一问题展开溯源，而所有来得最早的英雄、
创世祖先、神仙等都有一个共同特征——kaŋ⁴naŋ⁴lo⁴（从下游来），这既是
在追溯万物之本源，也说明了 naŋ⁴ 是万物之源。"源"即"先"，作为祖居
地的 naŋ⁴ 也就成了序列空间中"先"的代称，在盛行祖先崇拜的苗族社会，
形成了带有鲜明族群文化特征的"以先为尊""以 naŋ⁴ 为尊"的空间文化。
诸多人类学研究成果考察到包括壮、侗、苗、哈尼等南方民族群落普遍存在
"首寨制"①，有"母寨""子寨""老寨""小寨"之别；苗族的"首寨制"
则以先为尊，是族群迁徙先后投射到村落空间的隐喻关系。又如，苗族丧葬
习俗中吟唱的《指路歌》也以 naŋ⁴ 处的"taŋ²处 ki²芦笙 tsa³家 ne⁵鼓"为亡魂的归
宿，苗族认为只有正常死亡的亡灵才能回到神圣的祖居地。再如，古歌《洪
水滔天》中描述了雷公与姜央谁是兄谁是弟的争端，争端不下，雷公便放洪
水淹 naŋ⁴，后又请了从 naŋ⁴ 来的老龙王评理；评理未果，雷公与姜央又继
续前往 naŋ⁴，比谁先踩上被称为 naŋ⁴sa³ 的桥，谁就有理。可见，naŋ⁴ 中还
naŋ⁴ 处，naŋ⁴ 即为"理"，是苗族人民心目中的美好念想，成了带有强烈民

---

① 侗族小款名多以首寨命名，款组织的首寨相当于政府所在地，但没有机构设置，议事的款
评一般在首寨地域内，款首多由首寨寨老充任。（转引自黔东南苗族侗族自治州文化研究所组织编
写，吴佺新等著．七十二寨稻作技术与文化变迁——仁里个案研究 ［M］．北京：知识产权出版社，
2014：41．）

族文化内涵的空间词。

（二）迁徙地：以 tɕɣ^6 为远

tɕɣ^6 的本义是河之上游，在苗族古歌和神话传说中，tɕɣ^6 是随迁徙开始而产生的空间概念，用来表示"迁徙目的地"，这与黔东方言区苗族的"沿河而上"迁徙路线的史实相符。tɕɣ^6 不仅是人类探索、开拓和前往的目的地，也是一切动植物的迁徙目的地，甚至也是天地延伸的方向。如古歌传唱：

(6) Hsenb naix ta^6 po^1 lje^7 ta^6 ma^4, ta^6 po^1 tɕi^5 tɕɣ^6 lo^4, ta^6 lo^4 tɕu^8 o^1 pɣ^1.
神　　人赶山像赶马　赶山上上游来　赶来十二山
神人赶山像赶马，赶山爬到西边来，赶来十二坡。（燕宝 1993）

(7) kaŋ^1 tɕoŋ^1 te^4 ɕʰu^5 ka^6, lɛ^1 fʰu^3 tɕu^6 tɕi^4 mɛ^6, tɕo^2 tɕi^3 mɛ^6 su^4 tən^6,
虫　蚯蚓个聪　明　个头　一只眼　肢身软会缎
ɕoŋ^2 ɕʰaŋ^1 xaŋ^1 naŋ^4 tɕɣ^6, tɕo^2 koŋ^1 la^4 a^4 ljən^6. kaŋ^1 pʰən^3 qaŋ^5 xa^1 mi^4,
沿　　丝　行下游上游　条　路光光溜状　虫蚂蚁挑鞋草鞋
qaŋ^5 ɕi^1 so^6 xaŋ^1 ɬjaŋ^3, lei^5 kɣ^3 tɕɣ^6 faŋ^1 to^4.
挑　纸钱到　走寨到　路　上　游方远
蚯蚓最聪明，头上一只眼，身子软如绸，沿线走东西，道路光溜溜。……蚂蚁挑草鞋，挑纸钱串寨，到遥远西边。（燕宝 1993）

(8) kɣ^3 tɕʰa^1 ljaŋ^4 tɕʰi^5 tɕɣ^6, tɕʰa^1 ni^2 lo^4 taŋ^5 toŋ^6, tɕʰa^1 tɕən^1 lo^4 taŋ^5
路　运银两上上游　运银来造柱　运金来造
toŋ^6……tɕʰa^1 ljaŋ^4 tɕi^5 poŋ^2 əu^1, ta^3 lo^4 ti^1 tɕaŋ^2 pʰa^1, taŋ^5 toŋ^6 ni^4
柱　　运银两上冒水　拿来打成　柱　造柱子撑
tɕo^2 faŋ^1.
条　方
运金银上西边，运银来打柱，运金来打柱……运钱上水滩，拿来打成柱，打柱撑天空。（王安江 2008）

人类祖先赶着山往 tɕɣ^6 行；蚯蚓、蚂蚁走的路线是自 naŋ^4 往 tɕɣ^6；而撑天立地用的金、银柱也是从 naŋ^4 运往 tɕɣ^6。古歌中只有 əu^{1}水 ɬo^{3}倾泻 naŋ^{4}下游（水往下流），其余一切有生命或无生命的物体（苗族视万物皆有生命）都以

"水流"反方向 tɕɤ⁶ 为运动方向。古歌中 tɕɤ⁶ 是高山水源处，tɕɤ⁶ 作为与 naŋ⁴ 相对的空间概念，就喻示了迁徙的"寻水之源"的路线。tɕɤ⁶ 作为迁徙的导向，其语义内涵所标示的地理特征正符合苗族傍山而居的生活境况。王丹、郭泺等（2015）用数据论证了地形因素对黔东南苗族村寨分布的重要影响，得出苗族村寨在海拔和坡向上属于高值聚集，在高海拔上分布较为密集，多分布在高海拔陡坡区域。

作为人群迁徙前往的目的地，tɕɤ⁶ 是万物运动的方向和终点，而运动又是无止境的，这个充满未知的目的地和终点，是苗族先民们无法感知的，故而延伸出诸多对遥远异域时空的想象。tɕɤ⁶ 语义上的空间域投射到时间域或抽象距离用来表达未知的"长远"义。如：

（9）vɤ⁴ za³ naŋ¹ to¹ kɤ³ tɕɤ⁶ ɛ¹ mɤ⁴.

　　　我　家　在　远　处上游那　去

　　　我家在很远很远的地方去了。

（10）moŋ² sʰa⁵ ɬu¹ tsa³ ta³　tɕɤ⁶ poŋ⁵ noŋ³，sʰən⁵ ɬu¹ tsa³ to⁵？

　　　你　离开里　家　长　上游很　这　　想里家不

　　　你离开家这么久了，想家吗？

另外，苗族的建筑亦蕴含以 tɕɤ⁶ 为远的空间文化元素，苗族建筑多是顺山而建的吊脚楼，房屋内部空间设置往往是老者居内间（靠山 pʰi⁵ pɤ⁴ 的那间）。若家里有兄弟若干，分家时长兄往往居于 tɕɤ⁶ 方的房间，弟弟则分居在 naŋ⁴ 方那间。这种习俗可能与族群迁徙的经历有关，其隐喻的关系是按子女长幼自立秩序搬出原则，即兄长往往先分家迁出，故分在 tɕɤ⁶ 处房间，而弟弟年幼，则多同父母共同生活而居住在 naŋ⁴ 一方的房间。

（三）居住地：以 pɤ⁴ 为内

pɤ⁴ 的本义是地势之上坡面，在苗族这一典型的山地民族中，pɤ⁴ 同样被打上山地空间文化色彩义的烙印。苗族古歌和神话传说中，pɤ⁴ 亦是祖先们在迁移过程中的自然环境存在物，但古歌《创造宇宙》中描述到的世界之初不存在 pɤ⁴——"pɤ⁴没 taŋ⁵造 po⁵山 pɤ⁴坡 la⁴亮（没造山坡）"。对于 pɤ⁴ 的来由和存在，古歌中如是描述：

(11) Panf Gux tɛ¹ pa³ lu⁴, ta⁶ kən⁷ tɕɑŋ² po¹ pɤ⁴，nən² tɕɑŋ²no⁵ ɕu⁶ pɤ⁴？

盘　古个公老　死恦恦状成山坡　他　成多少坡

nən² tɕɑŋ²tɕu⁸ o¹ pɤ⁴, tɕu⁸ o¹ po⁷ nɑŋ¹ nɑŋ⁴.

他　成十二坡　十二坡　在下游

盘古公公英雄汉，死后变成高山坡，他变成多少坡？他变成了十二坡，十二个坡在东方。（燕宝1998：31）

(12) Hsenb nən² tɛ¹ pa³ lu⁴, nən² ɬu¹ ɬo⁵ nɑŋ⁴ lo⁴，pʰu⁵ lei² i¹ tɕi⁴ pɤ⁴,

神　　他个公老　他 处于下游来　部 字一 肢 手

tsən⁷ na² i¹ tɕi⁴ pɤ⁴, ɬa⁶ po¹ lje⁷ ɬa⁶ ma⁴，ɬa⁶ po¹ tɕi⁵ tɕɤ⁶ lo⁴.

挥　鞭一肢手　赶山　像 赶 马　赶山　上上游来

神仙老伯最聪明，他从东方往西行，一手拿着书本，一手挥着鞭子赶山奔，赶山就像赶马群，赶着山坡向西行。（燕宝1998：37）

可见，古歌所描述的"山坡"就是先祖们迁移的物产之一，是可以随族群迁移而移动的，先祖们在哪，便会带着"山坡"一起迁移。"山"是他们生活生产的物质环境，随迁的"十二坡"是不够产粮种地的。古歌中又述道：

(13) qa¹ tsa⁵ lo⁶ pe⁴ ɬe⁴，tɕu⁸ o¹ po¹ tsu⁴ tsɑŋ⁴，tɕɑŋ² sʰɑŋ¹ lɛ¹ pɤ⁴ lo⁴.

（缀）岩掉纷落　状十二山破碎　成 千个坡来

山坡岩石纷纷落，十二座山全破碎没变成千个小山坡。

(14) ɕoŋ⁵ tɕo⁶ qa¹ tsɑŋ² ɬɑŋ⁴，ɕoŋ⁵ tɕo⁶ tsa⁵ po¹ pɤ⁴, tɕe⁸ tɑŋ² po¹ pɤ⁴ la⁴.

架炉子（缀）坪 地　架 炉子造 山坡　才 成 山坡滑

炉子架在坪地上，架起炉来铸山坡，要铸才能成好山坡。

上例古歌所述，作为空间实物的 pɤ⁴，其形成和变化过程是一个需要改造的历时性过程，而非原始存在的自然物。在苗语母语者的观念中，未改造开荒的山称作"po¹"，通过改造后的"po¹"作为能耕作之地，便称之为"pɤ⁴"。苗语日常交际中常用"mɤ⁴qa¹pɤ⁴ 去坡上"代指干农活，可见，人们将 pɤ⁴ 在空间概念分类体系中，划分为具有一定人文内涵义的"坡"以区别 po¹。在以农耕经济为主的苗族社会，pɤ⁴ 是占有重要地位的土地资源，这一重要土地资源常用作宗地地名和村寨名的通名（汉字记苗音为"摆"

"别"等）来标识地理对象的地貌地质特征和人文特征。px^4 作为人们日常生产生活实践的一部分，属于苗族社会的内部空间，从而形成"以 px^4 为内"的空间认知。"以 px^4 为内"的空间认知在苗语相关固定俗语中可见一斑，苗语中的 px^4 通常与空间方位词 $nan^6_{内}$ 同义联合、对举使用，构成的固定短语比比皆是，如 "$so^6_{耕作} px^4 so^6 nan^6$ 精耕细作" "$tɕən^7_{陡峭} px^4 tɕən^7 nan^6$ 悬崖峭壁" "$tɕu^6_{完} px^4 tɕu^6 nan^6$ 走投无路"。

事实上，"以 px^4 为内"的空间认知经验最初源于人们对周围地理环境的观察和理解：苗语母语者依山而居、就山势建寨，在这种以山的某处作为原点扩散的空间范围内，高地、山坡被平面化以后，原本"以 $px^4_{坡}$ 面为上、$ta^1_{地}$ 面为下"垂直延伸的立体空间投射到水平面便成了"内、外"之别。这种"以 px^4 为内"的空间方位概念用于识别房子、田地、路等人文空间实体的方位，如房子等建筑物的靠 px^4（坡）面为里面，路、水渠的靠 px^4（坡）面为里面，田的靠 px^4（坡）坎面为内坎等。这种"以山为上，以山为里"的空间认知特征由山地民族生存的山地环境决定，符合山地民族的普遍性认知规律。反过来，山地生存环境又进一步强化了 px^4 的空间文化义。苗语俗语 "$ti^1_{打} xan^2_{岗} ɕ^6_{做} f^h ɛ^5_{线}$，$ti^1 px^4_{坡} ɕ^6_{做} fa^5_{过}$ 攻山克岭"和汉语"攧城拔寨"的意义相同，反映了"$xan^2_{岗}$"和"$px^4_{坡}$"在苗族社会的重要空间意义相当于汉语中的"城寨"，"$xan^2_{岗}$"和"$px^4_{坡}$"是苗族赖以生存的空间。px^4 的空间特征，又在"以 px^4 为内"的语义基础上，被赋予了生存空间的"安全"义和战略位置上的"重要"义。

▶ 三、nan^4、$tɕx^6$、px^4 的语义泛化与空间哲学

在苗族社会，河流作为民族生存和发展史上最重要的一个环境标志，与人们共处在一个空间，且河的"源流"就是苗族族群社会实践的空间拓展轴。在空间拓展的过程中，nan^4、$tɕx^6$ 作为苗语"河流"的部位词（body-part terms），在族群迁徙实践中延伸出"祖居地"和"目的地"的文化内涵，其所构成的空间界域是苗族人民生存生产的基本空间，是万事万物的活动空间，在空间认知框架中实现了与"绝对空间参照"的重叠，升级为一个大的内在空间系统——宇宙。迁徙进程中的苗族傍山而居，寨子依山而建，

"$pʏ^4$ 山"进一步充实了"$tɕʏ^6$、$naŋ^4$"的空间内涵，共同构成山河世界。若说"$tɕʏ^6$、$naŋ^4$"是迁徙的动态路线，那么，"$pʏ^4_山$"便是迁徙途中择处而居的地方；若说"$tɕʏ^6$、$naŋ^4$"是历时轴上的"将来"和"过去"，那么，"$pʏ^4_山$"便是与现实生活最近的"现时"。

首先，从流传的苗族古歌中，我们可以看到，$naŋ^4$、$tɕʏ^6$ 诠释了"我从哪里来，要到哪里去"的这一终极关怀的哲学问题。古歌描绘"运金造太阳，运银铸月亮"的场面，苗族先民们用来支天撑地的金银柱就住在祖先所在的 $naŋ^4$ 处。然，事物要发展，天地要拓展，就必须用船只将金银从 $naŋ^4$ 处逆河而上，运往 $tɕʏ^6$ 处去。古歌如是描述：

(15) $xaŋ^1\ taŋ^4\ pe^5\ vaŋ^6\ tɕo^2$，$tɕʰa^1\ ljaŋ^4\ tɕi^5\ tɕʏ^6\ ta^2$，$tɕi^5\ ɕo^4\ ɕo^4\ tu^1\ poŋ^2$，

行 处 百 万 条 撑 银子爬上游来 爬 啸啸 处 很

$tɕi^5\ kaŋ^4\ naŋ^4\ əu^1\ ta^2$，$to^5\ ljaŋ^4\ lo^4\ ti^1\ pa^2$.

爬 从 下游 水 来 得 银子 来 打 柱子

船只千百万，运银往上游，啸啸响水滩，从下运向上，得银造柱子。

古歌中，除了用来支天撑地的金银柱源于 $naŋ^4$、长于 $tɕʏ^6$ 以外，作为世界本源的"水雾"，也是从 $naŋ^4$ 处来；造天、造地、造草、造菜、造人、造鬼的人类始祖"Mais Liuf（妹留）"和"Mais Bangx（妹榜）"也来源于 $naŋ^4$ 处，后有仙人驱赶十二座山往 $tɕʏ^6$ 去；天地本黏成一块，开天辟地的过程事实上也是从 $naŋ^4$ 向 $tɕʏ^6$ 扩展的过程。从古歌中可以看到，苗族先民认为世界万物不但源于 $naŋ^4$，且一直处于发展变化过程中，万物的发展变化都必然历经"从 $naŋ^4$ 到 $tɕʏ^6$"的过程，这直接体现了苗族空间哲学的朴素辩证法。这种万物"从 $naŋ^4$ 到 $tɕʏ^6$"的空间位移和历时发展的感受又来自于迁徙途中的生活体验，这与汉文化传统中俗语"水往低处流，人往高处走"所描述的朴素迁徙颇为相似，$tɕʏ^6$ 为水之源，而 $naŋ^4$ 为人之源。由 $naŋ^4$、$tɕʏ^6$ 形成的空间界域的延展也是随着迁移无限拓展变宽，连"天地"的不断伸展变化都被囊括在"$naŋ^4$、$tɕʏ^6$"之中，$naŋ^4$、$tɕʏ^6$ 也就顺理成章成为一切事物活动和发展变化的空间场所，形成了"普天之下莫出 $naŋ^4\ tɕʏ^6$，率土之滨莫非 $naŋ^4\ tɕʏ^6$"的空间认识。这种空间认知在苗族俗语、

谚语和现代苗语日常口语中随处可见。naŋ^4 和 tɕɤ^6 在苗语中对举出现，具有"遍指（如下例（16）、例（17））""距离上的旷远（如下例（18）、例（19））"和"程度上的极致（如下例（20）、例（21））"等意义。

(16) tɛ^4 nɛ^2 moŋ^2 ŋa^4 poŋ^5 va^5, to^4 xo^5 pɛ^3 naŋ^4 pɛ^3 tɕɤ^6.

　　个　人　那　懒　厉害些　东　西　放 下游　放 上游

　　那人太懒，东西到处堆。

(17) lɛ^4 vɛ^2 tsau^7 naŋ^4 tsau^7 tɕɤ^6, noŋ^5 ta^2 noŋ^6 ta^2 tɛ^4.

　　个　天　暗 下游　暗 上游　要　来　雨　来（语助）

　　天一片黑，要下雨了。

(18) o^1 ɕi^5 xʰa^7 to^4 naŋ^4 to^4 tɕɤ^6, sʰa^5 la^2 ʌ^2 ɕi^5 tɕa^6 ʑɛ^4.

　　二相　看　远 下游　远 上游　最　久　不　相　见（助）

　　我俩相距遥远，好久不见面了。

(19) tɕo^2 kɤ^3 to^4 naŋ^4 to^4 tɕɤ^6, moŋ^2 ɕu^5 mɤ^4 ʑɛ^4.

　　条　路　远 下游　远 上游　你　别　去（助）

　　路途遥远，你不要去了。

(20) nən^2 tɕu^6 tei^2 ɕʰaŋ^5 naŋ^4 ɕʰaŋ^5 tɕɤ^6.

　　他　全　真　超　下游　超 上游

　　他真是太过分了。

(21) tɛ^4 nɛ^2 tʰoŋ^1 fʰu^3 ɕʰaŋ^5 naŋ^4 ɕʰaŋ^5 tɕɤ^6.

　　个　人　通　头　超　下游　超 上游

　　那人才智出众。

从苗语日常口语交际中 naŋ^4、tɕɤ^6 的用法，我们可以看到这两个词已慢慢脱离其物理学和几何学上的具体空间义，其语义已然实现了去范畴化的过程，多用来表达"河流"以外物体的虚指方位。naŋ^4、tɕɤ^6 的对举使用，其空间语义内化成一个完整的空间系统，该空间系统与绝对参照系统叠合时，就成了大宇宙（空间区域）的表达。别林斯基（1984）提出："民族性的奥秘所在不是这个民族的服饰和饮食，而是在于这个民族理解事物的方式。"从古歌以及现代苗语表达中，我们可以看到，诸多关于 naŋ^4 与 tɕɤ^6 的时空隐喻直接反映了苗族先民族群迁徙过程中对空间的身体体验和集体记忆，同样也呈现了其空间转换背后的语言表达习惯与认知。需要注意的是，无论是表达具体空间，抑或是表宽泛的空间区域还是指程度范围，naŋ⁴ 与 tɕɤ⁶ 在对举使用时，都是以 naŋ⁴ 在前、tɕɤ⁶ 在后的语序结构出现，较少存在相反的语序。

其次，苗语 naŋ⁴、tɕɤ⁶ 语义延伸是以族群迁徙实践为语境，该语境下形成的空间观直接影响其时间观和生命观等。苗族在迁徙实践和体验中所形成的世界概念与汉民族认知系统中的世界概念有所区别：苗族的天地世界是由以 pɤ⁴、ta¹ 构成的"内部垂直空间"，随着迁徙时空向以"河（əu¹）之 naŋ⁴、tɕɤ⁶"构成的带有水平向度特征的空间界域呈水平式延伸发展，即 naŋ⁴ 处之 naŋ⁴ 方还有 naŋ⁴ 处，tɕɤ⁶ 处之 tɕɤ⁶ 方还有 tɕɤ⁶ 处。而汉传统思维中的世界是由"东、西、南、北"构成的带有水平维度特征的空间界域，向"天（上）、地（下）"呈垂直式延伸发展，天外有九重天，地下还有十八层。汉族先民将世界分为天、地、狱三层，分别居住神、人、鬼，以垂直空间定等级，呈上下延伸，上为尊，下为卑，有"人死后上天或下地"之说，上天为仙，下地为鬼。这种空间观与封建社会对天的神性崇拜和等级制度具有直接联系。而苗族以 naŋ⁴、tɕɤ⁶、pɤ⁴ 为别，其所标示的空间维度就是苗族社会群体划分空间序列和亲疏的基础；苗族后人往 tɕɤ⁶ 开疆，在 pɤ⁴ 处生活，先祖魂归 naŋ⁴ 处；靠近 naŋ⁴ 的一方为尊，最先到迁徙地定居的为尊，naŋ⁴ 是祖先所居之处，是迁徙之源，而人、鬼、天、地都共同存在于以 pɤ⁴ 为内的现时空间中；当然，tɕɤ⁶ 也并非现时人鬼神生活的空间，而是一个未曾达到的目的空间，需要开拓的空间。

此外，黔东苗语中由 naŋ⁴、tɕɤ⁶、pɤ⁴、ta¹ 构成的空间也绝非一个绝对静止的空间，而是一个蕴含事物运动的动态空间，这一空间认知特征反映在语言中。如苗语中的"naŋ⁴naŋ⁴tɕɤ⁶tɕɤ⁶"并非简单地遍指"到处"空间处所，更适合理解为"到处运动或奔走"；"pɤ⁴pɤ⁴ta¹ta¹"也非简单地遍指"上下"空间处所，更适合理解为"上蹿下跳"。

苗族对于世界概念的认知呈线型特征，而非闭环的循环式发展，这种空间认知映射下的生命观是"人死后魂归故里"，不能在现居地停留，更是没有汉传统人生观中人来世今生的"转世投胎"之说。只有夭折或非正常死亡的青壮年才有"投胎"的情况，但这种"投胎"只能说徘徊于现世时空的"附体"，事实上，并没有"转世"，也没有回祖居地的资格。苗族线型空间观下产生的时间观和生命观往往是空间认知的投射，同样不具有往返循环性：人死后灵魂沿着迁徙路回归祖居地，而并无现世与来世的循环。naŋ⁴、tɕɤ⁶ 空间上的线型发展，决定了它们的时间隐喻是带有语义模糊性的"久远"义，并不能成为时间的测量。因为迁徙所构成的空间运动是一种线型非循环运动，而时间的测量则必须以周期性运动着的事件或物体作为参考，如天体或生物的周期运动。

小结

　　naŋ⁴、tɕɤ⁶、pɤ⁴ 是黔东苗语中具有浓厚"沿河迁徙"文化内涵的空间概念，其本义作为河之下、上游、山坡，体现了人们对环境空间的经验感知，与表达绝对空间概念的"东、西、北"有别；诸多苗族古歌汉译作品中将 naŋ⁴、tɕɤ⁶ 和 pɤ⁴ 译成东、西方显然不符合苗族空间文化语境，这种译法只是他者间性认知下的空间语义概念，并不切合这些空间词真正的民族性含义。由于 naŋ⁴、tɕɤ⁶ 所示的空间系统是整个族群社会生产实践空间，从而不断泛化延展成为"宇宙空间"；而 pɤ⁴ 是黔东苗语中具有浓厚山地文化内涵的空间概念，本义为坡、地之义，多指经过改造可耕种之"坡地"，pɤ⁴ 在具体语境中也无不体现出山地空间文化。naŋ⁴、tɕɤ⁶、pɤ⁴ 作为黔东苗语中最常用的空间词，其词义的引申和内涵的丰富都源于该族群迁徙实践和依山建寨的文化语境，naŋ⁴ 作为祖居地是"先""尊"的代称，tɕɤ⁶ 由迁徙目的地引申出"久远"义，pɤ⁴ 由现时居住地的山地而被默认为生产生活处所的代名词。

第四章
黔东苗语存现范畴的句法表达形式

存现范畴是空间范畴的重要次范畴，是物体空间关系的基本概念之一，也是语言空间探讨的重要内容，一直是语言学界研究的热点问题。Rijkhoff（2002）认为："方所表述是综合性的，不仅与处所词、介词、名词、方位词有关，还可能与表示存在、出现或消失的空间动词等其他因素有关。"Lyons（1967，1968）、Clark（1977）等人对存在范畴及其相关句式进行了跨语言考察，指出人类诸多语言中的存在、处所与领属之间有十分紧密的关系，三者绝非相互独立的概念范畴。张谊生（2015）曾将汉语中的处所与当事之间的关系分为处所存现和关系存现，关系存现又包含领属与蒙受两类。事实上，语言学界对空间处所或空间存现范畴的探讨都避不开相互关联的存现、处所和领属三个语义概念，这在哲学研究中归结为对"存在范畴"的探讨。可见，存现、处所与领属之间的句法语义关联性具有普通语言学特征。

本章节重在探讨黔东苗语存现范畴的句法表达，包括对存现句和处所句的句法语义分析；而空间领属关系在苗语中属于更深层次的语义范畴，多以意合表达为主，并没有涉及特定句式的表达，可以融入存现句和处所句中一起论述。

第一节　黔东苗语存现句

存现句是用来表达某处或某时存在（或隐现）某物的一类句式，是很多语言都有的特殊句式，是语言学界一直讨论的热点句式之一，各语法学界的研究成果也相当丰硕。近年来，不少学者对存现句研究逐步扩展到跨语言对比、类型学研究等，如黄成龙（2000、2013、2014）、余成林（2011a、2011b、2018）等都对汉藏语系的各语言及方言的存现句进行了较为全面和细致的考察，揭示了汉藏语系各语言存现句的共性特征和个性差异。朱艳华（2013）、孙文访（2015）跨语言考察了世界几十种语言的存在句的编码模式，对世界语言存在句以及存在动词进行了类型学分析。本小节涉及的存现句是狭义的存现句，是具有明显的"处所名词居句首，处所物后置"形式特征的存现范畴表达式。从形式上来看，世界上诸多语言中的存现句都存在"句首处所"和"存现物后置"的典型特征，而苗语的实际语境中，除了以"存现物后置"作为存现句的必要标准以外，其他成分的语法分布更为灵活。从语义上来看，由于黔东苗语中普遍存在形容词作谓词核心可以后接名词的现象，性质形容词在存现构式中的准入，造成了存现句在语义类型上的复杂性。为此，本小节结合语形与语义概念，将黔东苗语的存现句按结构类型和语义类型来分别论述，并探讨存现句不同结构类型或不同语义类型之间的共性、个性和关联。

一、黔东苗语存现句的结构类型

"存现"作为事物的基本空间属性，必然涉及存现物、存现处所和存现方式三要素在语言中以其特有的形式来表达。张谊生（2015）指出汉语中典型的存现构式都要具备"句首占位化""当事后置化""指称有界化""事件实然化"四个构式要素，其中，前两个是形式要素，也是黔东苗语存现句的构式要素。然而，世界上诸多语言的具体实例，存现句的存现处所或存现动词可以适当隐现，尤其是在不强调存现方式的情况下，句子的存现动词并不是句子的核心，苗语中存现句的如是实例亦比比皆是。依照句首处所词和存现动词的隐现情况，黔东苗语存现句的结构类型主要分为完整式、无主式、零动词形式三大类。

（一）完整式存现句

苗语中的大多数存现句与汉语的典型存现句一样，具有完整的 A、B、C 三段，且语序与汉语基本一致。若将表达存现处所标为 NPL，将存现物标为 NP，存现方式标为 VP。那么，完整的存在句结构为 NPL＋VP＋NP，如以下例句：

（1）tɕo² əu¹ kɤ³ naŋ⁴ mɛ²/ɳaŋ¹ lɛ¹ tsa³ nin² sʰɛ³.

条 河 路 下游 有/存在 个 房 碾 米

河下游有/存在/是个碾坊。

（2）ŋᵈʰu⁵ noŋ³ pɤ¹ faŋ¹ to⁵ mɛ⁶ sʰən¹ no⁵ va⁵.

年 这 我们 地方 得 棉 花 多 很

今年我们家乡的棉花收成好。

（3）qa¹ tɕʰu⁵ tɕaŋ⁶ pʰaŋ¹ ko³ sən⁵.

（缀）床 垫 床 草 垫

床上垫有一床草垫。

（4）qa¹ toŋ⁴ kɤ³ naŋ⁶ no⁵ qa¹ ɣi¹ qa¹ ko².

（缀）冲 路 里 多 （缀）石 山 石

山冲里有很多乱石堆。

（5）və⁴ tsa³ ɬʰa⁵ noŋ³ tɕu⁴ sʰa³ zaŋ².

我 家 月 这 完 米 （助）

我家这个月没米了。

以上例句所示的 NPL＋VP＋NP 格式是苗语中最典型的存在句结构形式，其中，表达存现方式的 VP 的准入条件较宽：可以是专门用来表存在的"mɛ²/ɳaŋ¹ 有"类动词，表某地方存在某实物，如例（1）。也可以是"to⁵ 获得"类动词，to⁵ 在苗语中表达具有特殊含义的"有"，其语义带有时间特征和社会性特征，表某地方或某人获得有某实物，如表达年龄的"有"用 to⁵，表示收成的"有"用 to⁵，如上例（2），表娶妻的"有（老婆）"也可用 to⁵，该词作为存现动词更强调空间存在物从"无"到"有"的过程性，且该过程不是一蹴而就的。苗语存在句中的存在结构 VP 还可以由一般行为动词加 mɛ² 组成。在表达客体空间存在方式或位置的同时，还可以表达存在状态，如例（3）的 tɕaŋ⁶ 后可加 mɛ²；但这类存在句的存在动词只限于用 mɛ² 而不用 ɳaŋ¹，若去掉 mɛ² 则为动态隐现句，后文详述。此外，苗语 NPL＋VP＋NP 存在格式中的 VP 还可以用表达数量的形容词或副词去替代，是对存在量的描述，如例（4）中的 $no^5_多$、例（5）中的 $tɕu^4_完$。能进入存在格式的动词，"$mɛ^2_有/nɑŋ^1_存在$"是使用频率最高、应用范围最广的。

由于汉语中特有的一类动结式的存在，汉语中的存在句和隐现句都可以直接用 NPL＋VP＋NP 这一个句式来表达出现、存在和消失，语义上的区别只是存现动词 VP 及其辅助性成分的差异。而苗语中典型的完整式隐现句则用 NPL＋VP＋NP＋Q 结构来表达，苗语中的这类结构句法形式与典型的三段式隐现句又有一定的差异。对比如下汉苗表达：

（6）$qa^1\ zaŋ^5\ kɤ^3\ nɑŋ^6\ ti^6\ ɛ^1\ tɛ^4\ ɕe^3\ ta^2$.

（缀）草 路 里 跳 一 只 虎 来

草丛里跳出一只老虎。

（7）$lɛ^1\ ɣe^6\ tsəu^6\ ə^1\ tɛ^4\ qa^1\ tɛ^1\ qei^1\ mɤ^4\ zaŋ^2$.

个 窝 跑 一 只（缀）崽 鸡 去 （助）

窝里跑掉了一只小鸡。

（8）$pe^2\ lo^2\ ɬu^7\ ɬa^7\ ɛ^1\ lju^8\ pɤ^6\ lo^4\ ta^1$.

楼 板 陷 落 一 块 板 来 下

天花板上掉下来一块板子。

细言之，汉语隐现句中的趋向动词与位移方式动词构成黏着式动补结构，语义中心在趋向动词；苗语 NPL＋VP＋NP＋Q 式隐现句中的趋向动词与位移方式动词隔开，在语义上属于补充成分，并不占句子的语义核心，甚至句中趋向动词可以省略，句子依旧可以表达隐现义。

（二）无主式存现句

若将同时具有处所、存在物和存在动词三部分存在句定义为完整存在句，那么，上述的 NPL＋VP＋NP 结构是黔东苗语最典型的完整存在句形式。句中的处所主语本是构成存现句中必有的句法成分，但在某些语境中，处所主语可以根据上下文省略，从而构成无主式存现结构及其变式结构。

1. VP＋NP

在省略处所主语的存现句中，其主语往往可以通过上下文语境得到解读。该结构中的存现动词多局限于具有典型存现义的存现动词 $mɛ^2$、$nɑŋ^1$、to^5 等或隐现结果类动词 ta^2、$mɤ^4$、ta^4 等。如下例句：

(9) A^2 $m\varepsilon^2$ qa^3 ta^1 li^2, to^4 $n\varepsilon^2$ $k\gamma^3$ $\gamma a\eta^4$ nau^2 qei^2 φi^3.

    没有 缀土田 些 人 路 村 吃 什么

    没有田地，村民吃什么。

(10) $\eta a\eta^1$ $l\varepsilon^1$ qa^1 $\ddagger i^3$, $mo\eta^2$ φu^5 $k\gamma^3$ $t\varphi^h a\eta^5$.

    有 个 缀毒刺 你 不 要 动

    有毒刺，你别动。

(11) $n^{\theta}\varepsilon^1$ $no\eta^3$, xei^7 to^5 ε^1 $mo\eta^4$ za^4 se^5, ta^2 $v\gamma^4$ tsa^3 nau^2 $k\gamma^3$ ze^4.

    天 这 捞 得一 群 偷嘴鱼来我 家 吃饭 助

    今天，捞得许多小鱼，来我家吃饭啊。

(12) ta^2 $t\varepsilon^4$ $q^h a^5$ ηu^4, $n\theta n^2$ $m\gamma^4$ $tsau^1$ $t\varepsilon^3$ $m\gamma^4$ $za\eta^2$.

    来 个 客陌生 他 去 招 待 去（助）

    来了个生客，他去招待去了。

省去处所主语的存现句中，存现动词多以"存在""隐现"等状态或结果义动词为主。以上例句中（11）、（12）的处所主语可以根据后文语义补全，即"$v\gamma^4 tsa^3$ 我家"和"$k\gamma^3 \gamma a\eta^4$ 村里"，而例（10）则可以根据说话人的语境现场解读隐含的存现处所。

2. $m\varepsilon^2/\eta a\eta^1$＋NP（＋VP）

苗语中还有一类"无主存在句"，可以隐去处所主语，另外还有后续谓词性成分对存在物进行描述，此类存在句中的存在方式是虚化的，只限于用"$m\varepsilon^2$ 或 $\eta a\eta^1$"，结构为 $m\varepsilon^2/\eta a\eta^1$＋NP（＋VP）。该结构中的存在动词 $m\varepsilon^2$ 或 $\eta a\eta^1$ 所表达的空间存在语义已经虚化，甚至并不能体会到其中的空间处所义，相当于汉语中的无主"有"字句。如下例句：

(13) $m\varepsilon^2/\eta a\eta^1$ vo^1 so^3 $m\gamma^4$ xo^5, $m\varepsilon^2/\eta a\eta^1$ $x^h a^1$ so^3 $m\gamma^4$ qo^5.

    有 菜早去煮， 有 伴侣早去陪

    有菜快去煮，有情人快去陪。

(14) $m\varepsilon^2/\eta a\eta^1$ tsa^3 A^2 to^5 $\eta a\eta^1$, $m\varepsilon^2/\eta a\eta^1$ sei^2 A^2 to^5 $t\varepsilon u^1$.

    有 房不得 住 有 钱不得 用

    有房不能住，有钱不能花。

以上例句存在物所在的处所是说话人意念中的以现时语境作为某处（或

某领有者），$mε^2$/nan^1前所省略的处所（或领有）主语是因语境有所定指而省略，尚能感受到其"存在"义，其存在语义更侧重于领有类存在。苗语在表达存在时，$mε^2$ 和 nan^1 一般情况下都可以互换使用，但这种表达意念中存在处所的存在句，存在动词多用 $mε^2$，而少用 nan^1；在强调现实存在性时用 nan^1。

另有一种无主存在句，存在（领有）动词 $mε^2$ 有引进介绍某物 NP 的功能，$mε^2$ 更多的是作为一个句法标记而存在，其词汇意义更虚，亦可分析为话题标记，此语境下的存在动词 $mε^2$ 已经不能用表"实际存在"的 nan^1 替代。如：

（15）$mε^2$ $tε^4$ von^2 qon^4 $tean^4$，nau^2 teu^4 yan^2 teu^4 ton^4.

    有 条 龙 弯 曲 吃 完 山岭 完 山冲

    有条弯曲龙，吃尽山坡草。

（16）$mε^2$ $ε^1$ qei^6 qau^5 ev^3 ku^8 vu^3 xa^4 vu^3 xa^4 von^1 ta^2 lei^5 ky^3 qan^1.

    有 一 只 公 虎 冲 快（状词）   追 来 到 路 后

    有一只老虎很快从后面追过来了。

（17）$mε^2$ $tε^4$ $q^hε^5$ ta^2 zan^2.

    有 些 客 来（助）

    有客人来了。

以上例（15）—（17）的 $mε^2$ 可以省略，句义并不受影响。句中的 $mε^2$ 已经失去了动词特征，不能接受否定词或状词的修饰，更不合适再分析成表达存在意义的实义动词。$mε^2$ 在句中的功能是引进一个被后文陈述的对象，即引进一个"话题"，类似于汉语中的"有"字话题句。但这种 $mε^2$ 字话题句，多适用于年轻人，老一辈苗语母语者中较少使用，老年人在表达同样的句义直接用简单的主谓句，主语前不加"$mε^2$"，我们认为该类 $mε^2$ 字话题句的结构类型是苗语对汉语"有"字话题句的借用。

3. $mε^2$＋NP＋nan^1＋NPL 结构

当无主存现句 $mε^2$/nan^1＋NP（＋VP）结构中的 VP 核心动词为处所动词 nan^1 时，构成了更为特殊的"存在—处所"结构，该结构可标记为 $mε^2$＋NP＋nan^1＋NPL 结构。结构中的 $mε^2$ 作为存在动词表达"有"义，NP

表存在物，既是前一存在动词 me² 的存在宾语，又是后面处所动词 ŋaŋ¹ 的处所主语，既表存在又表处所，即"有某物在某处"。如：

(18) te⁴ me² i¹ le¹　qa¹　te¹ po⁷ ŋaŋ¹ kɣ³ naŋ⁴ ɛ¹.

　　　还　有　一　个(词缀)小坡　在　路 下游 那

　　　还有一个小坡尖在那河下游。

(19) me² o¹ lju⁴ ŋi² ŋaŋ¹ le¹ ti⁵ mon².

　　　有　两　块　肉　在　个 碗　那

　　　有两块肉在那碗里。

(20) me² o¹ qɛ³ tau⁵ ŋaŋ¹ tɕo² te².

　　　有　两　根　木　在　桌子

　　　有两根木头在桌子上。

以上例句，存在动词 me² 位于句首，与后面的 NP 构成无主存在句，用来表达"（现时）有某物"，ŋaŋ¹＋NPL 则表示"（某物）处于某处"。事实上，例句所示的整个 me²＋NP＋ŋaŋ¹＋NPL 结构就是由无主存在句与处所句组合成的连动结构，该结构中的 ŋaŋ¹ 是处所动词而非处所介词，"ŋaŋ¹＋NPL"作连动后项。该结构同时也是一个兼语句，其中，某物 NP 充当兼语成分，既作前一存在动词 me² 的宾语，又作后一处所动词 ŋaŋ¹ 的主语。为避免与后面表处所的 ŋaŋ¹ 相重复，此结构中的存在动词 me² 一般不可用表存在的 ŋaŋ¹ 去替换，结构中省略的主语一般理解为说话人的现时现场，更强调存在物的现时存在。结构中的"ŋaŋ¹＋NPL"可以用"VP＋ʈo⁵＋NPL"去替代，构成"me²＋NP＋VP＋ʈo⁵＋NPL"结构，其中的 VP 可以进一步表达存在物的具体所处的方式或状态。如下例句：

(21) me² o¹ qɛ³ tau⁵ ɕi⁵ pan⁴ ʈo⁵ tɕo² te².

　　　有　两　根　木　相　排　于　桌子

　　　有两根木头并排在这里。

(22) me² to⁴ tu⁴ tu¹ ɕi⁵ kaŋ² ɕi⁵ ku⁴ ʈo⁵ xaŋ³ noŋ³.

　　　有　些　柴　放　摆的 高高 状 于 处　这

　　　有堆柴高高地摆放在这。

上例中，me² 可用 ŋaŋ¹ 去替换，并不影响句义。这类无主存现句中的

VP 虽为具体行为动作动词，但整个结构的句意却为静态存在句。例句中的 to^5 作为空间介词，可汉译成"在"，引出处所名词。$\text{n}\text{a}\eta^1$ 在苗语中虽然也有用作处所动词"在"的句法语义功能，但并未虚化为介词，不能替代例 (21)、(22) 中的介词 to^5。"$\text{m}\varepsilon^2$＋NP＋$\text{n}\text{a}\eta^1$＋NPL"无主存在句和"$\text{m}\varepsilon^2$＋NP＋VP＋to^5＋NPL"存在句都可以看作是存在结构与处所结构的结合。

（三）零动词存现句

黔东苗语中也有一类存现句，存现处所与存现物直接组合，不需要存现动词，也不需加任何存现方式辅助性词，即"零动词存现句"。这类存现句又包括 NPL＋NP 及其扩展式 NPL＋NP＋VP。

1. NPL＋NP

NPL＋NP 类存现句是黔东苗语中最简单的存现句，这类存现句的存现语义是通过存在物的有定数量来实现的，往往要求 NP 前必须要有确数数量短语修饰。如下例句中：

(23)　tu^1　əu^1　$\underline{\varepsilon^1\ \text{tço}^2}$　$\text{n}\text{a}\eta^2$.

　　　　处　水　一　条　船

　　　　河里有一艘船。

(24)　tsa^3　kx^3　ku^2　$\underline{\text{o}^1\ \text{te}^4}$　tau^5.

　　　　房子　路　外　二　个　树

　　　　房子外有两棵树。

(25)　$\text{l}\varepsilon^1$　lo^5　$\underline{\text{o}^1\ \text{vi}^2}$　$\text{m}^{\text{ph}}\text{i}^3$，$\text{ton}^2$　qon^3　$\underline{\text{o}^1\ \text{tço}^2}$　ni^8.

　　　　个　嘴　二　层　牙　　个　喉咙　二　条　舌头

　　　　嘴有两层牙，喉有两条舌。

以上例句中划线部分的数量词不能换成不定量词"to^4 一些"，而居首的处所词也不能换成生命度较高的人物名词。该存现句结构形式一般只能用来表达静态存在，且存在处所与存在物之间的空间关系只能为叠合关系（对等或包含）。空间对等关系的存在句，类似于现代汉语中的"是"字存在句，即苗语中的"to^6"字存在句。但我们认为黔东苗语中的"to^6"字存在句可能是对汉语"是"字存在句的借用，只出现在一些早期的苗汉双语教学课本中，很少在日常交际过程中使用。此外，NPL 与 NP 之间的确数数量短语也可以用全量副词来替换，如下例句中 sɛ⁴：

(26) lɛ¹ qa¹ ɣɑŋ² noŋ³ <u>sɛ⁴</u> tau⁵ qei³，ʌ² mɛ² i¹ tɛ⁴ tau⁵ tɕi¹.

　　个(缀)山岭 这 全 树 松树 没 有 一 棵 树 杉树

　　这山岭全是松树，一棵杉树都没有。

(27) qa¹ ɬoŋ⁴ kɣ³ ȵɑŋ⁶ sɛ⁴ qa¹ ɣi¹ qa¹ ko² lja⁴ lja⁴.

　　(缀)山谷 路 里 全(缀)石(缀)山石全 全

　　山冲里全是乱石堆。

除了表存在以外，黔东苗语中的 NPL＋NP 结构还可以用来表达"整体中的部分"或"领有者的领属者"的修饰关系，差别在于：表达存现关系时，NPL 作主语，是句子的被陈述对象，与存现物 NP 直接构成独立的主谓关系；而表达修饰关系时，前面的 NPL 是用来修饰（或描述、或陈述）后面存在物 NP 的，存在物才是被描述修饰的对象，整个 NPL＋NP 是名词性结构，须后加谓词性成分才能完句。

2. NPL＋NP＋VP

当 NPL＋NP 结构中的存现物 NP 既作为某一空间关系论元又是另一具体行为动作或状态的描述对象时，NP 后可直接再续接谓词性结构，构成 NPL＋NP＋VP 结构。此存现句，在构形上与领属结构高度一致，语义上也多是句法语义层面的解读差异，深层语义亦存在千丝万缕的联系，如下例句：

(28) lɛ⁴ ɬa³ noŋ³ o¹ vi² ɬju¹，ɛ¹ vi² moŋ⁴ ɛ¹ vi² sʰa¹.

　　个狗 这 二层 毛 一层 细一层 粗

　　这只狗有两层毛，一层细一层粗。

(29) qa¹ tɕʰu⁵ o¹ tɛ⁴ nɛ² ɛ¹ pe⁵ ka¹ sei¹.

　　(缀)床 二个人那睡 静 状

　　床上两个人静静地躺着。

(30) pe² lo² o¹ lju⁸ pɣ⁶ ɬu⁷ ɬa⁷ lo¹ ta¹.

　　楼板楼二块 板 掉 来 下

　　天花板上，两块板子掉下来了。

由于存在物 NP 有后续谓词性成分对其加以陈述而非单纯的存在物，且作为后续 VP 的主要论元（动作的施事、受事或当事者），存在物 NP 在语义上与后续 VP 的句法距离更为接近而与句首 NPL 的语义距离更远，整个结构更适合理解为"NPL＋（NP＋VP）"结构。换言之，NP 的句法身份发生了变化（转向后面 VP 的陈述对象），那么，其语义上便不同于常规存现句中的"不定指"存在物，相反，其语义多为"定指"。也正因该结构中 NPL 与 NP 之间的句法语义距离被后面的 VP 所拉远，位于句首的处所词随之背景化，NPL 不再凸显存在物的处所，而是用来表达某事件发生的空间背景或空间范围。整个句子的含义更侧重于对动作事件的表达和描述，我们可以称之为"事件存现句"，表达"某处发生某事件"，不再是"某处有某物"。既然前面的 NPL 已经背景化，作为 NP＋VP 所述事件发生的空间范围，那么，从逻辑上来看，NP 包含在 NPL 的空间范围内，二者构成倾向于修饰性的"整体与部分"关系，这也是苗语处所存在句和领属存在句的语义关联之所在。

▶ 二、黔东苗语存现句的语义类型

存现句的语义类型主要是看存现处所与存现物之间的空间语义关系。当存现处所与存现物之间是两个独立空间物时，二者的关系体现为较为明显的空间处所关系。我们可将这类某处以某种方式存在或隐现某一独立空间个体（存在物）的存现句称为处所存现句。当句首的处所词空间语义特征弱化，甚至以生命度较高的人物名词居句首替代处所名词时，句子存现处所与存在物之间的空间处所关系则愈加模糊，该句式的存现义就开始往某种领有关系或属性类关系转化，这两类存现句在语形上与处所存现句一致，而语义上也有一定相关性，我们将其归为关系类存现句。

（一）处所类存现句

存现句是一种带有标记性的特殊句式，世界语言存现句之间的差异更多体现在存现句中存现动词的差异，同一语言对不同存现概念的表达差异也主要体现在存现动词的差异：有的语言会因存在物的物理特性或生命度的不同而使用不同的存在动词，如哈尼语（白碧波，1991）；有的语言会使用不同的动词来区别不同的存在方式，如羌语支的许多语言对可不可移动的不同存在方式用不同的动词来表达（孙宏开、徐丹、刘光坤、鲁绒多丁，2014）；再如，西夏语会因存在物的尊贵与否而使用不同的存在动词（史金波，2005）；而格什扎话中的存在动词会根据主语或宾语的性质和存在空间的大小或范围来选择不同的存在动词（多尔吉，1998）。处所类存现句是存现句中的典型成员，也是绝大多数语言中都有的典型存现句，即某地存在、出现或消失某人或某物，其表达形式上多为典型的存现句三段式 NP$_1$（或 NPL）＋V$_{存在}$＋NP$_2$。处所类存现句强调的是处所与存现物之间空间关系，该存现关系中不同存现方式的表达体现为不同的存现动词，也是存现动作准入最宽的一类存现句。但不论存现的具体方式如何，该类存现句中的 NP$_1$（或 NPL）与 NP$_2$ 都是相互独立的不同空间实物。

存现句中，能体现句首处所词与后面存现物之间语义关系差异的句法语义核心词在于动词及其辅助性成分。若我们把"存现"当作一个过程性事件来分析，那么，存现本身就可大致分为"出现（A）—存在（B）—消失（C）—（消失）遗留（D）"四段过程；其中，只含 B、D 段的为静态存在，含 A、C 段为动态隐现。但苗语中动静态之间并没有相应的动态助词（如汉语中的"了""着"）来加以区别，往往是静态存在隐含动态出现或静态不存在隐含消失或隐去。

出现（A）段。黔东苗语中表达事物的出现往往会借用来义趋向动词 ta^2、lo^4 来表达，出现（A）类处所存现句中的存现动词多为"Vi/Vt＋ta^2/lo^4"，趋向动词和宾语之间的语序存在两可的情况，但多以趋向动词后置于存现物为优势语序，如下例句：

（31）tɛ^4 tau^5 zaŋ^5 lo^4 tɛ^4 nau^6 / zaŋ^5 tɛ^4 nau^6 lo^4.

棵　树　飞　来　只　鸟　　飞　只　鸟　来

树上飞来一只鸟。

（32）qa^1 ɣaŋ^4 faŋ^5 ta^2 ɛ^1 tɛ^4 nɛ^2 / faŋ^5 ɛ^1 tɛ^4 nɛ^2 ta^2.

（缀）寨　出　来　一　个　人　　出　一　个　人　来

寨子里出来一个人。

存在（B）段。苗语中的"生长类"动词可以表达出现（A）类，但更适合理解为存在（B）类，如 ɕʰən^5、ɕaŋ^8、ljaŋ^6、tɕaŋ^2、na^6、poŋ^5、mɛ^2、 tǝu⁶、ta² 等十几个，而生长存在物的属性（存在量、生命度和可移动性）是生长类存在动词重要语义特征之一，对比以下存在动词的用词差别：

（33）lɛ¹ li² noŋ³ ȶʰǝn⁵ / ɕaŋ⁸ za⁴ no⁵ va⁵.

　　　块　田　这　繁殖　　鱼多很

　　　这丘田有很多鱼。

（34）lɛ¹ vaŋ² ɫo³ zu⁵ zu⁵ moŋ² ljaŋ⁶ za⁶ /ɣi¹ toŋ² ki⁵ zi⁵.

　　　个　园竹子　小　小　那　长笋子/石头全繁多状

　　　那片小竹林长满了笋子/石头。

（35）qa¹ sʰo¹ za⁴ kɤ³ vɛ² na⁶ ki⁵ za⁴ no⁵ poŋ⁵ va⁵.

　　　（缀）水草鱼　路　上　生蛋　鱼多　很　很

　　　鱼子草上面长了很多鱼子。

表达存在 B 段的静态处所存在句更多是以"mɛ²/ ŋaŋ¹ 有"或"V+mɛ²"来表达存在的过程状态，如下例句：

（36）qa¹ qaŋ¹ tȶu² kɤ³ ta¹ mɛ² /ŋaŋ¹ o¹ tɛ⁴ tau⁵ qa³ zu³.

　　　（缀）尾　桥　路　下　　有　　二棵树　渣油

　　　桥底下有两棵构皮树。

（37）nǝn² qa¹ lo¹ pɤ⁴ qa² ŋaŋ¹ ɛ¹ ȶaŋ¹ ȶe¹.

　　　他　（缀）脚　坡　就　有　一条扫帚

　　　他脚底下就有一把扫帚。

（38）vɤ⁴ tsa³ qa¹ mɛ⁶ ȶu² lɛ¹ qa¹ ɫaŋ⁴ tɕi⁵ /ljaŋ⁶ mɛ² vo¹ ke⁶ no⁵.

　　　我　家（缀）面　门　个（缀）坝子种/长　有　菜苋多

　　　我家门前的坝子种/长有很多苋菜。

以上例句中的 mɛ² 或 ŋaŋ¹ 标示了一种静态存在，前加其他动词只是说明存在的原因，但静态存在意在强调存在的结果状态。在实际语言交际过程中，确实也很少用到诸如例（38）那样的句子，mɛ² 或 ŋaŋ¹ 即可简单明了地表达存在，无须再在前面加具体行为动作动词。此外，在一定语境中，该类静态存在句中的动词亦可用形容词替代，更形象地表达存在状态，如"ɫu¹处 ɣaŋ²岗 taŋ¹处 fʰu³头 ɣu⁵好 lɛ¹个 zaŋ²草 坡前坡后都是草""faŋ¹处 vɛ³天 tʰo¹亮 tɛ¹词缀 qei¹星星 天上满星星"中的存在谓词 ɣu⁵、tʰo¹ 为形容词。

消失（C）段。若要表达一种动态隐去或消失，一般不用 me² 字句或 nɑŋ¹ 字句，"隐去消失"本身指某事物物量变化的结果性状态，然，苗语又缺乏类似汉语中的"了"一样表达情况变化的体标记。因此，黔东苗语中可单独用来表达物量变化"消失"义的隐现动词较少，且这类词的语义特征多只对隐去消失的量化结果进行编码，并不包含具体动作方式义。苗语比较常用的隐去消失类动词只有 ɕu⁸、tɕu⁴、ta⁴、ta⁶、mɤ⁴ 等几个，如下：

(39) lɛ¹ tsa³ kɤ³ nɑŋ⁶ ɕu⁶ / mɤ⁴ tsei⁴ ɛ¹ lɛ¹ ne².

个　家　路　里　少　走突然状一　个　人

屋子里突然少了一个人。

(40) vɤ⁴ tsa³ lɛ¹ noŋ⁴ tɕu⁴ na² ne⁸ ze⁴.

我　家　个　仓　完　糯　谷（助）

我家仓里没糯米了。

以上动词之所以能表达隐去消失义，是因为该类动词语义概念中同时含有隐去过程和隐去结果，如 ɕu⁶ 既可以表达"减少"的动作过程，也可表达"少"的结果状态；mɤ⁴ 既含有"离去"过程义，又包含有"离去"的结果义；tɕu⁴ 既有"消耗"过程义，也有消耗后的"完结"结果义；ta⁴ 的语义概念中既含有"丢"的遗漏过程，也包含"丢"的失去结果。正因为这类词的词义本身包括动作过程和动作结果两个阶段，在语境中可依语义逻辑自如获得动作过程义或结果状态义两种语义解读。也正因这类词的词义本身含有"结果义"，也就不需要再借助其他诸如汉语中"了"一类的体标记来表达"有"到"无"的变化过程。但在句子需要强调隐去的具体方式或原因时，苗语的消失类隐现句多是由"位移动词＋mɤ⁴"充当谓词核心，其中，位移动词表达隐现的方式或原因，mɤ⁴ 表达消失。

（消失）遗留（D）段。这类消失遗留结果存现句，并非简单的"结果性"，而是具有前因的"后果性"存现，是苗语特有的一类存现句，由苗语中较为特殊的一类动词（兼表过程和结果语义）凸显的特殊存现关系。这类存在句在结构与表层句意上与过程性处所存在句一致，其表达形式亦可标为"NP₁（或 NPL）＋VP存在＋NP₂"。但因句中的存现动词不仅表结果，也对该结果产生的前因情况进行了语义编码，从而使整个存现结构除了表有或无的静态性存在，还另预设存现物在空间关系中出现或消失的动态性量变过程。如下苗语同为"遗留、剩"义存现动词的 ta⁴ 和 lei⁸，二者构成的存现句语义差异就动词是否对"剩余"结果产生的前因情况进行了语义编码：

（41）ȶoŋ⁴ ɛ¹ ta⁴ te⁴ tau⁵，ɣaŋ⁴ ɛ¹ ta⁴ te⁴ sa⁵，ta⁴ te⁴ xʰa¹ la⁴ va⁵.

　　　山冲那 剩 个 树　村寨那 剩 个 姑娘 剩 个 伴 美好 很

　　　那山冲还有一棵树，那村还有位姑娘，那位姑娘真漂亮。

（42）lɛ¹ vi⁴ noŋ³ te⁴ lei⁸ ɛ¹ nən⁷ nən⁷ vo¹ so¹.

　　　个 锅 这 还 剩 一 点　点 菜 辣椒

　　　这锅里还剩一点点辣椒。

以上例句，ta⁴ 的动作过程义为"（某一空间处所或容器内的）遗漏"，而 lei⁸ 的动作过程义为"溢出（某一空间处所或容器外）"，二者都表某物从某空间流出，但有语义差异：例（41）中的 ta⁴ 所表示的"剩余"为加合式，即除了有别的东西以外"还剩有"；而例（42）中的 lei⁸ 所表示的"剩余"为排除式，即没有别的东西"只剩有"。

结果类存在句在语义功能上更接近于领属类存在句，NP₁ 与 NP₂ 之间凸显不同个体的空间位置关系，但 VP 并不表达事物之间空间关系以某种存在方式的持续，而是表达空间关系变化后的遗留性存在。结果类存在句中，存在动词在语义上凸显存在物的隐现结果，在这一点上，又与属性类存在句有相似之处，都凸显存现的状态性。如下例句：

（43）vɣ⁴ tsa³ lɛ¹ li² noŋ³ tɕu⁴ za⁴ ʑe⁴.

　　　我 家 个 田 这 完 鱼（助）

　　　我家这丘田没鱼了呀。

（44）lɛ¹ vi⁴ moŋ² tɕu⁴ vo¹ tə¹ ʑaŋ².

　　　个 锅 那 完 菜 酸汤（助）

　　　那锅没酸汤菜了。

（45）ɕan⁸ noŋ³ xaŋ¹ noŋ³ taŋ⁸ tɕi⁵ ʑaŋ².

　　　时 这 处 这 停 风（助）

　　　这时，这里停风了。

以上例句的动词在语义上兼表过程和结果，例（43）、（44）中的 tɕu⁴

在苗语中既可以表达动作过程"消耗"之义，也可以表达"消耗结（结）"之义；例（45）中的 taŋ⁸ 在苗语中既可以用来表达具体动作"停止"之义，也可表达"停止之结果（平静、结束）"之义，这类动词往往和句末的完结义助词 zaŋ⁷ 同现。

整体而言，处所存现句中句首的 NP₁（或 NPL）与后面的 NP₂ 都是具有强空间特征的独立个体物，二者的空间"处所‐存在"状态明显，二者只是空间位置上的包含非重叠关系，即 NP₂ 的空间区域包含于句首的 NP₁（或 NPL）之内。

（二）领有类存现句

处所类存现句是存现句中的典型成员，句中的主语是典型的空间处所，与宾语构成语义上的"空间处所‐存在物"关系。当存现句中的主语的空间处所语义特征减弱，非范畴化为有具体所指的实物个体乃至有生命物时，那么，存现句中主宾之间典型的"处所‐存在物"空间关系也就随之非典型化，其语义关系更倾向于理解为整体‐部分关系，如以下例（46）至（48）可见其转变过程：

（46）qa¹ sʰo¹ za⁴ kɤ³ vɛ² na⁶ ki⁵ za⁴ no⁵ poŋ⁵ va⁵.

（缀）水草鱼路 上　生　蛋鱼多　很　很

鱼籽草上面长了很多鱼籽。

（47）nən² tsa³ tɛ⁴ mi⁴ pe⁵ poŋ⁵/mɛ² o¹ tɛ⁴ qa¹ tɛ¹ pe⁵.

他　家 个 母 猪　　生　两 只（缀）崽 猪

他家的母猪生了两只猪仔。

（48）nən² paŋ⁸ tɕi⁴ lo¹ təu⁶ ɛ¹ lɛ¹ pʰo¹.

他　 的　肢 脚 长 一 个 泡

他脚上长了个泡。

以上例句表述的整体‐部分关系中所含的空间语义依旧较为明显，句首的主语尚介于空间处所向领主物转换的中介状态。再看以下例句：

（49）tɕo² te² mɛ² ɬo¹ tɕɤ⁴ qa¹ ki¹.

桌 子 有 四 肢（缀）角

桌子有四个犄角。

（50）nən² qa¹ lju⁵ mɛ⁶ tɕaŋ² lɛ¹ ti² naŋ⁴.

　　　他（缀）皮　眼　长　个脓包穿

　　　他眼皮上生个针眼。

苗语中强调空间处所义与强调个体实物义的名词之间并没有形式上的变化或标记，以上例句句首的NP₁既可以解读为空间处所，也可以理解为个体实物。但是相较例（46）至（48）而言，该类例句中的NP₁与NP₂所指空间已是一个重叠（或叠合）的空间，即NP₁是整体，NP₂是整体中的一部分，NP₁空间特征尚存。

当"整体物NP₁"的生命度增高，其空间语义特征也就相应减弱，便可理解为"领有者"，后面的存现物NP₂也便成了"被领有物"，二者构成领有类存现关系。而"领有"与"蒙受义"又存在语义逻辑相关性，试看下列例句：

（51）qɛ³ tau⁵ ɬʰo³ za⁴ noŋ³ pɛ² o¹ pɤ¹ lju⁸ qa¹ nau².

　　　根　树　紫竹　这　掉　二三　块（缀）叶子

　　　这个棵紫竹掉了几片叶子。

（52）ʈu¹ ɣaŋ⁴ ta⁴/ta⁶ ɛ¹ tɛ⁴ li³.

　　　处　村　丢/死　一头羊

　　　村里丢/死了一头羊。

与其他语言的领有存在句不同的是，苗语中的领有存在动词没有体的变化，可表达领有者与领有对象之间真实存在的物物关系以外，动词还可以隐含运动与事物之间的情状关系，即动词可以表达现有的存在关系，也可以指过去或将来的意念存在关系。Vendler（1957）曾将情状分为状态情状和事件性情状两大类，而事件性情状又分为活动情状、完结情状和达成情状三小类。动词是否具有动态性是区别状态情状与事件性情状的重要语义特征。黔东苗语中的动态性语义特征往往就是动词本身语义概念的一部分，动词的语义情状是否具有动态性完全取决于动词本身及其与语境之间互动，并不需要强制性动态形式来补充。这种动词所含的动态性语义特征体现在领有义存在动词中，就是苗语中的领有存在动词兼可表达"有过""有了""有着"等不同的时体语境下的领有存在。如下例句：

（53）tɛ⁴ qau¹ lu⁴ ɛ¹ me² o¹ tɛ⁴ tɛ¹ pʰi³.

　　　个 公 老 那 有 二 个 女 儿

　　　那个老人有两个女儿。

（54）nən² me² o¹ tɛ⁴ tɛ¹ pʰi³，ta⁶ tɐu⁴ zaŋ².

　　　他 有 两个女儿 死 完（助）

　　　他有过两个女儿，都去世了。

以上例句中的存在动词 me² 本身作为存在关系动词，表达非动态的状态情状，其语义特征多体现为［－动态］，以表达领属类存在关系，如以上例（53）。这类关系类动词在现代汉语中要表达事件性情状，需要加相应的动态助词来表达时间轴上的存在情况（存在时态），而作为苗语中典型的存在动词 me² 可以不借用动态助词即可直接用来表达事件性情状领有关系。苗语中的动词所含的事件性情状中的［＋动态］语义特征往往由句子语义逻辑或句子的其他实词成分激活，得到相应的动态性解读，如以上例（54）用时间词去激活该动词的前后时态变化，从而体现出动态性。

可以看出，领有类存在结构中表达存在领有关系的两个名词 NP₁、NP₂ 在语义上都有较强的独立个体性和空间性，NP₁ 在强调空间义的同时，还具有强指称义，指称领属关系中的领有者。

（三）属性类存现句

若说处所类存现句中处所词 NP₁（或 NPL）与存现物 NP₂ 之间体现的是具体可感空间物之间的关系；那么，领有类存现句句首的处所词 NP₁（或 NPL）已经抽象化了，不再指具体可感的空间处所，而是有生命度的人或机构等；而属性类存现句中却是句尾的存现物 NP₂ 已抽象化，不再指带有数量义的存现实物，而是具有某类特征的类指名物。

属性类存现结构是"NP₁（或 NPL）＋ AV＋NP₂"，谓语动词不再是表达存在关系的动词，也非具体动作动词，而是带有状态或属性义的形容词。从谓词所表的情状类型来看，属性类存在句属于状态情状，不存在动态性。由于苗语中的形容词与动词句法功能接近，后面都可以直接加名词构成谓词性形名结构。当形容词连接的前后两个名词之间有某种空间关系时，便构成了属性类存在句，其中的形容词充当存在动词的语义角色。也正因苗语中形容词的这种特殊句法功能的存在，才有该属性类存在结构，这也就成了苗语不同于其他语言所特有的属性类存在句结构。

苗语属性类存在结构中的主语 NP₁ 在语义上往往是定指或特指的某实物；结构中的谓语核心可以是状态动词，语义凸显出状态性，更多情况下是形容词，用来表"某物含有/具有某种属性或某物处在某状态"；NP₂ 可以看作是补语（王春德 1986），也可以当作宾语来解（余金枝 2009），但毋庸置疑的是 NP₂ 在结构中并非作为被支配对象而存在，而是作为一种带有某种属性的存在物，如下例句：

(55) tɕo² faŋ¹ noŋ³ poŋ² ki² poŋ² ȵe⁴ va⁵.

　　条　地方　这　盛行　芦笙　盛行　鼓　很

　　这个地方很盛行芦笙和铜鼓。

(56) lɛ¹ tsa³ moŋ² xaŋ⁵ za⁸ təu⁴.

　　个　房子　那　臭　辣　火儿

　　那个房间有火烟味儿。

(57) lɛ¹ vo¹ noŋ³ tɛ⁴ xaŋ⁵ ȵu⁴ ȵo².

　　个　菜　这　还　臭　生（语助）

　　这菜还有一股夹生味儿。

(58) nən² tɕɣ⁴ ŋaŋ⁴ ȵo⁶ kaŋ¹ poŋ⁵ va⁵.

　　他　肢　腿　花　虾　很　很

　　他小腿起了很多红斑。

以上例句所示的属性类存在句，谓词中心多是状态动词或形容词，句子尾段的存在物往往在语义上是类指的，并不指具体的存在物，更是与存在物的数量相去甚远，结构中表达存在物的 NP₂ 前不能加数量短语或量词进行限定。对这类存在句中的存在物进行量化时，往往是通过对结构中段的存在动词或形容词的程度量化来间接说明存在物存在的情况，如以上例句中表达存在量用程度副词 va⁵、poŋ⁵ va⁵ 等，而不用表物体数量的"no⁵多"。在很多语境中，形容词后的名词甚至成为该形容词表达性状的一部分，实现了词汇化的过程，不再是一个形名短语，而是固定词汇，其语义上的属性或状态义更加鲜明。如例（61）中"zoŋ⁵ ke³ 饿饭"就是"饿"的意思，"nei⁶u³ 破衣

服"引申为"缺衣":

（59）vɤ⁴ tsa³ lɛ¹ li² noŋ³ to¹ ta¹ poŋ⁵ va⁵.

　　　我 家 个 田 这 深 土 很 很

　　　我家这丘田土层深得很。

（60）fʰɑŋ¹ qei¹ ʌ² pɛ³ tsaŋ⁵，fʰɑŋ¹ m̩ᶜʰu¹ ʌ² pɛ³ ki⁵.

　　　荒废 活 不 满 生意 荒废 苗绣 不 满 柜

　　　不劳动，田园不长粮食，不绣花，衣柜没有花衣。

（61）ȵo² qei¹ qa² zoŋ⁵ ke³，ȵo² mᶜʰu¹ qa² nei⁶ u³.

　　　抛弃 活路 就 挨饿 饭 抛弃 苗绣 就 破 衣服

　　　抛弃农活就饥饿，抛弃针线没衣穿。（张永祥 1990：337）

（62）tɛ⁴ tɛ¹ noŋ³ lɛ¹ paŋ⁷ u³ va⁵ qa³ tɕu³ tɕu⁴ zaŋ².

　　　个 孩子 这 个 件 衣服 脏 泥 巴 完 （助）

　　　这孩子的衣服脏泥巴完了。

以上例句（59）所示的属性类存在句中 NP₂ 的语义还比较实在，例（60）、（61）中 NP₂ 与前面的形容词结合更加紧密，词汇化程度更深，其所表达的实体概念义已虚化。苗语中的这类 AV＋NP 结构类似于汉语中的黏合式动补式，NP₂ 的体词词汇义并不明显，其语义功能在于进一步补充说明 AV 的涉事。需要注意的是，在属性类存在句中，能够进入该结构的 NP₂ 在语义上必须具有属性义，且进入该结构位置的名词空间义弱化，属性义得到凸显，表达的是与动词或形容词的属性关系。正是因为 NP₂ 凸显属性义，前面不能再受凸显空间义和个体义的量词的修饰；也正是因为 NP₂ 凸显属性义，位于结构处所位置的 NP₁ 就必须是具有强个体义的有指或定指名词，即一般的抽象名词不能进入 NP₁ 的位置。

属性类存在句是由属性形容词连接的具有该属性的两个关联物，NP₁（或 NPL）与属性词 AV 的关联是临时性陈述；而 NP₂ 与属性词 AV 之间是直接属性关联，也就是说，AV 所表达的属性事实上是 NP₂ 的固定属性。虽然 NP₂ 是 AV 的直接关联物，但二者的关联并非固定的。在名词的语义系统中，属性义往往是人们对事物内涵义或概念义以外的主观认识或评价，并不包含在概念义中；加之，名词所含的属性也具有多样性，在不同的语境中体

现的属性义也有较大差异，亦体现出较强的主观性和不确定性。在描述某物
具有某种属性时，为了表义明确，也就有属性直接关联物 NP_2 出现的必要，
这也是属性类存在句形成的认知语义动因。

小结

　　按结构类型来分，黔东苗语存现句可以分为完整式存现句、无主式存现
句和零动词存现句。前两类是含有谓词的存现句，谓词可以是一般行为动作
动词、结果状态动词或形容词或存在标记动词 me^2、nan^1。零动词存在句，
主要是通过凸显存在物的存在量而构成的特殊存在句，苗语中的"to^6 是"
字存在句很少用于日常交际中，只出现在对汉语"是"字存在句的对译语境
中。

　　从存现主语与存现宾语所构成的语义关系来看，黔东苗语存现句可分为
处所类存现句、领属类存现句和属性类存现句。其中，处所类存现句中体现
的空间关系最为明显，是存现句中的典型成员；而领属类存现句可以看成是
处所主语具体实物化和人物化的一类非典型存现句；属性类存现句是黔东苗
语中特有的一类存现句，存现物的空间性减弱，在语义上倾向于类指，以补
充说明主语的属性。

第二节　黔东苗语处所句

　　广义的处所句是指包括存现句在内的、表达目的物与参照空间之间位置
关系的句子；而狭义的处所句是只限于用"某物（VP）在某处"的结构形
式来表达空间处所关系的句子，即广义处所句中除去存现句以外的谓词性空
间关系句。若说存现句是凸显有定空间的无定存现物，那么，处所句则凸显
有定事物的空间处所。黔东苗语中存现句和处所句的句法差异体现为目的物
与空间处所的语序差异，其语义差异体现为存现范畴中存现物的有无定指差
异，其语用上的差异在于二者的焦点差异。

　　本小节所谈到的处所句属于存现范畴的重要表达形式之一，与存现句共

同构成存现范畴表达，是狭义的处所句。处所句在句法形式上与存现句相对，具有明显的"名物词居句首，处所词后置"形式特征；其中，又以"处所词后置（非句首位置）"作为判定处所句的必要条件。从语义上来看，处所句的目的物是有定的，处所词用来阐述目的物的空间位置，是句子的新信息。本小节结合语形与语义概念，将黔东苗语的处所句按结构类型和语义类型来分别论述，并探讨处所句不同结构类型或不同语义类型之间的共性、个性和关联。

一、黔东苗语处所句的结构类型

世界上所有语言都有对空间处所的表达，但表达处所的具体形式有差异。有的语言必须利用介词来表达处所，如英语、德语、法语等，这类语言中的介词就比较多；有些语言借助格助词或格标记来表达处所，如日语就用补格助词来表达方向、处所、范围等（秦礼君 1991），羌语、缅甸语、柯尔克孜语等也用格标记来表达处所；也有些语言用介词和方位词的配合来表达空间处所，如汉语、越南语、泰语等；俄语用介词和格的语法范畴来表达空间方位关系（崔希亮 2001）。黔东苗语中名量短语的语义功能包含对物体空间属性的概括，苗语处所句中的处所成分并不将介词和方位词作为强制性句法成分而出现。从句法形式上，我们可将苗语处所句分为 NP＋VP＋NPL、NP＋VP＋Prep＋NPL（或 NP＋Prep＋NPL＋VP）、NP＋VP＋Q＋NPL（或 NP＋VP＋NPL＋Q）三种结构类型，当然，结构中的 NP 往往可以承前或依语境省略，下文论述对省略 NP 的情况不再另立结构。

（一）NP＋VP＋NPL **结构**

黔东苗语处所句的语义核心在于对谓语动词的编码，由于苗语认知系统对动态事物的观察较为细致，因此对各种行为动词的语义包装也较为丰富。有的空间动词本身带有空间趋向语义特征，在表达处所关系时，可以直接接处所宾语，不需要再借助其他方位或趋向范畴而直接表达完整的处所语义，构成 NP＋VP＋NPL 结构，其中，VP 包括趋向动词、位移动词、处所动词 $naŋ^1$ 和特殊的动宾词组。如下例句：

（1）tɛ⁴ tɕu¹ tɛ¹ ɛ¹ n̥aŋ¹ tan¹ taŋ⁷ kɤ³ ve².

　　个　小　孩那坐　条　凳子路　上

　　那个小孩坐在凳子上。

（2）vɤ⁴ fa⁵ nən² tsa³ qa¹ tu².

　　我　过　他　家（缀）门

　　我经过他家门口。

（3）to⁴ tɕu¹ tɛ¹ ke⁴ lje⁴ qa¹ pu⁵ so⁵.

　　些　孩子　绕　（缀）边灶台

　　孩子们在灶台边绕来绕去。

从收集到的语料来看，苗语处所结构中的处所表达是无标记的，跟具体实物表达式同形，在描述目的物和处所之间的空间拓扑关系则往往会通过空间认知系统中"完形"方式来实现"意合"表达，也不一定要方位表达式的参与，如下例句：

（4）moŋ² <u>n̥aŋ¹</u> xaŋ³ noŋ³，ʌ² kɤ³ mɤ⁴.

　　你　在　处这　不要　走

　　你在这儿不要走。

（5）tɛ⁴ mi⁸ qei¹ faŋ²<u>na⁶ ki⁵</u> qa¹ ɕʰən⁵ vaŋ².

　　个　母鸡　黄　生（缀）篱笆　园

　　黄母鸡在篱笆下下蛋。

（6）tɛ⁴ naŋ⁴ lu⁴ ɖu⁴ ɖən⁴ lɛ¹ qʰaŋ³ tse⁵.

　　个　蛇　老乱（状词）钻个　洞　岩石

　　蛇乱钻进石缝里。

以上例句的句法结构形式可以构成静态处所句和动态处所句两种。如例（4）属于静态处所句，表达"某物在某处"，由 n̥aŋ¹ 作谓词中心，n̥aŋ¹ 既是处所动词也是存在动词；例（5）、（6）为动态处所句，表达"包含主客体论元在内的动作事件发生于某处所或在某处发生"，谓词中心为具体行为动作动词，既表达某物所处的位置，也描写了某物在该处所的动作行为过程或方式。n̥aŋ¹ 的本义是"居住"，也有"坐"义，但在处所句中只是泛指"存在"义处所，并不含有所处的具体方式或状态，若要表达某物在某处所的具体行为或方式，则可以在其后加谓词性成分，构成连谓结构，即 NP＋ŋaŋ¹＋NPL＋VP。如下：

(7) vɤ⁴ tsu⁷ A² xʰi⁵, moŋ² qa²<u>ŋaŋ¹</u> kɤ³ qaŋ¹ xʰoŋ³ vɤ⁴ ma⁸！

我 跑 不 快　你 就 在 路 尾 推 我（语助）

我跑不快，你就在后面推我嘛。

(8) to⁴ tɛ¹ za⁴ <u>ŋaŋ¹</u> vu⁴ tse⁵ ze⁴ mɤ⁴ ze⁴ lo⁴.

些 崽鱼 在 坝子岩 游 去 游 来

鱼崽在岩窝里游来游去。

从语义概念来看，ŋaŋ¹ 字处所句所表达的处所语义概念指的是动作行为发生的处所，而该动作行为的关涉对象就是行为主体，那么，结构中的处所义同时也指向行为主体所在的空间处所，且 ŋaŋ¹ 只限于表达行为动作主体的处所，并不涉及行为动作客体的处所。如此一来，此结构中的处所动词 ŋaŋ¹ 与处所词组合（ŋaŋ¹＋NPL）前置于 VP 或后置于 VP 都不影响句意的处所表达。如下例句：

(9) tɛ⁴ nau⁶ zaŋ⁵ ŋaŋ¹ taŋ⁴ zaŋ⁴ kɤ³ vɛ².

个 鸟 飞 在 半 空 路 上

鸟在半空中飞翔。

(10) nən² kʰa¹ li² ŋaŋ¹ ʈu¹ zaŋ⁵ ɛ¹.

他 开田 在 处田坝那

他在田坝那儿犁田。

以上例句，ŋaŋ¹ 引出的处所，并不是动作动词的直接论元，而是作为行为动作发生的处所背景，与句子的谓语核心 VP 之间构成描述性的空间关系，而非位移关系。

（二）NP＋VP＋Prep＋NPL（或 NP＋Prep＋NPL＋VP）结构

前文所谈到的处所句是不需要借助介词来引进处所成分的类型，这类处所句的谓语动词多是含有一定动作趋向的位移动词，其动词本身的空间语义特征较为明显，可以直接后跟处所名词作宾语，不需要介词来引介处所。但在更多情况下，尤其是表达动态处所关系时，句子的处所成分往往需要用介词引出。苗语中的空间介词较少，其中，ʈo⁵ 的使用频率最高，使用范围也最广，可以标示位移起点和终点，还能标记位移轨迹，ło⁵字介词结构以后置于位移动词为主，构成 NP＋VP＋Prep＋NPL 结构。如下例句：

(11) to⁴ po³ sʰən¹ noŋ³ la⁶ ło⁵ lɛ¹ loŋ⁴ kɤ³ ŋaŋ⁶.

　　　些 卜 线 这 装 于 个 箱子 路 里

　　这些线坨装在箱子里。

(12) tɛ⁴ qɛi¹ tɕʰi¹ ło⁵ lɛ¹ ɣoŋ⁴.

　　　只 鸡 关 于 个 笼子

　　鸡关在笼子里。

以上例句中的处所介词 ło⁵ 对应汉语中"在"的介词用法，ło⁵ 字介宾结构后置于动词，遵循苗语介词结构后置的句法规则。ło⁵ 作为空间词，在黔东苗语中几乎已经完全虚化，多作介词，少有空间动词的用法。其次，ło⁵ 所在的 VP＋ło⁵＋NPL 结构中所标示的动词 VP 与 NPL 之间的空间方向位置关系既可以是静态的，如上例句（11）、（12）；也可以是动态的，带有较强的方向性语义，可以对译成汉语中的"在、从、朝、到、进"等标示空间起点、终点或轨迹过程的介词。如下例句：

(13) lɛ¹ ɣi¹ ło⁸ vo⁸ <u>ło⁵</u> xaŋ³ noŋ³ lo⁴ mɤ⁴ ta¹.

　　　些 石头 滚动 于 处 这 来 去 下

　　石头从这儿滚下去。

(14) ɛ¹ pʰi³ ɣi⁶ mɤ⁴ łu¹ əu¹, ɛ¹ pʰi³ ɣi⁶ <u>ło⁵</u> qa¹ pɤ⁴ ŋaŋ⁶.

　　　一 些 枯萎 去 处 水 一 些 枯萎 于(缀) 边 里面

　　一些落在水里，有的落在岸边。

(15) vɤ⁴ mᵒʰe⁵ <u>ło⁵</u> faŋ¹ ta¹, pe⁵ <u>ło⁵</u> faŋ¹ vɛ².

　　　我 说 于 地方 下 响 于 地方 天上

　　我在地上说，声音传到天上。

苗语中标示位移起点和轨迹的介词还有 kaŋ⁴、fʰa⁵、tau⁶，其中，kaŋ⁴ 在苗语中只能作介词，fʰa⁵ 是由"经过义"动词演变而来，tau⁶ 由"跟着"义动词演变而来；这类词作处所介词时，构成的介宾结构多位于位移动词前，形成 NP＋Prep＋NPL＋VP 结构。如下例句：

(16) to⁴ ɣi¹ kaŋ⁴ kɣ³ vɛ² ɖju³ ɖjaŋ³ lo⁴.

　　　些　石头　从　路　上　翻　滚　来

　　　石头从上面滚下来。

(17) fʰa⁵ xaŋ³ noŋ³ mɣ⁴ lei⁵ ʈu¹ ɣaŋ⁴.

　　　过　处　这　走　到　处　村

　　　从这里去村里。

(18) tau⁶ tɕo² kɣ³ noŋ³ mɣ⁴.

　　　跟着　条　路　这　去

　　　沿着这条路走。

黔东苗语中还有一个特殊的处所介词 ɖje⁴，在引进处所宾语时，语义中含有对空间距离的编码，含有表达时空上的遥远之义或主观意念中的难以企及之处；此外，该介词也可以与其他空间介词 ʈo⁵ 连用，后置于 ʈo⁵，还可以与处所动词 ȵaŋ¹ 同现，后置于 ȵaŋ¹。如下例句：

(19) nən² a³ mɣ⁴ qʰa⁵ ʈo⁵ ɖje⁴ Fub Nanb mɣ⁴ ʐaŋ².

　　　他　姐　出　嫁　于　于　湖南　　　去（助）

　　　他姐姐嫁到遥远的湖南了。

(20) pɣ¹ ȵaŋ¹ ɖje⁴ tɕo² faŋ¹ kɣ³ naŋ⁴.

　　　我们　住　于　条　方　路　下游

　　　我们住在遥远的河下游。

(21) vo¹ ȵaŋ¹ ɖje⁴ fʰu³ toŋ⁴，vo¹ ȵaŋ¹ ɖje⁴ fʰu³ tse⁵.

　　　菜　在　于　头　冲　菜　在　于　头　岩

　　　菜在那冲头里，菜在那岩头上。

（三）NP＋VP＋Q＋NPL（或 NP＋VP＋NPL＋Q）结构

除了用介词和方位词来表述空间处所以外，黔东苗语中趋向动词的使用频率在很多时候都已超过了空间介词的使用，诸如趋向动词 mɣ⁴、lei⁵、so⁶等在句法语义功能上接近于空间介词。趋向动词在表达处所、方位等范畴的过程中，有前置于处所词构成 NP＋VP＋Q＋NPL 和后置于处所词构成 NP＋VP＋NPL＋Q 两种（Q 指趋向动词），用例如下：

（22）nən² paŋ⁸ ȵu⁸ xɛ¹ taŋ² əu¹ mɤ⁴ ʑaŋ².

他 的 双 鞋 沉 水 去 （助）

他的鞋沉到水里去了。

（23）xaŋ³ noŋ³ ɟjən³ nʰɛ¹ va⁵, la⁴ <u>mɤ⁴ taŋ⁴ moŋ²</u> nən⁷.

处 这 闪 天 很 移 去 处 那 点

这里反光得很，往那边移一点。

（24）mɛ⁶ xaŋ¹ <u>lei⁵</u> qa¹ pu⁵ mən⁵ qaŋ⁵ əu¹.

妈妈 走 到（缀）边 井 挑 水

妈妈走到井边挑水。

诸如例（22）一类的例句，趋向动词位于句尾，其趋向语义明显，在句法语义功能上只能算是前面整个动名结构的辅助性（或补充性）语义成分，其与处所成分的语义距离较远，而与动词的语义距离更为接近；而例（23）、（24）的趋向动词多是位于动词与处所成分之间，与处所成分有直接相关性，和处所成分的语义距离大于和动词的语义距离，该趋向动词在句法语义上接近于介词。

二、黔东苗语处所句的语义类型

黔东苗语中的处所句从语义上可以分为静态处所句和动态处所句，静态处所句是指某物处于某处，某物与某处所之间没有发生空间位置关系的变化；静态处所句内部又可以根据句首目的物与处所之间空间语义关系的强弱分为静态存在处所句和静态关系处所句。而动态处所句是指某物在某动作的影响下离开或接近或进入某处，根据目的物的自移和致移情况，可将动态处所句分为位移处所句和处置式处所句。

（一）黔东苗语静态处所句

静态处所句是指某物存在于某处（做某事）或某物以某种方式存在于某处。其中，某物存在于某处多用 nən¹ 字句，而表达某物以某种方式存在于某处时多涉及 ɬo⁵ 构成的过程性处所。

1. 静态存在处所句

黔东苗语有两个最常用的表达处所关系的空间词 nən¹ 和 ɬo⁵，其中，

ŋaŋ¹ 只能用来表达静态存在处所，而 ʈo⁵ 既能表达静态存在处所，也能用于动态位移处所句。

A. ŋaŋ¹ 字句处所句

黔东苗语 ŋaŋ¹ 字句既是最典型的存在句，也是最常用的静态处所句，其中，ŋaŋ¹ 在处所句中作谓语中心语，后接处所词表达的事物所处的空间位置，表达某物在某处。ŋaŋ¹ 字处所句中的 ŋaŋ¹ 与处所宾语之间并不需要借助其他空间介词来引出处所，可对译成汉语中表达处所的"在"字结构。如：

(25) moŋ² ŋaŋ¹ kɤ³ pɤ⁴, vɤ⁴ ŋaŋ¹ kɤ³ ta¹.

你　　在　边　上，我　在　边　下

你在上边，我在下边。

(26) o¹ tɛ⁴ ti⁵ ŋaŋ¹ tɛ⁴ ki⁵　moŋ² kɤ³ ŋaŋ⁶.

二个碗　在　个柜子　那　　边　里面

两只碗在那个柜子里面。

(27) o¹ nᵗʰɛ¹ noŋ³ pɤ¹ ŋaŋ¹ ʈu¹ tsa³, ʌ² pɤ⁴ mɤ⁴ ku².

二　天　这我们　在　处家　　没去　外

这两天，我们在家，没有外出。

ŋaŋ¹ 在苗语中既可以表达有生命物体的处所，也可以表达无生命物体的处所。ŋaŋ¹ 的处所、存在义是由"坐、居住"义演化而来，符合东南亚语言中"居住"义语素多功能性这一最具普遍性的区域特征（吴福祥 2010）。黔东苗语 ŋaŋ¹ 由坐/居住义到处所/存在义，其语义功能发生了扩展，但其在句法上始终处于谓语动词地位，并没有发生句法降级。即便是句中又含有其他动作动词时，也是后置于 ŋaŋ¹＋NPL 而构成 ŋaŋ¹＋NPL＋VP 连谓结构，此语境下的 ŋaŋ¹ 作连动前项，后面的 VP 进一步描述"某物在某处"的活动情况，即某物存在于某处做某事。如下例句：

(28) ʈo⁴ tɕu¹ tɛ¹ ŋaŋ¹ qa¹　ɣu³　ɕi⁵　ʈa⁶　ɣu⁵ qa⁷.

些　孩　子　在（缀）山林　相互　追赶好　玩

孩子们在山林里相互追赶玩耍。

(29) to⁴ nɛ² ɳaŋ¹ qa¹ ɬaŋ⁴ ɛ¹ tsʰo¹ ki².

    些　人　在（缀）场　那　吹　芦笙

    人们在场坝那吹芦笙。

(30) to⁴ nɛ² ɳaŋ¹ taŋ¹ qaŋ¹ tau⁵ ɛ¹ mi³ non⁶.

    些　人　在　处　尾　树　那　躲　雨

    大家在那树底下躲雨。

(31) nən² ɳaŋ¹ xaŋ³ non³ tu⁸ təu³.

    他　在　处　这　读　书

    他在这儿读书。

以上例句中，ɳaŋ¹ 所处的句法语义分布与汉语"在"字处所句极为相似，但该词只是与汉语中作动词的"在"存在对应性，而与介词"在"或副词"在"并无相似功能。ɳaŋ¹ 在语法化历程中，只是经历了由处所动作动词发展为处所关系动词的语义抽象化过程，而其词性没有往"在"的介词方向进一步发展。表达处所的关系动词 ɳaŋ¹ 在语义上只表空间静态处所，其动态空间特征不强，尤其不凸显出空间方向和界点，只凸显空间位置关系；正因其缺乏用来表达空间起点、终点或轨迹的语义基础，也就不能发展为典型的空间介词。以上例句中，ɳaŋ¹ 后的处所词亦不能省略，即便是诸如例（31）中指示词作泛义处所的情况，该指示词也不能依语境而省略。可见，苗语处所词 ɳaŋ¹ 在句法语义上都依附于后面的处所成分，成为黔东苗语中最为典型的处所动词，其句法语义功能并不能从空间义域转向时间义域，正因如此，ɳaŋ¹ 也缺乏发展成为时间副词的句法语义条件。

Langacker（2008）曾以 in 和 into 为例，对空间静态和动态处所分别作了图示性说明，空间介词 in 的图示适应于黔东苗语 ɳaŋ¹ 静态处所句，ɳaŋ¹ 前的主语作为射体（即目的物）静态地处于 ɳaŋ¹ 后处所宾语表示的界标（即参照物）之中，该"静态"指射体与界标之间的相对空间位置都未曾发生变化，而并不指射体的动作行为状态。ɳaŋ¹ 字所表达处所句不仅仅指射体所在，同时也是动作行为发生的地点。

需要注意的是，ɳaŋ¹＋NPL 只能指行为主体的处所，不能指行为客体的处所，如下例句中用 ɳaŋ¹ 是不符合苗语语法规范的：

(32)* nən² n̪aŋ¹ lɛ¹ ti⁷ əu¹ kɣ³ n̪aŋ⁶ se³ pɣ⁴.

　　 他　 在　个 桶 水 路 　里　洗　手

　　他在水桶里洗手。

(33)* tɛ⁴ qa¹ tɛ¹ moŋ² n̪aŋ¹ pən² təu³ ɕʰu³ ɕʰa³ ɕʰu³ qa³.

　　个 小 孩 那　在　本 纸 乱 涂 乱 画

　　那个小孩在本子上画画。

以上例句中的处所跟行为动作的主体并不存在直接相关性，因此不能直接用 n̪aŋ¹ 来表达处所关系，必须在 n̪aŋ¹ 后加上介词 ɬo⁵ 才合苗语语法。可见，包括 n̪aŋ¹ 字句在内的处所结构 NP＋VP＋NPL 只限于用来表达行为主体的处所，要表达行为动作客体的处所，还需用空间处所介词 ɬo⁵ 来引介处所。

B. ɬo⁵ 字静态处所句

苗语中的静态存在处所句可以用 n̪aŋ¹ 来表达作为行为动作主体的目的物与处所之间的静态空间关系，但对行为动作客体与处所之间空间关系的表述有句法限制。在苗语日常交际过程中，需要表达某一行为动作所涉及的客体与处所之间的空间关系时，需要用介词 ɬo⁵ 来引介处所。

(34) vɣ⁴ tsa³ ɬa⁴ ɖʰe¹ lju⁷ tsən³ ɬo⁵ tɛ⁴ tau⁵.

　　我 家 哥 大 摘 果子 于 棵 树

　　我哥哥在树上摘果子。

(35) tɛ⁴ tɛ¹ pʰi⁷ moŋ² se³ vo¹ ɬo⁵ lɛ¹ kaŋ⁸.

　　个 姑 娘 那　洗 菜 于 个 盆

　　那个姑娘在盆里洗菜。

例句（34）中既指行为动作的主体 ɬa⁴ɖʰe¹ 在树上，更是强调行为动作客体 tsən³ 的处所；例（35）中只指行为动作的客体 vo¹ 的处所。此语境下的处所词只用空间介词 ɬo⁵ 来引介，几乎不用 n̪aŋ¹ 来表达。

黔东苗语中有一类静态处所句，往往由空间介词 ɬo⁵ 引出行为动作遗留下来的结果性处所，或表达某事物以某种姿势或某种方式处在某位置。如：

(36) səi⁴ lo⁴, tɛ⁴ pe⁵ qən⁴ ljən⁴ pɣ⁵ ɬo⁵ lɛ¹ ŋe² kɣ³ ɬoŋ¹.

　　冷 来 个 猪 蜷 缩 睡 于 个 圈 处 中间

　　天冷了，猪蜷缩在圈里睡觉。

（37）nən² ȵe² ȵe⁴ ʈo⁵ qa¹ pu⁵ tɕi¹ tu⁴, ʈo⁵ mᵉʰe¹ xʰɤ¹.

　　　他　　蹲　　于(缀)边　火　塘　不　说　话

　　他蹲在火塘边，不说话。

（38）qɛ³ tau⁵ ɛ¹ qa⁵ qu⁴ ʈo⁵ le¹ qa¹ tse⁵ ȵɤ³.

　　　段　木　那　卡　住　于　个(缀)岩　石

　　那根木头卡在悬崖上。

　　C. 一般状态动词处所句

　　苗语中还有一类静态处所句，谓语核心由表达事物空间状态的动词充当，动词的动作性较弱，但空间性较强，语义中含有"附着义"特征，表达了某事物以某种方式附着和内包含于某处。如：

（39）moŋ² ʈo⁴　u³　moŋ² səi² po³ əu¹ ʑaŋ².

　　　你　些　衣服　那　全　泡　水　了

　　你的那些衣服都泡在水里了。

（40）ʈo⁴ pa⁶ fa¹ tə⁴ ɛ¹ ɣe⁶ tɛ⁴ tau⁵.

　　　些　藤　瓜　汉　那　缠　个　树

　　那些南瓜藤缠在树上。

　　以上例句所示的静态存在处所句表达的射体与界标之间的空间关系可以是包含关系，也可以是接触关系，但表达这类空间关系的动词的动作性并不强，多用来表达射体的具体存在方式。由于这类动词的语义中含有一定的附着义，与被附着处所之间有着密切的语义联系，因此，这类动词可以直接接处所宾语，一般不需要再借用空间介词来引出处所。这类静态处所句可以看作是介于静态存在处所句和静态关系处所句之间的中间状态。

　　2. 静态属性处所句

　　存在处所句，指的是具体实物在某处所的存在性关系，目的物与处所之间是通过存在性处所动词 nɐŋ¹、ʈo⁵ 或其他空间词来连接，以表述目的物与处所的直接性空间关系。但有一类特殊处所句，连接目的物和处所的并非空间关系动词，而是性质形容或状态动词，结构中的处所并非用来凸显目的物的空间位置，而是为了补充说明目的物某一方面的属性，也可以称之为静态

属性处所句, 如下例句:

(41) p^hu^3 $paŋ^2$ ta^2 $ɬu^1$ $ɣaŋ^2$ $ɬu^1$ $pɤ^4$.

　　　开　花　来　白　岗　白　坡

　　　开花了, 白茫茫一片。

(42) $paŋ^2$ p^hu^3 qa^1 $tɕi^5$ tau^5, $ɳaŋ^2$ $taŋ^3$ qa^1 vu^4 li^5.

　　　花　开 (缀) 枝　树　节　回转 (缀) 湾　田

　　　鲜花开在树枝上, 春天来到河湾湾。

(43) $tɛ^4$ $ɕɤ^3$ $ɳo^6$ $kɤ^3$ ku^8, $toŋ^2$ $faŋ^1$ $toŋ^2$ $ɣaŋ^4$ $poŋ^8$.

　　　个　虎 花色 路　背　整　方　整　村　见

　　　老虎背上花, 人们都看着。

以上例句在格式上属于典型的不带处所介词的处所结构, 可标记为 NP_1＋VP/AV＋NPL 结构, 与典型处所句不同的是: 这类处所句中谓语核心表达静态非位移关系, 句中的处所词不能借助空间介词 to^5 来引介, 且处所词与谓语核心之间语序是固定的。由于处所句中谓词中心的空间性并不凸显, 其语义核心在于对某一事物属性的描写; 因此, 该类处所句可以变换成表达事物状态或属性的一般性谓语句, 即 NPL＋VP/AV (＋ NP_1) 结构。如以上例句可以变换成:

(44) p^hu^3 $paŋ^2$ ta^2, $ɣaŋ^2$ $ɬu^1$ $pɤ^4$ $ɬu^1$ $zaŋ^2$.

　　　开　花　来　岗　白　坡　白 (助)

　　　开花了, 山岗白茫茫一片。

(45) qa^1　$tɕi^5$ tau^5 p^hu^3 $paŋ^2$, qa^1 vu^4 li^5 $ɬaŋ^3$ $ɳaŋ^2$.

　　　(缀) 枝　树　开　花　(缀) 湾　田　回转　节

　　　鲜花开在树枝上, 春天来到河湾湾

(46) $tɛ^4$ $ɕɤ^3$ $kɤ^3$ ku^8 $ɳo^6$, $toŋ^2$ $faŋ^1$ $toŋ^2$ $ɣaŋ^4$ $poŋ^8$.

　　　个　虎　路　背 花色　整　方　整　村　见

　　　老虎背上花, 人们都看着。

当然, 这类处所句变式后, 原本后置的处所词前置于句首位置, 但语义上与处所主语存现句又有较大差异: 该处所句变式结构中, 句首位置的处所词不再表达处所, 其语义上更加凸显句首名物词的具体实物特征, 而是作为实物性主语，成为后面状态词或形容词的表述对象。

（二）动态处所句

黔东苗语空间动态处所句指的是本不在（或在）界标所示的空间范围之内的射体，经过位移后进入（或离开）界标所示空间范围内的空间动态关系句，即某事物在某处出现或消失。其中的"位移"可以是具体的空间位移，也可以是物物抽象的领属或让渡关系的变化，前者为动态位移处所句，后者为动态关系处所句。

1. 动态位移处所句

动态处所句中的动词在句中含有较强的动作意义，尤其凸显出位置变化的过程，也称作动态位移处所句。该类处所句中的谓语核心动词为带有起点或终点语义的位移动词时，表达空间位置关系变化过程的核心在于谓语动词，动词本身的语义特征已包含"进入（某处所）"或"离开（某处所）"的空间拓扑语义信息，在与处所词连用时可以不借助介词即可表达空间关系的动态变化过程。如：

（47）$ŋa^4\ ta^1\ poŋ^8\ m^{əh}i^3\ lo^3$, $tɕi^5\ pɤ^4\ poŋ^8\ ɖ ju^1\ du^1$.

　　　下　下　看见　牙齿　掉　　上　上　见　发　白

　　　往下打量看见牙齿掉落，往上打量看见头发斑白。

（48）$zaŋ^1\ no^2\ pu^6\ lo^5\ voŋ^4$, $pu^6\ ɤu^2\ ɤɤ^1\ tsəi^5\ mɤ^4$, $ɖjo^8\ a^2\ xoŋ^1\ tɕi^5\ lo^4$.

　　　蛇　青　钻　口　悬崖　钻进　林　石　岩　去　拉　不　上　来

　　　青蛇钻岩缝，钻进乱石堆，再也拉不出来。（张永祥 1990：394）

（49）$le^1\ n^{əh}ɛ^1\ ta^2\ zaŋ^2$, $pɤ^1\ ləi^5\ taŋ^4\ pɤ^4\ zaŋ^2$.

　　　个　太阳　来　助　我们　到　边　山　（助）

　　　太阳出来了，我们到了半山腰。

（50）$haŋ^3\ moŋ^2\ mε^2\ tε^4\ naŋ^1\ lu^4$, $pɤ^1\ mɤ^4\ xaŋ^3\ noŋ^3\ za^4$.

　　　处　那　有　条　蛇　老，我们　去　处　这　（助）

　　　那条路有蛇，我们从这儿走。

例（47）中的动词 $ŋa^4$（从高处往低处移动）和 $tɕi^5$（从低处往高处移动）语义本身带有方向，是强方向性动词，在表达动态处所不需要用介词来引介处所或方向，该类动词还有 $loŋ^4_{钻}$（$f^hu^3_{前}$）、$t^ha^7_{退}$（$qan^厂_{后}$）等；例

(48) 中 pu⁶ 的空间方向性没有 ŋa⁴、tɕi⁵ 那么强，但其语义包含从非接触到接触的拓扑关系变化语义，也不需要借用其他介词来引介处所或方向。从所收集到的语料来看，苗语中有很多行为动词可以不需要借助空间介词来表达动态处所，当然，这一类动态处所句的动词多是自移动词。齐沪扬（2000）曾从移动性功能的强弱分析汉语的动词成"伴随移动词＞他移动词＞自移动词＞非位移动词"的连续统分布。我们认为，移动性功能越强的动词在表述空间处所时，对介词引出处所的依赖性就越弱，如以下例句画线部分动词对介词的依赖性呈连续统分布：

(51) moŋ² tau⁶ qaŋ¹ tɕu⁶ ɬaŋ⁴ ta².

    你 跟 后 全 力气 来

    你紧跟在后面来。

(52) xʰoŋ³ nən² mɤ⁴ ku² mɤ⁴，to⁵ mɛ⁶ nən² ȵaŋ¹ to⁵ xaŋ¹ noŋ³.

    推   他 去 外 去 别 让 他 在 于 处 这

    把他推出去，别让他在这儿。

(53) nən² to³ tau⁵ to⁵ lɛ¹ qa¹ ɣu³ tau⁵ ɛ¹ mɤ⁴ ʑaŋ².

    他 砍 树 于 个(缀) 山 树 那 去 （助）

    他已经淹没在那个山林里了。

黔东苗语动态处所句多是用介词引介处所词的位移句，处所词所表达的语义角色分为表达空间位移的"起点""轨迹"和"终点"。如下例句：

(54) to⁴ tse³ kaŋ⁴ tɛ⁴ tau⁵ kɤ³ vɛ² ve⁶ lo⁴.

    些 果 子 从 棵树路 上 掉 来

    果子从树上掉下来。

(55) vɤ⁴ fa⁵ nən² tsa³ qa¹ ɬu² ta² mɤ⁴.

    我 过 他 家 缀 门 来 去

    我经过他家门口。

(56) to⁴ ȵaŋ⁶ ko⁶ vɛ² to⁵ qa¹ toŋ⁴ kɤ³ ŋaŋ⁶.

    些 强盗 着 包围 于(缀) 冲 路 里

    强盗被包围在山冲里。

苗语中，"某物在某处（怎么样）"是最为常见的、典型的处所句，以目

的物为陈述对象作句子的主语，处所结构作为谓语或谓语中心对目的物进行
陈述，在句法语义结构上都与典型的存现句形成互补关系。但苗语中有一类
处所句，重在描述某一目的物在动作的影响下或处置下的处所位置，句子含
有处置义，但结构形式上亦如处所句，且处所义也依旧明显，我们将这一类
处所句称为处置类处所句。如：

（57）mon^2 fi^2 $l\varepsilon^1$ $t\varepsilon^8$ to^5 qa^1 ς^hon^5 tsa^3.

　　　你　挂 个袋子于(缀) 板壁 家

　　　你把口袋挂在板壁上。

（58）ti^1 $nən^2$ p^han^1 $tən^4$ to^5 $ɖan^2$ ta^1.

　　　摊 开　床 席子 于 处 地

　　　把席子摊开在地上。

（59）la^6 tan^1 pi^4 to^5 $l\varepsilon^1$ xo^{44} $m\gamma^4$.

　　　装 支 笔 于个 盒 去

　　　把笔装到盒子里去。

以上例句中的处所结构作前一处置类动作事件的结果，但由于苗语中并
不存在典型意义上 VR 动结式，也就没有形成类似于汉语中典型的处置式
（把字句一类）。

2. 动态关系处所句

处所句的深层语义就是存在语义，动态存在处所句所描述的空间关系是
空间实物之间实际存在的现实空间位置关系。此处所言动态关系处所句，是
句法形式上与存在处所句相同，也有空间介词结构，但介词结构不再描述具
体实物的空间关系，而是指与某事件有关的处所或涉事，该处所指事件性处
所而非位移过程性处所。动态关系处所句与其他处所句的语义差异主要是由
句子处所成分的语义角色造成的。该处所句的处所成分在语义上既不是指动
作主体的位置所在，也不指动作客体的实际空间处所，而指整个事件的关涉
对象，其中的处所成分由介词 to^5 引出。如下例句：

（60）ς^ha^5 $p\gamma^4$ $nən^2$ qa^2 $t\varepsilon u^6$ $t\varepsilon i^2$ $ɖju^6$ nan^6 to^5 $t\varepsilon o^2$ fan^1 ε^1?

　　　难 道 他 就 确 实 丧 命 于个地 方 那（较远指）

　　　难道他真的在那个地方丧命吗？

（61）to⁴ ɕʰa⁷ lu⁴ ta⁴ tɕu⁴ ɬo⁵ xaŋ³ noŋ³.

　　　些　歌　老丢失完　于　处　这

　　古歌在这里已经失传了。

（62）ɕe¹ əu¹ ɬo⁵ li² ki⁴，so⁵ sʰɛ¹ ɬo⁵ moŋ² ɣaŋ⁴.

　　　引　水　于　田旱　　放来天　于　你　村寨

　　引水到旱田里，寄希望于你村。

以上例句中，我们还能体会到 ɬo⁵ 字结构的空间含义，但由于句子所涉及的目的物并非空间实物，空间语义特征并不明显，以致句子处所成分的语义所指也较为模糊不清。以下例句中 ɬo⁵ 的引介成分不宜看作空间处所语义成分：

（63）moŋ² ɬo⁵ xaŋ³ mɣ⁴，vɣ⁴ təu³ pɣ¹ sei² ɬo⁵ moŋ².

　　　你　别　走离去　我　拿　钱　于　你

　　你先别走，我拿钱给你。

（64）nən² ʑe⁶ xo⁵ nən² ɕʰa³ ɕən³ ɬo⁵ a¹ tei⁷.

　　　他　妈妈　叫　他　写　信　于　姑妈

　　他妈妈叫他写信给姑妈。

（65）nən² ɬe¹ vɣ⁴，ɛ⁵ nən³ vɣ⁴ tɕe⁸ qo⁵ nən² ɬo⁵ fa⁸ ve³.

　　　他　打　我　那么　我　才　告　他　给　法院

　　他打我，所以我才向法院控告他。

以上例句中 ɬo⁵ 引介的"处所"并非空间处所而只是关涉的对象，可译成汉语中的"给"，但 ɬo⁵ 与"给"又存在较大句法语义差异：汉语中表对象的介词"给"是由动词直接虚化而来，含有"给予"动作义，汉语中的"给"既能做给予动词，也能引出给予对象，还能表示空间、领属关系的转移，虚化过程并未经历"从引出空间处所到受事对象"的隐喻过程。而苗语"ɬo⁵"语义只标示某物从某处转移到他处的移动路径，并不能表达含有移动方式的"给与"动作，没有给予动词用法，并不标示领有关系的变化过程。如例（62）的语义是"递钱给你，钱不属于你"，苗语中要表达领有者的变化用动词 pɛ¹（nən² pɛ¹ vɣ⁴ ɛ¹ pən² təu³ 他给我一本书）。例（63）—（65）之所以也被划入动态关系处所句的范畴，是因为其语形上与 ɬo⁵ 字处所句有相同的句式，只是 ʈo⁵ 后的处所名词扩展到是抽象意义上的涉事对象而已，但 ʈo⁵ 在该句式中的语义依旧具有强方向性。

（三）典型处所介词 ʈo⁵

苗语 ʈo⁵ 的本义是"播种"，只限于对种子的种植，即"放种"义，现代苗语中 ʈo⁵ 作为空间放置义动词，表"在（特定的某处）放置某物"义。ʈo⁵ 作为放置义动词，其语义包含"放置某物"并使其到达"特定处所"的语义特征，若其后接受事（被放置物），必只限于对无生命物的放置，且 ʈo⁵ 的受事宾语一般不能通过句式提前。如下例（68）是不合苗语语法的：

（66）to⁴ nɛ² ɳaŋ¹ xaŋ³ ɛ¹ ʈo⁵ tɕu² tau⁵ te⁴.

　　　　些　人　在　处　那　置　桥　木(语助)

　　　人们在那边架起了桥。

（67）nən² to⁴ tɕu⁶ lei⁵ xaŋ³ moŋ² qa² ʈo⁵ lo¹ pɣ⁴ /lo⁵ ta² ʐaŋ².

　　　　他　些　一　到　处　那　就　置　脚手　嘴　来了

　　　他们一到那儿就开始行动/帮腔了。

（68）* moŋ² təu³ to⁴ ŋi² noŋ³ mɣ⁴ ʈo⁵.

　　　　你　　拿　些　肉　这　去　置

　　　你拿这些肉去放。

ʈo⁵ 虽是黔东苗语中表放置义的高频词，但必须带宾语，其后宾语位置的被放置物可以是如上例句所示的具体实物；也可以是抽象事物，如固定词汇中"ʈo⁵ naŋ⁶ 添寿""ʈo⁵ ɣe⁶ 置力/加油"等。此外，因 ʈo⁵ 的语义图式往往与"某一特定处所"相关联，"某一特定处所"成为该词语义成分凸显特征。也就是说，即便句中不出现处所成分，与动词 ʈo⁵ 关联的处所论元也可以通过百科知识背景或语义逻辑从动词论元结构中推导出来，如"ʈo⁵ xa¹ 穿鞋""ʈo⁵ ɖʰoŋ⁵ 戴项圈"等。

在现代苗语中，ʈo⁵ 后的宾语不再局限于被放置物，其宾语向处所成分扩展，且以带处所宾语为典型，以致 ʈo⁵ 后带受事被放置物的结构多只见于固定词汇中。更多情况下，ʈo⁵ 在表达"放置义"时，后接处所成分，如下例句：

（69）nən² ɬa⁶ tɛ⁴ qau¹ lu⁴ ɛ¹ ɬo⁵ ta⁶.

　　　他　跟个　公　老那置死

　　　他给死去的老人穿上衣服。

（70）moŋ² əu³ ɛ¹ nən⁷ ɕɤ³ ɬo⁵ to⁴ ŋi² noŋ³.

　　　你　要一点 盐 置 些 肉 这

　　　你拿些盐放这些肉上。

当 ɬo⁵ 语义中表"到达特定某处"的语义成分进一步得到凸显时，ɬo⁵ 便具备了由放置动词向空间介词演变的语义条件，加上其及物性句法特征，ɬo⁵ 必然往空间介词方向发展演变，乃至成为黔东苗语中较为常见的处所介词。ɬo⁵ 的处所介词用法使用频率远超其放置义动词用法，且其引介成分语义多样化，并不限于引进空间处所；但无论引进何种语义成分，ɬo⁵ 字介词结构都以"后置"于主要动词为压倒性优势语序。如：

（71）ta³ pʰaŋ¹ tin⁴ ti¹ ni² ɬo⁵ ɗaŋ² ta¹.

　　　拿　床　席　摊　开　于　地　上

　　　拿席子摊开在地上。

（72）tsən⁸ tɕən² to² pɤ⁴ ɬo⁵ nən².

　　　揍打　拳　头　手　于　他

　　　猛打他一拳头。

（73）nən² pu¹ ta² xaŋ³ noŋ³ tsʰu¹ nu⁴ tsʰu¹ ta⁵ ɬo⁵ pɤ¹.

　　　他 乱状 来 处　这　　　　叱骂　　　于我们

　　　他乱跑到这里来叱骂我们。

（74）moŋ² ʐaŋ⁴ tɕu¹ tɛ¹ ɬo⁵ ta⁴，ɬa⁴ qaŋ¹ xʰi¹ poŋ⁵.

　　　你　养　孩子于哥，哥 香　心 很

　　　你替哥带孩子，哥非常高兴。

例（71）的 ɬo⁵ 引介处所宾语，例（72）—（74）的 ɬo⁵ 引介动作的涉及对象（涉事），与空间处所的关系甚远。ɬo⁵ 的这种引介"涉事"的句法语义功能在苗语中具有典型性，甚至作为语言接触中的模式语结构影响到周边的汉语方言中介词"给"字的用法。如：

（75）方言：今天你妈妈有没有生气给你？

　　　普通话：今天你妈妈有没有向你生气？

（76）我讲故事给他们，他们都笑完了。

　　　我给他们讲故事，他们都笑了。

（77）他一生气就嘟嘴给别人。

　　　他一生气就向别人嘟嘴。

除了介词结构后置特性以外，ɬo^5 作为典型的空间处所介词，在苗语中又有句法上的相对独立性，即 ɬo^5 后的宾语可以省略。看以下例句：

（78）$\text{a}^2\ \text{kɤ}^3\ \text{pu}^1\ \text{xaŋ}^3\ \text{nau}^2\ \text{ɬo}^4\ \text{moŋ}^2,\ \text{ɕhi}^1\ \text{ne}^2\ \text{tɕu}^1\ \text{ta}^7\ \text{tɕa}^1\ \text{ɬo}^5.$

　　　不要　随意　吃　些　那　　怕别人　放　药　于

　　　不要随便吃那些东西，怕有人在上面投毒。

（79）$\text{ȵu}^6\ \text{va}^5\ \text{qa}^2\ \text{phe}^3\ \text{nən}^7\ \text{əu}^1\ \text{ɬo}^5.$

　　　稠　很　就　掺　点　水　于

　　　太稠了就兑点水。

例句中，ɬo^5 的空间介词用法明显，后面的处所宾语可以依语境省略。李炳泽曾在《黔东苗语介词形成初探》一文中提到"ɬi^5 '使某物位于某处'的'某物'和'某处'在大多数情况下是相关的……这种动作方向上的同一性很容易导致 ɬi^5 可以不支配'某物'而直接与表示'某处'的名词结合"。这说明了 ɬo^5 作空间词时，由于其语义本身对处所语义成分的凸显，只需根据句子中出现的"某物"，就可以推导出与 ɬo^5 相关联的"特定某处"；加之，ɬo^5 与处所高频共现的固定搭配会进一步致使其获得"隐含处所"的语义特征。ɬo^5 的该语义特征影响其句法特征，主要表现为：ɬo^5 后的宾语因与"某物"有语义上的对应性（或同一性）而可以直接依语境省略，从而造成诸如例（78）、（79）所示的处所悬空现象，且该现象在黔东苗语中十分常见。

小结

处所句是与存在句有着相同语义结构关系而在语形有所区别的一类空间关系句式。黔东苗语处所句按结构类型可以分为不含介词的 NP＋VP＋NPL

结构、含介词的 NP＋VP＋Prep＋NPL 结构和含有趋向动词的 NP＋VP＋Q＋NPL 结构。从语义类型来看处所句又可分为静态处所句和动态处所句；其中，静态处所句中又分为静态存在处所和静态属性处所，前者表具体实物与处所之间的存在关系，后者表具体实物在某空间内的属性状态；动态处所句也分位移处所句和动态关系处所句，前者指实际空间处所中所发生的空间位移，而后者指与某处所发生关联的某非位移事件。黔东苗语中典型处所介词 to⁵ 作介词，语义上相当于汉语介词"在"，但其句法语义上具有一定的独立性和完整性，可省略处所论元，致使处所宾语位置空缺。

第三节　领属、存现与处所之关联

领属、存在和处所是人类认知世界的基本概念，也是世界语言中普遍存在的语义概念，三者之间的语义关联是近百年来认知科学、人类空间哲学和语言科学等研究的重要内容之一。Brugeman、Taylor 认为领属者与领属物在空间和处所上具有邻接性（转引自 Heine 1997）；Lyons（1967）、Seiler（1983）、Clark（1977）等从跨语言角度论证了人类语言中处所、存在与领属表达式都存在相同的底层结构，即处所结构，认为领属范畴是处所范畴的一个次范畴；后有 Heine（1997）、Stassen（2009）等通过多语言对比，从认知角度论证领属、存在和处所三个空间概念的语言共性；近年来，领属结构与存现结构之间的联系区别也成为汉语语法学界讨论的热点问题之一，郭继懋（1990）、沈阳（1995）、任鹰（2009）等人都从不同角度探讨了汉语中领属范畴与存现范畴的同一性问题。

黔东苗语中的领属、存现与处所结构三者之间更是存在句法表达上的交叉同一性和语义上的关联性问题。从语义关系来看，领属关系、存现关系和处所关系必含领属、存现与处所三种中的两种语义角色；其中，存现关系与处所关系之间都是体现处所与存现物的关系，二者的主要区别在于语形上的语序差异；而领属关系中的领有者与领属物同存现关系中的处所与存现物之间在语形上没有什么区别，而语义角色亦存在语义相关。若我们将相互联系着的领属、存现与处所三类关系统称为空间关系，那么，该空间关系作为一种语义关系，必然发生在两个论元之间所表达的语义角色中，而该关系的体现既可以通过空间关系词的词义系统来表达，也可以通过表达空间关系的结构或句式来表达。本小节着眼于空间关系谓词和空间关系结构两方面来探讨黔东苗语领属、存现与处所之间的句法语义关联。

▶ 一、空间关系谓词之领属、存现与处所语义关联

me^2 与 nan^1 是黔东苗语中典型的存在动词，也能表达领有关系，二者在表达空间领有类存在关系时，绝大多数情况下都可以互换。但由于二者有不同的语义演变来源和路线，而存在句法语义上的差异：me^2 由"生育义"动词发展而来，其与领有概念的语义关联更为紧密，而 nan^1 由"居住义"动词发展而来，其与处所概念的语义关联更为密切。

（一）me^2 字句：领属＞存在

me^2 是苗语三大方言区都用来表达领属和存在关系的同源词，也是黔东苗语最典型的领属关系动词，相当于现代汉语中的"有"，所能表达的领属关系涵盖社会关系、物权关系、整体部分关系、抽象事物和特殊事物等方方面面。由 me^2 构成的领属句既是黔东苗语中较为典型的领属句，同时也是黔东苗语中典型的有标记存在句，能表达的存在关系亦涵盖具体空间物的处所存在、抽象存在、特殊事物存在等。我们认为，由 me^2 形成的领属-存在语义系统中，me^2 的存在义源于其领属义，也就是说由 me^2 构成的存在句是从 me^2 字领属句拓展而来的。

1. me^2 的领属义认知基础

me^2 作为黔东苗语中最常用的领属义动词，也可以表达存在义，这两种含义有着共同的认知基础——在人类认知系统中，既是"拥有"就必然以"存在"为前提。然而，"拥有"作为一种物与物之间的静态属性关系，并非一开始就能被人识解，往往是必须通过从无到有的动态变化过程中而得到识解的。也就是说，"拥有"关系的建立从被领有物的出现为前提。我们确实可以看到，黔东苗语中 me^2 用来表达有生命物体"出生"的用例，如：

(1) a¹ ȵaŋ¹ za⁷ mɛ² o¹ tɛ⁴ tɛ¹ pʰi³，nɕʰu⁵ noŋ³ ʑu⁴ mɛ² ɛ¹ lɛ².

    嫂嫂　家 有 二 个 女儿　年 这 又 生 一 个

    大嫂有两个女儿，今年又生了一个。

(2) tɛ⁵ noŋ³ tɛ⁴ mi⁸ ȵi² mɛ² ȵəu² qa¹ tɛ¹ ȵi² hei¹.

    早 这 个 母 牛 有 个（缀）仔 牛（语气词）

    今天早上母牛生了一头小水牛。

以上例句中的 mɛ² 相当于一个具体行为动作动词，表达"生育"义，但不能用于哺乳动物以外的其他孕育义。从认知语义学角度来看，mɛ² 在语境中所表达的"生育义"的语义图式就是一个被领有物从无到有的出现过程，该过程的结果即为"拥有义"，后加拥有物作宾语。从整个句子的语义来理解，也就是由 mɛ² 构成的一般谓词动作事件内包含由 mɛ² 所构成的结果状态—领有状态关系，即通过过程来推导结果，或是通过动态变化事件来理解静态领属关系，符合苗族对事件的认知特征。但需要注意的是，mɛ² 并不能单独表达生育义，在一定句式格式中才能体现出生育义，如以下例句画线部分中 mɛ² 的用法不合苗语语法：

(3)* tɛ⁴ ɬa³ noŋ³ mɛ² o¹ tɛ⁴ qa¹ tɛ¹ ɬa³ qa² <u>mɛ²</u> to⁵ lo⁴.

    个 狗 这 生 了 两 个 狗崽 就 生 不 出来 了

(4)* moŋ² <u>mɛ²</u> nɕʰu⁵ tei⁶ ɕi³？

    你 有 年 什么

    你哪年出生的？

以上 mɛ² 作一般行为动词表达"生育义"时，后面必须接生育动作的结果宾语"拥有物"，其使用语境的局限性也直接影响到 mɛ² 在表达"领有"义时的句法语义特征，即领有义 mɛ² 的句法语义本质是一种强及物性领有，即必须要有被领有名词编码为受事，必须要有被领有名词与之共现（承前省略的例外）；而与 mɛ² 有着同义关系的 ȵaŋ¹ 在表达"生育"义时，则并没有类似句法制约，相对而言，ȵaŋ¹ 的及物性特征比 mɛ² 弱，后文详述。

可见，苗语中 mɛ² 本身的语义核心偏向于凸显"领有"而非"空间存在"。然，苗语中的 mɛ² 又能自如表达空间存在语义，且使用的频率高，能表达各种具体、抽象事物、属性等存在。从词汇意义上来看，$mε^2$ 的语义链到存在义截止，与处所义并无直接关联，没有表"在"义处所动词用法。

2. $mε^2$ 的"领属义"与"存在义"之间的概念关联

"领属"与"存在"是一对具有人类普遍共性的相近认知概念，二者之间存在认知层面上的概念关联，而这种关系性体现在语言上就是表达形式的范畴化或统一性。黔东苗语的领属与存在关系都可以用 $mε^2$ 来表述，也就是说，苗语谓词领属句与存在句有表达形式上的高度一致性。如以下例句：

（5）$ŋi^5$　tau^5　$noŋ^8$　$mε^2$　$tɕi^4$，$ŋi^5$　$mε^5$　$noŋ^8$　$mε^2$　$poŋ^4$.

　　看见　树　各自　有　枝　看见妹　各自　有　情人

　　看见树上有枝丫，看见阿妹有情人。〈歌〉

（6）$vɤ^4$　$mε^2$　$ε^1$　ljo^3　$ɕ^han^5$.

　　我　有　一　把　伞

　　我有一把伞。

（7）q^ha^5　ta^2　tsa^3，to^5　$mε^2$　$tɕu^3$，xo^5　$ɖo^2$　$kɤ^3$，$tɕ^hi^5$　va^2　$kɤ^3$.

　　客人来　家　没　有　酒　煮锅　饭　气不　断　状

　　客人来，没有酒，煮锅饭，客人气鼓鼓。

（8）$ʈu^1$　$xε^2$　te^5　$vε^2$　$ε^5$　　$ɕi^3$　$mε^2$　t^he^8　t^ha^8　no^5　$ε^5$　$noŋ^3$.

　　里　海　处　上　做　什么　有　铁　塔　多　做　那

　　海面上哪儿来那么多铁塔？

例（5）中，前半句的 $mε^2$ 表述 tau^5 与 $tɕi^4$ 之间的整体与部分关系，后半句的 $mε^2$ 表达 $mε^5$ 与 $poŋ^4$ 之间的社会亲属关系；而例（6）中 $mε^2$ 所连接的是领有者 $vɤ^4$ 与被领有者 $ɕ^haŋ^5$ 的所有权领属关系；这两个例句中三对概念关系在人类诸多语言中都直接被编码为领属关系范畴表达，这具有人类认知的普遍性。Seiler（1983）也曾指出人类认知系统中的领属关系本身就包含人类与其亲属、身体部位、文化智力产品间的关系，即"亲属关系""整体—部分关系""领属关系"。例（7）是黔东苗语中一首口口相传的儿歌，句中 $mε^2$ 所表达的 tsa^3 与 $tɕu^3$ 之间的关系，既可以理解为领有关系，也可以理解为存在关系，但从文化语境理解来看，该语义更偏向于领有，因为苗族礼俗中的酒是待客必需品，只要家里有酒就一定会拿出来（即领有就必然存在，除非没有）。例（8）中的主语 ʨu¹xɛ²te⁵vɛ² 空间处所义明显，mɛ² 所表达则是完全意义上的空间存在关系。

储泽祥（1997）认为："如果存在是事物的特殊性质的话，那么，所有被领有的东西也都具有存在性。也就是说领有包含存在。"事实上，整体部分关系本质上属于领属关系，而空间处所存在关系就是进一步拟人化了的、具体形象化了的领属关系。领有包含存在，既然"领有"就必然已经"存在"，这一语义逻辑同样适用于苗语，mɛ² 在苗语中的"列举"义用法，更能体现这一点：

（9）lɛ¹vaŋ²tʨi⁵mɛ²to⁴vo¹ɖəu¹vo¹paŋ⁸tse³mi⁸vo¹ko¹mɛ².

　　个 园 子 种 有 些 菜 白 菜 萝 卜 麻 辣 果 有

　　园子里种了白菜、萝卜、西红柿等等。

（10）pɤ¹　mɤ⁴kʰa¹li²、tʨu⁷la⁶、ɖʰei⁷naŋ²、xʰi¹təu⁴mɛ².

　　我们 去 犁 田 挖 土 割 草 砍 柴 有

　　我们去犁田、挖土、割草、砍柴等等。

列举是对"种""属"关系的翔实说明，将"种"类事物以个体的形式做出全部或部分呈现出来。以上例句中的 mɛ² 无论是前置或后置于"属"类词，事实上，都是对"种"类词进行的实例分解，陈述一种包含关系，mɛ² 的这种列举义实则是表达言域范围内的存在，与英语中的"and so on"相似，是一种高度抽象的存在关系，进一步说明了领有与存在的语义关联。

就认知规律而言，我们认为 mɛ² 的存在义是由领属义的认知性推理而来的语义功能拓展。人类对空间关系的认识来源于社会实践，是人类实践经验中不断发展出来的对客观事物位置关系、运动过程或状态的认知和识解。人类对领属的认知则是人类能产生自我意识时就已开始——或源自身体部分的组成，或源自亲属关系。一切认知都是由自身认知开始，人类对自身的感知先于对其他任何事物的感知。领属是对自身特征的认识，而空间关系的理解和识别则是人类对外界客观事物关系的认知处理。同时，人类在认识空间存在关系时所花费的认知努力也要多于原始领属关系（身体部位与整体的领属关系）：原始领属是表述事物内部属性的，领属关系是物与物之间的外部属性关系，尚不牵涉实物之外的空间或时间关系的判定时，对领属关系中

"物"的语义理解尚不需要启用认知转喻机制来延伸出"物"的空间转喻义。就是说领属关系是物与物之间自然的原生属性关系，空间关系中的整体部分关系也是物体内部静态的原生关系（并没有分离出不同的个体，其中的领属含义就不那么明显了），而空间存在关系则与物物自然的原生关系则更远了，但依旧可以看作是"孕生"关系的进一步隐喻。本章第一节提到的诸如"这个房间有气味"等属性类存在句，表达事物的非原生属性时，也一般不用 $m\varepsilon^2$ 字存在句。也正是因为 $m\varepsilon^2$ 的这种领有义凸显，只能表达与领有义有相关性的存在，并不能用来表达单纯的处所。

事实上，从苗族古歌中的创世神话可以看出，苗族对万物的认识是"万物皆有灵"，连人类的起源亦是由自然物相互作用孕育而生，甚至认为整个天地宇宙空间也是自然之物孕育而出。从苗族的生命哲学看来，所有存在物都是必然经历孕育生长的过程，若说"领有就必然存在"是人类共同的认知逻辑，那么，苗族如此生命哲学下的"存在必以领有作为隐含的前提条件"的认知个性也就不足为奇了。如此看来，苗族认知体系中的存在其实就是一种广泛意义上的领有，苗语的存在句也确实并未对存在物的生命度做出区别性编码。

（二）$naŋ^1$ 字句：处所＞存在＞领属

$naŋ^1$ 是黔东苗语中很有特色的词，既能作存在动词，汉译成"有"，在很多情况下都能与 $m\varepsilon^2$ 字存在句相互转换；也能作处所动词，汉译成"在"，接处所宾语，在更多情况下又容易与处所介词 to^5 发生混淆。若说，$m\varepsilon^2$ 在语义上更强调其领有性，$naŋ^1$ 则因其语义来源和语义核心在于"居所"，在表达存在关系时则更强调其空间处所性。

1. $naŋ^1$ 的语义链分析

$naŋ^1$ 在黔东苗语中有多种义项，张永祥主编的《苗汉词典（黔东方言）》（1990）列出 $naŋ^1$ 的义项如下：①在（处所）；②住，居住；③坐；④有（存在）；⑤乘（交通工具）；⑥出生。其中，第⑤个义项"乘"与第③个义项"坐"可合并为一项；与其他几个义项之间也并非相互独立，而是相互联系成一个语义网络系统。吴福祥（2010）曾提出："当一个语言的'居住'义语素只有'居住'义动词和处所/存在动词时，演变的方向应是'居住义动词>处所/存在动词'。"并将居住义动词视为东南亚语言居住义语素语法化路径的起点。黔东苗语中的存在动词 ȵaŋ¹ 与其居住义有一定相关性，但居住义并非存在义的直接来源，而是经历了一定的语义概念整合过程。

在东南亚诸多语言中，由居住义发展而来的处所/存在动词，多只限于表人或有生命物体的存在，如浪速语中的 na³¹（孙文访，2015a）。而苗语中的 ȵaŋ¹ 有居住义用法，但在表达存在时，既可以指人或动物的存在，也可以表达植物或无生命物体的存在。如：

（11）ɛ¹ xʰi¹ faŋ¹ noŋ³ ȵaŋ¹ to⁴ mᵉʰu¹ no⁵.

　　　 一 带 地方 这 有 些 苗人 多

　　　这地方有很多苗族人。

（12）vɤ⁴ tsa³ ȵaŋ¹ tɛ⁴ pa³ ljo³.

　　　 我 家 有 头 公黄牛。

　　　我家有头黄牛。

（13）tɕo² te² kɤ³ vɛ² ȵaŋ¹ qa¹ tɛ¹ po³ ɣi¹ no⁵ no⁵.

　　　 桌 子 路 上 有 粒 小(缀)石 多 多

　　　桌子上有很多小石头。

以上例句所涉及的存在物既可以是生命度高的人，也可以指生命度低的石头，其在语形表达上并未做出区分，这是苗族"万物皆有灵"的生命观在语言表达中的体现。若要对句中 ȵaŋ¹ 的存在义语义延伸的直接来源进行分析，例（11）中的 ȵaŋ¹ 表示存在，亦可直接理解为"居住"；而例（12）、（13）中的 ȵaŋ¹ 都只能分别理解为领有性存在和处所性存在，与居住义无关，此语境下的 ȵaŋ¹ 在句中的词义已抽象化，并不表达具体动作意义的行为动作动词，而是带有抽象存在义的状态动词。从 ȵaŋ¹ 在苗语中各义项的语义关联来看，"居住义"搭配的论元局限性最大，只限于描述人（至少是有生命物体）的"长期"的空间状态，"坐义"限于人或动物的一般性的"短期"空间状态。但从 ȵaŋ¹ 所描述的存在关系来看，并不区分长时性存在和短时性存在，我们认为，苗语中"居住义"和"坐义"都可能作为存在义的来源，但坐义更有可能是存在义的语义源头。

居住义向存在义的语义延伸已得到普遍认可，此不赘述；要说 ȵaŋ¹ 的存在义由表达具体动作义的坐义延伸而来，苗语也并非独例。古代汉语中的"居"，《说文解字》中解释为："居，蹲也。从尸古者，居从古。踞，俗居从足。""处"与"居"同义，坐几而歇，段玉裁《说文解字注》中有："但古人有坐，有跪，有蹲，有箕踞。跪与坐皆膝著于席。而跪耸其体。坐下其臀。诗所谓启处。《四牡》传曰：'启，跪也。处，居也。'《四牡》不遑启处。"又有范仲淹诗"居庙堂之高则忧其民，处江湖之远则忧其君"为证。可见，汉语中的"居，处"也是源于身体姿势动词，或蹲，或盘腿而坐，语义泛化后，延伸为泛义居住动词。又如，邵阳方言中有"恩蹉古边，其蹉那边""冒事个话，紧是蹉长沙做么子"，其中的"蹉（蹲）"就是身体部位动词，泛化为一般性居处动词，泛指一般性的存在（不限于某种姿势或某种方式的存在）。汉语中的"居""处"语义泛化后，具体行为动作义消失，抽象存在义越来越凸显，所表达的居处状态也不限于短时状态。苗语中 nan^1 的坐义向存在义延伸的过程，类似于汉语中的"居""处""蹲"等。从苗族的创世神话中可以了解到苗族"一切存在都由自然物的孕育而生"的生命哲学，那么，表存在义的 nan^1 向"出生"义延伸也就顺理成章。但相较 me^2 的存在义和生育义而言，nan^1 的领属性较弱而空间处所义较强，nan^1 的语义关联与"处所"更为接近，这可以从 nan^1 的生育义用法中可见一斑。如：

(14) $t\varepsilon^4$ $\da^3$ non^3 me^2 o^1 $t\varepsilon^4$ qa^1 te^1 $\da^3$ qa^2 $\underline{nan^1}$ to^5 lo^4.

　　　条　狗　这　有　二　个(缀)崽狗　就　不　　　来

　　　这条狗生了两个狗崽，就生不出来了。

(15) mon^2 $\underline{nan^1}$ po^1 $t ho^3$ / $n^{ch}u^5$ tei^6 ei^3?

　　　你　　哪里　　年　什么

　　　你哪里/哪年出生的？

　　对比前文所述 me^2 的孕育义在句法语义上的局限性主要是因其及物性，若说 me^2 是及物性领有存在，那么，nan^1 也就完全可以理解为一种不及物处所存在。正因为 nan^1 在语义上更接近于对空间处所的表述，其后可以接处所名词，在表达生育义时，也可以直接接处所名词，而时间名词可以看作是处所词的隐喻用法，也就有了以上例（14）、（15）中 nan^1 的句法语义功能。

2. ŋaŋ¹ 的处所义、存在义与领有义之间的概念联系

由于 ŋaŋ¹ 的存在义是由身体部位动词经历了居住动词的语义演变而来，其动词的空间实义也不容易脱落，所隐含的空间性也特别强，这也决定了苗语中的 ŋaŋ¹ 不可能像汉语的"在"一样继续往时间副词或处所介词虚化。正是因为 ŋaŋ¹ 的这种强空间性的制约，在表达存在义时，其语义表达也限于"当前性存在"，这与领有性存在 mɛ² 字形成对比。如 mɛ²ɛ¹nᵈʰɛ¹ 与"ŋaŋ¹ɛ¹nᵈʰɛ¹"都可以汉译成"有一天"，但在语义上就有不定指与定指之间的区别：前者是说话人和听话人都不知道的"某一天"，而后者指说话人所定指的"当天（在那一天）"。

ŋaŋ¹ 的语义链特性也决定了 ŋaŋ¹ 字存在句的句义现实性，当其主语为有生命物体时体现得更加明显。如"nən²他 ŋaŋ¹有 mɛ⁶妈妈"就含有一种"妈妈还健在"的语义预设在内。相比之下，来源领属义句式的"nən²mɛ²mɛ⁶"在苗语的语用中是不具有传递信息价值的"废话"。就语义逻辑而言，"他"必然有与之含领属关系的"妈妈"的存在，这种领属性的存在关系是一种必然性，mɛ² 的语义就是一种多余，不再具有传递新信息的价值。

毋庸置疑，存在概念本身就是指某处所中的存在，即存在是以处所为前提，ŋaŋ¹ 的处所义向存在义延伸，事实上，就是对 ŋaŋ¹ 所含的空间义更深层次的语义延伸，而处所存在义又向领有存在义延伸，也是 ŋaŋ¹ 所表达的事件概念的外延性扩展。首先，我们可以从苗语语料中看到 ŋaŋ¹ 的处所义用法中不可避免含有处所存在义在内，如：

（16）ɣaŋ⁴ ze⁴ ŋaŋ¹ mɛ² tɛ⁴ tɛ¹ ɣaŋ⁵ pi⁵ xo⁵ loŋ² tɕaŋ².

寨岳 住 有 个 人 年轻 名字 叫 龙江

岳寨有个年轻人叫龙江。

（17）ŋaŋ¹ lɛ¹ vaŋ² zu⁵ zu⁵, ljaŋ⁶ na⁶ toŋ² ki⁵ zi⁵.

有 片 小 竹 林 长 满 了 笋 子

有片小竹林，长满了竹笋。

（18）ᴀ² pu¹ nən² ŋaŋ¹ tɕaŋ² no⁵ ɕu⁶ nᵈʰu⁵, nən² ᴀ² pu¹ ŋaŋ¹ ło⁵ ɣe⁸ ɣa².

不 知 他 在 成 多 少 年 他 不 知 存在于 劳累

不知道过了多少年，他不知道有多累。

以上例句，ɳaŋ¹ 字存在句强调"存在"的当前性和现实性，往往会起到凸显 ɳaŋ¹ 后宾语的现场感的作用，使宾语在语用上得到凸显，成为后续话题，这又为 ɳaŋ¹ 的空间语义更为虚化提供了语义基础，直接促成了 ɳaŋ¹＋NP 成为话题性领有结构，也为处所词或领有者进入句首位置提供了句法条件。如下例句：

（19）tɕo² faŋ¹ noŋ³ mɛ² lɛ¹ van⁴ to¹ to¹，ɳaŋ¹ poŋ⁴ za⁴ ta¹ ɖu¹.

块 地方 这 有 个 水塘深深的， 有 对 泥鳅白 色。

这个地方有个很深的水塘，有对白色的泥鳅。

（20）nən² ɳaŋ¹ tɛ⁴ mi⁸ pe⁵ lu⁴，pɤ⁵ tu⁸ nᶜʰu⁵ tɕe⁸ fa⁴.

他 有 头 雌 猪 老 睡 一 年 才起来

有头老母猪，睡了一年才醒来。

其次，在很多情况下，苗语中表达存在义的 ɳaŋ¹ 与 mɛ² 几乎是同义词，可以互换并不影响句子语义。存在义 ɳaŋ¹ 与 mɛ² 甚至可以同现，以同义联合的方式表达存在义，当二者同现时，mɛ² 必须后置于 ɳaŋ¹，不能调换语序，这也说明了在表达存在义时，mɛ² 的语义较 ɳaŋ¹ 更虚。如下例句：

（21）toŋ³ sei⁴ lo⁴ so⁶ zaŋ²，qe¹ kɤ³ tɛ⁴ ɳaŋ¹ mɛ².

冬 也 来 到 了， 活 路 还 存在 有

冬季来了，活还不少。

（22）lɛ¹ li² noŋ³ tɛ⁴ ɳaŋ¹ mɛ² za⁴ no⁵ poŋ⁵ va⁵.

个田 这 还 在 有 鱼 多 很 很

这水田还有许多鱼。

总之，我们也可以通过一系列例句的对比，看到 ɳaŋ¹ 的处所存在义慢慢凸显，再到领有性存在义凸显的过程，如下例（23）—（25）中的 ɳaŋ¹ 体现了其空间处所义向领有性存在义，再到属性存在义的语义虚化延伸过程：

（23）lɛ¹ tsa³ no⁶ kɤ³ ɳaŋ⁶ ɳaŋ¹ to⁴ no⁶.

个 家菩萨边 里 有 个菩萨

庙里有个菩萨。

(24) $vɤ^4$ tsa^3 $ȵaŋ^1$ te^4 mi^8 pe^5 lu^4.

　　我　家　有　个　母　猪　老

　　我家有头老母猪。

(25) le^1 li^2 $əu^1$ non^3 $ȵaŋ^1$ $ɛ^1$ $tɕu^6$ $əu^1$ to^1.

　　丘田水　这　有　一膝盖水深

　　这丘田的水有膝盖那么深。

二、空间关系构式之领属、存现与处所语义关联

（一）领属句与存现句的语义关联

1. me^2 字领属句与存在句的语义关联

苗语中的领属关系作为一种静态结果状态，是事物存在关系产生的顺接性结果；也是事物存在关系产生的原生性条件，存在与领属之间确有密切的语义关联性，就句式而言，苗语中 me^2 字领属句与存在句最大的区别在于句首的主语是表物领属主体，还是表处所地点。语言学家曾用大量语料证明生命度越高的修饰语越容易前置于名词，而领属关系中的领主更倾向于生命度相对较高的名词充当，因此，大多数语言的领属关系的语序是领主前置。苗语中的 me^2 作为领属存在关系动词，已虚化为一个领属存在标记，在不可让渡的领属存在句中，领有关系词在语义就是作为一种语义冗余成分而存在，此时的领属即为存在，存在即为领属，二者可以相互转换。如：

(26) a. $nən^2$ $naŋ^4$ $\underline{paŋ^1}$ u^3 qa^1 $ljaŋ^8$.

　　　她　穿　件衣服（缀）花纹

　　　她穿着一件有三角和四方形相间花纹的花衣服。

→b. $paŋ^1$ u^3 me^2 qa^1 $ljaŋ^8$.

　　　件衣服有（缀）花纹

　　　衣服有花纹。

(27) a. $vɤ^4$ tsa^3 qe^1 la^6 $ɣu^5$ $poŋ^5$ va^5.

　　　我　家稻子好很　很

　　　我家的庄稼好得很。

→b. vɤ⁴ tsa³ mɛ² to⁴ qe¹ la⁶.

　　我　家　有　些　稻子

　　我家有庄稼。

以上例句画横线部分名词之间的关系是"物—物"之间的修饰性领属关系，可以转换成 b 例句，表达"物—物"之间的谓词性（陈述性）领属关系，b 例句主语和宾语之间陈述性领属关系，也可以理解为一种处所与物之间的空间关系。从收集到的苗语语料中可以看到，领属义是 mɛ² 的本义也是其核心义，领属句是 mɛ² 字句的典型成员。其中，动词 mɛ² 在认知语义系统中获得了领属性存在，其延伸义（存在）进一步促成了领属句与存在句之间句式关联的桥梁作用，在实现这两类句式的范畴化过程中，构成了"处所主语＋领属动词＋宾语"结构的范畴化。当领属动词前的主语是处所主语时，句式的空间义促发 mɛ² 的延伸义产生，反过来，mɛ² 的领属规约义又促使处所主语往领主语义靠近，主语成了具有领主性的空间词，这就是动词与句式之间的互动关联。因而，由 mɛ² 构成的存在句，主语处所的空间量是大于宾语的，宾语在空间上亦被领属于处所主语。如：

（28）pɤ¹ qa¹ me⁶ ɣaŋ⁴ mɛ² tɕo² əu¹.

　　我们(缀)脸　寨　有　条　河

　　我们村子前面有条河。

（29）* pɤ¹ ɣaŋ⁴ mɛ² tɕo² əu¹.

　　我们 寨 有 条 河

　　* 我们村里有条河。

（30）tɛ⁴ pe⁸ le¹ tɕʰu¹ sei² ʌ² mɛ² nən⁷ qa¹ qʰu¹ ki¹.

　　只 猫 个 肚 也 不 有 点 (缀)壳儿螺

　　猫肚子里连壳都没有。

此外，我们也可以从属性类存在句中看到苗语中领属与存在之间的构式语义关联，如下例句：

（31）pʰɛ¹ moŋ² to⁴ li² sʰa⁵ to¹ ta¹.

　　片　那　些 田　最 深 土

　　那片田的土层最深。

（32）tau⁵ lja² əu¹ ɬu⁴ tɕɤ⁴.

树柳水 垂 下 枝

杨的柳枝垂下来了。

以上例句中的主语与宾语之间的语义关系很明显是领属关系（或整体部分关系），与空间存在关系相隔较远，但依旧可以用典型的存在构式来表达这种典型的领属语义关系，且这种表达在苗语中较为常见。可见，苗语中的领属与存在之间的句法语义关联较为密切。

2. 一般谓词领属句与隐现句的语义关联

事实上，领属与存在之间，也并不是以领有标记 me² 作为单一形式而建立起来的句法语义关联。一般谓语动词进入一定构式中，与构式不可避免会产生语义上的互动：首先，进入该结构的动词语义必然在构式的压制下得到某一方面的语义衍生；其次，有某一动词充当该结构的谓词核心时，该构式也必然受到核心动词某特殊语义特征的影响，而构成有区别性语义特征的某一构式。如生长消失类动词在进入存现构式以后，其结果义得到凸显，由一般性动作事件语义概念向领有句/存现句语义概念延伸。如下例句：

（33）A：tɛ⁴ qa¹ tɛ¹ noŋ³ lɛ¹ qʰo¹ tɕaŋ² lɛ¹ qa¹ po³ to¹.

个(缀)小孩 这 个 头 长 个(缀)包 块

这个小孩头上长了个包。

B：tɛ⁴ qa¹ tɛ¹ noŋ³ lɛ¹ qʰo¹ ljaŋ¹ me² lɛ¹ qa¹ po³ to¹.

个(缀)小孩 这 个 头 长 有 个(缀)包 块

（34）A：nᵠʰɛ¹ noŋ⁴，pɤ¹ ɣaŋ⁴ ta⁶ tɛ⁴ qau¹ lu⁴.

昨 天 我们 村 死 个 公 老

昨天，我们村死了一个老人。

B：nᵠʰɛ¹ noŋ⁴，pɤ¹ ɣaŋ⁴ ta⁶ mɤ⁴ tɛ⁴ qau¹ lu⁴.

昨 天 我们 村 死 去 个 公 老

通过对苗语长篇语料的收集与分析，我们发现，黔东苗语中对动词的时体表达并不显赫，很少有专门用来表达动作时体的动态助词或标记；动词往往采用一定的格式后，受到句法格式或语境语义逻辑的影响而凸显出某一时态特征。以上例句中的生长消失类动词本身并没有体现出某一特定的时态语义，进入存现构式以后，受存现构式义的影响，句中的核心动词只凸显某一特定的时态语义，以体现出动态性的"隐现"义。

甚至，还有一类动词，其语义上凸显事物的性质或状态，这类谓词进入存现构式，必然会使存现构式产生语义上的变化，从而构成存现语义类型中的非典型成员——属性类存现句，本章第一节已详述，此不赘述。

可见，能进入构式中的谓语动词越丰富，那么，存现句的非典型语义类型也就越多。

3. 名名领属结构与零动词存在句的句式关联

Leon Stassen（2009）的 *Predicative Possession* 一书从世界 400 多种语言中概括出四种可让渡谓词领有的标准类型和非标准类型，其中，非标准类型包括零编码，即领有谓词不出现。零编码领有结构也是黔东苗语中最常见的谓词领有标准形式，即直接表述为两个不同语义角色（领有者与被领有者）的名词 NP_1 与 NP_2 的连接组合，中间不加任何表领属关系的辅助性词；而苗语中，简单的存在句也同样可以用表达不同语义角色（处所与存在物）的名词 NP_1 与 NP_2 的直接组合，中间不用其他表达存在关系的动词。若是不存在其他外层的补充性句法语义成分，该结构就可能存在"领属"与"存在"两种语义关系。如：

（35）$t\varepsilon^4$ pe^8 $l\varepsilon^1$ $t\varepsilon^h u^1$

　　　个　猫　个　肚子

　　　一只猫有一个肚子　OR　猫的肚子

（36）$l\varepsilon^1$ $\gamma a\eta^4$ to^4 pe^5.

　　　个　寨子　些　猪

　　　一个寨子有一些猪　OR　寨子的猪

由于苗语是量词显赫语言，名词作主语时在表达定指时也通常必须有量词作为"前缀式"词出现在名词前，构成量名结构。位于句首的量名结构在语义上为定指时，其与后面的量名结构关系更倾向于理解成领属关系；句首的量名结构在语义上为不定指时，量名结构的语义凸显"量"，与后面的量名结构相对，由"量"的对比，从而凸显出"存在义"，此时的两个量名结构便更适合理解成存在关系。

从认知的普遍性来看，存在关系是一种表述关系，而领属关系是一种从属关系，从语义结构上来讲，表述关系可存在几个主语，主语与主语之间是套叠的表述关系。存在与领属的句式关联就在于主语语义位置的偏离，当主语语义距离偏向 NP₂ 时，句首的名词 NP₁ 就不作主语成分，而只能作为 NP₂ 的语义参照，二者构成领属关系，反之，则构成存在关系。我们可以看到，相同结构构成的不同句法语义结构，事实上，又有着相同的深层语义逻辑关系，即领属关系与存在关系有着相同的深层语义关系，该结构的差异性在于该结构所处的外部句法关系的差异性。如下例句：

(37) $\underline{te^4\ pe^8}$ $le^1\ t\varepsilon^h u^1$ $a^2\ me^2\ qa^1\ q^h u^1\ ki^1$.
　　个　猫　个　肚子　没　有（缀）壳儿　螺
　　猫的肚子没有一个壳儿。

(38) $\underline{nen^2\ ti^8\ vo^1\ dh^4 x^1}$ $te^4\ k^h i^1\ kon^4\ non^4$.
　　他　碗　菜　酸汤　还　热　散发热气状
　　他碗酸汤还热乎乎的。

(39) $\underline{te^4\ ne^2\ non^3}$ $le^1\ q^h an^3\ nan^6\ i^1\ va^5$.
　　个　人　这　个　处　内恶毒　很
　　他心里很恶毒。

以上例句划线部分的名名结构，单独使用时可以理解成零动词存在句，后面有其他描述性谓语时，则更倾向于理解为领属关系。而例（38）、（39）的名名结构中还可以加入领有动词"me^2"，句子的语义结构关系依旧没有变化。

（二）处所句与存现句的句式关联

汉语中的"某物在某处"（本书称之为处所句）与"某处有某物"（存在句）在语义逻辑上是相同的，都表示存在意义，二者是同义异构关系，除了"某物"与"某处"之间的主宾语序颠倒以外，句式中的谓语核心动词不能用同一动词表达，分别由"在"和"有"担任，分工明确。同属 SVO 语的苗语却有 nan^1 共同担当"在"和"有"的功能，可兼表"存在于"与"存在"，即 nan^1 字处所句和 nan^1 字存在句只是处所和存在物的语序差异。就语义发展演变路线来看，ȵaŋ¹ 的存在义是来源于处所义，但就句法结构而言，语序相颠倒的句式又何如实现句式关联？试看以下例句：

(40) ȶaŋ¹ sʰo³ ȵaŋ¹ xaŋ³ noŋ³.

把 锄头 在 边 这

锄头在这边。

(41) nən² mɤ⁴ ki⁸ ta² tɕʰi¹ ki¹ sɛ³，lɛ¹ ki¹ i³ ʌ² ȵaŋ¹ ze⁴，

他 去 桌子 拾 螺 洗，个 螺 那 不 在 了

ʌ² pu¹ mɤ⁴ xaŋ³ po¹ to⁶ mɤ⁴.

不 知 去 处 哪 去

他去桌子上捡螺洗，那螺不在了，不知螺去哪里了。

(42) nən² tsa³ tɛ⁴ ȵaŋ¹ ȵaŋ¹ qa¹ tɛ¹.

他 家 个 媳妇 有 （缀）小孩

他老婆怀孕了。

(43) xaŋ³ noŋ³ ȵaŋ¹ ȶaŋ¹ sʰo³.

处 这 有 把 锄头

这里有锄头。

(44) nən² tɛ⁴ ȵaŋ¹ ɣe⁶.

他 还 在（有）活

他还健在。

就所收集到的语料来看，ȵaŋ¹ 是一个自足的实义动词，可单独作谓语表示存在，ȵaŋ¹ 所出现的语境中，其动词功能明显，其句法环境也决定了 ȵaŋ¹ 的语义不可能实现虚化以及句法降级，始终作为句子核心动词出现。以上例句（40）—（44），ȵaŋ¹ 的主语由"有无生命物体（处所）"到"无生命物体（存在）或有生命物体（活着）"，再到"空间区域或有生命物（存在）"。其中，例（42）中的 qa¹ tɛ¹ 作为 ȵaŋ¹ 后的补充性成分，说明存在对象，例（44）的补充性成分的语义更为虚化，不限于具体事物。例句中的主语作为 ȵaŋ¹ 的存在主体，语义由具体事物扩展到抽象空间处所，始终是 ȵaŋ¹ 的陈述对象，而 ȵaŋ¹ 的句法功能相当于一个不及物动词或状态形容词。ȵaŋ¹ 的"居处"义到"存在"义，再到"有"义的发展，既可表具体

事物的存在，也可表处所空间的存在。当表具体事物存在时，ŋaŋ¹ 后不再接名词作为其语义上的补充性成分，即 N＋ŋaŋ¹；当主语为处所空间时，ŋaŋ¹ 后加名词作为其语义上的补充性成分，从而构成了存在句，即 N（NPL）＋ŋaŋ¹＋N。如此，也就实现了处所句与存在句之间句式关联。而 ŋaŋ¹ 这种在不改变句式的情况下，可以表任"在"和"有"两种语义功能的句法特征是由苗语语言系统内部的一种特殊的句法结构所决定的，即不及物状态动词和形容词后面可以直接加名词作为其补充性成分。如以下例句：

（45）ʦu¹ ɣaŋ⁴ ko⁶ tau⁵ zaŋ².

　　　里　村　倒　树（助）

　　村里倒树了。

（46）pən² təu³ noŋ³ ɣu⁷ qa³ ki¹ zaŋ².

　　　本　书　这　卷（缀）角（助）

　　这本书卷角了。

（47）vɣ⁴ kɣ³ noŋ³ no⁵ qa¹ ʂʰa¹ va⁵，ʌ² ɣu⁵ nau².

　　　我　饭　这　多　粒　稻　很　不　好　吃

　　这锅饭谷粒太多，不好吃。

ŋaŋ¹ 作为处所动词，后只能接处所宾语，ŋaŋ¹ 作为存在动词，其后面的处所宾语扩展到实物宾语，反之，实物宾语在 ŋaŋ¹ 后的出现又进一步促成了 ŋaŋ¹ 从处所义到存在义，乃至领有义的扩展。作为存在动词的 ŋaŋ¹，与诸如以上例（45）—（47）中的不及物动词或形容词有相同句法性质，但这类词又受苗语中特殊句式（谓词性形名结构）的推拉影响，可以直接接名词作为其补充性成分。当 ŋaŋ¹ 后出现实物名词时，该名词便具备了作为陈述对象而存在的可能，成了句子语义重心，而相比之下，ŋaŋ¹ 原来的处所主语却退居为话题性陈述对象，语义地位下降，甚至可直接省略。这就造成了苗语中大量诸如"ŋaŋ¹ tɕ⁴kaŋ¹ ɬʰo³za⁴，kaŋ⁴van²nˀɛ¹tsa³lo⁴ 有只千足虫，从太阳王家来"一类的无主 ŋaŋ¹ 字存在句大量出现，而有主存在句则多以 mɛ² 字存在句出现。

可见，ŋaŋ¹ 字"处所句"与"存在句"之间的句式关联，既是 ŋaŋ¹ 字本身的语义功能拓展在起作用，也有相关句式的进一步促成，二者的共同影

响成就了 $ŋaŋ^1$ 字处所句兼存在句的典型性。

小结

从认知语义学角度来看，存现语义"某处有某物"与处所语义"某物在某处"本来就属于同一个语义概念，有着相同的深层语义关系；而领属关系又是存现关系从空间域到事件域之间的投射。存现、处所与领属三者又有着相同的深层语义结构。黔东苗语中的存在动词 $ŋaŋ^1$ 与领有动词 me^2 在黔东方言多数小土语中的大多数语境中能互相替换而不改变句义。但因语言内部词汇表义系统中辨义动因的驱动，黔东苗语一些小土语（如舟溪苗语）的"领有"与"存在"都只用 $ŋaŋ^{1⊦}$ 来表达①，这一事实也可见"存在"义到"领有"义之间的认知关联性。黔东苗语中同表处所义的 $ŋaŋ^1$ 与 to^5，$ŋaŋ^1$是可以表达领属关系的处所词；而 to^5 是单纯的处所句，to^5 可以表达动静态关系处所句，也可以用来引介抽象事物转移的处所（或涉事对象），却不能用于表达领属关系的转移，这也是黔东苗语领有类存现句与处所句之间的区别之所在。

---

① 石德富、杨正辉（2014）在《黔东苗语人称代词探源》中论证：凡是用 me^2 来承载"他们"的黔东苗语小土语，都用 $ŋaŋ^1$ 来承载"有"。如舟溪小土语一类的凡是在表达"有"义时，用语义相近的 $ŋaŋ^1$ "在，居住，坐，存在"来替换 me^2。

第五章
黔东苗语空间位移

位移事件作为空间动态事件，是人类对空间认识的一种基本模式之一。空间位移表达的核心在于位移动词，目前，学术界对位移事件的研究焦点也在于对空间位移句核心动词的研究。认知语言学认为，位移事件并非简单的动作事件，涉及诸多因素，其语言表达也相对较为复杂。本章运用认知语言学的相关理论和方法，对黔东苗语中常用的位移动词进行系统归纳和分析，考察黔东苗语位移动词的词化模式、位移路径表达以及位移体貌。在位移事件表达中，黔东苗语的趋向动词体现出多功能性，考虑到趋向动词在位移事件表达中的特殊性和典型性，本章第二、三节截取与位移表达密切相关的趋向动词 mɣ⁴（GO 义）和 lo⁴、ta²（COME 义）作个案式详细分析。

第一节　黔东苗语位移动词

不同语言在表达同样的位移事件框架时会选择不同的表达方式。关于空间位移事件的语言类型学研究，Talmy（1985，1991，2000）曾将位移事件中的路径作为语义不变量，最早提出位移事件词化模式理论并将世界语言分为动词框架语（路径由词根动词表达）与附加框架语（路径由小品词、词缀等附加成分表达）两类；而 Slobin（1996，2000，2003，2004）① 则在 Talmy 的理论基础上以西班牙语、希伯来语、土耳其语、英语和德语为案例语言，进

---

① 转引自范立珂. 位移事件的表达方式研究 [D]. 上海：上海外国语大学，2013.

一步考察并论证了不同语言对位移事件框架有不同表达方式，前三种语言侧重描述处所和运动结果状态，后两种语言侧重对位移方式的描述并存在大量动态路径；Slobin（2006）提出运动事件编码类型学三分法：动词框架语言、卫星框架语言和同等框架语言。可见，学者们对运动事件的类型学探索都绕不开对位移动词的语义概念分析，位移动词对"运动（或方式）"和"路径"的编码情况是位移事件语言类型分析的重点。

▶▶ 一、位移动词的词化模式

关于词化模式，Talmy（1985）曾对世界多种语言的位移动词进行语义要素分析，最早提出位移动词的两种词化模式——"位移＋动因"模式和"位移＋路径"模式；劳雷尔·J. 布林顿，伊丽莎白·克罗斯·特劳戈特（2013）指出，共时意义上的"词汇化"指的是概念表征式和句法之间联系的程度以及这种联系性如何被形式化，主要是对语法中的各种词汇嵌入构式的讨论；蒋绍愚（2007）认为同一个概念可以用词来表达，也可以用大于词的语言单位来表达，将某些概念要素进入一个词的词义结构过程称为"词化"。总括之，词化模式，是指与历时意义上语法化过程中的"词汇化"相区别开来的某一概念范畴语义系统的词形编码，是共时层面上词各语义成分或要素的融合模式。"运动方式"与"路径"作为位移事件的基本要素，是分析位移动词词汇模式的两大语义要素。根据词义中对"运动方式""路径"等语义要素的融合情况，大致可以将位移动词分为方式动词、路径动词、方式兼路径动词三大类。当然，除了运动方式与路径以外，不同位移动词会通过对其他附属性语义成分融合差异进一步细化出不同的词化模式。下文对位移动词词化模式的分析，"＋"表示该类动词语义对该语义进行了编码，而"－"表示该类动词对该类语义不进行编码和区分。

（一）运动方式-路径

词汇模式为"方式-路径"的位移动词，也称为纯方式动词，其语义体现为具体的位移行为动作，对位移的起终点、位移的方向等都不作语义编码，例词有 xan³⁷走、xei⁷跑、qan⁵跳、n‑an⁵爬、tɕɤ¹捡、ɟan³滚、ɟu⁶扔、ɟa⁵放、la⁴流等。但由于这类动词往往能表达位移方式，并不含有路径，在不引进处所的情况下，并不能单独表述一个位移事件，而需要借用动词以外的其他形式才能表达一个完成的位移事件，如下例句：

（1）Xangf Bad xaŋ³ lei⁵ taŋ⁴ kɤ³，xei⁷ əu¹ mɤ⁴ lɛ¹ tɕi⁵ moŋ².

      祥 爸 走 到 半 路 舀 水 去 个 桶 那

      祥爸走到半路，往那个桶里舀水。

（2）qau⁵ xo¹ ɕʰi¹ poŋ⁵ va⁵，qa² kaŋ⁴ kɤ³ tsa³ tsu⁷ ta².

      公 雷 害怕 很 很 就 从 路 屋子 跑 来

      雷公害怕极了，就从屋子里跑出来。

以上例句中的位移路径借助了动词以外的趋向动词和介词结构来表达位移路径。这一类只表达位移动作方式而不含有位移路径的动词在苗语动词中占了很大一部分。但需要注意的是，苗语中的这类纯方式位移动词内部又有不同的词化模式，相当一部分纯方式位移动词在描述位移方式时，多将语义聚焦在引起空间物位置变化的动作过程，而位移空间物的性状几乎不在该位移动词语义概念所指范围之内。如以下例句中的 la⁴、xei⁷：

（3）tɕo² əu¹ la⁴ mɤ⁴ naŋ⁴.

      条 河 流 去 下游

      河水往下流。

（3′）moŋ² la⁴ lo⁴ xaŋ³ noŋ³ nən⁷.

      你 挪动 来 处 这 点

      你挪到这边一点。

（4）xei⁷ ɛ¹ nən⁷ əu¹ tsa⁶ ɕʰu¹ to⁵ lɛ¹ vi⁴.

      舀 一 点 水 酸 汤 于 个 锅

      舀点酸汤水到锅里。

（4′）moŋ² xei⁷ ɛ¹ ti⁵ ke³ lo⁴ nau².

      你 盛 一 碗 饭 来 吃

      你盛一碗饭来吃。

世界上诸多语言会因位移事件的动体或相关论元的性状差异而使用不同的位移动词；如汉语的固态动体移动用"挪、移"，而"流"只限于液态流质物的移动；彝语的位移动词会因位移物的有无生命（生命度）差异而使用不同的位移动词。以上例句中的 la⁴ 所表达的位移方式是目的物与背景之间的附着式移动，但并不对位移物的性状进行编码，既可以表达液体性状的动体"流、淌"义，也可表达固体性状动体的"移动、挪动"义；xei⁷ 既能表达"舀（水、酒等液体）"，也能表达"盛（饭菜等固态物）"；再如 ɕʰi⁷ 既可表达人或动物等有生命物的"（快速）蹦"，也可以表达无生命物液体的"喷"等。苗语中的这类动词，并不对动体的性状进行编码，也就适用于不同性状位移物的同类位移，我们可以把这类词化模式归纳为"运动方式－路径－论元（或动体）性状"模式。

（二）运动路径－方式

位移动词是指物理空间位置变化的运动动词，该运动动词包括强调具体运动方式的方式动词，也包括不描述具体运动方式的纯路径动词。苗语的纯路径动词有 ɬən⁴进、my⁴去、lo⁴来、ta²来、lei⁵到、so⁶到、tɕi⁵上、ɣu³下、qʰa³下 等。广义上，运动即为方式，纯路径动词本身含有抽象意义上（不阐明具体方式）的运动方式，路径动词可以不借助其他介词成分直接接处所词来表达一个完整的位移事件。如下例句中画线部分动词：

（5）nən² t̲a̲²̲m̲y̲⁴ qa¹ pu⁵ mən⁵ tɕi⁵ əu¹，l̲e̲i̲⁵ taŋ⁴ ky³ tɕa⁶ tɛ⁴ ɬjaŋ⁷.
　　 他　去（缀）边 井 汲 水　到 半 路 遇 个 鬼
　　 他去取水，到半路遇到一只鬼。

（6）qau⁵ xo¹ ɬ̲ə̲n̲⁴ to⁴ qaŋ¹ soŋ² qaŋ¹ taŋ⁷.
　　 公 雷 进 些 底 床底 凳 子
　　 雷公钻进床底下去。

以上画线部分位移动词作为位移事件表达的核心，其语义以表述位移路径为主，其词化模式可概括为"运动路径－方式"。该词化模式下的路径动词包括传统意义上的趋向动词，也包括带有较为明确位移方向的实义路径动词（方向动词）①，在苗语词汇系统中是一个封闭的类。实义路径动词内部又存在词化模式的差异，有些路径动词，并不对位移力进行编码，如下例句

---

① 此处所说"实义路径动词"，是为了和趋向动词的虚义性区别开来：苗语中的趋向动词在表达位移动词时带有一定的虚义，和其他位移动词连用时，趋向动词居实动词后，慢慢虚化为附加语成分；而实义路径动词在句法语义上接近于方式位移动词，和趋向动词连用，居趋向动词前，作谓词核心。苗语中的实义路径动词又不同汉语中用作动词的"上""下"，苗语实义路径动词中所含的方向不能用来表空间处所位置，只能支动作，也可称之为方位动词。

画线部分动词 qʰa³ 和 ta⁴：

（7）moŋ² q̲ʰ̲a̲³ lo⁴ ta¹，vɤ⁴ tɕi⁵ mɤ⁴ ve².

　　　你　下　来下面我　上　去上面

　　　你下来，我上去。

（7′）nən² kɑŋ⁴ lɛ¹ tse¹ ɛ¹ q̲ʰ̲a̲³ to⁴ ŋi⁴ lo⁴ ta¹.

　　　他　从 个 车 那 卸 些 瓦 来 下面

　　　他从车上卸些瓦下来。

（8）tɛ⁴ tɕu¹ tɛ¹ noŋ³ te⁶ qɑŋ¹ vɤ⁴ ke¹ lje¹，ʌ² t̲a̲⁴ ɛ¹ te².

　　　个　孩 子 这 跟 从 后 我 紧接状 不 离开一 步

　　　这小孩紧跟着我，一步也不离开。

（8′）nᵒʰɛ¹ noŋ⁴，vɤ⁴ t̲a̲⁴ pɤ¹ pən² təu³.

　　　昨　天　我 丢失三 本　书

　　　昨天，我丢失了三本书。

　　　尽管实义路径动词的词义本身含有位移方向，但往往和与其意义相近的方位处所词连用，一起表位移路径，但并不对位移力进行编码。以上例句中的路径动词的词化模式可以标记为"运动路径-方式-动因"：事实上，动词词汇模式不对位移力（动因）进行编码也就是不考虑位移物的生命度的问题，如例（7）中的 qʰa³ 既能表达有生命物的"下（自动）"，也可以表达无生物的"卸（使下、致动）"；例（8）中的 ta⁴ 既可以表达有生命物的"离开（自动），"也可以表达无生命物的"丢失（无意使离开、致动）"。

（三）运动方式＋路径

　　　从理论上来看，既含有运动方式，也含有路径的动词是位移动词的典型范畴，这类位移动词包括大部分肢体动作位移动词和放置类动词，如 kʰe⁵摇晃、ɬu⁵披、ŋaŋ⁴吞、ɬjaŋ²伸出、ɬi³掏、ɕʰoŋ³推、ɬjo⁸拉、ɬi⁶扭（偏斜）、ɬa⁷塌陷 等。这类动词所描述的位移事件也是最典型的位移事件，其后可以不接处所词，亦能表达位移事件，如下例句：

（9）moŋ² ɬi⁶ mɤ⁴ ɕʰɤ³ to⁵.

　　　你　扭 去 看 于

　　　你先扭过去看一下。

（10）to⁴　pɤ⁶　moŋ²　sei²　ɖa⁷　mɤ⁴　ʑaŋ².

　　　些 板子　那　都 塌陷 去（助）

　　　那些板子都陷下去了。

以上例句中的位移动词包含位移方式的同时，也隐含了位移路径，其词化模式可标记为"运动方式＋路径"，例句中的趋向动词的表义重心不在于位移路径，更倾向于表达动作进程，例（9）中的 mɤ⁴ 表连谓动作，例（10）中的 mɤ⁴ 表位移动作的实现。当然，这类"运动方式＋路径"动词也通常会借助介词结构、趋向动词以描述更为具体的位移方式。"运动方式＋路径"动词内部也有词化模式差异：苗语方式路径动词，有的会淡化位移物与背景之间的空间拓扑关系，有的会淡化位移动因。

淡化位移物与背景之间的参照关系的一类方式路径动词的词化模式可以进一步细化为"运动方式＋路径‐背景"，该模式下的位移动词既可以直接切换位移物与背景之间的不同空间拓扑关系变化。如下例句中的 ɖi³、ʈo⁵ 等：

（11）nən²　qa²　ɖi³　qa¹　van³　kha¹　ɖjha⁵　lo⁴.

　　　他　就 取下（缀）犁镜 快速　状　来

　　　他就赶快取下犁镜。

（11′）moŋ²　ɖi³　tɕɤ⁴　ɖjhoŋ⁵　no²，ɛ¹　kaŋ¹　ta⁴　mɤ⁴.

　　　你　脱 个　手镯 算了　否则　丢 去

　　　你脱下手镯，不然丢了。

（12）ʈo⁵　əu¹　ʈo⁵　lɛ¹　vi⁴.

　　　放 水 于 个 锅

　　　放水到锅里。

（12′）ʈo⁵　xɛ¹　ʈo⁵　tɕo²　lo¹.

　　　著 鞋 于 肢　脚

　　　穿鞋在脚上。

以上例句并不关注目的物与背景之间的空间位置，而更多在于对位移方式的描写，例（11）中的"ɖi³"既可以表达目的物在内的"取出"义，也表达目的物在外的"脱落"义；例（12）中的"ʈo⁵"既可以表达目的物在内的"放入"义，也可表达目的物在外的"套上"义。事实上，这类位移动词重点描述位移物与背景之间的空间变化过程，过程一致即编码为同一个位移动词，并不论位移前的拓扑关系原状，也不论位移后的结果空间关系。类似上例中的位移动词在苗语中并不占少数，如 d^hu^7 既可以指目的物与背景物之间的原生性整体—部分关系的"剥、刡（皮）"，也可以指目的物与背景物之间非原生性整体—部分关系的"脱、扯（覆盖物）"；又如 lan^8 既可以表达液体目标物的"浸入（液体）"（lan^8 浸 $əu^1$ 水），也可以表达固体目标物的"蘸、粘"（lan^8 蘸 $əu^1 so^1$ 辣椒）。还有的位移动词要位移过程相同，对目的物和背景之间的位移空间关系描述甚至可以是完全相反的，如下例句中 no^2，"留下"不管即为"弃"，"留"与"弃"就位移过程而言就是同一个过程，又如"ta^4"中的剩余义与丢失义也是一个互为反方向的同一过程。

（13） $nən^2 my^4 ku^2 my^4 tɕan^2 o^1 n^{ɕh}u^5$, $no^2 py^1 tɛ^4 tɕu^1 tɛ^1 nan^1 tsa^3$.

　　　他　去外去　成二年　　留三个小孩在家

　　他出去两年了，留下三个孩子在家。

（13′） no^2　qe^1　$qa^2 zon^5 ke^3$, no^2　$m^{ɕh}u^1 qa^2 nei^6 u^3$.

　　　抛弃 活路　就 饥　饭　抛弃 苗绣　就破烂衣服

　　抛弃农活就饿死，抛弃针线就缺衣。

　　包括汉语在内的很多语言中的位移动词会将动体发生运动的动因（位移力与动体的关系）编码到动词中去，从而使用不同的位移动词来表达自移和致移两种不同的位移事件。然，苗语中有些位移动词淡化位移因，很多情况下的自移和致移并不在位移动词上体现出差异性：既可以表达动体作为施动者由自身位移力作用下发生的位移动作，也可以表达动体作为受动者在位移力作用下发生的被动性位移。这类方式路径动词的词化模式可标记为"运动方式＋路径-动因"，在句法上体现为既可以加处所宾语，也可以加受事宾语，如下例句中画线部分的动词：

（14） $tɕo^2 əu^1 la^4 my^4 nan^4$.

　　　条　水　流　去 下游

　　河水往下流。

（14′）lɛ¹ tau⁵ i³ la̱⁴ əu¹ z̩ɑŋ².

　　　　个木头那　流　水（助）

　　　　那根木头被水冲走了。

（15）moŋ² zən⁷ qɑŋ¹ lo⁴ kɣ³ tɕo² noŋ³ lo⁴.

　　　你　　转　尾　来　路　条　这　来

　　　你转向这边来。

（15′）ẕən⁷ lɛ¹ qa¹ me⁶ pʰən⁸ tɕoŋ⁵ tɕoŋ⁵.

　　　　拧　个（缀）盖　瓶　紧　　紧

　　　　把瓶盖拧紧。

从例句中，可以看出，la⁴ 既可表达自动义"流"，也可表达致动义"被冲流"；zən⁷ 既可表达自动义"扭、转"，也可表达致动义"拧"。类似以上动词还有 xʰoŋ¹ 既可表达自动义"伸直"（moŋ²你 xʰoŋ伸直 lo⁴腿 你伸直腿），也可以表达致动义"拉直"（moŋ²你 na⁶跟 vɣ⁴我 xʰoŋ弄直 tɕɣ¹只 tu⁶纺针 noŋ³这 tei²直 ta²来 你帮我把纺针弄直）。类似以上动词还有 la⁶ 既可表放置类的"装进"，也可指动体自动的姿势类的"伸进"义；qʰo⁵ 既可表达处置性的"放倒、放下"，也可以指姿势类的"垂下（头、手）"义。

任何一个语言系统中的词汇与语法都存在相互影响关系。也正是因为苗语中很多动词的语义系统内部本身就并不区分自动和致动这一语义概念，出现诸多自动和致动同时被编码在同一动词语义中的情况，也就可以不借助句法成分或特定句式（处置式），便可获得自动或致动的语义解读，这也是黔东苗语处置式不发达（不存在真正意义上的处置式）的原因之一。事实上，语言中对自动和致动的区分是对动作主客体的生命度区分的扩展和引申，苗语对空间动作事件的表述并不强调区分主客体的生命度，也就直接模糊了自动和致动的界线，这正是苗族万物皆有灵生命观在语言中的体现。当然，苗语也并非完全不区分有生命与无生命，这种区分只是放在对事物作类别分析时才体现，反映在语言上为用不同量词（分类词）与名词搭配，并不在动作过程（动词）中进行区别。

综上位移动词的词汇模式，黔东苗语中确实存在一套完整的、可以描述位移事件核心的"方式-路径"位移动词。从位移动词的语义概念词化模式来看，苗语更接近于"动词框架语言"，但事实上，苗语位移事件的路径又不仅仅只通过位移动词来表述。在具体语言环境中，即便是隐含了位移方向的位移动词也会有其他介词或趋向动词与之同现，共同表达位移路径，出现路径表达叠加现象。

▶▶ 二、位移路径表达

任何语言对位移事件的表述都必然会涉及路径成分，路径语义成分作为位移事件完成的核心成分，往往不外乎于"包含于位移动词的语义内容"和"借助动词以外的介词、副词等其他形式"两种情况来表达。苗语中有一类特殊的位移动词，其语义本身包含有路径语义成分；在更多情况下，位移事件的路径成分会借助位移动词以外的介词或趋向动词等形式来补充表达。

(一) 动词路径表达

位移事件中的路径通过动词来表达的是动词词化模式中含有"路径"的一类。这类动词不借助介词结构或趋向动词直接表达位移路径。也就是说，含有路径的动词可以直接接处所名词表达相应的位移路径，不需要借助介词来引介处所名词，甚至不再借助方位词来体现名词的处所性，如：

(16) nən² ta³ pʰaŋ¹ u³ lju³ li³ lɛ¹ loŋ⁴.

    他　拿 件 衣服 乱 塞 个 箱子

    他把衣服乱塞在箱子里。

(17) ɕaŋ⁸ noŋ³ vɣ⁴ ʨa² lo¹ ʨo² kɣ³ ma⁴.

    处　这 我 散步 条 路 马

    现在我在马路上散步。

(18) ʨi⁴ ti⁸ pɛ³ əu¹ va⁵ ʐaŋ²，ʨu⁶ ɬo³ ɬei⁷ qa² ʨa² ku² ʐaŋ².

    个 桶 装 水 多（助） 一 晃 荡 就 来 外（助）

    桶里的水太满，一晃荡就洒出来了。

Levinson（1992，2005）曾考察 Tzeltal 语言中的空间概念词，发现 Tzeltal 语中存在大量"位置动词（position verbs）"，这类词含有指示空间方位的语义功能，句法上不需要借助空间方位词可以直接表达位移主客体之间的空间方位关系。根据黔东苗语位移动词在表达动态空间关系时与空间方位词、空间处所介词和趋向动词等的隐现情况，直接反映了位移动词在指示空间方所语义功能方面的强弱。古代汉语中也存在大量类似的语言现象，李崇兴（1992）、储泽祥（1997，2010）曾认为："先秦时期的普通名词在表达处所和表达具体实体时在形式上没有明显区别，先秦时期汉语的普通名词与处所词并没有分开。"而我们认为苗语中的大多数普通名词之所以可以直接用在某些空间动词后或位于 to⁵、kaŋ⁴ 等空间介词之后，是因为这些动、介词本身含有指示方位的语义功能。这类空间语义特征强的动词在和普通名词连用时，也会激活普通名词的空间语义潜势，从而激活该位移事件中诸如位移方式或位移路径等其他语义概念。

需要注意的是，趋向动词单独作谓词核心表达位移事件，其内部也有一定差异。齐沪扬（1998）曾将汉语中的终点动词分为动作终将结束的终点和动作已经结束的终点两种，苗语趋向动词表达位移路径也有此差异，如 mɤ⁴、ɬo⁴、ta² 与 so⁶、lei⁵、taŋ⁶回 的区别就在于：前者所表达的终点是潜在的语境终点（即动作终将结束的终点）而并非动作已结束的实际终点，so⁶、lei⁵ 所表达的终点则是位移的实际终点，即动作已结束的终点。正因如此，mɤ⁴、ɬo⁴、ta² 在苗语中多限于表达动作趋向，而非动作结果，更接近于汉语中"往"一类的介词。事实上，苗语中的去义动词 mɤ⁴ 和来义动词 ɬo⁴、ta² 也非简单的终点动词，语义含有潜在语境终点的同时，又对起点进行了语义编码，详述见本章第二、三节。

（二）动趋式路径表达

在实际语言运用中，不论动词是否含有路径，都以"动趋"表达路径最为常见，如：

（19）xaŋ³ noŋ³ ɬjen³ nᵇʰɛ¹ va⁵, la⁴ mɤ⁴ taŋ⁴ moŋ² nən⁷.

　　　处　这　反　光　很　移　去　处　那　一点

　　　这儿反光得很，移过去一点儿。

（20）moŋ² ɬi⁶ lo⁴ pʰi⁵ noŋ³ nən⁷ xɛ¹.

　　　你　偏　来　边　这　点　（语助）

　　　你偏过来一点点。

（21）nən² xʰu¹ ʐa² to⁴ xu⁵ moŋ² mɤ⁴ pʰi⁵ ɛ¹ ʐaŋ².

 他　搬运　些　货　那　去　边　那（助）

他把那些东西搬运到那边去了。

表达路径的"动趋式"后面往往还带有处所成分。虽然，苗语也用动趋式来表达位移事件，但不同于汉语中表达位移路径的动趋式：汉语中的动趋式作为动补式的特殊形式，趋向动词是动补式的结构核心；但苗语中表达位移事件的动趋式是以动词为核心，趋向动词是附加成分①。

此外，描述同一位移事件的一组同义位移动词，在与趋向动词所表达的位移路径进行搭配时，也体现出其句法语义差别，如 pɛ² 和 ɖa⁶ 同样是"掉、落"义动词，二者所表达的位移动作过程相同，都是从相对高处往低处移动，但 pɛ² 是终点凸显动词，ɖa⁶ 是起点凸显动词，在与固定的趋向动词搭配过程中，能看出二者语义中潜在的参照点有一定差异。如下例句：

（22）to⁴ tsən³ ɖən² moŋ² pɛ² pu⁴ ɖu⁴ pu⁴ ɖu⁴ lo⁴ ta¹ lo⁴.

 些果子　桃子　那　掉　　飘落状　　来下　来

那些桃子噼里啪啦掉下来。

（23）to⁴ pɤ⁶ ɖa⁶ ta¹ mɤ⁴ ʐaŋ².

 些　板子　掉　下　去（助）

板子掉下去了。

以上例句中的 pɛ² 和 ɖa⁶ 所表达的位移动作过程相同，所包含路径也相同，差别在于位移的相对位置有差异，pɛ² 的参照点（即观察者位置 ta¹）是位移的终点，用趋向 lo⁴ ta¹ lo⁴ 表"移向"参照点（观察者位置 ta¹）；而 ɖa⁶ 的参照点（观察者位置 ta¹）是位移的起点，用趋向 ta¹ mɤ⁴ 表"移离"参照点。

（三）介词结构路径表达

介词结构是众多语言中表达空间语义关系重要的方式之一，也是卫星框架语最常用的位移路径表达方式。黔东苗语中的"位移动词＋介词结构"是

---

① 李云兵在《苗语动词的句法语义属性研究》中，详述论述了"苗语的动补结构的结构类型是附加构架，即动词是动补结构的核心，是核心语，补语时动补结构的后附成分，是附加语"。此处借用书中的"附加语"说法。

较为典型的位移事件表达方式，表达位移路径的介词结构多以后置于位移动词为主，主要涉及的空间介词有：专引出位移起点的 kaŋ⁴，可凸显起、终点的 ɬo⁵，含有距离遥远语义的 ɟje⁴ 等，具体用例如下：

(24) tʰoŋ⁸ ɣi¹ ko⁴ vo⁴ kaŋ⁴ / ɬo⁵ fʰu³ vaŋ² lo⁴ za⁴.

　　个　石　翻　滚　从　于　头　岗　来（助）

　　大石头从山顶滚下来了。

(25) moŋ² mɤ⁴ ɕu⁷ lɛ¹ ɬo² təu¹ ɬo⁵ kʰən¹ ɟjʰen¹ ɬo².

　　你　去　提　个　锅　放　于　圆　圈　锅

　　你去提锅过来放在锅圈上。

(26) to⁴ xʰɤ¹ ɟjʰe¹ te⁶ ɟje⁴ Yal Vangl lo⁴.

　　些　声音　大　传　于　八　寨　来

　　大声音从遥远的八寨传来。

　　介词结构中，ɬo⁵ 字介词结构是最为常见的路径表达式，既能引介位移起点，也能引介位移终点，还能用于位移轨迹表达。黔东苗语中存在一部分位移动词，语义上强调位移起点，如"tɕi⁵₍上₎""ŋa⁴₍下₎""ɬo³₍倾泻₎"这一类词在与 ɬo⁵ 字介词结构连用时，往往容易激活 ɬo⁵ 的起点语义。如下例句：

(27) tɕo² əu¹ ɬo³ ɬo⁵ kɤ³ vɛ² lo⁴.

　　条　水倾泻于　路　上　来

　　水从上面泻下来。

(28) to⁴　qa³　ta¹ lo⁶ ɬo⁵ kɤ³ vɛ² lo⁴.

　　些（缀）土　塌　于　路　上　来

　　泥土从上面塌下来了。

(29) lɛ¹ ti⁵ to³ qo³ ɬo⁵ ɬu¹ te² lo⁴ ta¹ tu⁶ zaŋ².

　　个　碗　翻　倒　于　处　桌　来　下　碎（助）

　　碗从桌子上翻倒下来碎了。

　　黔东苗语中的空间介词并不丰富，ɬo⁵ 的应用范围最广，在句法分布上，ɬo⁵ 字介词结构以后置于位移动词为优势语序。刘丹青（转引自沈家煊，2005）曾从类型学角度对汉语中的框式介词做过考察，并认为前置词短语从动词后移到动词前是框式介词形成的主要条件。可见，苗语中并不存在框式介词产生的句法条件，也正因如此，苗语介词"to⁵"在使用过程中并不强制性要求有方位词与之共现，例（29）中的处所名词后不带方位词的情况比比皆是。

▶ 三、位移体貌

苗语中的位移事件语义核心在于对"运动"及其相关情状的描述，其对与位移相关的论元成分的物理性状并不做出语义编码，而对与位移动作本身有关的速度、方式、轻重等性质则更有可能分不同的词来区别，甚至会借助其他实词性成分来重点描述与运动有直接相关性的体貌。

（一）"＋过程＋结果"位移动词表达体貌

苗语有一类位移动词，其语义本身所包含的动程可以跨越过程和结果两段，也就是说，这类位移动词既能表达动作过程，也能表述动作结果，该类动词本身包含有对体貌的编码，可称之为过程结果类位移动词。如下例句中的 tɕən⁵ 既可以表达位移过程义"揭"，也可以用来表达位移结果"揭开"，又如例句（31）中的 la⁴lo⁶ 既可以表达移动动作过程的"动"，也可以用来表达移动的结果状态"乱"：

（30）moŋ² tɕən⁵ lɛ¹ qa¹ me⁶ ŋo².

　　　你　揭　个(缀)盖（助，表祈使）

　　　你把盖子揭开。

（30′）tɕən⁵ lɛ¹ qa¹ me⁶, lei⁸ əu¹ ʑaŋ².

　　　揭开 个(缀)盖子 溢 水（助）

　　　揭开盖子，水都溢出来了。

（31）ni⁴ vɛ² sei² ni⁴ tən⁴, ni⁴ ta¹ sei² ni⁴ tən⁴, ʌ² pɛ² vɛ² la⁴ lo⁶, ʌ² pɛ² ta¹ la⁴ lo⁶.

　　　撑天也撑稳　撑地也撑稳　不放天移动　不放地移动

　　　撑天也撑稳，撑地也撑牢，不让天移动，不让地挪动。

（31′）ku⁸ tsa³ to⁴ ŋi⁴ la⁴ lo⁶ ʑaŋ².

　　　背　屋　些 瓦 散乱（助）

　　　屋顶上的瓦已经散乱了。

可见苗语中的这类位移动词往往已被编码了体貌语义在内，不需要再通过时体助词来表达时体语义，可以依语境得到不同时体的语义解读，这也从语言上反证了苗族认识系统中对时间的认知特征，即多以动态事件来计时，事成即为时已过。此外，这类位移动词往往不需要借助结果补语或介词，可以直接表达致使性结果事件。

（二）状词表达体貌

在苗族认知系统中，事物的动静状态是人们观察的重点之一，对动作状态的描写也较为细致，苗语中独立出来一类词，附着在形容词或动词后，专门用来描摹事物状态或动作情状，也被苗瑶语语法学界称为状词。黔东苗语中存在相当一部分状词与位移动词连用，用来描述伴随空间位移发生的辅助性状貌，包括对位移动作速度、声音等等状貌的描述，如例（32）—（34）是对位移动作速度的描写：

（32）to⁴ tsʰa³ ŋa⁴ pɛ² po⁵ ɬo⁵ po⁵ ɬo⁵　　　　ta² ʐaŋ².

　　　些 冰雹 落（物体急速、零星掉下状）来（助）

　　　冰雹（零星、急状）落下来了。

（33）vɤ⁴ nᵗʰaŋ³ xʰi¹ poŋ⁵ va⁵，qa² ka⁴ lja⁴ taŋ⁴ lo⁴ ɕaŋ⁶ moŋ².

　　　我 感觉 心 很 很　就 紧急状 回 来 告诉 你

　　　我很担心，就赶紧回来告诉你。

（34）tɛ⁴ pa³ ljən³ qɛ⁸ ɛ¹ ʐaŋ⁵ ɬɛ¹ mɤ⁴ ʐaŋ².

　　　个　燕子　那 飞 轻快状 去（助）

　　　燕子轻快地飞走了。

苗语中描写动作的状词十分丰富，其中，对动作的速度进行描述的又占了很大一部分；其次是对动作声音进行描述，同样是对声音的描述，苗语描摹声音的状词在句法功能上与拟声词有差异，摹声状词在句法上具有一定依赖性，附着于动词。如：

（35）lɛ¹ ɣu³ tɛ⁴ tau⁵ qei³ ko⁶ qaŋ⁴ taŋ⁴ ʈo⁵ ta¹.

　　　个林子棵　树 松树倒 哐当一声状 于 下

　　　林子里的松树哐当一声倒下来。

（36）mu⁸ tɕi⁵ ta²，to⁴ tsən³ ɣu⁶ ɣi⁶　　ɣo⁵ ɣo⁵　　　lo⁴ ta¹.

刮　风　来　些　果　掉　落突然发出噪声状来　下

风一刮，果子哗哗掉下来。

也有的状词是对位移动词进行说话人主观上的感观描写，这类状词体现出强主观性，如例（37）、（38）：

（37）tɛ⁴ tɕu¹ tɛ¹ ɛ¹ xaŋ¹ ʈu³ xʰu³ ta² lei⁵ ʐaŋ².

　　　个　孩子那　走　不　自然貌　来到（助）

　　　那个小孩很不自然地走过来。

（38）moŋ² a² kɤ³ ʈu² ʈən² əu¹ ʈo⁵ to⁴ ti⁸ ɛ¹.

　　　你　不要　乱贮　水　于　些　桶那

　　　你不要乱贮水在那些桶里。

以上例（38）中的状词带有语法上的形态性，能产性较强，可以说是与之搭配的动词或形容词的一种变化形态，通过将动词或形容词音节中间的元音改变为"u"而来，描述动作或状态主观上认定的凌乱貌。

（三）事态助词表达体貌

苗语中的位移事件体貌也可以用事态助词来表达，常用的事态助词包括 tɕu⁴、ʐaŋ²、tɕaŋ²、mɤ⁴、ta²、lo⁴ 等。

以黔东苗语中典型的完结义事态助词 tɕu⁴ 为例。tɕu⁴ 在表达"完结义"时，也用来"总括"主体全量，对位移主体的进行量化，即 tɕu⁴ 表达完结义体貌，既指动态体貌，还含有对位移物的量化作用。如：

（39）taŋ² lɛ¹ ɣaŋ⁴ to⁴ nɛ² sei¹ ta² mɤ⁴ tɕu⁴.

　　　全　个　村　些　人　都　来　去　完

　　　全村人都走完了。

（40）to⁴ ka⁶ lo⁴ tɕu⁴ la⁷.

　　　些　鸭　来　完（语助）

　　　鸭子已全回来了。

（41）tʰo² kɤ³ koŋ¹ noŋ³ faŋ¹ pu¹ ɣaŋ⁴ nʰaŋ³ tɕu⁴.

　　　件　事　情　这　方　知道　岗　听　完

　　　这件事都家喻户晓了。

例句中，tɕu⁴ 与动作的参与者之间存在量化关系，tɕu⁴ 的量化对象既指向前面动作行为或状态在时间上的"实现"（即事件量），其语义理解为"完结"义；也指向动作参与者的个体总量（即物体量），表动作行为所涉及的总量（总括义），要求主语必须是复数形式。

teu⁴ 用在表达空间状态的形容词后，同样具有量化双重性，其量化对象既指向形容词本身所述状态的实现，同时也指向该状态涉及者的空间量，对空间量进行全称量化，即体现出"遍指义"功能。如下例句：

（42）la² zaŋ² ma⁸ təu⁴ no⁵ qa² la⁴ ɣaŋ² la⁴ pɤ⁴ teu⁴ zaŋ².

　　　割　草　砍　柴　多　就　光秃岗光　坡　完（助）

　　　割草砍柴多了，山就全光秃秃了。（张永祥 1990）

（43）tɛ⁴ nɛ² qa¹ ɖja² ti¹ nən² ɖʰu⁷ tɕi³ teu⁴ zaŋ².

　　　个　人（缀）坏　打　他　伤　身　完（助）

　　　坏人把他打得遍体鳞伤。

例句中 teu⁴ 的语义既指向谓语形容词，表达某种状态的实现，也指向论元成分，对谓词的直接论元成分的个体量有遍指义功能。但需要注意的是，teu⁴ 描述的是一个量的变化过程，其量化对象是一个变化过程的论元，排斥关系句。也就是说，teu⁴ 不能用于表达静态存在关系的"全量"，如以下例句是不符合语法的：

（44）* pɤ¹ faŋ¹ mᵒʰu¹ mᵒʰu¹ te⁴ te⁴ ɛ⁴ nɛ² teu⁴.

　　　我们方　苗　　苗　汉汉　有　人　完

　　　我们地方各族人都有。

（45）* vɤ⁴ naŋ⁴ to⁴　u³　noŋ³ to⁶ vɤ⁴ me⁶ paŋ⁸ qa³ teu³ pɤ⁴ teu⁴.

　　　我　穿　些　衣服　这　是　我　妈　的　遗　留　手　完

　　　我穿的衣服都是我母亲遗留下来的。

teu⁴ 是苗语湘西方言和黔东方言共有同源词，teu⁴ 在湘西苗语中的虚化程度高于黔东苗语，湘西苗语中的 teu⁴ 已完全虚化成一个完成义动态助词，相当于汉语中的"了"，而黔东苗语中的 teu⁴ 没有此语义功能。

再如，苗语中最常见的事态助词 zaŋ²。zaŋ² 本义是"融化""容纳"义，跟在位移动词后，可替代趋向动词作补语的"可能性"补语功能，如下例句：

(46) la⁶ ʌ² ʐaŋ² tɕɣ⁴ pɣ⁴，ɖjoŋ⁷ ʌ² ʐaŋ² tɛ⁴ naŋ⁴.

　　　插 不 容纳 肢 手　 钻 不 容下 个 鼠

　　　插不进手指，钻不进小鼠。

(47) ɕaŋ⁸ no⁵ ʌ² ʐaŋ² ɣaŋ⁴.

　　　繁衍 多 不 容 寨子

　　　人多寨子容不下。

(48) tɕʰoŋ³ tsa³ noŋ³ tɕi⁶ ʐaŋ² no⁵ ɕu⁶ nɛ²?

　　　间　 房 这 装 容 多 少 人

　　　这间房子能装下多少人？

以上例句可见，ʐaŋ² 作补语的实义功能含有空间容量的表达。ʐaŋ² 进一步虚化，作为事态助词，在语法语义功能上与汉语中的"了"接近，表达已然事件，成为黔东苗语中最为典型的表达位移事件体貌的助词。如：

(49) pe⁵ noŋ³ qʰe¹ mɣ⁴ kɣ³ naŋ⁶ ʐaŋ².

　　　处　 这 陷落 去 路 里（助词）

　　　这里陷进去了。

(50) to⁴ təu³ moŋ² la⁶ ɬo⁵ lɛ¹ loŋ⁴ ʐaŋ².

　　　些 书　 那 装 于 个 箱子（助词）

　　　那些书已经装箱子里了。

小结

本小节通过对黔东苗语位移动词的大致统计分析，按照动词的词汇模式可将位移动词分为纯方式动词、纯路径动词和方式路径动词三大类。在动态位移事件表达中，苗语中的位移动词并不对动体的生命度有所区别，这与苗语母语的空间认知方式有关。苗语黔东方言区人们认为世界万物都是有生命的，万物皆有灵的生命认知观直接影响其对语言词汇义的编码，苗语中的位移动词并不凸显动体的生命度，这直接造成了苗语中的同一位移动词在不同语境中可以获得自动、致动两种语义解读。

黔东苗语对位移事件的路径表达可以用单个动词来表达，这类动词本身带有位移路径；也可以用动趋式来表达路径，但需要注意的是，其中的趋向动词并不表动作结果，而只是表动作趋向，趋向动词相当于介词的语义功能；介词结构是较为常用的路径表达方式。

黔东苗语中并不存在严格意义上的体貌助词，但对动态事件的体貌表达较为丰富。苗语中存在一类"过程—结果"类位移动词，其语义本身既可表达过程，也可表达结果；苗语侧重对动态事件的观察和描写，专有一类状词对动态事件的情状进行描述，位移动词的速度、声音等都可以用相应的状词来描述；苗语中的位移事件体貌也可以用事态助词来表达，除了用趋向动词来表示位移体貌以外，还有 tɕu⁴、zaŋ² 等表达空间量化的一类词来表达。

第二节　黔东苗语离往义动词 mɤ⁴ 的语义多功能性

黔东苗语 mɤ⁴ 是指远离说话人所在位置前往另一处的位移动词，与汉语趋向动词"去"的句法语义有相似之处，是苗语中典型的"去"（GO）义动词。汉语史上的"去"经历了从离开义到前往义的历时语义演变过程，而黔东苗语中的 mɤ⁴ 则并存着不同语法化程度的"离开""前往"义，由此引申的虚化义更是呈多样性、多功能化。张永祥（1990）曾在《苗汉词典（黔东方言）》列出 mɤ⁴ 有"往""走""去"等多项意义，可见 mɤ⁴ 作为实义动词的复杂性。王春德（1986）、姬安龙（2012）等苗语语法论著也都简单列举了 mɤ⁴ 的实义（去、走）用法和趋向动词的补语用例，但并未对 mɤ⁴ 的复杂句法语义进行归纳和梳理。

本小节将对黔东苗语位移动词 mɤ⁴ 的使用情况进行细致考察，描写实义、虚义 mɤ⁴ 的句法语义面貌，并在此基础上厘清各语义之间的联系及其虚化过程。

▶ 一、实义位移动词 mɤ⁴

动词 mɤ⁴ 在黔东苗语中通常可以单独作谓语，意义比较实在，不同的语境中，其语义有所区别：可表不带方向的"走动"动作，如例（1）；亦可表达隐含起点的"离开义"位移，如例（2）；还可表带有终点的"前往义"

位移，如例（3）；或表达隐含起、终点双向的"离往"义位移轨迹，如例
（4）。

（1）ləi⁵ xaŋ⁵ noŋ³ qa² noŋ⁵ ȶʰoŋ⁷ lo¹, a² mɤ⁴ zə⁴.

到　边　这　就　要　停　脚　别走动（助词）

到这就要止步，别走了。

（2）to⁴ qʰa⁵ mɤ⁴ ȶɕu⁴ zaŋ².

些　客　离开　全（助词）

客人们都走了。

（3）nən² noŋ⁸ mɤ⁴ lɛ⁴ vaŋ² vo¹ ɛ¹ zaŋ².

他　自己　去　个　园　菜　那（助词）

他自己去那菜园子了。

（4）vaŋ⁵ tsəi⁵　mɤ⁴　o¹ taŋ⁴，　ta¹ vɛ² mɤ⁴ ɛ¹ lju⁴.

掰 突然状去往 两端　地天离往一块

两块裂开去两边，天地各自得一块。

以上例（1）所示的走动义 mɤ⁴ 表具体的实义动作，语义重点在于动作
性，并不涉及动作方向或趋势，与 xaŋ行走 同义，其词化模式为［＋方式－路
径］，属于动作动词，本章节不作重点讨论。后三例中的 mɤ⁴ 的语义都带有
"趋向"语义要素在内，语义重心在于位移过程，其词化模式为［－方式＋
路径］，这类 mɤ⁴ 涉及一系列与之相关的抽象语法概念的产生或虚化过程。
mɤ⁴ 的虚化路线会因其语义上突显起、终点或轨迹的不同，而体现出不同的
句法语义差异：例（2）—（4）mɤ⁴ 都含有共同的核心义素"离开"，差别
在于对"离开"的语义附加或限定有所不同；例（2）凸显"离开"起点，
暂标为 mɤ⁴离；例（3）、（4）则附加了离开的"终点"义，标为 mɤ⁴去，下文
分别论述。

（一）mɤ⁴离 的句法语义特征

黔东苗语中表达"离开"义的 mɤ⁴离去 是一个不及物动词，后不接原点处
所宾语，其前后可接方式状语，其同义形式还有 ta²mɤ⁴、lo⁴mɤ⁴，如以下
例句：

(5) nən² kʰu⁸ to² kʰu⁸ zen⁴ ta² mɤ⁴ zaŋ².

　　他　跌跌　撞撞　来 离去（助词）

　　他跌跌撞撞地走了。

(6) nən² ʌ² ta³ lɛ¹ qei² ɕi³，mɤ⁴ s'a¹ mɤ⁴ lja⁴ zaŋ².

　　他 不拿 个 物 什么 离去 空 离去 白（助词）

　　他不带任何东西，空手走了。

(7) to⁴ ɕʰa¹ ʈe⁴ ta² tsa³ ɕu⁷ ɬo² ɕu⁷ vi⁴ mɤ⁴.

　　些 差 役 来 家 提 锅 提 锅 离去

　　差役来家提锅走。

孙占林（1991）在《"去"的"往"义的产生》一文中，区别了古代汉语中"去"在先秦的两种用法：一是不及物动词，表示"离开"；二是及物动词，表示"离开某地"。我们认为，黔东苗语中，不及物动词 mɤ⁴离也要与及物性的"离开某处"相区别：不及物的 mɤ⁴离 所表示的"离开"是带有后续位移动程的，且动程中又隐含模糊目的地（背离原点的其他方向）的"离开"；与苗语中的另一及物性离开义动词 sʰa⁵ 在句法语义上有明显的分工，对比以下例句：

(8) nau² ke³ tɕaŋ² vɤ⁴ qa² mɤ⁴ zaŋ²，mɤ⁴ lei⁵ taŋ¹ kɤ⁵ qa² ne⁸ noŋ⁶ ta² zaŋ².

　　吃 饭 完 我 就 离开 了　离开 到 端 路 就（大）下雨 来（助词）

　　吃完饭我就走了，走到半路就下起大雨来了。

(9) to⁴ ɣaŋ² to⁴ pi⁴ ɛ⁵　ɛ¹ laŋ⁴ （ta²）mɤ⁴.

　　些 岭 些 坡 做 一 片　来 离开

　　山岭连绵不断。

(10) nən² sʰa⁵ ɬu¹ tsa³ tɕaŋ² o¹ nʰu⁵ zaŋ².

　　他 离开 处 家 成 两 年（助词）

　　他离开家里已经两年了。

(11) sʰa⁵　fʰu⁵ tɕaŋ² ɛ¹ noŋ⁴，to⁵ lei⁵ zə² faŋ¹ zə⁴.

　　离开 瞬间 成 一 段　不 到 游 方（助词）

　　一别就是很长一段时间，没去游方了。

从例句中可以看到，mɤ⁴ 所表示的"离开"带有语义上的持续性，其位移图示是一个含有起点和路径的射线图式：例（8）中，mɤ⁴ 表主体 vɤ⁴ 离开原来位置，向别处移动，mɤ⁴ 与终点处所 taŋ⁴kɤ³ 之间用凸显终点的位移动词 ləi⁵ 连接，以表达"到达"；例（9）中的 mɤ⁴ 表主体 to⁴ɤaŋ²to⁴pi⁴ 离开原点向别处（周围）移动（或离散），使得句义中的静态描述具有动程。正因 mɤ⁴ 的"离开"带有延续性，在语义上排斥界点，句法上不能后接终点处所作宾语，从而体现出不及物性。而例（10）、（11）中的 sʰa⁵ 表瞬间性的"离开某处"，其位移图示成"点状"而非"线状"，是一个无动程的瞬时性动作，在语义上显示出有界性，其后可直接带处所宾语作为支配对象，也可接其他有界语义成分，体现出及物性。换言之，mɤ⁴ 所表达"离开"过程含有"源处所"和"过程"两个语义要素；而 sʰa⁵ 所表达的"离开"概念只含有"源处所"。

位移主体的离开与事情（或动作、任务）的结束在认知图式上极为相似，事件的结束就是表某事件离开原有状态以另一状态存在；以上列举的 mɤ⁴ 与 sʰa⁵ 之间的语义差异在事件域（或时间域）也呈对应性差异。看以下例句：

（12）ʈu² noŋ³ mɤ⁴　　ɤa² a¹，　ʈaŋ³ ko⁴ ɛ¹ ʈu² tɕaŋ¹.

　　　首　这 离去　空旷的样子　回 唱 一 首 接

　　　这首结束了，再接着唱一首。

（13）zaŋ⁷ ɛ¹ n̥ʰu⁵ ʑaŋ²，noŋ⁵ ka⁴ lja⁴ sʰa⁵ se⁵.

　　　过去 一 年(助词)　要 快 结 束 案子

　　　一年过去了，必须马上结案。

（14）ɛ¹ n̥ʰu⁵ mɤ⁴ vɤ² xaŋ³ ʈaŋ⁴ lo⁴ tsa³ zə⁴.

　　　一 年 去 我 再　回 来 家（助词）

　　　一年后我再回家。

（15）sʰa⁵ ɬje⁴ n̥ʰu⁵ ɛ¹ ta²，nən² qa² ko⁴ a² lo⁴ ɕʰa⁷ zə⁴.

　　　离开 久 年 那 来　她 就 唱 不 来 歌 了

　　　从去年来，她就唱不出歌了。

以上例（12）、（13）都表事件的结束，差异在于：例（12）mɤ⁴ 的"结束"是由终结事件作主语，后不接其他有界成分作宾语，在语义上表达的是渐次性结束，着意说明 NP 表示的主体事件的"耗量"性完结，体现出完结的过程性特征；例（13）sʰa⁵ 表达的"结束（某事）"，由终结事件作受事宾语，体现为及物性，语义上属于简括性的瞬间结束，由其空间域中的瞬间性离开（某处）映射而来。二者的句法语义差异投射到时间域亦然：mɤ⁴ 后置于时间名词，表时间的流逝过程，所指示的时间是带界点的后续时段，可汉译为"……过后"，如例（14）；而 sʰa⁵ 前置于时间名词，表离开某时间点，所指示的时间为离开某时间点的那一刻，常与位移动词 ta²来 连用，形成"sʰa⁵……ta²"结构，汉译为"自……来"，如例（15）。

由此可见，mɤ⁴离 的位移图示是一个凸显起点又隐含过程和离向的射线图式，即 mɤ⁴ 其语义隐含 mɤ⁴去 的语义，可理解为"离往"。

（二）mɤ⁴去 的句法语义特征

mɤ⁴ 存在句法语义上与上述 mɤ⁴离 互补对立的"去往"义用法（标为 mɤ⁴去），在句中作及物动词，后可接处所宾语（或接谓词性目的宾语），似乎与现代汉语中趋向动词"去"相当。如：

（16）fu³ fa⁴ moŋ² noŋ⁵ mɤ⁴ DiubSenx tɛ⁴？

　　　明　天　你　要　去　贵阳　　（助词）

　　　明天你要去贵阳？

（17）ta³ i¹ nen⁷ tsen³ mɤ⁴ ɬa¹ tɕi¹ tɛ¹.

　　　拿一　点　果　去　哄　小　孩

　　　拿点果子去哄小孩。

但事实上，黔东苗语中的 mɤ⁴去 也并非完全意义上的"去（GO）"义趋向动词，现代汉语中的"去"已完成了由"离开"到"前往"的语义演变；而苗语中"前往"义趋向动词 mɤ⁴去 却尚处于形成阶段，或者说是只是 mɤ⁴离 的语义扩展，理由如下：

1.mɤ⁴去 多以连谓结构"mɤ⁴……mɤ⁴"形式出现，胜过由单个 mɤ⁴ 构成的"mɤ⁴NP/VP"，成压倒性优势语形；而该结构中前一个 mɤ⁴ 理解为 mɤ⁴去，其语义上的动作性仍强于趋向性，并未发生虚化，试看以下例句：

A：（18）maŋ² te⁶ pɤ¹ mɤ⁴ tsa³ mɤ⁴.

　　　你们　跟　我们　去　家　去

你们跟我回家去。

（19）tɕo² kɣ³ noŋ³（ta²）mɣ⁴ kɣ³ faŋ¹ mʰu¹ mɣ⁴.

条　路　这　（来）　去　路　地方　苗族　去

这条路通往苗族地区。

B：（20）nau² ke³ tɕaŋ² moŋ² mɣ⁴ ɛ⁵ qei² ɕi³ mɣ⁴？

吃　饭　完　你　去　做　什么　去

吃完饭你去做什么

（21）nən² mɣ⁴ pe⁵ ta¹ mɣ⁴ ʐaŋ².

他　去　睡觉　去　了

他去睡觉去了。

以上 A 组例句"mɣ⁴NP mɣ⁴"结构的内部句法关系应划分为（mɣ⁴NP）mɣ⁴，并不同于汉语方言中的"去 NP 去"用法：前一个 mɣ⁴ 并未虚化成引出终点宾语的介词，其实义性强，也可随意换成与之同义的复合位移动词 ta²mɣ⁴ 或 lo⁴mɣ⁴；而后一个 mɣ⁴ 是 mɣ⁴_离作补语，补充说明前一 mɣ⁴ 的位移动作的已然情状，详述见后文补语 mɣ⁴ 的论述；前后两个 mɣ⁴ 分工明确。mɣ⁴_去尤其不可能在 mɣ⁴_离的位置出现，换言之，苗语中几乎不存在终点成分前置于 mɣ⁴_去的情况，mɣ⁴_去的句法位置并不灵活，这反证了苗语 mɣ⁴_去本身的"去往"义还不够凸显，无法激活其他句法位置处所词的终点语义。

从 B 组例句"mɣ⁴VP mɣ⁴"结构也可看出两个 mɣ⁴ 的体貌差异：前一 mɣ⁴ 是 mɣ⁴_去，语义有较强趋向性，表达未然的位移动作趋向，即"将去"；后一 mɣ⁴ 则是 mɣ⁴_离，表已然的位移动作过程，即"正离往"。整个"mɣ⁴VP mɣ⁴"结构是"mɣ⁴VP"与"VP mɣ⁴"叠合。以 mɣ⁴pe⁵ta¹ 与 pe⁵ta¹mɣ⁴ 为例：前者表要去睡觉，有这个打算但还没行动，其中，mɣ⁴ 只是非实际的动作趋向，整个 mɣ⁴VP 只有 VP 一个动作；后者表睡觉动作已经开始，mɣ⁴ 所表达的离开原状态的过程，同时也是 pe⁵ta¹ 动作开始的过程，VP mɣ⁴ 含有 VP 和 mɣ⁴ 两个不同的动作过程，两个结构叠合后，后一 VPmɣ⁴ 结构为叠合结构的语义重心。也正因 mɣ⁴_去只是一种未然性的动作趋向，经常用在否定句中表警告，如下例（22）、（23）；而 mɣ⁴_离后置于动词结构在句末对已进行的动作表劝阻，如下例（24）、（25）。

（22）ɛ² kɤ³ mɤ⁴ mᵒʰe⁵ to⁴ xʰə¹ ɬjo⁵.

　　　不要 去 说 些 话 假

　　　不要说谎话。

（23）ɕu² ta³ tau⁵ mɤ⁴ ɕoŋ⁴ qa¹ ɕʰoŋ⁵ tsa³.

　　　别 用 木 去 撞 头 墙 家

　　　别用木棍去撞击板壁。

（24）ʌ² kɤ³ mᵒʰe⁵ to⁴ xʰə¹ ɬjo⁵ ɤɤ⁴ zə⁴.

　　　不要 说 些 话 假 去（助词）

　　　别再继续说假话了。

（25）ʌ² kɤ³ qe⁷ nɑŋ¹ taŋ⁴ qaŋ¹ mɤ⁴.

　　　不要 缩 在 头 后 去

　　　别再往后缩了。

同时，前置的 mɤ⁴去 排斥表实现的已然性事态助词 zaŋ²，表达位移动作或事件的独立性并不强，如"pɤ¹mɤ⁴nən²tsa³zaŋ² 我们去他家了"不符合句法习惯，多数情况下还需借助 mɤ⁴离 表完整的位移事件——pɤ¹mɤ⁴nən²tsa³ɤɤ⁴zaŋ²。后置的 mɤ⁴离 则常与 zaŋ² 连用。

2. mɤ⁴去 与终点宾语之间插入了表"到、往"义动词的现象大量存在，这可看成是 mɤ⁴ 从"不接终点宾语"向"可直接与终点宾语发生语法联系"的句法语义拓展的过渡性阶段。据所掌握的语料来看，黔东苗语中的 mɤ⁴ 与目标处所宾语之间往往会插入了"到达"义动词 ləi⁵、so⁶ 等。如以下例句：

（26）tɕi⁵ mɤ⁴ ləi⁵ DenbLux, fʰa¹ maŋ⁴ ɕʰi³ ta¹ ɬo².

　　　爬 去 到 登鲁 转 脸面 看 下 秃

　　　登上登鲁坡，转脸看坡下。

（27）mɤ⁴ vi² lɛ¹ vaŋ⁴ men⁵ ta³ ɬaŋ¹ sa⁵.

　　　去 到 个塘井 拿 把 柴 刀

　　　去井塘边拿柴刀。

（28）kaŋ⁴ haŋ³ noŋ³ mɤ⁴ so⁶ qa¹ ɬoŋ¹ ɤaŋ⁴ to⁵?

　　　从 处 这 去 到（缀）路 中 寨 不

　　　从这里能到寨子吗?

余金枝（2011）曾考察苗语湘西矮寨土语的 mən⁵ 可以"带施事宾语、做补语、接受否定副词修饰、单独回答问题，不能带处所宾语"，"表示'去某处'需进入'qa³（到）＋处所宾语＋mən⁵（去）'格式"，并指出 mən⁵ 没有表动作行为发展趋势的用法。黔东苗语中 mɤ⁴ 的"去往"义用法也并未完全脱离其动作性而发展成典型的趋向动词，其作趋向动词的句法功能也较为受限，少有"mɤ⁴_去 VP""mɤ⁴_去 NP"这两种结构的单独出现，更未替代更为复杂的"mɤ⁴ VP mɤ⁴"或"mɤ⁴ NP mɤ⁴"而成为优势结构。我们有理由得出：mɤ⁴_去 可能只是苗语中 mɤ⁴_离 实义用法上的句法语义拓展，其语义拓展机制可能是 mɤ⁴_离 语义演变过程中对汉语"去"的语义复制①，也可能是 mɤ⁴_离 本身内部词义和外部功能扩展演变的过渡阶段，囿于章节篇幅，此处不作详述。

综上所述，黔东苗语 mɤ⁴_离 与 mɤ⁴_去 存在语义上的同一性，后者是前者的句法语义扩展，二者可归为一个隐含"去往"义的 mɤ⁴_离，表达有确切起点而并不限制终点②的离心位移过程，可以概括为"从某处离散（或离往）"。"离散"作为空间离心式位移运动过程，其概念框架内必定含有"原点（相当于离散中心）"作为直接支配对象，即 mɤ⁴ 的词义本身带有原点论元。这便容易造成 mɤ⁴ 后的支配性宾语位置的空缺，凸显出句法上的不及物性。那么，由 mɤ⁴ 构成的位移事件可能会涉及位移主客体、位移目的地、位移方式或驱动力等语义成分多被分布到 mɤ⁴ 前的句法位置，这又为 mɤ⁴ 的进一步虚化提供了句法条件。

▷ 二、补语 mɤ⁴ 的多功能语义

mɤ⁴ 作为离往义动词，其语义逻辑中已自含离散原点作为其直接支配对象，容易造成宾语位置上的空缺，以致其他与之相关的间接成分提前，形成

---

① 吴福祥（2009）"语法意义复制"是指复制语复制了模式语的语义概念、语义组织模式或语义演变过程。我们认为黔东苗语 mɤ⁴ "去"义的产生是复制了汉语中离义"去"向去义"去"的语义演变过程。

② 刘丹青（2013）在考察普米语的趋向范畴时，提出趋向分终点限制和不限制，终点限制就是有确切的目标，而终点不限制就是只有大致方向，没有确切目标。苗语中的 mɤ⁴ 属于终点不限制的离心，方向远离原点，但不涉及具体的落点。

VP＋mɤ⁴、VP＋NP＋mɤ⁴ 等结构，mɤ⁴ 在句中处补语位置，出现了不同程度的虚化。

（一）位移补语

mɤ⁴ 放在表达空间位置变化、动作性强的位移动词或动词短语后，表某物体在动词所表示的驱动力作用下离开原来位置；mɤ⁴ 前动词所表示的可以是自移过程，如例（29）、（30）；也可以是致移过程，如例（31）、（32）：

（29）nən² mi⁴ lo¹ pi⁴ xo¹ mɤ⁴ zaŋ².

　　　他　轻　轻 迈 步 离去(语助)

　　　他轻轻迈过去了。

（30）moŋ² lin³ tɕo² ɣaŋ² noŋ³ mɤ⁴ qa² so⁶ tɛ⁴.

　　　你　翻越 条 山岗 这 离去 就 到(语助)

　　　你翻过这座山就到了。

（31）to⁴ noŋ³ sei² ɕʰu¹ za² mɤ⁴ zaŋ²　tɛ⁴ me² qei² ɕi³ xɛ¹？

　　　些　这　都　搬　运 离去 (助词) 还 有　什　么(语助)

　　　这些都搬走了，还剩什么？

（32）ʐu⁸ to⁴ qa¹ sʰu¹　sʰa¹　noŋ³ mɤ⁴ n̥o².

　　　撮　些　头 草木渣子　这 离去(语助)

　　　把这些渣子撮掉。

mɤ⁴ 前面的动词表达"离去"的动作方式，mɤ⁴ 充当位移补语，表"离开"或"使离开"，其位移动作义较为实在。当 mɤ⁴ 前及物动词带上受事宾语时，同时存在"Vt＋O＋mɤ⁴"和"Vt＋mɤ⁴＋O"两种语序，但就所搜集的语料看来，"Vt＋O＋mɤ⁴"为优势语序，这与苗语介词结构（补语）后置的语序特征有关，而"Vt＋mɤ⁴＋O"的存在可能是语言接触中受汉语的影响而产生的语法借用现象。

由于位移动词 mɤ⁴ 的"离去"义含有动程，其动程可以用空间量计算，还可受数量短语补充，如：

（33）n̥ɕʰu¹ lo⁶ lo⁴ pa⁶ la⁶，pe² mɤ⁴ ɛ¹ ɖo⁵ to¹.

　　　种落 来纷纷落状　掉 离去一 拃 深

　　　树种纷纷往下落，掉进地里一拃深。

（34）pə⁵ noŋ³ tɕa⁷ paŋ⁵ va⁵, la⁴ mɤ⁴ ɛ¹ nen⁷.

　　　边　这　挤　很　　移　离去　一　点

　　　这儿太挤，挪过去一点。

当补语部分要凸显终点趋向时，"mɤ⁴ NP mɤ⁴"结构作补语，如：

（35）faŋ⁸ ɬaŋ¹ tau⁵ mɤ⁴ ta¹ mɤ⁴.

　　　扔　条　木　去　下面　去

　　　把木棒扔下去。

（36）nən² sɛ⁴ qʰe⁷ mɤ⁴ taŋ⁴ qaŋ¹ mɤ⁴.

　　　他　总　缩　去　端　尾　去

　　　他总缩到后面去。

mɤ⁴ 用在表自然现象变化或时间变化动词结构后，并以此动词结构所表达的事件概念作为时间参照来标示时间，如：

（37）lɛ¹ fʰu³ kɤ³ i³, tɕi⁵ ŋᵑʰu⁵ mɤ⁴ pɤ¹ ta³ ɕi⁵ ɕaŋ⁶.

　　　个　头　路那　开　年　去我们　再　相　商量

　　　那件事，开年了我们再商量。

（38）ɀaŋ⁷ bi¹ ɬʰa⁵ mɤ⁴ mon² xan³ ɬaŋ⁴ lo⁴ tsa³ ɀə⁴？

　　　过　三　月　去　你　再　返　来　家（助词）

　　　三个月后，你再回家？

（39）sʰe¹ vɛ¹ mɤ⁴ lɛ¹ vɛ² qa² kɤ³ kɤ³ sei⁴ ta² tɛ⁴.

　　　立　秋　去　个　天　就　慢　慢　冷　来（助词）

　　　立秋了天气就慢慢冷起来了。

以上例句，mɤ⁴ 的空间义域中的"离开＋动程"语义映射到时间义域标示了参照动作或事件的终结与终结后的遗留状态①，而该终结后的遗留又为后一事件提供了时间界域（或背景）。即 mɤ⁴ 在标示前一动作（或事件）结束的同时也标示了后一动作的开始事态，通常与时间副词"ta³ 再""qa² 就"连用。mɤ⁴ 通过表示动作或事件的过程状态来实现其对时间的标示，即

---

① 税昌锡（2012）曾论证现代汉语中"了"的体貌义有"完结""起始"两面性，前者表示活动终结事态，后者表示遗留状态起始事态。此处借鉴"了"的事态表示说法，以说明 mɤ⁴ 所表示的过程语义。

标示"参照时间点往后"的时间，从实词用法"pɤ^1 nᶜʰɛ^2 mɤ^4 ve^2 三天以后"可见一斑。

（二）结果补语

mɤ^4 用在非位移动词或抽象动词后，不再表具体动作作用下的空间位移，表人或事物因谓词所表动作的实施而离开视野范围（或消失，或改变领属关系），即抽象意义上的离开。如：

（40）to^4 xo^5 noŋ^3 nən^2 sei^2 tɕu^7 mɤ^4 ʑaŋ^2.

　　　 些　货　这　他　都　霸占　去　（助词）

　　　 这些东西他都占为己有了。

（41）to^4 tsən^3 noŋ^3 vɤ^2 nau^2 tɕu^4 mɤ^4.

　　　 些　果　那　我　吃　全　去

　　　 那些果子我全吃了。

（42）nən^2 lju^8 lɛ^1 qa^1 ɣu^3 tə^5 ɛ^1 mɤ^4 ʑaŋ^2.

　　　 他　淹没　个　处　坡　树　那　去　（助词）

　　　 他已经淹没在那个林子里了。

句中 mɤ^4 尚有实义性，在表前一动词结果的同时，也补充说明了位移物的空间隐去状态（或领属状态），此时的 mɤ^4 在句法上并不依附于前一动词，与动词之间可以插入其他成分，如以上例句（41）、（42）；甚至还可以脱离前面动词独立支配后面的受事宾语。如下例句：

（43）ɕa^1 mɤ^4 əu^1 mɤ^4 tɕoŋ^4，ɕa^1 mɤ^4 faŋ^1 mɤ^4 ɣaŋ^4.

　　　 遮　去　河　去　山谷　遮　去　地方　去　寨

　　　 遮住了河流与山谷，遮住了住处和村寨。

（44）ʑaŋ^2 mɤ^4 ta^1 mɤ^4 tau^5，ʑaŋ^2 mɤ^4 ɣi^1 mɤ^4 ʑa^5.

　　　 熔　去　地　去　木　熔　去　石头　去　岩

　　　 熔地熔木，熔石熔山岩。

（45）nᶜʰɛ^1 noŋ^3，pɤ^1 nau^2 mɤ^4 o^1 tɕ^4 qəi^1 mɤ^4 ɛ^1 tɕ^4 ka^6.

　　　 天　这　我们　吃　去　二　只　鸡　去　一　只　鸭

　　　 今天，我们吃了两只鸡和一只鸭。

上述句中，mɤ^4 既与前一动词所表示的动作形成因果关系（物体在动作的影响下消失或耗量），也与位移物形成陈述关系（陈述位移物的现有状态）。这种不及物动词后加名词所构成的"谓主"句法结构也是苗语中常见的特殊句法结构，符合苗语表达习惯，同时也反映了苗语中动词与补语之间的松散关系。

（三）动相补语

趋向动词作动相补语和结果补语时，二者并无清晰的界限，学者们并不作刻意区分（覃东升 2012，郭必之 2014）。本部分将 my^4 作动相补语和结果补语分开论述，主要因为 my^4 在作补语时，会因动词的句法语义特征差异而表现出虚化程度不一的情况：结果补语 my^4 与动词之间的句法关系松散，而动相补语 my^4 对前面动词的依附性强，接近于"准体标记"。

1. 表动作实现的动相补语。my^4 放在动作性较弱的消失义动词后，表消失动作的实现。试看例句：

（46）$nən^2\ lu^4/ti^1\ lo^1\ pi^4\ ɬən^5/ta^6\ my^4\ ʑaŋ^2.$

　　他　老/死（贬义）　　/死　去（助词）

　　他死了。

（47）$nən^2\ tu^1\ vy^4\ ɛ^1\ pɛ^5\ kwɛ^2\ ni^2\ ɛ^5\ nɛ^2\ xoŋ^1\ qaŋ^1\ my^4.$

　　他　拿　我　一　百　块　钱　做　人　蒙上　忘记　去

　　他借我一百块钱假装忘记了。

（48）$vy^4\ paŋ^8\ s^haŋ^5\ ta^4\ my^4\ ʑaŋ^2.$

　　我　的　伞　丢　去（助词）

　　我的伞丢了。

例句中，my^4 前的动词表某物的消失过程，my^4 的位移义已融入前一动词所表达的语义概念内，其位移过程不复存在，位移义已基本消失。动词本身含有消失义，my^4 只标示前一动词动作的实现。也就是说，该语用下的 my^4 已不再表达一个较为完整的语义概念，只标示前一动词的动相，并不能独立作为前一动词的结果义而存在，对前一动词的依附性强，中间不能插入其他句法成分。梁银峰（2005）曾界定汉语动相补语的功能为"给所表述的事件增加一种终结的意义，跟表示完成或实现的体标记相比，它们其实是

'准体标记'"。该语境中的 mɤ⁴ 与消失类动词连用,既表示原有状态的终结,更是表达"消失"状态的实现。我们也将苗语中 mɤ⁴ 的该用法从结果补语中独立出来,称之为实现动相补语。

2. 表达动作持续的动相补语,mɤ⁴ 放在动作性较弱的不及物动词或状态形容词后,表动作或状态的持续。如以下例句:

（49）ɛ⁵ qe¹ no⁵ va⁵, nən² xe¹ mɤ⁴ xe¹ mɤ⁴.

　　做事 多 太　他 衰 去 衰 去

　　干活太多,他身体衰弱下去了。

（50）lɛ¹ ve² tsau⁷ mɤ⁴ tsau⁷ mɤ⁴, ȵe⁵ to¹ poŋ⁵ kɤ³ zaŋ².

　　个 天　暗 去 暗 去　看 不 见 路（助词）

　　天渐渐黑了,看不见路了。

（51）nən² tɕeu⁶ ɕʰi⁷ me⁶ qa² taŋ² mɤ⁴ zaŋ².

　　他　一 闭眼　就　睡 着 去（助词）

　　他一闭眼就睡着了。

以上例句中,mɤ⁴ 位于语义中带有持续性特征的谓词后,表达某事物（离开原来状态）进入动词或状态词所表示的状态。mɤ⁴ 的使用,既隐含了对原来状态的偏离,也凸显了对现有状态的实现并持续,可理解为持续动相补语。mɤ⁴ 的"离去"义进一步虚化,只是作为谓词所表达的状态持续的始界点而隐约存在。

mɤ⁴ 也可表达均质性持续,表无始界点的持续,主要是因为 mɤ⁴ 对原有状态的偏离义进一步虚化隐去,句中已体会不到 mɤ⁴ 对原有状态的脱离,以致看不到前后状态变化的界点了。如:

（52）nən² tʰɛ¹ xʰa¹ mɤ⁴ tʰɛ¹ xʰa¹ mɤ⁴.

　　他　推 托 去 推 托 去

　　他老推诿老推诿的。

（53）nən² səi⁷ vɤ⁴ lɛ¹ qa¹ fʰu³ xʰe¹ mᵒʰe⁵ mɤ⁴ mᵒʰe⁵ mɤ⁴.

　　他　接 我 个 处 头 话　说 去 说 去

　　他接我的话头说个不停。

（54）nən² laŋ⁷ mɤ⁴ ɛ¹ ɕʰo⁵ qa² nin⁶ lo⁴ ʐaŋ².

他　昏迷　去　一　时　就　醒　来　（助）

他昏迷了一会儿就醒过来了。

表均质持续的 mɤ⁴ 往往可以以"V mɤ⁴ V mɤ⁴"的重叠形式出现，如例（52）、（53）；也可以后加持续时间段时间词，如例（54），其语法语义接近于"持续体"。但 mɤ⁴ 多跟表消极义（或说话人不认同的动作）的动词或形容词搭配，虽然句中已无法体现对"原来状态的偏离"，但动词或形容词的消极性语义特征预设了"mɤ⁴"对词义以外客观常态的偏离状态，由于该句法语义功能并不适用于所有谓词，不具有典型体标记的功能普适性，只能看作是准持续体标记。

3. 主观偏离动相补语。mɤ⁴ 放在中性不及物动词后，表示动作在某一时段内偏离主观预设事态的正在进行或"持续"。如：

（55）qʰo⁵ ɛ¹ nən² mʰe⁵ xʰəˡ mɤ⁴，qei² ɕi³ sei² to⁵ nᶜʰɑŋ³.

时　那　他　说　话　去　什　么　也　不　听见

那时候他在说话，什么也没听见。

（56）vɤ⁴ nau² ke³ sʰəi⁶ iˡ，nən² xʰa³ tu³ mɤ⁴ ʐaŋ².

我　吃饭　时那　他　写　字　去　（语助）

我吃饭那会，他写字去了。

（57）tɛ¹ pʰi⁷ noŋ³ mʰe⁵ xʰəˡ ɣaŋˡ ɣaŋ² pɤ⁴ pɤ⁴ mɤ⁴ ʐaŋ².

姑　娘　这　说　话　寨　寨　坡　坡　去　（语助）

这姑娘说话东拉西扯的。

以上例句中 mɤ⁴ 表示某动作在某时段的持续，前面谓词的语义并不带有消极意义，其"偏离义"进一步减弱，只隐约指向句外说话人主观认定的情况，而与谓词本身的动作或状态无直接关联：谓词所表动作的持续性与说话人的主观预想有"出入（偏离）"，如例（55）理解为"当时不应当说话却一直在说话"；例（56）则理解为"我吃饭"这一参照时段内，另一不同事件的发生或持续；例（57）中 mɤ⁴ 前的动作状态在说话人预设的事件参照时段内发生，以表达"不应当东拉西扯"。mɤ⁴ 既显示了某种动作状态在某参照时间内的发生，更是凸显了该动作状态与前一参照状态的相关性，而非单纯的情状描写，隐含说话人对该持续情状的主观态度。

▶ 三、事态助词 $mɤ^4$

（一）客观情状表达

$mɤ^4$ 放在非过程性[①]的谓词结构（小句结构）后，语法上属于小句层面，语义上也更为虚灵。其中，$mɤ^4$ 前的谓词性成分的语义并不表现为带有时间流逝性的具体事件，而是一种不与时间有联系的动作、状态或关系。$mɤ^4$ 需与表达非过程性的动词共现，与 $ɕʰɑŋ^5$ 连用，构成比较句；与苗语变化动词 $tɕɑŋ^2$ 或 $ɛ^5$ 连用，构成描述事件或状态变化的句子。如：

A：（58）$vɤ^4\ sʰɑŋ^3\ qoŋ^3\ ɕʰɑŋ^5\ nən^2\ mɤ^4.$

　　　　我　嗓子　沙哑　超过　他　去

　　　　我的嗓子比他的还沙哑。

（59）$n^{oh}ɛ^1\ noŋ^3\ ve^4\ xɑŋ^3\ sei^2\ ɕʰɑŋ^5\ n^{oh}ɛ^1\ noŋ^4\ mɤ^4.$

　　　天　这　越　再　也　超过　昨　天　去

　　　今天比昨天更冷。

B：（60）$te^4\ nɛ^2\ nɑn^3\ qoŋ^3\ sʰɑŋ^3\ tɕɑŋ^2\ te^4\ ŋɑ^6\ mɤ^4.$

　　　　个　人　那　沙哑　嗓子　成　只　鸭子　去

　　　　那人嗓子哑得像只鸭子了。

（61）$nɛ^2\ fɑŋ^5\ lje^2\ xʰɑ^1\ pon^4,\ qʰɑ^1\ tɕʰi^5\ tɕɑŋ^2\ ɬɑŋ^1\ mɤ^4.$

　　　母　责备　情　妹　双　哥　气　成　鬼　去

　　　妈妈诬陷妹，哥哥怒火烧。

（62）$fɑŋ^1\ sei^2\ to^5\ ɕʰɑŋ^3\ tɕɑn^4,pɤ^1\ sei^2\ to^5\ u^3\ nɑŋ^4,ɤu^5\ tɕɑŋ^2\ qei^2\ ɕi^3\ mɤ^4.$

　　　地方　也　得　出产　粮食　我们　也　得　衣　穿　好　成　什么　去

　　　田地也会出米粮，我们也得衣服穿，美好生活说不完。

以上例句中的 $mɤ^4$ 可有可无，并无句法上的强制性，只在句中标示句

---

① 郭锐（1997）曾指出汉语中谓词性成分的外在时间性有过程与非过程的对立，非过程指谓词性成分不与时间流逝发生联系，只是抽象地表示某种动作、状态或关系。

子的非现实性状态或非过程性动作：A 组例句中的句子表达比较的关系句，此 mɣ⁴ 语义上与"偏离"义已相去甚远，句法上不承担任何句义补充或修饰功能，去掉也并不影响句子的句法语义。B 组例句中虽含有变化义动词 tɕaŋ²_{变成/成}，但句义中心为 tɕaŋ² 前的状态词，句尾又用 mɣ⁴ 与之对举，以说明 tɕaŋ² 的非现实性，从而构成比喻句。A、B 两组例句中的 mɣ⁴ 都不能换成表完结事态的 zaŋ²，这与"tɕaŋ²……zaŋ² 成……了"表示的现实性完成事态句形成对立。我们可将该 mɣ⁴ 看作非现实性或非过程性事态助词。

从 mɣ⁴ 前一小句句义来看，似乎多含有"极性程度"义，"去"义的这种语义功能，在其他南方语言中亦有存在。郭必之（2014）将壮语中类似用法的 pai²⁴ "去"界定为程度事态助词，有一定科学性。但我们认为，苗语中的 mɣ⁴ 并不直接与小句的程度部分发生联系，其语义指向整个小句所表达的情状性和非现实性。

（二）主观情状表达

带 mɣ⁴ 的非过程性关系句也可以表达说话人的主观判断情状，通常与 qəu³_{估计/大概}、noŋ⁵_要 等连用，构成估量结构或数量结构，带有一定主观性。该语境中的 mɣ⁴ 依旧起凸显非现实情状性（主观推测）的作用，这与由 zaŋ² 煞尾的句子形成对比。如下：

（63）a. qəu³ toŋ² ŋi² noŋ³ mɛ² o¹ tɕu⁸ tɕaŋ¹ noŋ³ mɣ⁴.

       估计 块 肉 这 有 二十 斤 这 去

       估计这块肉有二十斤左右。

    b. tɛ⁴ pa⁵ noŋ³ qəu³ to² o¹ pa⁵ tɕaŋ¹ nən³ zaŋ².

       条 猪 这 估计 得二百 斤 这（助词）

       这头猪估计有两百斤了。

（64）a. ɕaŋ⁸ noŋ³ tɛ⁴ tɛ¹ a³ i¹ mɛ² pɣ¹ nˀʰu⁵ mɣ⁴.

       时 这 个 姑娘 那 有 三 年 去

       现在，那姑娘有三岁了。

    b. ɕaŋ⁸ noŋ³ tɛ⁴ tɛ¹ a³ i¹ mɛ² pɣ¹ nˀʰu⁵ zaŋ².

       时 这 个 姑娘 那 有 三 年（助词）

       现在，那姑娘有三岁了。

（65）a.　o¹ tɕaŋ¹ ŋi² noŋ⁵ nau² o¹ pɣ¹ nᵍʰɛ¹ mɣ⁴！

　　　　　两　斤　肉　要　吃　两　三　天　去

　　　　　两斤肉要吃两三天！

　　　b.　o¹ tɕaŋ¹ ŋi² nau² o¹ pɣ¹ nᵍʰɛ¹ zaŋ²！

　　　　　两　斤　肉　吃　两　三　天　（助词）

　　　　　两斤肉吃两三天了！

以上带 mɣ⁴ 的 a 组例句表达的是非现实数量关系，该数量关系所表的情状与说话人主观判断存在较大关联，带有强烈的主观猜测。mɣ⁴ 的意义不带有任何时间性，也不对句子有时体上的标示功能，连隐含对原有量的偏离义都已淡化，只含主观推测意义，该 mɣ⁴ 亦可看作是主观推测语气助词。

小结

mɣ⁴ 作位移动词表示"离开原点去往别处"的位移过程，可理解为离往义动词，但苗语 mɣ⁴ 的"去往义"尚处于词义演变的形成阶段，该义项所承担的句法语义功能尚缺乏独立性，不能由此义项实现其他语法句义的多功能化。mɣ⁴ 的多种句法语义功能多与"离往义"相关，在其语义扩展虚化过程中，mɣ⁴ 呈"弱化动程（强调离开）"和"凸显动程（强调前往）"两条平行线虚化，其语义演变发展链可标示为下图，其中，用双引号表强调凸显：

mɣ⁴ 作实义动词表达位移过程，既可以表示无动程的"离开"；也可以表示有动程的"离往"。但作趋向补语时，mɣ⁴ 会随前面位移动词的过程语义差异而体现出不同两种语义：其一，mɣ⁴ 凸显位移的原点，其动程和趋向弱化，作趋向补语时，显示出无动程的空间移离或脱落义，如前文例句（29）、（30）；其二，mɣ⁴ 的动程或趋向得到凸显，作趋向补语时，显示出有动程的移离路径或空间离散义，如前文例（31）—（36）。mɣ⁴ 用以表达时间趋向时，补充说明动词所指事件在时间轴上移离路径，如前文例（37）—（39）。

mɣ⁴ 作结果补语时，同样显示出两种结果义：一是 mɣ⁴ 表达无动程的消失结果，如前文例（40）、（42）等；二是 mɣ⁴ 表达有动程的耗量性结果，如前文例（41）、（45）等。需要注意的是，mɣ⁴ 作为结果补语与前面动词的词义界限明显，二者句法关系相对松散，前面动作表具体的行为动作，是消失或耗量的方式或原因，而 mɣ⁴ 所表示的动作后的结果并不依附于动词而存在。

当 mɣ⁴ 放在消失类动词或状态形容词后，其词汇意义进一步虚化，语义已融入前面的动词或形容词，作动相补语，依旧显示出两种动相：一是 mɣ⁴ 表达无动程的实现动相，如例（46）—（48）；而是表达有动程的持续动相，如例（49）—（54）。比起结果补语，mɣ⁴ 作动相补语时与动词之间的词义界限更加模糊，词义进一步虚化，可以看作准体助词。

mɣ⁴ 作事态助词与语气词的界限并没有一条清晰的界限，但事态助词 mɣ⁴ 依稀含有"偏离"义：一是标示客观情状事态，隐含客观关系事态或非现实性变化情状对原来事态的偏离，如例（58）—（62）；二是标示主观推测事态，隐含主观推测对原来事态的偏离，如例（63）—（65）。而 mɣ⁴ 完全不含"偏离"义的纯语气词用法较少，就所搜集的语料而言，只见以下一例：

（66）tɕo² əu¹ noŋ³ ɕʰi¹ poŋ⁸ qa⁴ ɫaŋ² mɣ⁴！

　　　条　水　这　看　见　头　底　去

　　　这河水清澈见底！

要描述清楚诸如该例中 mɣ⁴ 的用法所表示的具体语气还需借助更多长篇语料来分析，囿于精力与篇幅，本章节不作描述。

第三节　黔东苗语"来"义动词 lo⁴与 ta² 的语义功能差异

黔东苗语 lo⁴ 与 ta² 都表示空间位移体从别处向观察点（或说话人所在位置）靠近的位移动词，表达相同的空间位移过程，都是苗语中典型的

"来"（COME）义动词，二者的语义差别体现在位移动作的直接论元的不同空间归属。张永祥主编的《苗汉词典》分别用"归来""非归来"来区别 lo^4 与 ta^2 的语义；姬安龙（2012）曾用"家庭成员的到来"这一语义特征对 lo^4 与 ta^2 的语义差别进行区别，但并未详述；吴正彪（2017）曾对苗语三大方言中的表达实义的"来"的使用语境及音义进行了描写，进一步阐明了苗语中 lo^4 与 ta^2 所表"来"义的细微差异。

前人时贤已注意到 lo^4、ta^2 所表达的位移事件存在一定差异，并指出这种差异反映在动作过程以外的论元（位移体）的社会空间关系归属差异上。然，用论元的语义差异只能简单描述其然，却不能解释其所以然；加之，二者的语义功能并不局限于以人作为位移体的实体空间位移，单凭位移体的空间归属差异并不能解释二者在表达非人或无生命物的空间位移，乃至投射到其他非空间义域中的语义差异。

我们认为 lo^4 与 ta^2 所述位移事件的相关论元存在空间归属差异，事实上，是由二者所表达的位移事件的不同意象图式造成的，二者不同的意象图式在其向非空间域进行投射时，依旧会保持差异，造成二者在作趋向补语、可能补语（结果补语）、结果补语以及事态助词时也呈现出相对应的语义差异。

一、实义动词 lo^4 与 ta^2 及其意象图式

黔东苗语 lo^4 与 ta^2 作实义位移动词时，最典型的用法是单独作谓语，描述动体从别处向说话人位置靠近的空间动程，可以汉译为"来"。从认知语言学对位移事件概念与语言结构之间的对应关系来分析，lo^4 与 ta^2 都不强调驱动力，属于路径动词，而非方式动词，二者在表达过程性路径时，可替换使用或同义联合使用，如下例句：

（1）to^4 qau^5 lu^4 A^2 pe^1 $nən^2$ lo^4/ta^2.

　　　些　公老不让　他　来

　　　老人们不让他来。

（2）ta^2 A^2 $əu^3$ $s^hoŋ^3$，lo^4 A^2 $əu^3$ lin^8.

　　　来 不 要 本钱　来 不 要 利息

　　　来时不要本钱，去时不要利息。（张永祥 1990：223）

（3）moŋ² mɤ⁴ te³ lɛ¹ ɫja¹ lo⁴ /ta² tɕi⁶ ŋi².

你　去　拿个碟子来　　装　肉

你去拿碟子来盛肉。

（4）tʰo¹ əu¹ lo⁴ /ta² tʰaŋ⁵ pe⁵.

烧　水　来　　烫　猪

烧水来烫猪。

所谓过程性路径①，是指位移只强调运动过程的方向，而不凸显参照点以外的空间物。如汉语中的"来""去"属于单纯的过程性路径动词，只强调运动方向（"来"只聚焦以说话者为参照点的终点，"去"只聚焦以说话者为参照点的起点），不凸显位移过程参照点以外的其他空间物；而"出来""出去"则为非过程性路径动词，既聚焦以说话者为参照点的终点，也聚焦参照点以外的起点。

苗语中的"来"（lo⁴ 与 ta²）并非简单的过程性路径动词，更接近于一对结果性路径动词，在实际运用中，二者更凸显运动的结果——动词语义不仅仅描述运动过程的方向（朝向终点），还凸显参照点以外的参照物——lo⁴ 与 ta² 作为结果性路径动词，除了聚焦参照点（终点），还会对参照点以外的起点的空间特征进行编码。试看下面两例句子：

（5）moŋ² mɤ⁴ ɕʰɤ³ nən² lo⁴ ʌ² pɤ⁴.

你　去　看　他　来　没

你去看看他来了没有。

（6）moŋ² mɤ⁴ ɕʰɤ³ nən² ta² ʌ² pɤ⁴.

你　去　看　他　来　没

你去看看他来了没有。

例句就运动过程的方向来看，用 lo⁴ 与 ta² 没有区别，都是以说话人所在位置为参照点并以参照点为终点的运动，区别在于参照点以外的"起点"

---

① 该处的过程性路径，参考了周红（2015：121）所述的"过程性驱动"和"结果性驱动"，此处"过程性"与"结果性"的区别进一步体现为"无界"和"有界"的区别，可以说，过程性路径所述的起终点为没有界点的同质性空间，而结果性路径所述的起终点是在位移发生前后有界点的不同空间。

的空间特征：用 lo^4 说明起点和终点之间没有界线区分，属于同一空间内的位移；而用 ta^2 说明起点和终点之间有界线区分，属于跨两个不同空间的位移。这种差异，张永祥（1989）曾用"来（归来）"与"来（非归来）"进行区别，姬安龙（2012）则细化为 [家庭成员的'到来']，两种解释用在位移体为具有社会属性的人时，具有一定说服力。例（5）用"lo^4"，说明位移体 $nən^2$ 位移起点和终点为同一空间内，此"来"为"归来"；例（6）用"ta^2"意味着位移体 $nən^2$ 的位移起点与终点有界线区分，分属不同空间范围内，此"来"为"非归来"。尤其是说话人要强调位移体在空间归属上是"外人"时，只能用 ta^2，不能用 lo^4 替换，如下例句：

（7）$a^2\ me^2\ pi^2\ sei^2\ to^5\ ni^2\ xe^1\ tɕe^4$, $to^4\ ɕ^ha^1\ tɕe^4\ qa^2\ ta^2\ tsa^3\ ɕu^7\ ɖo^2\ ɕu^7\ vi^4\ my^4$.

　　不 有 钱 于 银 汉 族 些　官 差 就　来 家 提 鼎 提 锅 去

　　没有钱交纳赋税，官家的差役就来家提锅拿鼎。（张永祥 1990：418）

（8）$ɕ^ha^5\ pi^4\ to^6\ qa^1\ ɟjo^2$, $kaŋ^1\ faŋ^1\ vɛ^2\ ta^2$?

　　难 道 是（缀）鬼　从 方 天 来

　　莫非你是鬼，从天降人间？

即当说话者判定位移体的起点（源归属点）与终点是分属两个不同空间时，句中的"来"义动词用 ta^2，而不用 lo^4。又如"来客人 $ta^2\ q^ha^5$"用 ta^2，"（女子）嫁来 $lo^4\ q^ha^5$"用 lo^4。需要注意的是，语言空间不同于物理空间，位移起终点位置是否划分为同一空间，取决于说话者对事物空间特征的知识性归类，尤其是，位移体不带社会空间属性时，该空间归属知识的归类更具主观性和地方性。如以下例句 ta^2 与 lo^4 所指位移事件的位移体是非人乃至无生命物，位移起终点是否归属同一空间？

（9）$lɛ^1\ n^{ph}ɛ^1/pe^5/noŋ^6\ \underline{ta^2}\ ɛ^1\ n^{ph}ɛ^1\ zaŋ^2$.

　　个 太阳/雪/雨　来 一 天 （助）

　　太阳/雪/雨下了一天了。

（10）$to^4\ na^2\ noŋ^3\ \underline{ta^2}\ tɕ^haŋ^1\ zaŋ^2$.

　　些 稻子 这　来 芽 （助）

　　这些稻子发芽了。

(11) to⁴ vo¹ noŋ³ tɛ¹ moŋ⁶ poŋ⁵ va⁵, pɤ¹ to⁴ <u>lo⁴</u> əu¹ ȵu² ʐaŋ².

　　些 菜 这　香　很 很 我们 些 来 水口水（助）

　　这些菜太香了，我们都流口水了。

例句中的 ta²、lo⁴ 不再描述一个凸显运动轨迹的位移事件，而描述一个凸显位移前后的空间关系变化的结果性事件，此时，二者语义功能区分更为严格，不能互换。同时，二者关于起终点的空间界限（归属）划分也更具主观性，如黔东苗语表示人或动物较为常见的生理现象用 lo⁴ 不用 ta²（lo⁴qa³nɛ⁶ 流鼻涕、lo⁴ɕʰaŋ³ 流血、lo⁴nᶜʰaŋ⁷ 流汗等）；而表客观物理现象用 ta² 不用 lo⁴（泉眼出水用 ta²əu¹，烟囱冒烟用 ta²ʐen¹ 等）。苗语西部方言中同样具有类似语义差异的来义动词"tua³¹"和"lo²¹"，却在对自然现象的出现用 tua³¹ 还是 lo²¹ 时不同于黔东方言，西部方言除"出太阳"用"tua³¹"，其他的"下雨""打霜"都用"lo²¹"。这类语境下的 lo⁴ 与 ta² 用"归来"和"非归来"来区分恐怕无法自圆其说。

可见，就动词所述的运动过程来看，lo⁴ 与 ta² 的差异并不在于运动方向及其参照点的不同，而关乎位移过程之外的动体源位置（位移发生前，动体原来的空间归属）和终点之间的空间关系。即苗语中的"来"义动词（lo⁴ 与 ta²）不仅对运动方向及其参照点进行编码以外，还对运动前后的起终点位置之间的空间关系进行编码，且这种空间归属的划分具有主观性。从理论上来分析，于一个趋向动词所述的位移事件而言，路径概念才是具有区别意义的核心概念，这种起终点位置之间的空间关系变化属于"运动背景"，只是蕴涵于"路径"中的附属概念，融合在动词的意象图式中。通过对二者的"路径"概念进行更深层次的意象图式分析，来阐述二者的语义差异，更具解释力和普适性。

关于意象图式，Lakoff & Johnson（1980）曾分出容器图式、路径图式、上下图式等最常见的几类。从所收集到的语料可以看出，ta² 与 lo⁴ 的显性核心意象图式都是朝向观察点（向心）的路径图式，差别在于 lo⁴ 是一个单纯的路径图式，而 ta² 是隐含有容器图式的套叠式路径图式，用图标示如下（箭头表路径，方框表容器，虚线圆表不明确）：

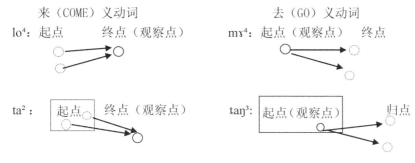

图 5-1　"来""去"义动词意象图式

图 5-1 所示来、去义的路径图式显示："来"义 lo⁴ 与"去"义 mɤ⁴ 只是简单的观察点差异造成的运动方向不同（"去"义 mɤ⁴ 为离心路径图式）；"来"义 ta² 在"来"义 lo⁴ 所示的路径图式的基础上，在起点附着一个容器图式，该容器图式将原本单一的路径图式中的起点和终点分成了两个不同的空间，体现在语义内容上就是动体在位移过程中跨越了主观认定的不同空间，即位移体在空间归属上不属于终点（观察点）；"来"义 ta² 与"去"义 mɤ⁴ 并非简单的观察点不同，苗语中与"去"义 mɤ⁴ 语义相对的是 lo⁴ 而非 ta²，诸如在与 mɤ⁴ 所构成的固定结构"V 来 V 去（V mɤ⁴ V lo⁴）""mɤ⁴mɤ⁴lo⁴lo⁴ 来来去去"等中只能用 lo⁴ 而不用 ta²。苗语中与"来"义 ta² 的语义相对的是 ʈaŋ³₍归(去)₎，而非 mɤ⁴。

此外，lo⁴ 与 ta² 的该意象图式也适应于二者与 mɤ⁴ 组合而成的"去"义复合趋向动词 lo⁴mɤ⁴ 与 ta²mɤ⁴。黔东苗语 lo⁴mɤ⁴ 与 ta²mɤ⁴ 都是以 mɤ⁴ 为语义核心的"去"义复合动词，可用以下图式描述：

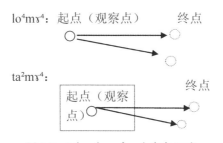

图 5-2　lo⁴mɤ⁴、ta²mɤ⁴ 意象图式

上图 5-2 所示，lo⁴mɤ⁴ 的意象图式是 lo⁴ 与 mɤ⁴ 之意象图式的叠合，以 mɤ⁴ 的意象图式为核心；ta²mɤ⁴ 的意象图式是由 ta² 与 mɤ⁴ 之意象图式的叠合，以 mɣ⁴ 的意象图式为核心；ta² 的附属意象图式（容器）将 ta²mɣ⁴ 的核心意象图式（路径）的起点（观察点）与终点分为两个不同的空间。二者的意象图式特征决定 lo⁴mɣ⁴ 体现为"（归）离去"义，ta²mɣ⁴ 体现为"（非归）离去"义，如下例句：

(12) nən² nau² ke³ tɕaŋ²，tei² ɬu⁸ tei² <u>lo⁴ mɣ⁴</u> tsa³ mɣ⁴ zaŋ².
　　　 他　吃　饭　成　径　直　　来　去　家　去（助）

　　　 他吃完饭，就直接回家去了。

(13) te⁴ ȵaŋ⁶ i¹ qʰe⁷ ta³　　tsən⁷　<u>lo⁴ mɣ⁴</u> zaŋ².
　　　 个小偷那缩尾巴 蜷缩状　来　去（助）

　　　 那小偷夹着尾巴（逃）走了。

(14) nən² lju⁸ qaŋ¹　ɬin⁴ to⁴ nɛ² qa²　<u>ta² mɣ⁴</u> qʰən³ te⁴ ȵaŋ⁶ zaŋ².
　　　 他　刚　离开速离状些 人　就　来　去　追击 个　贼（助）

　　　 他刚离开人们就去追击强盗了。

例（12）、（13）用 lo⁴mɣ⁴ 暗含位移体 nən² 归属于所要"去往"的位移终点，该"去往"实为"归去"；例（14）用 ta²mɣ⁴ 暗含位移主体 to⁴nɛ² 在空间归属上不属于终点，该"去往"为"非归去"。换言之，ta²mɣ⁴ 表达带有偶然目的性的"暂时离往"之义，lo⁴mɣ⁴ 表达自然而然、情理之中的"离开"本就不属于其所在的地方。

▶ 二、补语 lo⁴ 与 ta² 的语义功能差异

ta² 和 lo⁴ 作为路径动词，不表达具体的行为方式，很容易进一步虚化降级为谓词的修饰性或补充性成分。如，苗语西部方言中与黔东苗语 ta² 同源的"来"义动词 tua³¹ 通过双向降级，既可以向右进一步虚化为补语，也可以往左虚化为介词，连同介词后宾语作状语。只是，苗语西部方言中，作补语时，tua³¹ 并不凸显界点的区别；但 tua³¹ 在苗语西部方言中作空间介词时，与 lo²¹ 有很明显的界点差异，tua³¹ 是凸显起点的介词，引出位移起点。如：

(15) ŋʈʂaŋ⁵⁵ tua³¹ hou⁵⁵ ni²¹ lo⁴³ ȵtɕou³¹ mpou⁴⁴ tɛ²⁴ tua³¹.
　　　 血　　来 里 他 个　嘴　冒　出 来

　　　 血从他嘴里冒出来。（李云兵 2015：151）

(16) ni²¹ tua³¹ ʂou⁴⁴ ntoŋ⁴⁴ lu⁵⁵ ʐau²⁴ Nqe²¹ lo²¹.

　　他　从上面　树　突然状　下　来

　　他突然从树上下来。（鲜松奎 2000：109）

相较西部苗语中的 tua³¹，黔东苗语中 lo⁴ 与 ta² 为单向降级，只是向右降级为补语，并未向左降级为介词。根据 Lakoff（转引自王寅 2014）提出的意象图式映射的不变原则，二者在源域中的意象图式投射到目标域会保持相对应的原意象图式不变，以至于二者在句法降级和语义虚化后，在空间域所体现出的语义差异，也在其他非空间语义域中有相应的差异体现。黔东苗语中 lo⁴ 与 ta² 降级为补语，lo⁴ 的意象图式是一个单纯的路径图式，作补语时，表达某状态在驱动力的作用下呈延展性发展；ta² 所含的容器图式将其运动过程分成了不同视界，赋予其路径图式以界点特征，ta² 作补语时，亦凸显界点，表达某状态在驱动力的作用下从起始到持续的不同状态转变过程。

（一）趋向补语

lo⁴ 与 ta² 作为趋向补语，往往跟在表空间位置变化、动作性强的位移动词或动词短语后，构成动趋式，表某物体在动词所表示的驱动力作用下向参照点（或说话人位置）靠近。若有宾语出现时，一般宾语在前，lo⁴ 或 ta² 置于宾语后，构成 V＋O＋lo⁴/ta² 结构；因受汉语宾语与补语语序的影响，苗语存在 V＋lo⁴/ta²＋O 结构。lo⁴ 与 ta² 作趋向补语时，其语义功能差异并不受驱动力的句法语义制约，既可以表达自移，也可以表达致移，对比以下例句：

(17) tɛ⁴ tau⁵ pɛ² qa¹ lau² xəu⁴ xəu⁴ <u>lo⁴</u> ʑaŋ².

　　个　树　掉（缀）叶子　不断状　来（助）

　　树上不断掉下叶子。

(18) moŋ² tɕʰe¹ to⁴ qa¹ lju⁵ pʰa⁵ <u>lo⁴/ ta²</u>.

　　你　　捡　些（缀）片　碎　来

　　你去捡一些碎木片来。

(19) lɛ¹ nᵈʰɛ¹ taŋ⁵ ɣaŋ² <u>ta²</u> ʑaŋ².

　　个太阳　升起　山冈　来（助）

　　太阳从山冈升起来。

(20) moŋ² tɕʰe¹ to⁴ qa¹ lju⁵ pʰa⁵ ta².

你　捡　些(缀)片　碎　来

你把这些碎木片捡起来。

例（17）只能用 lo⁴，是简单的"来"义补语，表达某物在视野范围之内的往观察点（即在同一可视空间范围内的移动）靠近的过程；例（18）不强调致移物的路径界点时，二者在补语语义功能上的表达差异不大，可替换；例（19）用 ta² 表事物由视野范围之外的另一空间向观察点所在的空间靠近，是凸显起点的不同视界中的空间转换过程。换言之，黔东苗语中 lo⁴ 与 ta² 作趋向补语时，二者之间的语义差异都与方向或参照点无关；区别在于起点的凸显与否。ta² 聚焦起点和终点，涵盖了汉语中"起来""出来"等一类复合趋向补语的用法，如下例句：

(21) qa¹ tɛ¹ ke³maŋ⁴ fa⁴ ta² ʑaŋ², tʰa³ ne² ȵu⁴ poŋ¹ ʑoŋ¹.

(缀)崽 小 米 起 来(助)　繁　殖 绿（绿状）

小米苗冒出来了，长得绿油油的。

(22) nən² ɬju² ta² i¹ poŋ⁴ ɖʰin¹, təu³ ʈo⁵ tɕo² te² kɤ³ ve².

她　来　一　对　手镯　　放 于 张 桌子 路上

她 拿出一对手镯，放在桌上。

（二）结果补语（可能补语）

趋向动词的趋向意义进一步虚化为结果意义是一条普遍性语法化规则。lo⁴ 与 ta² 位于非空间动词后，不再表人或物的具体位移路径的方向，而表动作产生的结果，该结果并不限于实际空间位移结果，也包括抽象位移，主要分为"由彼到此""由隐到现""由无到有"几种结果义。lo⁴ 与 ta² 受其意象图式差异的影响，空间域投射到状态域，分别分担表达动作变化结果状态的"量变"和"质变"的语义功能。如下例句 lo⁴ 作结果补语：

(23) toŋ³ ɕu² fa⁵ mɤ⁴ ʑaŋ², to⁴ qaŋ³ fa⁴ lo⁴ ʑaŋ².

季 冬季过 去（助）些 青蛙 起 来（助）

冬天过去了，青蛙醒来了。

(24) nən² ɛ⁵ tsaŋ² to⁵ ɛ¹ moŋ⁷ sei² lo⁴.

他 做 生意 得 一 群　钱　来

他做生意赚了很多钱。

（25）kʰe⁵ ton² ɕʰa³ qa² kʰe⁵ lo⁴ ŋi² <u>lo⁴</u> ke³.

　　　转动水车筒　就　转　来　肉　来　饭

　　　转动如意盘就转得肉和饭。

例（23）用 lo⁴ 作补语，表事物在动作影响下发生某状态的转变，但转变的起始点并不明显，属于量变范畴内的"由隐到现"；例（24）、（25）表事物在某动作的影响下发生量变范畴内的"由彼到此"的领属关系的转移。这些状态的转变并没有产生新事物，属于抽象位移中的量变范畴。当某动作引发事物状态变化至新事物产生的时候，其变化结果属于质变范畴内的"由无到有"，必须由其起点被套以容器图式的 ta² 来充当补语。如下：

（26）tɛ⁴ tau⁵ tsa³ ɣa² non³ pu³ ɛ¹ mon⁷ pan² <u>ta²</u>.

　　　个　树　果　梨　这　开　一　群　花　来

　　　这棵梨树开了很多花。

（27）tsa¹ nᵈʰɛ¹ no⁵ pon⁵, nən² lɛ¹ man⁴ qa² tɕi⁵ zi⁸ <u>ta²</u> ʑan².

　　　晒　太阳　多　很　　她　个　脸　就　起　斑　来（助）

　　　晒太阳太多，她脸上就起了黑斑出来了。

（28）nən² zən² <u>ta²</u> ɛ¹ lɛ¹ qa¹ tɕi⁵.

　　　他　想　来　一个（缀）计

　　　他想出一个办法。

与趋向补语相比，lo⁴ 与 ta² 作结果补语的语义进一步虚化，其语义上的空间特性进一步减弱，所表达的空间语义差别也就是具体事物的"隐现"情况的区别。该差异可以通过与结果补语有密切关联的可能补语来论证，"来"义动词可以作可能补语，但黔东苗语中的两个"来"义动词，只用 lo⁴ 是对事件可能性进行表述，不能用 ta² 替换。如：

（29）tɕo² tɕon² tau⁵ non³ ɬu⁵ pon⁵ va⁵, ɬu⁵ ʌ² lo⁴.

　　　条　根　树　这坚韧很　很　拔不来

　　　这根树根坚韧得很，拔不动。

（30）lɛ¹ non³ kuə⁷ lja⁷ va³, vi⁴ nəu² to⁵ lo⁴.

　　　个　这　硬　很　我　吃　不　来

　　　这个太硬了，我吃不了。（姬安龙 2012）

（31）ljaŋ² tu³ noŋ³ vɤ⁴ pei³ lo⁴ ʑaŋ².

　　　页　书　这　我　背　来（助）

　　　这一页书我背来了。

可能性结果并非一个与原动作过程相互隔离的独立状态，而是依附于原动作过程的虚拟结果，就动作过程的界性特征而言，属于有方向却无界点的延展性状态，不能用含有起点的 ta² 来替换。

（三）状态补语

状态补语是指表达动作过程本身所处状态的补语，与表动作发生后的遗留结果状态（上文所述的结果补语）相区别。

黔东苗语"来"义动词往往用含有起点的 ta² 作状态补语，表某事物改变原来状态向另一新状态转化并持续的过程，ta² 在表运动方向的同时，亦凸显起点，可以将动词所述的动作过程赋予界性特征，进一步凸显由原来状态转变而来的新状态。如下例句：

（32）nən² ko⁶ ʈo⁵ tɛ¹ mɛ⁶ qa¹ ɬe⁶，ki² ta² ʑaŋ².

　　　他　倒　于　个　妈（缀）怀　哭　来（助）

　　　他倒在妈妈怀里，哭了起来。

（33）nᵇʰɛ¹ noŋ⁴，nən² ʑa¹ tɛ⁴ pe⁵ qa² nau² qoŋ³ ta² ʑaŋ².

　　　昨　天　他家　个　猪　就　吃　淌　来（助）

　　　昨天，他家的猪开始吃淌了。

（34）ɬo⁵ tɕaŋ² tɕa¹，lɛ¹ qa¹ sʰaŋ¹ ki³ ki³ vu⁵ ta² ʑaŋ².

　　　涂　成　药　个（缀）伤　慢　慢　好　来（助）

　　　涂了药，伤口慢慢好起来了。

以上例句中 ta² 表达状态发生并展开的过程，其语义功能对状态的"时长"进行说明。从 ta² 语义中由容器图式所赋予的"界点"的作用来看，该语境下的 ta² 在表状态延展的同时，更强调状态的"起始（时长短）"而非简单的"续展"。ta² 的这种语义功能甚至可以投射到诸如时间一类的非具体行为动作事件中，不表状态的开始并延续，而用来表达某一时间的"起始"义，ta² 放在小句后，通过对事件的起始来表达对时间的识解，如：

(35) kaŋ⁴ ɕʰo⁵ tɛ⁴ qei⁵ qa¹ <u>ta²</u>, nən² qa² nʰaŋ³ to⁵ lo⁴ ɣu⁵ ne² no⁵.

　　从　时　个　鸡　叫　来　他　就　听　不　来　好　人　多

　　从鸡叫起，他就觉得不舒服。

(36) kaŋ⁴ tɛ⁴ ɬʰa⁵ kɣ³ tən² <u>ta²</u>, nən² qa² to⁵ ȵaŋ¹ lɛ¹ tsa³ ɕo⁸ noŋ³ tɕo² lɛ² te⁴.

　　从　个　月　路　前　来　他　就　不　在　个　家　学　这　教字(助)

　　从上个月起，他就不在这所学校教书了。

ta² 跟在语义完整的小句后，小句所表达的事件作为时间参照点，ta² 在此更强调"开始"义。此外，ta² 在作状态补语时，也有在语义上更强调状态持续性的用法，这种用法应当与上文的结果状态相区别。如以下例句中 ta² 更适合看作是凸显状态的用法：

(37) pʰu³ paŋ² ta² ɬu¹ ɣaŋ² ɬu¹ pɣ⁴.

　　开　花　来　白　岗岭　白　坡

　　花开得白茫茫的一片。（张永祥 1990：100）

(38) nən² me⁶ lɛ¹ maŋ⁴ pʰo¹ vo² ta² poŋ⁵ va⁵.

　　他　妈　个　脸　浮　肿　来　很　很

　　他妈妈的脸浮肿得很厉害。

事实上，ta² 的这种由"起始"语义向结果状态语义扩展的功能是具有类型学特征的，如汉语方言中就存在诸多用凸显位移起点的趋向动词"起"来描述某一结果状态的用法，如：

(39) 湖南邵东话：渠瘦起跟个猴子一样。他瘦得跟个猴子一样。

(40) 岳阳柏祥话：我吓起怕坐得。我吓得不敢坐。（李冬香 2007）

相较而言，由于 lo⁴ 的意象图式聚焦终点，多用来表动作的结果状态，较少用来表动作过程本身的状态，即便是表动作过程状态，也是不凸显过程起点的。如：

(41) sʰa⁵ fʰu⁵ tɕaŋ² i¹ ȵoŋ⁴, mi⁵ te⁵ qa² ɬʰje¹ lo⁴.

　　离　开　成　一　段　妹　就　大　来

　　离开这段时间，妹就慢慢大了。（张永祥 1990：21）

(42) to⁴ qa¹ vɛ² ɕʰe³ lo⁴ ɕʰe³ lo⁴, to⁴ kaŋ¹ ki² sei³ ʐo⁴ sei³ ʐo⁴.

　　些(缀)　天　暖　来　暖　来　些　虫　叫　(拟声词)

　　天气慢慢暖和起来，虫子在悠扬地唱着歌。（春之歌）

以上例句 lo⁴ 作补语，多用在状态形容词后，表示内部视点下淡化起终点的动作或状态的延展状态。事实上，一般口语中若要强调状态起点，还是用 ta² 的情况更为典型，这种用 lo⁴ 来表过程状态的，多限于苗族古歌、苗族飞歌等说唱口头文学作品这一特定语境中，是为了诗歌格律压调的需要。

▶ 三、事态助词 lo⁴ 与 ta² 的功能差异

趋向动词的语义域从空间域投射到时间域，乃至事件域的隐喻过程，就是其句法上的事态助词化过程。事态助词一说，与前文所述的结果、状态补语存在模糊的灰色边界。我们认为，事态助词在语义上较事态结果补语更为抽象；在句法上依附于表述事件的小句结构，而非依附于动词结构；功能上只标示事件在时间轴上的阶段，并非对谓词补充说明。

"来"义动词 lo⁴ 与 ta² 在表状态的基础上进一步虚化成事态助词，二者在作事态助词时，放在表义完整的分句后，对分句有承前启后的作用，但二者依旧有由意象图式引起的"同质性（归来）"和"异质性（非归来）"的区别。先看 lo⁴ 作事态助词的情况：

(43) $n^{ph}\varepsilon^1$ non^3 A^2 $k\gamma^3$ xau^7 $t\varrho u^3$ no^5，$ko^6 lo^4 A^2 \gamma u^5$.

　　　天　这不要　喝　酒　多　　醉来不好

　　今天不要喝多酒，喝醉了不好。

(44) A^2 pu^1 sei^2 xu^4，pu^1 lo^4 sei^2 to^5 $l\varepsilon^1$ $q^h a\eta^3$ na^8 $x^h i^1$ xo^5.

　　　不知　也罢　知来　也得个　处　忙心（助）

　　不知道也罢，知道了也只是焦愁而已。

例句中 lo⁴ 表新状况或新事情的发生或实现，相当于现代汉语中的"了"。但此处的新状况或新事件非独立的全新事态，而是附属于主事件的后续事件，只是对主事件的后续情况进行预测或补充。在事件归属上，lo⁴ 所表达的新状况或新事情与主事件为同一事件，二者具有同一性。

ta² 作事态助词时，放在分句后与前面的参照时间事件的"界限（点）"分明，ta² 的意象图式所含的容器图式使 ta² 所表达的事态与前面的参照事件之间的界限鲜明。因此，ta² 多位于句末，在表达新情况出现的事态过程时，更突显"界点（起点）"，表达的是全新事态的发生并持续，如下例句中的 ta² 不能用 lo⁴ 替代：

（45）nən² mɣ⁴ tsʰo⁵ tɕu¹ o¹ tɛ¹ tɕɣ⁷ tɕaŋ² zən¹ tɕa¹ ta².

　　　他　去　挑　唆　二个　才　成　冤　家　来

　　　他去挑唆，他俩才变成冤家。

（46）mɣ⁴ lei⁵ taŋ⁴ kɣ³ qa² ne⁸ noŋ⁶ ta² zaŋ².

　　　走　到　半　路　就　大　下雨　来（助）

　　　走到半路就下大雨了。

可见，lo⁴ 作事态助词，标示的新情况是虚拟的，所表达的事态是依附于原事件的次事件，也就是说 lo⁴ 预设事情的发生是有依据的，是情理之中的事态变化；ta² 作事态助词，标示的新情况的发生是有界点的转变事件，即预设结果与原事件不是简单的路径图式关系，是出乎意料的事态变化。如下两组例句：

（47）nᵒʰɛ¹ noŋ³ tʰən⁵ ve² no² <u>lo⁴</u> zaŋ².

　　　天　这　晴　天　绿　来（助）

　　　今天天气转晴了。

（47′）nᵒʰɛ¹ noŋ³ tʰən⁵ ve² no² <u>ta²</u> zaŋ².

　　　天　这　晴　天　绿　来（助）

　　　今天天气转晴了。

（48）tɛ⁴ nɛ² lu⁴ <u>lo⁴</u>，ɛ⁵　to⁵　n̻aŋ⁶　lɛ¹ qei¹ ze³.

　　　个　人　老　来　做不动（抵住）　个　什么（事）

　　　人老了，不中用了。

（48′）tɛ⁴ nɛ² lu⁴ <u>ta²</u>，ɛ⁵　to⁵　n̻aŋ⁶　lɛ¹ qei¹ ze³.

　　　个　人　老　来　做不动（抵住）　个　什么（事）

　　　人老了，不中用了。

以上例句中 lo⁴ 与 ta² 的差异主要体现在语用上，用 lo⁴ 一般表示陈述一个符合一般规律或预测的普遍性事实，用 ta² 则特指某一具体语境中的某一特定或突发性事件。例（47）用 lo⁴ 表达根据已有条件而预测到的"转晴"，例（45′）用 ta² 表意料之外的"转晴"；例（48）用 lo⁴ 表"（一般）人老了，就不中用了"，致使主语 tɛ⁴ nɛ² 得到泛指解读，例（48′）用 ta² 表"（特指某人）人老了，不中用了"，致使主语 tɛ⁴ nɛ² 得到特指解读。特定性事实发生状况（ta²）与普遍性事实发生状况（lo⁴）之间的区别，事实上就是二者起点有无界限的进一步引申。

小结

　　黔东苗语中"来"义动词 lo^4 与 ta^2 在表达空间位移时的意象图式分别为纯路径图式、套叠容器在起点处的路径图式，体现在语义概念中就是"（归）来"与"（非归）来"的差异，反映在事件性质上就是"同质量变（同一）"与"异质质变（不同）"的差异。当然，在对不同的位移事件及其相关事件的具体表达中，不同地区不同族群因对具体事件概念有不同的认识，会在 lo^4 与 ta^2 做出不同的选择。如"下（来）雨""出（来）太阳""出（来）血"等事件的表达，选择用 lo^4 还是 ta^2，与语言使用者对该事件空间特征的认知归类有关。但无论如何，都无法否定 lo^4 与 ta^2 之间的意象图式差异，且不会混淆由意象图式差异引起的不同语义功能。毕竟，lo^4 与 ta^2 在空间域的意象图式会在对非空间域的投射过程中保持不变，必然会影响到二者语义虚化后的各项语义功能差异。

结　语

本书在对黔东苗语的空间概念框架作系统性、宏观性分析的基础之上，分有角度和无角度两个空间系统来探讨黔东苗语空间范畴所涉及的语义参项和句法语义制约因素。宏观概述是具体个案分析的理论基础，而个案分析是对宏观概述的深入阐释和补充。本书分词法、句法两个层面的空间范畴表达来作个案研究，通过对诸多语料的句法语义分析，进一步实现认知语言学理论与苗语语言事实的结合。

一、本书的主要观点

本书运用认知语言学、结构主义语言学的相关理论和方法，通过对黔东苗语语言空间的探索，来了解苗语母语者的认知空间。具身认知理论认为，人类的一切概念都高度依赖于身体，人类在环境中的身体体验为事物的概念化提供认知依据和参照框架，人的主观认知与其身体所在的环境无时无刻不产生互动关系。本书既承认不同文化背景下的不同民族对客观事物有不同的认知方式和结果，从而形成不同的语言表达形式；也认同不同语言对同一事件概念有不同观察视角和关注度，而形成有差异性的语言编码，同一事件概念的不同语言表达直接反映了不同语言母语者的认知方式。黔东苗语母语者在特定文化背景下形成了其对空间的独特认知方式，该空间认知方式特性直接导致认知主体对空间范畴的表达个性；反之，通过对黔东苗语空间范畴表达式的分析，可以探知其空间认知方式。本书结合黔东苗语母语的空间认知心理实证和空间文化实践分析对黔东苗语空间范畴的词法和句法层面的表达形式进行宏观概述（第一、二章）和微观个案描写（第三、四、五章），得出以下几个结论：

1. 黔东苗语中缺乏绝对空间参照框架，对较大空间区域和空间关系的认识，往往会启动环境中心参照框架和物体中心参照框架；对较小空间区域和空间关系的认识，则倾向于使用空间特征明显的物体作为参照点，因参照物的强空间特征，在具体语境往往可以省略方位词可直接表达空间关系；苗语母语者在使用观察者中心参照框架时，一般并不对空间坐标轴进行旋转，而采用平移的方式；同时，黔东苗语对垂直空间维度的关注度高于水平维度。本书第三章对黔东苗语空间方所词的具体详述，也进一步反证了黔东苗语母语者对环境中心参照框架的偏爱，在苗语中形成了具有山地色彩的方所词系统。此外，从方所词的词类地位来看，由于黔东苗语中对空间关系的认识重在强调空间参照物的具体性状和细于观察动态空间，方位概念往往可以隐含在空间名词或动词的词汇语义模式中，因此，具体语境中的方位词在句法语义上并不具有强制性。抽象的方位概念都是依赖于具体的处所概念或部位概念而存在，方位只是处所的衍生概念。

2. 黔东苗语中的空间概念表达往往会有其他非空间语义参项的进入，从而构成不同空间词所特有的词化模式和语义功能。时间语义参项的进入，不仅体现在空间区域所辖的空间无角度系统中（指示词五分法），还体现在空间关系中（如空间介词 dje^4 表达的空间关系）。空间词的社会结群语义参项则在地名词、存在关系表达、位移事件表达中都有所体现，空间物的生命度并不对空间关系表达形成制约。有非空间语义参项进入的空间词，其语义功能差异不仅仅体现在其实义功能，还会影响其虚化后的语义功能，苗语来义动词 lo^4、ta^2 就是典型例子。

3. 空间实物是黔东苗语抽象空间认知的起点，一切空间区域和空间关系的认知体系建构都是依存于空间实体。空间部位到空间拓扑再到空间方位，三者之间存在认知上的转喻。黔东苗语的空间实物名词在语义上凸显空间特性，从而挤压了方位处所词的句法功能，在苗语非相离拓扑空间关系表达中，量名结构不需要借助方所词即可指空间处所，直接作处所宾语或主语。名词前缀 qa^1 既可以用来构成地名，成为地名中典型的通名用词，也可以作为处所标记，转指整体空间物的某一部分及其部位所在的处所。

4. 对比黔东苗语空间关系中的静动态表述，苗语中对静动态之间的区分并不明显，没有专门表达事态过程的形式标记。在对动态空间关系的描述中，苗语并不通过动作动词来编码动体的生命度，这与苗语黔东方言区人们万物皆有灵的生命认知观有密切关系，这又直接造成了苗语中的同一位移动词在不同语境中可以获得自动、致动两种语义解读。

▶ 二、本书的创新之处

1. 空间范畴作为语义范畴，是认知语言学研究的重要内容，以往学者对苗语空间范畴的研究多立足于语言本体研究，也多限于对个别空间表达进行句法语义分析；并未结合民族学、认知心理学、认知语言学等进行多角度论证和阐释，缺乏系统性论述、专题式探讨。本书对黔东苗语空间范畴的研究，一改传统结构主义语言学对空间表达进行单个句法语义层面的分析，结合认知心理学、心理语言学等相关理论和研究成果，适当借助民族学、民俗学等关于空间文化的相关例证探索苗族空间语言和空间思维的特性。先对黔东苗语空间概念的框架进行系统性宏观概述，再在该概念框架下对空间表达进行个案式详细描写，将理论与事实结合，概念与个案相互印证，也是实现跨文化、认知与语言等学科对话的一次尝试，论述角度、框架较为新颖。

2. 本书将空间范畴作为一个重要的句法语义范畴在进行探索，在对空间表达的个案研究部分充分考虑了"形式"与"语义"的互证研究。邢福义先生（1992）曾强调"要弄清一个语法事实，有必要由表察里，由里究表，表里互证"。本书在对空间范畴进行词法、句法层面分析的同时，又坚持从语义层面去论证：概论部分探讨黔东苗语空间表达中可能涉及的时间语义参项、社会关系语义参项和空间性状语义参项，个案研究部分又从具体的句法结构分别进行论证，论证时注重空间文化、空间思维和空间语言表达的互动互证关系，如对空间词 nan^4、$tçy^6$、py^4 等的语义内涵分析；在对空间存现次范畴和空间位移次范畴进行论述时，既考虑到了结构类型差异，也详述了次范畴内部的语义类型差异。本书利用现当代语言学理论来研究民族语言，兼顾结构形式和语义内容，将历时与共时相结合，很大程度上充实了苗语句法语义研究的内容，在理论上和方法上都有一定突破。

3. 任何语言的语法体系都是由多个相互制约相互影响的语法规律构成的有机系统，本书将空间范畴研究作为一个语法语义范畴来考究，却并不单纯停留在对单个空间范畴的考察，还关涉诸如量范畴、时体范畴在内的其他句法语义范畴与空间范畴之间的相互关系。本书指出黔东苗语空间关系表达的句法结构中，量名结构单独作处所主语或宾语的典型性，注意到该结构中的被冠以量词以后的名词语义凸显了其空间特性。在量词显赫的苗语中，量词的定指功能在一定程度上进一步加强了空间实物名词的个体性特征，因此，苗语中的量名结构可直接作处所，这也可以看作是苗语量名结构中量词功能的又一个性特征。苗语中对量词的使用存在"有生命物"与"无生命物"之分，无生命的计量别类往往是依据其形状、大小等空间特征来分类；而有生命物的计量别类有专门的一类量词（$tɛ^4$、$lɛ^2$ 等）。当有生命物前加上用来表无生命物的量词时，便不再指该物本身而是指该物的某一部分或其形状。根据这一点，我们可以进一步推断苗语中的无生命量词（类别词）能够激活名词空间意义中的"处所性"，指明了名词作为实体的空间"容纳"性或"承载支撑"性特征。可见，同一语言体系中的各句法语义范畴并非孤立存在，而是一个相互影响的统一体。

▶ 三、本书的不足之处

1. 从理论上来说，语言可以反映思维，通过对黔东苗语空间范畴的语言表达可以探索黔东苗语母语者的空间认知方式。但于缺乏文字记载的苗语而言，历史语言材料的匮乏一定程度限制了对苗语母语者认知空间更深更广的探索，因此，在实际论证过程中，需要共时层面不同地域空间表达的对比去弥补历时层面语言材料的缺乏，也需要多借用一些非语言的空间表达作为实证性材料。囿于理论素养薄弱、非母语背景等，本书掌握的其他方言点空间范畴表达的相关材料不够丰富，不同方言点的对比分析相对较少，尤其是个案部分的对比分析。

2. 量化分析是认知倾向性分析的基础，在无角度空间系统的论述部分，论文缺乏量化分析，一定程度上影响了论文该部分的严谨性。比如在地名分析部分，若能对地名专名用字和通名用字的倾向性做出一定区域范围内的量化统计，会进一步增加对空间认知层面分析的可信度和科学性。个案部分，对空间动态位移的分析还不够深入，对位移动词词化模式的分析也不够全面。在空间认知的实证性研究和解释方面，可以再多借鉴心理认知科学的相关研究成果，具体分析苗语母语者在空间参照转化、空间概念整合和空间关系识别等过程中对空间方位判断的实验性数据，利用数据结果做出更为深入的解释和说明。

3. 由于精力和所收集到的语料有限，在本书的概述部分，缺乏类型学分析，未能将苗语和苗瑶语族的其他部分进行对比分析；在对黔东苗语空间表达式的个案研究中，苗语三大方言区之间的共性和差异也讨论不够。这些都是本书后续研究需要补充和完善的部分。

参考文献

一、中文文献

白碧波. 哈尼语存在动词初探 [J]. 民族语文, 1991 (5).

包亚明. 现代性与空间的生产 [M]. 上海: 上海教育出版社, 2003.

别林斯基. 论文学 [M]. 上海: 上海译文出版社, 1984.

曹翠云. 苗语动词 tio⁵ 的虚实兼用现象 [J]. 民族教育研究, 1999 (S1).

曹翠云. 从苗语看古代苗族历史文化的痕迹 [J]. 中央民族学院学报, 1982 (1).

曹翠云. 汉、苗、瑶语第三人称代词的来源 [J]. 民族语文, 1988 (5).

曹端波, 付前进. 苗族古经中的时间与空间: 清水江流域苗族的计时制度与社会结群 [J]. 贵州大学学报 (社会科学版), 2016 (2).

陈承泽. 国文法草创 [M]. 北京: 商务印书馆, 1982.

陈国庆, 魏德明. 佤语的空间认知范畴 [J]. 百色学院学报, 2020 (2).

陈佳. 论英汉运动事件表达中"路径"单位的"空间界态"概念语义及其句法——语义接口功能 [D]. 上海: 上海外国语大学, 2010.

马学良. 汉藏语概论 [M]. 北京: 民族出版社, 2003.

陈正祥. 中国文化地理 [M]. 上海: 三联书店, 1983.

陈忠. 认知语言学研究 [M]. 济南: 山东教育出版社, 2005.

程琪龙. 事件框架的语义连贯和连通: 切刻小句的实例分析 [J]. 外国

语，2009（3）.

储泽祥．现代汉语方所系统研究［M］．武汉：华中师范大学出版社，1997.

储泽祥．汉语空间方位短语历史演变的几个特点［J］．古汉语研究，1996（1）.

储泽祥．汉语空间短语研究［M］．北京：北京大学出版社，2010.

储泽祥，王寅．空间实体的可居点与后置方位词的选择［J］．语言研究，2008（4）.

储泽祥．汉语空间短语不同结构式在更替时期的共现情况［J］．云南师范大学学报（哲学社会科学版），2010（4）.

崔希亮．语言理解与认知［M］．北京：北京语言文化大学出版社，2001.

崔希亮．空间方位关系及其泛化形式的认知解释［G］//语法研究和探索：第10辑．北京：商务印书馆，2000.

崔希亮．空间方位场景的认知图式与句法表现［J］．中国语言学报，2001（1）.

崔希亮．汉语方位结构"在……里"的认知考察［J］．语法研究和探索，2002（1）.

崔希亮．汉语空间方位场景的态与论元的凸显［J］．世界汉语教学，2001（4）.

戴红亮．西双版纳傣语地名研究［D］．北京：中央民族大学，2012.

德方．哈尼语方位词"上""下"的语义特征和语法功能［J］．现代语言学，2022（12）.

丁声树，吕叔湘，李荣等．现代汉语语法讲话［M］．北京：商务印书馆，1961.

董成如．汉语存现句中动词非宾格性的压制解释［J］．现代外语，2011（1）.

多尔吉．道孚语格什扎话研究［M］．北京：中国藏学出版社，1998.

范继淹．论介词短语"在＋处所"［J］．语言研究，1982（1）.

范立珂．位移事件的表达方式探究："运动"与"路径"、"句法核心"

与"意义核心"的互动与合作 [M]. 上海：复旦大学出版社，2015.

方经民. 汉语空间方位参照的认知结构 [J]. 世界汉语教学，1999 (4).

方经民. 论汉语空间方位参照认知过程中的基本策略 [J]. 中国语文，1999 (1).

方经民. 论汉语空间区域范畴的性质和类型 [J]. 世界汉语教学，2002 (3).

方汀. 梭戛长角苗的时空观 [D]. 北京：中国艺术研究院，2012.

冯赫. 华夏民族基本方位及其综合方位概念——语言文化的认知视野 [J]. 东岳论丛，2020 (10).

冯友兰. 三松堂全集（第七卷）[M]. 郑州：河南人民出版社，1989.

顾阳. 关于存现结构的理论探讨 [J]. 现代外语，1997 (3).

关辛秋. 湘西苗语的 qo^{35} [J]. 中南民族大学学报（人文社会科学版），2006 (3).

郭必之. 南宁地区语言"去"义语素的语法化与接触引发的"复制" [J]. 语言暨语言学，2014 (5).

郭继. "方"及语素"方"参构词的语义分析和文化阐释 [D]. 福州：福建师范大学，2016.

郭继懋. 领主属宾句 [J]. 中国语文，1990 (1).

郭锐. 过程和非过程：汉语谓词性成分的两种外在时间类型 [J]. 中国语文，1997 (3).

郭锐，李知恩. 量词的功能扩张 [J]. 中国语文，2021 (6).

郭熙煌. 语言空间概念与结构认知研究 [M]. 武汉：湖北教育出版社，2012.

何霜. 忻城壮语"jɯ^{33}"的语法化 [J]. 广西民族大学学报（哲学社会科学版），2007 (1).

红波. 壮语地名的缘起、内涵及其特点剖析 [J]. 广西民族研究，1997 (3).

侯敏. "在＋处所"的位置与动词的分类 [J]. 求是学刊，1992 (6).

华林甫. 中国地名学源流 [M]. 长沙：湖南人民出版社，1999.

华林甫．中国地名学史考论［M］．北京：社会科学文献出版社，2002．

黄成龙．藏缅语存在类动词的概念结构［J］．民族语文，2013（2）．

黄成龙．羌语的存在动词［J］．民族语文，2000（4）．

黄成龙．藏语与喜马拉雅语言中存在类动词的概念结构［J］．语言科学，2014（5）．

黄成龙．羌语的空间范畴［J］．语言暨语言学，2015（5）．

黄健秦．"空间量—物量"范畴与存在构式［J］．语言教学与研究，2018（6）．

黄美新，杨奔．勾漏粤语与壮语存在动词的比较研究［J］．广西社会科学，2013（10）．

黄平文．隆安壮语 pai²⁴ 的语法功能分析［J］．广西民族大学学报（哲学社会科学版），2009（6）．

黄阳，吴福祥．扎坝语趋向前缀的语法化［J］．民族语文，2018（4）．

黄阳，程博．靖西壮语的方所系统［J］．百色学院学报，2010（2）．

姬安龙．苗语台江话参考语法［M］．昆明：云南民族出版社，2012．

贾冬梅，苏立昌．从认知语言学角度解读中国传统哲学中的"天"［M］．天津：南开大学出版社，2015．

姜建国．介休的村落及村落地名研究［M］//行龙，徐杰舜．人类学与黄土文明（人类学高级论坛2014卷）．哈尔滨：黑龙江人民出版社，2015．

江蓝生．处所词的领格用法与结构助词"底"的由来［J］．中国语文，1999（2）．

蒋绍愚．古汉语词汇纲要［M］．昆明：云南民族出版社，2007．

蒋逸雪．释四方［J］．扬州大学学报（人文社会科学版），1981（4）．

今旦．今旦选集［M］．北京：中国国际广播出版社，2018．

金美．中国东西部民族语地名修辞方法初探：以满语与苗语地名为例［J］．满语研究，2001（2）．

金祖孟．中国政区命名之分类研究［J］．地理学报，1943．

金鹏．藏语拉萨话判断动词和存在动词的用法［J］．西藏民族学院学报，1981（4）．

黎锦熙．新著国语文法［M］．北京：商务印书馆，1992．

李炳泽．黔东苗语介词形成初探［M］//戴庆厦．中国民族语言论丛（二）．昆明：云南民族出版社，1997．

李炳泽．黔东苗语为什么没有"进行体"助词［M］//石茂明．苗族语言与文化——李炳泽文集．北京：民族出版社，2016．

李崇兴．处所词发展历史的初步考察［M］//近代汉语研究．北京：商务印书馆，1992．

李冬香．岳阳柏祥方言研究［M］．北京：中国社会科学出版社，2007．

李锦芳．百越地名及其文化蕴意［J］．中央民族大学学报（哲学社会科学版），1995（1）．

李锦平．苗语地名与苗族历史文化［J］．贵州文史丛刊，1998（5）．

李锦平．（黔东方言）苗语俗语小词典［M］．贵阳：贵州民族出版社，1994．

李强，龙望，黄柳倩．湘西苗族传统村落建筑景观基因识别与特征解析［J］．衡阳师范学院学报，2020（6）．

李如龙．汉语地名学论稿［M］．上海：上海教育出版社，1998．

李如龙．地名与语言学论集［M］．福州：福建省地图出版社，1993．

李绍群．属性类"名$_1$＋（的）＋名$_2$"对名$_1$、名$_2$的制约［J］．汉语学习．2008（2）．

李艳．从地名的含义看清水江苗族杉木林区文化与生态的互动［J］．贵州大学学报（社会科学版），2016（4）．

李一如，黄树先．黔东苗语 tiu^{33} 的语法分析：兼与 ɖjə^{11} 的对比［J］．语言研究，2016（3）．

李瑛，文旭．从"头"认知：转喻、隐喻与一词多义现象研究［J］．外语教学，2006（3）．

李英武，于宙，韩笑．空间参照框架的产生机制及与认知机能的关系［J］．心理科学进展，2015（2）．

李宇明．空间在世界认知中的地位：语言与认知关系的考察［J］．湖北大学学报（哲学社会科学版），1999（3）．

李云兵．花苗苗语方位结构的语义、句法及语序类型特征［J］．语言科学，2004（4）．

李云兵．论苗语空间范畴的认知［J］．中国语文，2016（3）．

李云兵．苗语的形态及其语义语法范畴［J］．民族语文，2003（3）．

李云兵．苗语动词的语法语义属性研究［M］．北京：中国社会科学出版社，2015．

李云兵．苗语川黔滇次方言的名词前加成分［J］．民族语文，1992（3）．

李云兵．朱坝羌语静态空间范畴的表征与认知［J］．民族语文，2020（5）．

李云兵．苗瑶语比较研究［M］．北京：商务印书馆，2018．

梁泳致．"动＋出"句的谓语动词及其语义特征［J］．柳州职业技术学院学报，2002（2）．

梁银峰．汉语动相补语"来""去"的形成过程［J］．语言科学，2005（6）．

廖秋忠．现代汉语篇章中空间和时间的参考点［J］．中国语文，1983（4）．

廖秋忠．空间方位词和方位参考点［J］．中国语文，1989（1）．

林华勇，肖棱丹．四川资中方言"来"的多功能性及语法化［J］．中国语文，2016（2）．

林华勇，郭必之．廉江粤语"来／去"的语法化与功能趋近现象［J］．中国语文，2010（6）．

林晓恒．中古汉语方位词研究［M］．北京：中央民族大学出版社，2011．

刘大为．领属关系的约束性［J］．语文研究，1992（3）．

刘丹青．显赫范畴的典型范例：普米语的趋向范畴［J］．民族语文，2013（3）．

刘丹青．语序类型学和介词理论［M］．北京：商务印书馆，2003．

刘劲荣，张琪．澜沧拉祜语村寨名的词汇系统［J］．民族语文，2011（6）．

刘丽虹，张积家，王慧萍．习惯的空间术语对空间认知的影响［J］．心理学报，2005（4）．

刘丽虹，张积家. 空间-时间隐喻的心理机制研究 [J]. 心理学探新，2009（2）.

刘敏. 纳木义语存在动词研究 [J]. 民族语文，2021（2）.

刘宁生. 汉语怎样表达物体的空间关系 [J]. 中国语文，1994（3）.

刘苏敏，陆峰. 侗语空间方位词的认知和文化语言学研究 [J]. 贵州民族学院学报（哲学社会科学版），2009（6）.

刘卫强. 表处所"在"字句语序解释和汉语认知策略 [J]. 汉语应用语言学研究，2018（1）.

刘永耕. 试论名词性定语的指称特点和分类 [J]. 福建师范大学学报（哲学社会科学版），1999（3）.

龙杰. 苗语吉卫话"qo^{35}"的语法特点 [J]. 贵州民族研究，1988（4）.

龙林格格，甘振坤，张大玉. 湘西花垣县苗族传统村落公共空间特征解析 [J]. 华中建筑，2021（7）.

龙望，李强，等. 湘西苗族建筑景观基因图谱空间差异及其原因 [J]. 山西建筑，2021（8）.

卢英顺. 认知图景与句法、语义成分 [J]. 复旦学报（社会科学版），2005（3）.

陆俭明. 同类词连用规则刍议——从方位词"东、南、西、北"两两组合规则谈起 [J]. 中国语文，1994（05）

陆俭明. 动词后趋向补语和宾语的位置问题 [J]. 世界汉语教学，2002（1）.

陆群，蒋欢宜. 腊尔山苗族祭坛"炯"的空间分布及文化内涵探讨 [J]. 宗教学研究，2016（3）.

陆群. 火炉坪苗族村寨宗教祭坛空间分布论析 [J]. 宗教学研究，2017（3）.

罗安源. 苗语（湘西方言）的"谓—主"结构 [J]. 语言研究，1983（1）.

罗安源. 现代湘西苗语语法 [M]. 北京：中央民族学院出版社，1990.

罗常培. 语言与文化 [M]. 北京：北京大学出版社，1989.

罗义群．苗族神话思维与生态哲学观［J］．贵州民族研究，2008（4）．

吕叔湘．方位词使用情况的初步考察［J］．中国语文，1965（3）．

吕叔湘．中国文法要略［M］．北京：商务印书馆，1942．

马建忠．马氏文通［M］．北京：商务印书馆，1983．

马明光，杨兴丽．文山白苗苗语指示词与方位词［J］．散文百家，2019（11）．

马学良．民族语言教学文集［M］．成都：四川民族出版社，1988．

马学良主编．民族语文研究新探［M］．成都：四川民族出版社，1992．

马学良，戴庆厦．语言和民族［J］．民族研究，2013（1）．

马桂馨．大浪苗语指示词的变调及其规律［J］．贺州学院学报，2020，36（4）．

毛宇．从"v＋q"述补结构看单音节动词下位语义特征［J］．重庆师院学报（哲学社会科学版），1997（1）．

毛宇．对"动词＋来/去"动补结构带宾句式及动词的考察［J］．西南民族学院学报（哲学社会科学版），2000（7）．

莫廷婷．布依语方位词"上、下""里、外"的语义特征和语法功能［J］．百色学院学报，2017（2）．

牛汝辰．中国地名文化［M］．北京：中国华侨出版社，1993．

普忠良．纳苏彝语的空间认知系统［J］．民族语文，2014（4）．

普忠良．从空间与方位的语言认知看彝族的空间方位观［J］．西南民族大学学报（人文社会科学版），2015（4）．

齐沪扬．现代汉语空间问题研究［M］．上海：学林出版社，1998．

齐沪扬．动词性短语与动词的功能比较［J］．上海师范大学学报（哲学社会科学版），2000（4）．

齐沪扬．"N＋在＋处所＋V"句式语义特征分析［J］．汉语学习，1994（6）．

齐沪扬．表示静态位置的状态"在"字句［J］．汉语学习，1999（2）．

邱斌．汉语方位词相关问题研究［M］．上海：学林出版社，2007．

覃东升．对广西三个区域性语法现象的考察［D］．石家庄：河北师范大学，2012．

覃东升，覃凤余．西汉语"去"和壮语方言 pai¹ 的两种特殊用法——区域语言学视角下的考察［J］．民族语文，2015（2）.

覃凤余．从地名看壮族空间方位认知与表达的特点［J］．学术论坛，2005（9）.

覃凤余．壮语方位词［J］．民族语文，2005（1）.

覃凤余．壮语地名命名法的特点——壮语地名的语言文化研究之三［J］．广西民族研究，2006（2）.

覃凤余，田华萍．侗水语中指示词的两个语法化现象［J］．北部湾大学学报，2021（1）.

覃凤余．壮语源于指示词的定语标记——兼论数词"一"的来源［J］．民族语文，2013（6）.

秦礼君．日语表达汉语介词时的词性分布［M］//李思敏．日语学习（32—37 辑合订本）．北京：商务印书馆，1991.

瞿建慧．湘西汉语方言将行体标记"来"［J］．文史博览（理论），2011（2）.

任鹰．静态存在句中"V 了"等于"V 着"现象解析［J］．世界汉语教学，2000（1）.

任鹰，于康．从"V 上"和"V 下"的对立与非对立看语义扩展中的原型效应［J］．汉语学习，2007（4）.

任鹰．"领属"与"存现"：从概念的关联到构式的关联——也从"王冕死了父亲"的生成方式说起［J］．世界汉语教学，2009（3）.

阮氏丽娟．汉语方位词及其类型学特征：从汉语、越语与英语对比的视角［D］．上海：华东师范大学，2011.

沈家煊主编．现代汉语语法的功能、语用、认知研究［M］．北京：商务印书馆，2005.

沈家煊．"在"字句和"给"字句［J］．中国语文，1999（2）.

沈阳．领属范畴及领属性名词短语的句法作用［J］．北京大学学报（哲学社会科学版），1995（5）.

盛爱萍．温州地名的语言文化研究［M］．杭州：浙江大学出版社，2004.

石德富. 苗语定指指示词和汉语指示词比较［M］//戴庆厦. 汉语与少数民族语文语法比较. 北京：民族出版社，2006.

石德富. 黔东苗语指示词系统［J］. 语言研究，2007（1）.

石德富，陈雪玉. 黔东苗语形容词在词类中的地位［J］. 中央民族大学学报（哲学社会科学版），2013（1）.

石德富. 苗语身体部位词的本义褪变与词汇链变［J］. 民族语文，2014（4）.

石德富，杨正辉. 黔东苗语人称代词探源［J］. 语言科学，2014（5）.

石德富. 黔东苗语的语音特点与诗歌格律［J］. 民族文学研究，2005（2）.

石德富. 黔东苗语动词的体范畴系统［J］. 中央民族大学学报（哲学社会科学版），2003（3）.

石德富. 黔东苗语动词虚化初探［J］. 民族教育研究，1999（S1）.

石朝江，石莉. 中国苗族哲学社会思想史［M］. 贵阳：贵州人民出版社，2005.

史庆贺. 苗语方位词的认知语义学研究［D］. 长沙：湖南大学，2019.

史金波. 西夏语的存在动词［J］. 语言研究，1984（1）.

石怀信. 苗语形态初探［J］. 贵州民族研究，1987（1）.

税昌锡. 动词的动位范畴［J］. 汉语学习，2009（4）.

税昌锡. 基于事件过程结构的"了"语法意义新探［J］. 汉语学报，2012（4）.

宋金兰. 汉语和藏缅语住所词的同源关系［J］. 民族语文，1994（1）.

宋伶俐. 尔苏语动词趋向前缀和体标记［J］. 民族语文，2006（3）.

宋宜琪，张积家. 空间隐喻和形状变化对物体内隐时间概念加工的影响［J］. 心理学报，2014（2）.

苏静. 黔东南苗族传统村寨选址、主体及历史空间生产——以从江县岜沙苗寨为例［J］. 中国农史，2018（5）.

孙宏开，胡增益，黄行. 中国的语言［M］. 北京：商务印书馆，2007：1004.

孙宏开. 羌语动词的趋向范畴［J］. 民族语文，1981（1）.

孙宏开，徐丹，刘光坤，鲁绒多丁．史兴语研究［M］．北京：民族出版社，2014.

孙文访．"有（have）"的概念空间及语义图［J］．中国语文，2018（1）.

孙文访．《谓词领有》评介［J］．外语教学与研究，2015（1）.

孙文访．存在动词的词汇类型学研究［J］．语言学论丛（第五十一辑），2015（5）.

孙文访．基于"有、是、在"的语言共性与类型［J］．中国语文，2015（1）.

孙英龙．台湾地名、"冠姓地名"与"冠籍地名"研究［G］//何绵山，李正光．闽台文化研究集刊：第二辑．厦门：厦门大学出版社，2013.

孙玉华，田秀坤．现代俄语功能语法概论［M］．北京：外语教学与研究出版社，2011.

孙占林．"去"的"往"义的产生［J］．古汉语研究．1991（3）.

谭赤子．方位词的方位意义在语言发展中的引申和变化［J］．古汉语研究，1991（1）.

唐娜．苗族史诗《亚鲁王》及文化空间研究［D］．天津：天津大学，2017.

唐巧娟，王金元．从黔东苗语 nangl、jes 看苗族的空间哲学［J］．原生态民族文化学刊，2017（4）.

唐巧娟．黔东苗语空间系统的认知建构［J］．贵州民族研究，2017（8）.

唐巧娟，王金元．空间、记忆与生计：语言人类学视角下苗语"路"的语义内涵［J］．原生态民族文化学刊，2021（6）.

唐巧娟．黔东苗语存在句及其演变动因考察［J］．贺州学院学报，2016（3）.

唐巧娟．黔东苗语空间词"niangb"和"diot"［J］．怀化学院学报，2016（1）.

汤诗旷．族群与个体：苗族公共空间和住居单元中的集体观念［J］．新建筑，2018（5）.

田光辉．罗玉达．《苗族古歌》的哲学思想初探［J］．贵州民族研究，1984（1）.

田铁．侗语指示代词、疑问代词的功能特点［J］．贵州民族学院学报（哲学社会科学版），2007（5）.

王安江．王安江版苗族古歌［M］．贵阳：贵州大学出版社，2008.

王春德．苗语语法（黔东方言）［M］．北京：光明日报出版社，1986.

王春玲．论语言接触对苗瑶语指示词的影响［J］．贵州民族研究，2018（3）.

王丹，郭泺，吕靓．黔东南山地苗族与侗族村寨空间分布特征的分异［J］．生态科学，2015（1）.

王锋．大理挖色白语的空间认知系统［J］．大理民族文化研究论丛，2017.

王辅世．苗语简志［M］．北京：民族出版社，1985.

王辅世，王德光．贵州威宁苗语的方位词［J］．民族语文，1982（4）.

王还．说"在"［J］．中国语文，1957（1）.

王鹏，游旭群．空间参照体系对心理旋转的影响［J］．心理科学杂志，2008（6）.

王伟．汉语表达空间域的语序及认知策略［J］．汉语学习（学术版），2008（2）.

王维屏．中国地名语源［M］．南京：江苏科学技术出版社，1986.

王晓磊．论西方哲学空间概念的双重演进逻辑——从亚里士多德到海德格尔［J］．北京理工大学学报（社会科学版），2010（4）.

王志敬．藏汉语亲属关系研究［M］．北京：民族出版社，2009.

王宗勋．加池四合院文书考释［M］．贵阳：贵州民族出版社，2015.

王寅．语义理论与语言教学［M］．上海：上海外语教育出版社，2014.

温敏．空间方位词的文化蕴涵及其来源［J］．许昌学院学报，2006（3）.

魏挹澧．巫楚之乡，山鬼故家——湘西风土建筑的历史文化渊源与民居特点探析［J］．建筑遗产，2018（3）.

文旭，匡芳涛．语言空间系统的认知阐释［J］．四川外语学院学报，

2004（3）.

文旭，熊荣敏．参照点与空间指示［J］．外语学刊，2010（1）.

文旭．运动动词"来/去"的语用意义及其指示条件［J］．外语教学与研究，2007（3）.

吴福祥．从"得"义动词到补语标记——东南亚语言的一种语法化区域［J］．中国语文，2009（4）.

吴福祥．多功能语素与语义图模型［J］．语言研究，2011（1）.

吴福祥．东南亚语言"居住"义语素的多功能模式及语法化路径［J］．民族语文，2010（6）.

吴恒贵．杉坪寨苗族的认知方式［J］．贵州民族大学学报（哲学社会科学版），1996（2）.

吴建兰．浅析白苗苗语的方位词［J］．青年文学家，2020（2）.

吴秀菊．苗语空间方位词及其文化蕴涵［G］//丁石庆，周国炎．语言学及应用语言学研究生论坛2012．北京：中央民族大学出版社，2013.

吴一安．空间指示语与语言的主观性［J］．外语教学与研究，2003（6）.

吴一文．黔东南苗语地名与苗族历史文化研究［J］．贵州民族学院学报（哲学社会科学版），1995（3）.

吴一文，覃东平．苗族古歌与苗族历史文化研究［M］．贵阳：贵州民族出版社，2000.

吴一文，吴一方．黔东南苗族迁徙路线考［J］．贵州民族研究，1998（11）.

吴一文．追寻农耕文明的"舞步"［J］．贵州民族学院学报（社会哲学科学版），2010（6）.

吴一文．苗族古歌叙事传统研究［M］．贵阳：贵州人民出版社，2016.

吴早生．苗语主观非数量评价性的"NP1＋i^{33}＋量＋NP2"［J］．中央民族大学学报（哲学社会科学版），2015（5）.

吴正彪．黔东方言苗语前缀音节词ghab的构词特点及语法功能［J］．楚雄师范学院学报，2011（10）.

吴正彪，郭俊．苗语地名与口传史诗中的杉树文化［J］．三峡大学学报

（人文社会科学版），2015（5）.

吴正彪．苗语动词"来"的使用语境及音义分析［J］．三峡论坛（三峡文学理论版），2017（5）.

向日征．吉卫苗语研究［M］．成都：四川民族出版社，1999.

谢关艳．论大营苗语的指示词［J］．民族语文，2020（4）.

邢福义．语法问题发掘集［M］．武汉：湖北教育出版社，1992.

邢公畹．怎样学好汉语［J］．语言教学与研究，1981（2）.

徐积明．苗族古歌《开天辟地》哲学思想再研究［J］．中南民族学院学报（哲学社会科学版），1989（6）.

徐时仪．"掉"的词义衍变递嬗探微［J］．语言研究，2007（4）.

徐世璇．土家语的空间指代系统［J］．民族语文，2011（6）.

徐世璇．土家语空间概念的语法和语义表征［J］．民族语文，2013（1）.

徐晓光．清水江流域传统林业规划的生态人类学解读［M］．北京：知识产权出版社，2014.

徐振韬主编．中国古代天文学词典［M］．北京：中国科学技术出版社，2013.

饶敏．贵琼语的存在动词研究［J］．重庆工商大学学报（社会科学版），2017（4）.

仁增旺姆．藏语存在动词的地理分布调查［J］．中央民族大学学报（哲学社会科学版），2012（6）.

姚洲．彝缅语方位词"上""下"的认知特点及对称和不对称性［J］．汉藏语学报，2020.

杨伯奎．说"中"［J］．龙岩师专学报，1983（1）.

杨家忠，周荣刚，张侃．空间方位判断的训练和方位效应［J］．心理科学，2004（6）.

杨将领．独龙语动词趋向范畴研究［J］．民族语文，1999（1）.

杨将领．独龙语的向格标记-le^{31}［J］．民族语文，2016（5）.

杨军林．湘西德夯苗寨聚落景观的文化人类学阐释［D］．吉首：吉首大学，2015.

杨琳. 汉语词汇与华夏文化 [M]. 北京：语文出版社，1996.

杨遗旗. 黎语指示代词比较研究 [J]. 贵州民族研究，2014 (8).

杨庭硕，朱晴晴. 清水江林契中所见汉字译写苗语地名的解读 [J]. 中央民族大学学报（哲学社会科学版），2017 (1).

杨燕，胡静，刘大均，等. 贵州省苗族传统村落空间结构识别及影响机制 [J]. 经济地理，2021 (2).

杨佑文，管琼. 语言的主观性与人称指示语 [J]. 外语学刊，2015 (5).

余成林. 藏缅语"有/在"类存在动词研究 [J]. 民族语文，2011 (3).

余成林. 藏缅语存在动词的类型及其演变特点 [J]. 民族语文，2018 (1).

余成林. 汉藏语系语言存在句研究 [D]. 北京：中央民族大学，2011.

余金枝. 矮寨苗语处置句研究 [J]. 民族语文，2016 (5).

余金枝. 湘西矮寨苗语参考语法 [M]. 北京：中国社会科学出版社，2011.

余金枝. 湘西苗语述宾结构中的一种特殊类别——"形容词＋名词"结构分析 [J]. 语言研究，2009 (1).

岳中奇. 处所宾语"把"字句中动词补语的制约机制 [J]. 汉语学习，2001 (2).

曾传禄. 介词"往"的功能及相关问题 [J]. 语言科学，2008 (6).

曾传禄. 汉语位移事件与句法表达 [J]. 集美大学学报（哲学社会科学版），2009 (3).

曾海清. 抽象位移义"V＋到"结构的配价分析 [J]. 新余高专学报，2009 (4).

张达球. 体界面假设与汉语运动事件结构 [J]. 语言教学与研究，2007 (2).

张丹. 汉语方位词的文化语义研究 [D]. 沈阳：沈阳师范大学，2014.

张德鑫. 方位词的文化考察 [J]. 世界汉语教学，1996 (3).

张公瑾. 文化语言学发凡 [M]. 昆明：云南大学出版社，1998.

张国宪. 动词的动向范畴 [G] //中国语文杂志社. 语法研究和探索：

第九辑. 北京：商务印书馆，1999.

张惠英. 汉藏系语言和汉语方言比较研究［M］. 北京：民族出版社，2002.

张积家，刘丽虹. 习惯空间术语对空间认知的影响再探［J］. 心理科学，2007（3）.

张积家，谢书书，和秀梅. 语言和文化对空间认知的影响——汉族和纳西族大学生空间词相似性分类的比较研究［J］. 心理学报，2008（7）.

张济民. 苗语方位词的归类问题［J］. 贵州民族研究，1998（2）.

张济民. 苗语川黔滇方言的指示词［J］. 贵州民族研究，1987（4）.

张军. 汉语方位词与汉民族空间认知的文化倾向［J］. 榆林学院学报，2004（2）.

张四红，余成林. 尔苏语的存在类和领有类动词及其类型学启示［J］. 民族语文，2017（3）.

张赦. 汉语介词词组词序的历史演变［M］. 北京：北京语言文化大学出版社，2002.

张世禄. 先秦汉语方位词的语法功能［J］. 河北大学学报（哲学社会科学版），1996（1）.

张文静，刘金标. 苗族传统姊妹节所隐含的时空认知解读——以台江县苗族姊妹节为例［J］. 贵阳学院学报（社会科学版），2013（2）.

张馨凌. 文化空间视野下的苗族古歌［J］. 百色学院学报，2017（3）.

张燕. 时间隐喻的类型学试析——以汉藏语系语言为例［J］. 中央民族大学学报，2005（5）.

张言军. 第三人称叙事视角下"来""去"选择的约束条件［J］. 汉语学习，2015（2）.

张言军. 顺应论视域下位移动词"来"的非常规分布及其成因［J］. 信阳师范学院学报（哲学社会科学版），2017（6）.

张谊生. 现代汉语实词及相关问题研究［M］. 北京：世界图书出版公司北京公司，2015.

张永祥. 苗汉词典（黔东方言）［M］. 贵阳：贵州民族出版社，1990.

张永祥，曹翠云. 黔东苗语的量名结构［J］. 中央民族大学学报. 1996

（2）.

张永祥，今旦，曹翠云．黔东苗语的指示词［M］//中央民族学院学术论文选集．北京：中央民族学院出版社，1980.

张玉春．说"外"［J］．东北师大学报（哲学社会科学版），1984（5）.

张志公．汉语语法常识［M］．上海：新知识出版社，1956.

赵利娟，魏耀章．汉语空间方位词的语义认知分析［J］．中国校外教育，2011（8）.

赵元任．汉语口语语法［M］．吕叔湘，译．北京：商务印书馆，1979.

中国科学院少数民族语言研究所．中国少数民族语言简志（苗瑶语族部分）［M］．北京：科学出版社，1959.

周桂细．中国传统哲学［M］．福州：福建教育出版社，2017.

周红．从驱动—路径图式看"V＋上/下"的对称与不对称［J］．新疆大学学报（哲学人文社会科学版），2015（6）.

周江霞，张景斌，周珍．中学生心理折叠能力的发展性及其与智力的相关性研究［J］．数学教育学报，2007（1）.

周前方．方位称谓词的语言文化分析［J］．世界汉语教学，1995（4）.

周荣刚，张侃．自我参照和环境参照整合过程中的主方位判断［J］．心理学报，2005（3）.

周尚意，孔翔，朱竑编著．文化地理学［M］．北京：高等教育出版社，2004.

周振鹤，游汝杰．方言与中国文化［M］．上海：上海人民出版社，1986.

周振鹤，游汝杰．古越语地名初探［J］．复旦学报（哲学社会科学版），1980（4）.

周政旭．基于文本与空间的贵州雷公山地区苗族山地聚落营建研究［J］．贵州民族研究，2016（5）.

周政旭，孙甜，钱云．贵州黔东南苗族聚落仪式与公共空间研究［J］．贵州民族研究，2020（1）.

朱德熙．"在黑板上写字"及相关句式［J］．语言教学与研究，1981（1）.

朱德熙．语法讲义［M］．北京：商务印书馆，1982.

朱荔芳．指示语透视的心理距离之语用解释［J］．西安外国语学院学报，2003（1）.

朱莉华．汉语空间维度形容词的认知语义研究［D］．长沙：湖南师范大学，2017.

朱晓军．空间范畴的认知语义研究［D］．上海：华东师范大学，2008.

朱艳华．载瓦语宾动同形短语的特征及形成机制［J］．民族语文，2013（3）.

朱艳华．载瓦语存在动词的类型学研究［J］．民族语文，2012（6）.

邹韶华．现代汉语方位词的语法功能［J］．中国语文，1984（3）.

左双菊．"来/去"带宾能力的优先序列考察［J］．汉语学报，2007（4）.

左双菊．"来/去"语义泛化的过程及诱因［J］．汉语学习，2011（3）.

左双菊．位移动词"来""去"换用现象考察［J］．语文研究，2014（1）.

黑格尔．自然哲学［M］．梁志学，薛华，钱广华，等译．北京：商务印书馆，2017.

康德．任何一种能够作为科学出现的未来形而上学导论［M］．庞景仁，译．北京：商务印书馆，1982.

康德．纯粹理性批判［M］．蓝公武，译．北京：商务印书馆，2009.

叔本华．作为意志和表象的世界［M］．石冲白，译．北京：商务印书馆，1982.

马丁·海德格尔．存在与在［M］．王作虹，译．北京：民族出版社，2005.

笛卡尔．笛卡尔文集［M］．江文，编译．北京：中国戏剧出版社，2008.

莫里斯·梅洛-庞蒂．知觉现象学［M］．姜志辉，译．北京：商务印书馆，2001.

亨利·列斐伏尔．空间的生产［M］．刘怀玉，译．北京：商务印书馆，2021.

柏拉图. 蒂迈欧篇［M］. 谢文郁，译著. 上海：上海人民出版社，2003.

亚里士多德. 物理学［M］. 张竹明，译. 北京：商务印书馆，2009.

皮亚杰. 心理学与认识论：一种关于知识的理论［M］. 袁晖，郑卫民，译. 北京：求实出版社，1988.

欧文·洛克. 知觉之谜［M］. 武夷山，译. 北京：科学技术文献出版社，1989.

Steven Pinker. 思想本质：语言是洞察人类天性之窗［M］. 张旭红，梅德明，译. 杭州：浙江人民出版社，2015：174.

贝克莱. 视觉新论［M］. 关文运，译. 北京：商务印书馆，2017.

乔纳森·卡尔佩珀，迈克尔·霍. 语用学与英语［M］. 陈新仁，译. 北京：商务印书馆，2020：29.

休谟. 人类理解研究［M］. 关文运，译. 北京：商务印书馆，1972.

劳雷尔·J. 布林顿，伊丽莎白·克罗斯·特劳戈特. 词汇化与语言演变［M］. 罗耀华，郑友阶，樊城呈，等，译. 北京：商务印书馆，2013：28.

牛顿. 自然哲学的数学原理［M］. 赵振江，译. 北京：商务印书馆，2006.

Fauconnier，G. 心理空间——自然语言意义建构面面观［M］. 北京：世界图书出版公司北京公司，2008.

洪堡特. 论人类语言结构的差异及其对人类精神发展的影响［M］. 北京：世界图书出版公司，2008.

英文文献

Bickerton，D. Language and Species［M］. Chicago：The University of Chicago Press，1990.

Benveniste，E. Subjectivity in Language［M］// Meek. M. E（ed.）. Problems in General Linguistics. Coral Gables：FL：University of Miami Press，1973.

Casati，R. Topology and cognition［A］. Lynn Nadel. Encyclopedia of cognitive Science. New York：Wiley，2005.

Clark， H. H. Space， time， semantics， and the child ［M］// In T. E. Mooreetal(eds). Cognitive Developmentand the Acquition of Languager. New York：Academic Press，1973.

Clark， H. H. &. Clark， E. V. Psychology and language：An introduction to psycholinguistics［M］. New York：Harcourt Brace Jovanovich，1977.

Friedman， A. Examining Egocentric and Allocentric Frames of Reference in Virtual Space Systems［J］. Sprouts，2005(2).

Frawley， W. Translation and relevance：cognition and context［J］. Journal of Linguistics，1992，28(2).

Defu Shi. The Functions of Proclitic Ab And Ghab in Hmub［J］. Language &. Linguistics，2016(4).

Lakoff， G &. Johnson， M. Metaphors We Live By［M］. Chicago ：University of Chicago Press，1980.

Lakoff， G. Women. Fire and Dangerous Things［M］. Chicago and London：The University of Chicago Press，1987.

Lakoff， G. The Contemporary Theoty of Metaphor［M］//In Ortony，A (ed.)Metaphor and Thought. Cambridge：Cambridge University Press，1993.

Langacker， R. W. Foundations of Cognitive Grammar Vol Ⅰ : Theoretical Prerequisites ［M］. Stanford， California： Stanford University Press，1987.

Langacker， R. W. Foundations of Cognitive Grammar， Vol Ⅱ : Descriptive Application［M］. Stanford，California：Stanford University Press， 1991.

Langacker， R. W. An Overview of Cognitive Grammar［M］//Brygida Rudzka-Ostyn (ed.). Topics in Cognitive Linguistics. Amsterdam： John Benjamins， 1988.

Langacker， R. W. Reference-point construction［J］. Cognitive Linguistics，1993(04).

Langacker， R. W. Cognitive Grammar：A Basic Introduction［M］. Oxford：Oxford University Press，2008.

Laurel，J. B & Elizabeth，C. T. Lexicalization and Language Change [M]. New York：Cambridge University Press，2005.

Levinson，S. C. Space in Language and Cognition：Explorations in Cognitive Diversity[M]. Cambridge：Cambridge University Press，2003.

Levinson，S. C. & David，P. W（eds）. Grammars of Space：Explorations in Cognitive Diversity[M]. New York：Cambridge University Press，2006.

Levinson，S. C. Returning the Table：Language Affects Spatial Reasoning [J]. Cognition，2002.

Levinson，S. C. Vision，shape，and linguistic description：Tzeltal body-partterminologyandobjectdescription[J]. Linguistics，2009.

Levinson，S. C，Havilang，J. B. Introduction：Spatial conceptualization in Mayan languages[J]. Linguistics，2009.

Levinson，S. C. Language and Cognition：The Cognitive Consequences of Spatial Description in Guugu Yimithirr[J]. Journal of Linguistic Anthropology，1997.

Levinson，S. C. Studying Spatial Conceptualization across Cultures：Anthropology and Cognitive Science[J]. Ethos，1998，26(1).

Levinson, S. C. Pragmatics [M]. Cambridge ：Cambridge University Press，1983.

Miller，G. A. &Johson-Laird，P. N. Language and Percepion[M]. Cambridge，MA：Harvard University Press，1976.

Stassen, L. Predicative Possension[M]. New York：Oxford University Press，2009.

Talmy, L. Toward a Cognitive Semantics. Vol. 1 ：Concept structuring systems. & Vol. 2：Typology and process in concept structuring[M]. Cambridge, Massachusetts：The MIT Press，2000.

Talmy，L. Lexicalization partterns：Semantic Structure in Lexical Forms [M]//Shopen. T（ed. ），Language Typology and Syntactic Description Ⅲ：Grammatical Categories and the Lexicon. Cambridge ：Cambridge University Press，1985.

Talmy, L. How language structures space[M]// Herbert L, Pick, Jr. & Linda P. Acrededo(eds.)Spatial Orientation: Theory, Research and Application. New York: Plenun Press, 1983.

Talmy, L. Figure and ground in complex sentences[M]//Greenberg, J. H. Universals in Human Language Vol. 4. Stanford University Press, 1978.

Hummel, J. E. & Biederman, I. Dynamic binding in a neural network for shape recognition[J]. Psychological Review, 1992.

Piaget, J. & Inhelder, B. The Child's Conception of Space[M]. London: Routledge and Kegan Paul, 1956.

Rijkhoff, J. The noun phrase(Oxford Studies in Typology and Linguistic Theory)[M]. Oxford : Oxford University Press, 2002.

Bernd, H. Possession: Cognitive Sources, Forces, and Grammaticalization[M]. London: Cambridge University Press, 1997.

Lyons, J. A Note on Possessive, Existential and Locative Sentences[J]. Foundations of Language, 1967.

Lyons, J. Existence, Location, Possession and Transitivity[M]//B. Van Rootselaar. & J. F. Staal (eds). Logic, Methodology and Philosoghy of Science Ⅲ. Amsterdam: North-Holland Publishing Company, 1968.

Vendler, Z. Verbs and Times [J]. The Philosophical Review, 1957.

Fillmore, C. J. Santa Cruz Lectures on deixis[M] . Bloomington: Indiana University Linguistic Club, 1975.

附录（长篇语料）

（一）kaŋ^1 lja^4 li^1 ɬju^7 to^4 nɛ^2
蝉儿救人的故事

n^{oh}aŋ^3 xo^5, ʈe^4 la^2, faŋ^1 vɛ^2 to^4 nɛ^2 su^4 faŋ^1 ta^1 to^4 nɛ^2 ɕaŋ^3 ɕaŋ^3 ʈo^5
听　说　以前　方　天　些　人　和　方　下　些　人　常　常　于

ɛ^1 kɤ^3 xau^3 tɕu^3, ɕi^5 sɛ^2 tsu^7 ki^2 tsu^7 ȵe^4. taŋ^4 qaŋ^1, faŋ^1 ta^1 ɕa^3 ɣu^3
一　路　喝　酒　相互　也　跳　芦笙　跳　鼓　处　后　方　下　茂　林

ɕa^3 tau^5 poŋ^5 va^5. faŋ^1 vɛ^2 to^4 nɛ^2 qa^2 to^5 ɣu^5 ta^2 tsu^7 ki^2 tsu^7 ȵe^4 ʑe^4
茂　树　很　方　天　些　人　就　不　好　来　跳　芦笙　跳　鼓　—助词

ʑaŋ^2. faŋ^1 ta^1 to^4 nɛ^2 qa^2 tɕi^5 mɤ^4 faŋ^1 vɛ^2 mɤ^4 tsu^7 ki^2 tsu^7 ȵe^4. mɤ^4
　　方　地　些　人　就　上　去　方　天　去　跳　芦笙　跳　鼓　去

faŋ^1 vɛ^2 ɛ^1 n^{oh}ɛ^1 xo^1 faŋ^1 ta^1 ɛ^1 n^{oh}u^5 i^1 lje^7. faŋ^1 ta^1 to^4 nɛ^2 mɤ^4 faŋ^1 vɛ^2
方　天　一　日　和　方　下　一　年　一　样　方　地　些　人　去　方　天

ɛ^1 ɕaŋ^1 n^{oh}ɛ^1, taŋ^4 lo^4 lei^5 faŋ^1 ta^1, to^4 tsa^1 ts^{h}o^3 mu^3 tɕe^3 tɕu^4.
一　场　天　回来　到　方　地　些　钉　耙　腐　朽　完

mɛ^2 ɛ^1 ʈe^6, to^4 nɛ^2 mɤ^4 faŋ^1 vɛ^2 tsu^7 ki^2 tsu^7 ȵe^4, faŋ^1 ta^1 lei^8 mɛ^2
有　一　早　些　人　去　方　田　跳　芦笙　跳　鼓　方　地　剩下　有

Niangb Nid su^4 to^4 tɕu^1 tɛ^1. o^1 ʈe^4 ɬa^3 ɕa^3 ɬen^4 ɣaŋ^1 qa^1 taŋ^2 pie^3 tɕaŋ^2 o^1
嬢　妮　和　些　孩　子　二　个　老　虎　钻　寨词级一　场　变　成　二

ʈe^4 pa^3 ȵo^3, ɬa^1 o^1 ʈe^4 tɛ^1 p^{h}i^3 ʈe^6 nən^2 to^4 o^1 ʈɛ^1 mɤ^4 ɛ^5 ʈɛ^1 ȵaŋ^1. o^1 ʈe^4
个　小　伙　骗　二　个　女　孩　跟　他　些　二　个　去　做　个　媳妇　二

tɛ¹ pʰi³ Niangb xo⁸ Nid ʑa¹ ȵaŋ¹ ȵi⁵ pu¹ o¹ tɛ⁴ ɬa³ ɕə³ ljoŋ² ljən⁸ tɕo² qa¹
女　孩　孃　和　妮　家　嫂　见　知　二　个　老虎　摇　晃　条　_{词缀—}

tɛ³. o¹ tɛ⁴ i¹ o¹ tɛ⁴ ɬa³ ɕe³ to⁵ to⁶ tɛ⁴ pa³ ȵo³. Niangb xo⁸ Nid ʑa¹ ȵaŋ¹
尾巴　二　个　那　二　个　老虎　不　是　个　小伙　　孃　和　妮　家　嫂

ko⁴ o¹ tɛ⁴ tɛ¹ pʰi³ lo⁴ tsa³ lo⁴: "moŋ² lo⁴ xei⁷ əu¹ to⁵ vɤ⁴ sei¹ pɤ⁴, tɛ⁴ tɕu¹
叫　二　个　姑　孃　来　家　来　你　来　舀　水　于　我　洗　手　个　孩

tɕ ɕu³ ka³ tʰaŋ¹ vɤ⁴ tɕɤ⁴ pɤ⁴ va⁵ ka³ poŋ⁵ va⁵, maŋ² ɕu⁵ tɛ⁶ o¹ tɛ⁴ pa³
子　拉　屎　弄　我　肢　手　脏　屎　很　很　你们　别　跟　二　个　男

ʐu¹, to⁴ i¹ to⁵ tɛ⁴ o¹ tɛ⁴ pa³ ȵo³, to⁶ o¹ tɛ⁴ ɬa³ ɕe³ xo⁵." nən² to⁴ ʑa¹
小　些　那　不　个　二　个　小　伙　是　二　个　老　虎_{—助词}　她　些　家

ȵaŋ¹ təu³ Niangb xo⁸ Nid ɕʰən¹ to⁵ lɛ¹ loŋ⁴ ɬʰau¹. o¹ tɛ⁴ ɬa³ ɕe³ lo⁴ nən²
嫂　拿　孃　和　妮　关　于　个　笼　子　二　个　老虎　来　她

ʑa¹ ɣaŋ⁶ Niangb xo⁸ Nid, la⁶ nən² ʑa¹ ȵaŋ¹: "moŋ² təu³ Niangb xo⁸ Nid
家　找　孃　和　妮　问　她　家　嫂　你　拿　孃　和　妮

mɤ⁴ xaŋ³ tei⁶ mɤ⁴, moŋ² ɕaŋ⁶ qa² ɕaŋ⁶ ta², to⁵ ɕaŋ⁶ vɤ⁴, vɤ⁴ nau² moŋ²
去　处　哪　去　你　告诉　就　放　来　不　告诉　我　我　吃　你

mɤ⁴." ʑa¹ ȵaŋ¹ ɕʰi¹ ɕaŋ⁶ o¹ tɛ⁴ ɬa³ ɕe³: "vɤ⁴ təu³ Niangb xo⁸ Nid tɕʰən¹
去　家　嫂　吓　告诉　二　个　老　虎　我　拿　孃　和　妮　关

to⁵ lɛ¹ loŋ¹ ɬʰau¹." o¹ tɛ⁴ ɕe³ ta² mɤ⁴ zi⁸ lɛ¹ loŋ¹ ɬʰau⁵, ki⁶ Niangb xo⁸
于　个　笼　铁　二　个　老虎　去　舔　个　笼　铁　露　孃　和

Nid o¹ tɛ⁴ lɛ¹ qo⁴ tɕɤ³. Niangb xo⁸ Nid ʑa¹ ȵaŋ¹ ta¹ mɤ⁴ ɣaŋ⁶ nɛ² lo⁴
妮　二　个　个　膝盖　肢　孃　和　妮　家　嫂　来　去　找　人　来

ɬʲu⁷ to⁴ tɕu¹ tɛ¹, nən² nᶜʰaŋ³ xo⁴ to⁴ nɛ² ȵaŋ¹ to⁵ faŋ¹ vɛ² tsu⁷ ki² tsu⁷
救　些　孩子　她　听　说　些　人　在　于　方　天　跳　芦笙　跳

ȵɛ⁴, Niangb xo⁸ Nid ʑa¹ tɛ⁴ mɤ⁴ faŋ¹ vɛ² ʈaŋ¹ qʰe⁵ mɤ⁴ nau² ȵi² xau⁷ tɕu¹
鼓　孃　和　妮　家　哥　去　方　天　回　客　去　吃　肉　喝　酒

mɤ⁴. Niangb xo⁸ Nid ʑa¹ ȵaŋ¹ qa² noŋ⁵ ta² mɤ⁴ faŋ¹ vɛ² ɣaŋ⁶, tɕo² tɕɤ⁴
去　孃　和　妮　家　嫂　就　要　来　去　方　天　找　条　躯

nᶜʰoŋ¹ poŋ⁵ va⁵, tɕi⁵ mɤ⁴ to⁵ lei⁵ faŋ¹ vɛ², kən² poŋ⁵ va⁵. tɛ⁴ kaŋ¹ lja⁴ li¹
重　厉害　上　去　不　到　方　上　哭　厉害　个　虫　蝉

lo⁴ la⁶: "moŋ² kən² lɛ¹ qei¹ ʐe³?"
来　问　你　哭　个　什么

"o¹ tɛ⁴ ɬa³ ɕe³ noŋ⁵ nau² Niangb xo⁸ Nid, nau² to⁴ tɕu¹ tɛ¹ mɤ⁴
二 个 老虎 要 吃 嬢 和 妮 吃 些 孩子 去
tɕu⁴ ze⁴, ɛ⁵ nən³ vɤ⁴ zo⁴ kən²."
完₋助词 做 这 我 要 哭

tɛ⁴ kaŋ¹ lja⁴li¹ xo⁵: "moŋ² ɕu⁵ kən² ze⁴, vɤ⁴ pɛ¹ to⁴ qa³ ɬju¹ tsʰu⁴ lo⁴,
个 虫 蝉 说 你 别 哭₋助词 我 取 些 肺 肝 出 来
te³ lɛ¹ ti⁵ tɕa³ tau¹ to⁵ qa¹ ɣaŋ²so⁵, ɕu⁵ pɛ¹ tɛ⁴ pɛ⁸ nau² mɤ⁴."
放 个 碗 装 着 于₋词缀 灶台 别 给 个 猫 吃 去

tɛ⁴ kaŋ¹ ljo⁴ li¹ zaŋ⁵ mɤ⁴ faŋ¹ vɛ², faŋ¹ vɛ² nau³ ze⁴ poŋ⁵ va⁵, tsu⁷
个 虫 蝉 飞 去 方 天 方 天 闹 热 厉害 跳
ki² tsu⁷ ɲe⁴ tsʰa¹ ke¹ ɲo². tɛ⁴ kaŋ¹ lja⁴ li¹ mɤ⁴ kən²: "lja⁴ lja⁴ li¹ li¹, ɕe³
芦笙 跳 鼓 热闹 状 个 虫 蝉 去 哭 —— 虎
tau⁴ to⁴ faŋ¹ ta¹ tau⁴ faŋ¹ ta¹ tɕu⁴, lei⁸ Niangb xo⁸ Nid xo⁵, o¹ tɛ⁴ pu³ lɛ¹
吃 些 方 地 吃 方 地 完 剩 嬢 和 妮₋助词 二 个 关 个
loŋ¹ ɬʰau⁵, lo⁴ mɤ⁴ za¹ tɛ⁴ zu⁵." to⁴ faŋ¹ vɛ² to⁵ te¹ ɲe⁴ ze⁴, moŋ² tson¹
笼 铁 来 去 家 哥 小 些 方 天 不 打 鼓₋助词 你 接
za⁵ nʰaŋ³, tɛ⁴ kaŋ¹ lja⁴li¹ ta¹ qo⁴ to⁴ pa³ zu⁵ lo⁴ faŋ¹ ta¹ lo⁴ za⁴. pa³ zu⁵
耳 听 个 虫 蝉 来 叫 些 哥 小 来 方 地 来₋助词 哥 小
pɛ¹ o¹ tɛ⁴ ɕe³ ma⁸ ta⁶. tɛ⁴ kaŋ¹ lja⁴li¹ lo⁴ ɣaŋ⁶ nən² paŋ⁸ əu³ qa³. tɛ⁴ pɛ⁸
把 二 个 虎 杀 死 个 虫 蝉 来 找 它 的 肺 脏 个 猫
nau² mɤ⁴ zaŋ². nən² za⁵ ŋaŋ¹ xo⁵ tɛ⁴ kaŋ¹ lja⁴li¹: "tɛ⁴ pɛ⁸ nau² mɤ⁴ zaŋ²,
吃 去 了 他 家 嫂 说 个 虫 蝉 个 猫 吃 去 了
moŋ² to⁵ mɛ² tɕo² qa³ tɕa¹, ʌ² mɛ² tɕo² qa³ tɕa⁴ nau² ke³ ze⁴. taŋ⁴ qaŋ¹,
你 不 有 条 肺 脏 不 有 条 肺 脏 吃饭₋助词 后 来
xau⁷ nən⁷ nən⁷ əu¹ ta², xau⁷ nən⁷ nən⁷ əu¹ noŋ⁶ te⁵ poŋ¹ ɕu⁵ ta⁶ ɛ⁵ ɲo².
喝 点 点 水 来 喝 点 点 水 雨 续 气 不 死 做 算了

（石光美讲述）

蝉儿救人的故事

听说很久以前,天上的人和地上的人经常一起喝酒一起跳芦笙舞,后来,地上的树木变得越来越茂密了,天上的人就不便到芦笙场来跳舞,地上的人就去天上跳芦笙舞。天上一天,地上就是一年,地上的人们去天上一天,再回到地上发现钉耙都腐朽了。

一天早上,人们都去天上跳芦笙去了,只剩下娘、妮和一些孩子,两只老虎钻进寨子变成两个小伙子,想骗两个女孩跟他俩去做媳妇,孃和妮的嫂子看见两只老虎摇晃着尾巴,便知道那两个小伙子是老虎所变。孃和妮的嫂子就叫两个女孩到她家舀水给她洗手,因为小孩子拉屎把她的手弄脏了,于是,嫂子就趁此机会告诉两个女孩,那两个男的不是小伙子而是两只老虎。

嫂子把孃和妮关在一个笼子里,两只老虎来嫂子家找孃和妮,问她:"你把孃和妮送到哪里去了? 你快告诉我,要是不告诉我我就把你吃掉。"家嫂被吓得不行,便告诉老虎她把孃和妮关在一个铁笼子里面。两只老虎就去舔铁笼中露出来的孃和妮的膝盖。

孃和妮的家嫂就去找人来救这两个孩子,她听说人们在天上跳芦笙舞,孃和妮的哥哥也去天上会客吃肉喝酒去了。孃和妮的家嫂想去天上找他,但是因为身体太重了上不了天,她便哭得很伤心。有个蝉飞过来问她:"你哭什么呢?"

"两只老虎要吃孃和妮,我哭是因为孩子要被吃完了。"

那个蝉虫说:"你别哭了,我的肝肺取出来放在碗里置于灶台上,别让猫给吃了。"

说罢,那个蝉飞到天上去,此时天上的人们正打着鼓跳着芦笙舞,热闹非凡,蝉虫哭道:"老虎到地上吃人,只剩下孃和妮二人被关在铁笼里。"家哥放下手中的鼓仔细听蝉的话,然后家哥去地上把两只老虎杀死了。蝉来找它的肝肺,但是它的肝肺被猫吃掉了。嫂子说:"蝉啊,你没有肝肺了,没有肝肺吃饭了,就喝一点点水续命不死就可以了。"

(二) tɛ⁴ tɛ¹ pʰi³ ɖa³ ɕe³
老虎姑娘

ɖje⁴ la² ɖje⁴ qo⁵, to⁴ vu³ lu⁴ ɕaŋ³ ɕaŋ³ mɤ⁴ tɕo¹ tɛ⁴ tɕu¹ tɛ¹ ɣaŋ⁶ tɛ⁴
于　久　于　古　些　妪　老　常　常　去　教　个　孩　子　找　个

nan¹, mɤ⁴ ŋi⁵ tɛ⁴ ɖʰi³ taŋ¹ tɕu¹ to⁵ lɛ¹ qo¹ to⁶ tɛ⁴ tɛ¹ pʰi³ ne², mɤ⁴ ŋi⁵ tɛ⁴
媳　妇　去　看　个　插　条　针　于　个　头　是　个　姑　娘　人　去　看　个

ɖʰi³ taŋ⁴ tɕu¹ ɖʰi³ to⁵ tɕu¹ qʰəu³ to⁶ tɛ⁴ tɛ⁴ tɛ¹ pʰi³ ɖa³ ɕe³. tɛ⁴ tɛ¹ pʰi³ ɖa³
插　条　针　插　于　处　裙　子　是　个　个　崽　女　老　虎　个　崽　女　老

ɕe³ nᵈʰɑŋ³ ʐaŋ², nən² qa² tə³ taŋ⁴ tɕu¹ ɬʰi³ to⁵ lɛ¹ po⁷ fʰu³.
虎　听　了　她　就　拿条　针　插于　个　词缀－头

　me² ɛ¹ nᵈʰɛ¹, tɛ⁴ pa³ no⁶ ta² mɤ⁴ taŋ⁴ kɤ³ tɕa⁴ tɛ⁴ tɛ¹ pʰi³. nən² ŋi⁵
　有一天　个小伙来去半路遇个崽女　他见

tɛ⁴ tɛ¹ pʰi³ ɬʰi³ taŋ⁴ tɕu¹ lɛ¹ qo¹, nən² xo⁵ to⁶ tɛ⁴ tɛ¹ pʰi³ ne² ʐaŋ², nən²
个崽女插条针个头　他认为是个崽女人了　他

ʐaŋ⁴ lo⁴ tsa³ ɛ⁵ tɛ⁴ ɳaŋ¹. lo⁴ tsa³ tɕaŋ² o¹ pɤ¹ nᵈʰɛ¹, to⁶ tɛ⁴ tɛ¹ pʰi³ ne² əu³
带来家做个媳妇来家成二三天是个崽女人要

lju⁴ ti⁸ mɤ⁴ tɕɤ⁵ əu¹, nən² to⁶ tɛ⁴ tɛ¹ pʰi³ ɬa³ ɕe³, nən² əu³ o¹ lɛ¹ ɤu⁵ qei¹
块桶去汲水她是个崽女老虎她要二个笼鸡

mɤ⁴ tɕɤ⁵ əu¹ to⁵ ti² əu¹ lo⁴. no⁵ nᵈʰɛ¹. tɛ⁴ pa³ no⁶ pu¹ nən² to⁶ tɛ⁴ ɳaŋ¹
去汲水不装水来多天个小伙知道她是个媳妇

ɕe³, tɛ⁴ pa³ no⁶ xe⁷ taŋ⁴ taŋ⁷ xe⁷ o¹ pɤ¹ nᵈʰɛ¹ o¹ pɤ¹ mᵈʰaŋ⁵, taŋ⁴ taŋ⁷ ɤa⁶
虎　个小伙磨把刀磨二三天二三　夜　把刀锋

zo² poŋ⁵ ljən⁶.
利　很　厉害

　me² ɛ¹ nᵈʰɛ¹, nən² xo⁵ nən² ʐa¹ tɛ⁴ tɛ¹ pʰi³ xo⁸ tɛ⁴ ɳaŋ¹ ɕe³ o¹ tɛ¹ mɤ⁴
　有　一　天　他叫他家个崽女和个媳妇虎二个去

tɕɤ⁵ əu¹. nən² o¹ tɛ¹ tɕɤ⁵ əu¹ lo⁴, lo⁴ lei¹ qa¹ pu¹ tu², ɛ¹ lju⁴ to¹ laŋ⁸ qa¹
汲水她二个汲水来来到词缀－边门一块布拦词缀－

tu², tɛ⁴ tɛ¹ pʰi³ to⁶ tɛ⁴ ne², ɬʰɛ¹ lo⁴ te³ tɕɤ⁵ pɤ⁴ pʰa¹ lju⁴ to¹, nən² ɬən⁴
门个崽女是个人钻来拿肢手揭块布她进

lo⁴ tsa³, tɛ⁴ tɛ¹ pʰi³ ɬa³ ɕe³ ɳaŋ¹ taŋ¹ qaŋ¹, nən² to⁵ pu¹ pʰa¹ lju⁴ to¹, tɛ⁴
来家个崽女老虎在处后　她不知揭块布个

pa³ no⁶ tau² taŋ¹ taŋ⁷ ɳaŋ¹ qa¹ pu⁵ tu² laŋ¹ tɛ⁴ ɳaŋ¹ ɕe³, ma⁸ tɛ⁴ ɳaŋ¹ ɕe³
小伙拿把刀在词缀－边门拦个媳妇虎砍个媳妇虎

ta⁶ ʐaŋ¹. nən² ʐa¹ te³ lo⁴ le⁶ oŋ⁵, le⁶ tɕaŋ² ɛ¹ ɳoŋ¹, ɬa¹ tɛ⁴ tɛ¹ pʰi³ ɕe³ ʐa¹
死－助词　他家拿来装坛装成一段骗个女孩虎家

to⁴ mɛ⁶ to⁴ pa³ to⁴ ɳaŋ¹ to⁴ tɛ¹: "moŋ² ʐa¹ tɛ⁴ tɛ¹ pʰi³ ɳaŋ¹ tɛ⁴ qa¹ tɛ¹
些妈些爸些媳妇些哥　你　家个崽女生个词缀－崽

ne⁶ ʐaŋ², maŋ¹ ta² kʰu¹ tɛ¹ ne⁶ pɤ¹ nau² ŋi⁵ xau⁷ tɕu³ ta² ʐaŋ² pɤ¹
女娃－助词　你们来庆个女娃我们吃肉喝酒来－助词我们

nau²", nau² ʑaŋ², mɛ² ɛ¹ nɛ² tɕa⁶ nən² ʑa¹ a³ tɕɤ⁴ qa¹ tɛ¹ pɤ⁴: "mɛ⁶,
　吃　　吃－助词　有个人碰他家姊妹肢 词缀－崽 手 妈

mɛ⁶, tɕɤ⁴ qa¹ tɛ¹ pɤ⁴ noŋ³ lje⁷ pɤ¹ ʑa¹ a³ paŋ² tɕɤ⁴ i³." "kʰu³ qa²
妈　肢 词缀－崽 手 这 像 我们 家 姊妹 的 肢 那 吃 就

kʰu³, laŋ⁶ qa² laŋ⁶, qʰe⁵ ɣu⁵ qʰe⁵ pɛ¹ nau⁶." nau² tɕaŋ² ʑaŋ², nən² to⁴ taŋ⁴
吃　　吃　就 吃 客 好 客 给 吃 吃 成－助词 他 们 回

tsa³, tɛ⁴ pa³ ŋo⁶ mɛ⁶ su⁴ tɛ⁴ pa³ ŋo⁶ sʰoŋ¹ tɛ⁴ ŋaŋ¹ ɕe³ ʑa¹ to⁴ mɛ⁶ to⁴ pa³
家　个 小 伙 妈 和 个 小 伙 送 个 媳妇 虎 家 些 妈 些 爸

to⁴ ŋaŋ¹ to⁴ tɛ¹ mɤ⁴ lei¹ taŋ¹ kɤ³. tɛ⁴ pa³ ŋo⁶ ɖʰe¹: "moŋ² nau² moŋ² ʑa¹
些　嫂 些 哥 去 到 半 路 个 小 伙 叫 你 吃 你 家

a³ ŋi², moŋ² ke³ moŋ² ʑa¹ a³ sʰoŋ³, moŋ² nau² ɕu⁵ ʑaŋ², moŋ² mɤ⁴
姊妹 肉 你 啃 你 家 姊妹 骨头 你 吃 饱－助词 你 走

ʑa⁴." ɛ¹ tɛ⁴ tɛ¹ pʰi³ ɕe³ ʑa¹ mɛ² ɛ¹ tɛ⁴ nɛ² ŋa² lo¹, nən² xən³ kɤ³ to⁵ ɣa⁶,
了　一 个 崽 女 虎 家 有 一 个 人 跛 脚 她 走 路 不 快

nən² xən¹ sʰa⁵ taŋ⁴ qaŋ¹.
她　走 最 处 后

　　"moŋ² tsoŋ¹ ʑa², moŋ² tsoŋ¹ ʑa², tɛ⁴ pa³ ŋo⁶ ʑa¹ sʰoŋ pɤ¹, ɖʰe¹ xo⁵
　　你 接 耳 你 接 耳 个 小 伙 家 送 我们 骂 说

pɤ¹ nau² pɤ¹ ʑa¹ a³ ŋi², pɤ¹ ke³ pɤ¹ ʑa¹ a³ sʰoŋ³, pɤ¹ nau²
我们 吃 我们 家 姐 肉 我们 啃 我们 家 姐 骨头 我们 吃

ɕu⁵ ʑaŋ², pɤ¹ mɤ⁴ ʑa⁴."
饱－助词 我们 走－助词

　　nən² to⁴ toŋ¹ toŋ¹ tɕu⁴ tɕu⁴ tɕɤ¹ ʑa² nʰaŋ³, nən² to⁴ nʰaŋ³ tɛ⁴ pa³ ŋo⁶
他 些 全部 完 完 接 耳 听 他 些 听 个 小 伙

ɖʰe¹ xo⁵: "moŋ² nau² moŋ² ʑa¹ a³ ŋi², moŋ² ke³ moŋ² ʑa¹ a³ sʰoŋ³, moŋ²
骂 说 你 吃 你 家 姐 肉 你 啃 你 家 姐 骨头 你

nau² ɕu⁵ ʑaŋ², moŋ² mɤ⁴ ʑa⁴." nən² to⁴ qʰi¹ ta², nən² to⁴ taŋ¹ lo⁴ mɤ⁴ tɛ⁴
吃 饱－助词 你 走－助词 他 些 气 来 他 些 回 来 去 个

pa³ ŋo⁶ ʑa¹. tɛ⁴ pa³ ŋo⁶ əu¹ taŋ¹ taŋ³ lo⁴ ɛ¹ nɛ² ma⁸ ɛ¹ nɛ², ma⁸ ta⁶
小 伙 家 个 小 伙 要 把 刀 来 一 个 砍 一 个 砍 死

tɕu⁴ ʑaŋ².
完－助词

（石光美讲述）

老虎姑娘

很久很久以前,老妇人们常常教孩子找媳妇要看插针条的方式,把针条插在头上的是个姑娘(人类),把针条插在裙子上的是个老虎姑娘。有个老虎姑娘听到了,她就把针条插在头上。

一天,有个小伙子在半路上碰到了一个女孩,他看到这个女孩把针条插在头上,便认为她是一个人类的女孩,于是就把她带回家做了媳妇。才过门两三天,这个女孩要拿桶去汲水,但是她是一个老虎女孩,她去汲水时带了两个鸡笼,很多天都没有装水回来,小伙子发现他的媳妇是个老虎姑娘。小伙子磨刀磨了三天三夜,把刀磨得很锋利。

有一天,他叫他家的一个女孩和老虎媳妇一起去汲水。她们汲完水回来站在门边,有一块布把门拦起来,那个女孩用手把布掀开钻了进来;而那个老虎姑娘在后边,她不知道如何把布掀开,小伙子拿刀把他的老虎媳妇砍死在了门口。他家把老虎姑娘一段一段地装在坛子里,骗老虎姑娘的爸爸、妈妈、哥哥、嫂嫂说:"你家的女儿生了女娃,你们来我家吃肉喝酒,庆祝女娃的出生。"老虎姑娘家的人开始吃肉,有个人碰到了手指,说:"那个手像是我们家姐姐的手。"

"人家如此热情好客,就吃你的吧。"

吃完了他们准备回家,小伙子的妈妈和小伙子送老虎姑娘的爸爸、妈妈、哥哥、嫂嫂到半路上,小伙子说:"你们吃你家姐姐的肉,啃你家姐姐的骨头,你们吃饱了就走了。"老虎姑娘家有个跛脚的人,她走路走得不快,走在最后面。"你听,你听,小伙子送我们骂我们说我们吃我们家姐姐的肉,我们啃我们家姐姐的骨头,我们吃完了,我们就走了。"

家人全部听到了小伙子骂他们,"你们吃你家姐姐的肉,啃你家姐姐的骨头,你们吃饱了就走了。"老虎一家非常生气,又回到小伙子家,那个小伙子拿了一把刀来,把他们一个一个都砍死了。

(三) qe⁵ qo¹ mo¹ ɬjoŋ⁵ te² kʰa⁷ lja² ɣaŋ⁶ fʰu³
猫头鹰给喜鹊报仇

me² i¹ poŋ⁴ kʰa⁷ lja² naŋ¹ to⁵ qa¹ lja¹ tau⁵ kɤ³ vɛ² tʰi³ tɕaŋ² lɛ¹ ɣi⁴,
有 一 对 喜 鹊 在 于 词缀–后 跟 树 路 上 造 成 个 窝

a² no⁵ ɕu⁶ la², qa² pe⁶ lo⁴ i¹ poŋ¹ tɛ¹ qa¹ tɛ¹ kʰa⁷ lja² ɕo⁷ ki² li², ɣu⁵ qa⁷
不 多 少 久 就 孵 来 一 对 崽 词缀–崽 喜 鹊 光 胳 膊 好 就

lən⁶ no². nən² o¹ lɛ² qaŋ¹ xʰi¹ poŋ⁵ va⁵. toŋ¹ nᵒʰɛ¹ qa² ɕi⁵ sei² moŋ⁴ ɣaŋ⁶
很　　它　二　个　高　兴　很　很　中　天　就　相　也　去　找

kaŋ¹ lo⁴ zi⁶ to⁴ qa¹ tɛ¹ kʰa⁷ lja²，toŋ¹ mᵒʰaŋ⁵ qa² lɛ² ve⁸ lɛ² lo⁴ zaŋ⁴ to⁴
虫　来　喂　些　词缀-崽　喜　鹊　中　夜　就　个　换　个　来　带　些

qa² tɛ¹ pe⁵ ɖɛ¹. taŋ⁴ to⁴ qa¹ tɛ¹ nau² ɕaŋ³ pe⁵ taŋ² mɣ⁴ zaŋ⁴，nən² o¹ tɛ⁴
词缀-崽　睡　着　等　些　词缀-崽　吃　饱　睡　沉　去　-助词　它　二　个

qa² tɛ² nan¹ qa¹ tɕi⁴ tau⁵ kɣ³ ve² ko⁴ ɕʰa⁷. tɛ⁴ mi⁸ kʰa⁷ lja² ɕʰe³ xʰi¹ vən¹
就　跨　在　词缀-肢　树　路　上　唱　歌　个　母　喜　鹊　暖　心　温

vən⁴ tʰɛ³ qa⁵："vɣ⁴ tsa³ qa¹ tɛ¹ sʰa⁵ ɣu⁵ qa⁷ tɛ⁴ pa³ kʰa⁷ lja² sei² qaŋ¹
温　敏捷状　唱　我　家　词缀-崽　最　好　-助词　个　爸　喜　鹊　也　高

xʰi¹ kɣ³ fʰu³ tɛ³ to⁵："vɣ⁴ tsa³ qa¹ tɛ¹ tʰe⁷ la⁴zaŋ⁶."
兴　得　头　快状　唱　我　家　词缀-崽　靓　样子

　　me² nᵒʰɛ¹，me² i¹ tɛ⁴ ɬjaŋ⁷ zoŋ⁵ va⁵ zaŋ²，qa² ta² ɣaŋ⁶ nau²，nən²
　　有　天　有　一　个　狐狸　挨饿　很　-助词　就　来　找　吃　它

nan¹ to⁴ to⁴ qa² nᵒʰaŋ³ ko⁶ poŋ⁴ kʰa⁷ lja² to⁵ ɕʰa⁷ xen⁵ nən² to⁴ paŋ⁸ tɕu¹
在　远　远　就　听　着　对　喜　鹊　唱　歌　夸赞　它　些　的　孩

tɛ¹，nən³ qa² no⁶ tʰɛ³ to⁴ qa¹ tɛ¹ kʰa⁷ lja² paŋ⁸ ŋi² ɣa¹ ŋoŋ⁴ toŋ¹ tʰɛ³.
子　那　就　想　快速状　些　词缀-崽　喜　鹊　的　肉　细嫩　漂浮状　快状

nən² qa² lo⁴ əu¹ ȵu² lo⁵ ke¹ lje¹ nən³ nən³ tɛ⁴ ʌ² pu¹ tɕi⁵ tau⁵ ɛ⁵ tei⁶ tɕe⁶
它　就　来　水　口　水　慢慢状　那　它　还　不　知　道　上　树　做　何　才

vɣ⁴ ko⁶ to⁴ qa¹ tɛ¹ kʰa⁷ lja² nau² nən³. nən² tɕo² xʰi¹ ȵaŋ¹ sʰən⁵ pu¹
抓　着　些　词缀-崽　喜　鹊　吃　那样　它　条　心　在　神　知

tu¹ tʰɛ³ va⁶ qa¹ tɕi⁵ qa² ɕoŋ¹ tɕo² qa¹ pu¹ la⁶ ȵoŋ⁶ tso³ ta² moŋ²，nən²
里快速状　词缀-计谋　就　沿着　条　词缀-　边　地　爬快状　来　去　它

noŋ⁵ ta² moŋ² so⁶ poŋ¹ kʰa⁷ lja² ȵaŋ¹ paŋ⁷ tɛ⁴ tau⁵ i³，qa² poŋ⁷ mɛ² tɛ⁴
要　来　去　到　对　喜　鹊　住　的　棵　树　那　就　见　有　个

nan⁴ ɣu³ kaŋ⁴ lɛ¹ qʰaŋ³ qa³ la² kɣ³ toŋ¹ ɬʰjoŋ⁷ ɖi⁷ ku² ta²，nən³ nən²
鼠　山林　从　个　洞　词缀-　土　路　中　陷塌　脱落　出　来　那样　它

qa² tɕu⁶ vi⁴ tɛ⁴ nan¹ tso³ tɛ⁴ nan¹ ɕʰi¹ kʰi¹ kʰi¹ li⁸ li⁸ tɕu⁴，qa² ɖa⁷ tɛ⁴
就　一　抓　个　鼠快速状　个　鼠　害怕　直打哆嗦　完　就　祈求　个

ɬjaŋ⁷ ʌ² kɣ³ nau² nən². tɛ⁴ ɬjaŋ⁷ qa² tɕu⁶ qei⁷ ȵu⁸ nᵒʰu¹ mɛ² xo²："moŋ²
狐狸　不　要　吃　它　个　狐狸　就　一　眨　双　种子　眼睛　说　你

ʌ² kɤ³ ɕʰi¹ maŋ⁸, vɤ⁴ to⁶ ɬa⁷ moŋ² na⁶ vɤ⁴ ɛ⁵ kɤ³ fʰu³ kɤ³ fʰu³ xo⁵." tɛ⁴
不要害怕 –助词 我 是 请 你 跟 我 做 路头路头 –助词 个

naŋ⁴ xo⁵: "vɤ⁴ pu¹ moŋ² to⁶ tɕo² faŋ¹ ŋi² ta¹ noŋ² sʰa⁵ ɣu⁵ xʰi¹ paŋ⁷ i¹ tɛ⁴
鼠 说 我 知 你 是 条 方 兽 地 这 最 好 心 的 一 个

ŋi², vɤ⁴ ɬʰi¹ su⁴ moŋ² ɛ⁵ qa¹ pu¹, moŋ² ko⁴ vɤ⁴ ɛ⁵ ɕi³, vɤ⁴ qa² ɛ⁵ ɕi³."
兽 我 心 和 你 做 词缀– 伴 你 叫 我 做 何 我 就 做 何

tɛ⁴ ɬjaŋ² ta³ xo⁵: "ɛ⁵ nən³ maŋ⁸, pɤ¹ ɲaŋ¹ xaŋ³ noŋ³ taŋ⁴, əu³ tɕu⁶ tɛ⁴
个 狐狸 又 说 做 那 –助词 我们 在 处 这 等 要 一 个

kʰa⁷ lja² tɕu⁶ zaŋ⁵ mɤ⁴ zaŋ², moŋ² qa² tɕi⁵ mɤ⁴ qɛ³ tau⁵ kɤ³ vɛ², xʰoŋ³ to⁴
喜 鹊 一 飞 去 –助词 你 就 上 去 节 树 路 上 推 些

qa¹ tɛ¹ kʰa⁷ lja² lo⁴ pɛ¹ vɤ⁴ nau², nən³ nən³ to⁴ lɛ¹ ɣi¹ kɤ³ toŋ¹ səi² naŋ¹
词缀– 个 喜 鹊 来 给 我 吃 那 它 些 个 窝 路 中 也 在

me² no⁵ nau² paŋ⁷ va⁵ ɲo². " to⁴ i³ qa² se⁴ i¹ ɕaŋ¹ tɛ¹ o¹ tɛ⁴ kʰa⁷ lja² qa²
有 多 吃 的 很 呢 些 那 就 全 一 时 崴 二 个 喜 鹊 就

zaŋ⁵ mɤ⁴ ɣaŋ⁶ nau² mɤ⁴ zaŋ², tɛ⁴ ɬjaŋ² qa² xo⁵: "moŋ² kaŋ⁵ ki⁵ mɤ⁴, nən²
飞 去 找 吃 去 –助词 个 狐狸 就 说 你 快状 快 去 它

o¹ tɛ⁴ qa² ɲoŋ¹ ta² mɤ⁴ tɛ⁴ tau⁵ kɤ³ ta¹ mɤ⁴." tɛ⁴ naŋ⁴ qa² "səu¹ səu¹
二 个 就 爬 来 去 个 树 路 下 去 个 鼠 就 嗖 嗖

səu¹" tɕi⁵ mɤ⁴ lɛ¹ ɣi⁴ kɤ³ vɛ² mɤ⁴, qa² xʰoŋ³ to⁴ qa¹ tɛ¹ kʰa⁷ lja² i¹ tɛ
嗖 上 去 个 窝 路 上 去 就 推 些 词缀– 崴 喜 鹊 一 个

i¹ tɛ⁴ tʰɛ³ pɛ² lo⁴ sei² kʰu¹ to⁴ qa¹ tɛ¹ kʰa⁷ lja² o¹, qa² kən² ʌ² tɕaŋ²
一 个 快状 掉 来 都 可怜 些 词缀– 崴 喜 鹊 哦 就 哭 不 成

xʰe¹ ze¹ o¹ tɛ⁴ kʰa⁷ lja² lu⁴ nʰaŋ³ to⁴ qa¹ tɛ¹ kən² ʌ² tɕaŋ² xʰe¹, qa² pu¹
话 –助词 二 个 喜 鹊 老 听 些 词缀– 崴 哭 不 成 话 就 知

me² ʌ² ɲu⁴ qʰa⁵ ze⁴, qa² pu¹ ɬju² pu¹ lɛ¹ zaŋ⁵ taŋ³ lo⁴. tɕu⁶ lo⁴ qa² ŋi¹
有 不 生 客 –助词 就 急忙急忙状 飞 回 来 一 来 就 看

poŋ⁸ tɛ⁴ naŋ⁴ ɣu³ qoŋ⁴ qʰo¹ pu¹ tu¹ tʰɛ³ nau² nən³ to⁴ əu³ fa⁵ ɕu² paŋ⁸
见 个 鼠 山林 低 头 不动状 快速状 吃 它 些 要 过 冬 的

to⁴ ɣo¹ ka³ i³. nən² to⁴ nʰaŋ³ moŋ¹ xʰi¹ lən⁶ ɲo², qa² tɕu⁷ tɛ⁴ naŋ⁴ paŋ⁵
些 菜 饭 那 它 些 听 痛 心 很 了 就 啄 个 鼠 的

ɲu⁸ nʰu¹ mɛ⁶ ɬju⁴ mɤ⁴ zaŋ². tɛ⁴ naŋ⁴ qa² kən² sʰa¹ vən⁸ ko⁴ tɛ⁴ ɬjaŋ⁷ ɬju⁷
双 眼 睛 瞎 去 –助词 个 鼠 就 哭 白 抖状 叫 个 狐狸 救

nən², ʌ² pu¹ tɛ⁴ ɟjaŋ⁷ noŋ⁸ so³ kɣ³ to⁴ qa¹ tɛ¹ kʰa⁷ lja² tsu⁷ mi³ mɣ⁴
它　不　知　个　狐狸　自　早　叼　些　词缀-　崽　喜鹊　跑　躲　去

zaŋ². nən³ tɛ⁴ naŋ⁸ tɕe⁸ ɕaŋ⁶ tɕu⁶ to⁶ tɛ⁴ ɟjaŋ⁷ ko⁴ nən⁸ ɛ⁵ noŋ³ ɛ⁵ paŋ⁷,
-助词　那样　个　鼠　才　告诉　全　是　个　狐狸　让　它　做　这　做　的

qa² ɟaŋ⁷ tɛ⁴ kʰa⁷ lja² ɕaŋ⁵ nən² tɕo² naŋ⁶, tɛ⁴ kʰa⁷ lja² ɛ⁵ tei⁶ xaŋ³ ze⁴,
就　求　个　喜鹊　放　它　条　命　个　喜鹊　做　何　愿意　-助词

qa² tɕu⁷ nən² ta⁶ zaŋ². tɛ⁴ ɟjaŋ⁷ mi³ ɲaŋ¹ qʰaŋ³ tsa⁵ kɣ³ ɲaŋ³, nau³ poŋ⁴
就　啄　它　死　-助词　个　狐狸　藏　在　洞　岩　路　里　吃　对

tɛ¹ qa¹ tɛ¹ kʰa⁷ lja² ɕe⁷ ɲe¹ ɲe¹ xɛ¹, nau² ɕaŋ³ zaŋ² qa² pe⁵ tei² ta¹ la¹
崽　词缀-　崽　喜鹊　嚼　不　断　嚼　状　吃　够　-助词　就　睡　直　下　光溜

tʰɛ³ ɕʰoŋ¹ ɟɛ¹.
快速状　睡　飞快状

o¹ tɛ⁴ kʰa⁷ lja² lu⁴ qa² moŋ¹ xʰi¹ tʰɛ³ kən² o¹, kʰo⁵ o¹, kən² tɕaŋ
二个　喜鹊　老　就　痛　心　快状　哭　噢　叫　噢　哭　成

pɣ¹ nʰɛ¹, kʰo⁵ tɕaŋ² pɣ¹ mʰa⁵, kən² to⁴ qa¹ qoŋ³ sɛ¹ sʰaŋ³ qoŋ³ tɕu⁴.
三　天　叫　成　三　天　哭　些　词缀-　喉咙　也　堵　喉咙　完

nən² to⁴ kən² va⁵ zaŋ², qa² mɛ² tɛ⁴ ɟoŋ⁵ fa⁵ kɣ³, qa² nʰaŋ³ ko⁶ zaŋ²,
它　些　哭　很　-助词　就　有　个　猫头鹰　过　路　就　听　着　-助词

qa² ta² nɛ⁶. tɛ⁴ ɟoŋ⁵ nɛ⁶ xo⁵: "ʌ⁷ kʰa⁷ lja², ʌ⁷ kʰa⁷ lja², moŋ¹ kən² qei²
就　来　问　个　猫头鹰　问　说　喜鹊　喜鹊　你们　哭　什

ɕi³ zaŋ⁴ ɟju³ tʰɛ³ no⁵ moŋ³, ʑo⁶ ɛ⁵ qei² ɕi³ zaŋ²?" tɛ⁴ mi⁸ lu⁴ kʰa⁷ lja² qa²
么　碎　肠　快状　多　那　是　做　什　-助词　个　母　老　喜鹊　就

ɕaŋ⁶: "qe⁵ qo¹ mo¹ ɟoŋ⁵, pɣ¹ paŋ⁸ kan² tɛ¹, ko⁶ tɛ⁴ ɟjaŋ⁷ tɛ⁴ tu⁷ ki⁷ moŋ³
告诉　猫头鹰　我们　的　对　崽　着　个　狐狸　个　挨　刀　那

nau² mɣ⁴ zaŋ², ɟa⁷ moŋ² tɛ⁴ lu⁴ mɣ⁴ tɛ² pɣ¹ ɣaŋ⁶ fʰu³, mɣ⁴ su⁴ pɣ¹ ti¹
吃　去　-助词　请　你　个　老　去　帮　我们　找　头　去　和　我们　打

ɟjaŋ⁷ pe² fʰu³." tɛ⁴ ɟoŋ⁵ nʰaŋ³ nən³, moŋ¹ xʰi¹ noŋ⁸ tʰaŋ⁵ ɟən² o¹ tei⁴
狐狸　报　仇　个　猫头鹰　听　那　痛　心　自　睁　圆　二　只

nʰu¹ me⁶ qo¹ tʰo¹. nən² mʰe⁵ o¹ lɛ¹ xʰe¹ sʰei³ tɕʰe⁵ to⁴ kʰa⁷ lja² tɕo² xʰi¹
眼　睛　圆　状　它　说　二　个　话　话　安慰　些　喜鹊　条　心

nən³ qa² mɣ⁴ zaŋ², tɛ⁴ ɕaŋ⁶ nən² to⁴ ʌ² kɣ³ ɕʰa⁵, ɲaŋ¹ pu¹ tu¹ taŋ⁴ xʰe¹
然后　就　去　-助词　还　告诉　它　们　不　要　担心　在　处　处　等　话

qa² ȵo².
就　算－助词

qɛ⁵ ʨan² o¹ pɤˠ nᵈʰɛ¹, tɛ⁴ ɬjaŋ⁷ ʐoŋ⁵ noŋ⁵ ta⁶ ʐaŋ², ta³ tsu⁷ ɬi⁸ ku² ta²
过　成　二三　天　个　狐狸　饿　要　死－助词　再　跑出外来

ɤaŋ⁶ nau² ɤaŋ⁶ xau⁵ ʐaŋ². tɛ⁴ ɬjoŋ⁵　qa² ʐaŋ⁵ ta² mɤˠ⁴ nɛ⁶ nən² xo⁵:
找　吃　找　喝－助词　个　猫头鹰　就　飞　来　去　跟　它　说

"ɬjaŋ⁷, ɬjaŋ⁷, ɬjaŋ⁷, moŋ² ɕi⁵ ɕu⁶ to⁵ʔ" tɛ⁴ ɬjaŋ⁷ ta¹ xo⁵: "ɛ¹ ʐe¹, ɕi⁵ ɕu⁶
狐狸　狐狸　狐狸　你　相　饿　不　个　狐狸　答　说　哎　耶　相　饿

ta⁶ ʐe¹. ɕi⁵ ɕu⁶ ȵu⁸ ȵʰu¹ noŋ⁵ fu⁴ mɛ⁶ ʨu⁴ tɛ⁴." tɛ⁴ ɬjaŋ⁷ xo⁵: "nen³
死－助词　相　饿　眼　睛　要　晕　眼　睛　完－助词　个　猫头鹰　说　那

ta² pɤˠ qa² mɤˠ⁴ ʐe⁴, pʰi⁵ moŋ³ ȵaŋ¹ to⁴ ɤu⁵ nau² paŋ⁸ ɤu⁵ va⁵." tɛ⁴
来　我们　就　去　呀　面　那　有　些　好　吃　的　好　很　个

ɬjoŋ⁵ qa² ȵaŋ¹ taŋ⁴ tən² ʐaŋ⁴ kɤˠ³, tɛ⁴ ɬjaŋ⁷ qa² ȵaŋ¹ taŋ⁴ qaŋ¹ po² ʨo²
猫头鹰　就　在　处　前　引　路　个　狐狸　就　在　处　后　跑

tɛ³ ɤoŋ¹, nən² to⁴ mɤˠ⁴ lei⁵ to³ la⁶ ka³ maŋ⁴ paŋ⁸ qa¹ ɬoŋ¹ la⁶, tɛ⁴
尾巴　追　它　些　去　到　块　地　饭　麦子　的　词缀－　中　地　个

ɬjoŋ⁵ qa² xo⁵: "moŋ² ȵe² ȵe⁴ ȵaŋ¹ xaŋ³ noŋ³, ʌ² kɤˠ³ pe⁵ lo⁵, pʰi⁵ ɛ¹
猫头鹰　就　说　你　蹲　在　处　这　不　要　遍　嘴　边　那

mɛ² i¹ kʰu¹ nɛ² ȵaŋ¹ ɬʰei⁷ ka³ maŋ⁴, ɕaŋ⁸ tɛ¹ to⁴ nau⁶ xaŋ¹ to⁴ ȵaŋ⁴ qa²
有　一　群　人　在　割　饭　麦子　那时　崽　些　鸟　和　些　鼠　就

ko⁶ ʨa⁶ ta² pʰi⁵ noŋ³ ta², ɛ⁵ nən³ pɤˠ¹ qa² to⁵ nau² ʨa⁶ ɕaŋ³ ʐaŋ²."
着　赶　来　边　这　来　做　这　我们　就　得　吃　次　放－助词

qɛ⁵ lɛ¹ nᵈʰɛ¹ noŋ⁵ lju⁸ pɤˠ⁴ ʐaŋ², sei² ʌ² ta⁴ no⁵ ɕu⁶ ka³ maŋ⁴ ʐaŋ², to⁴
到　个　日　要　落　坡－助词　也　不　剩　多　少　饭　麦子－助词　些

nɛ² qa² kaŋ⁴ o¹ taŋ⁴ o¹ pʰi⁵ ɬʰei⁷ ka³ maŋ⁴ ɕi⁵ qu¹ kaŋ⁴ qa¹ ɬoŋ¹ ta². to⁴
人　就　从　二　头　二　边　割　饭　麦子　相　围拢　从　词缀－　中　来　些

nɛ² qa² "ɕo⁴ ɕo⁴ ɕo⁴" ɬʰei⁷ pe⁵. noŋ⁵ ta² so⁶ tɛ⁴ ɬjaŋ⁷ xaŋ³ ɛ¹ ʐaŋ², nən²
人　就　嚯　嚯　嚯　割　处　要　来　到　个　狐狸　处　那－助词　它

ŋi⁵ lɛ¹ noŋ³ ʌ² ȵu⁴ qʰa⁵ ʐaŋ², qa² san² fa⁴ ʐaŋ⁴ tsu⁷ nən³, ʌ² pu¹ qa² nᵈʰa¹
看　个　这　不　生　客－助词　就　想　起　离散　逃跑　这　不　知　就　动

sᵈʰa¹ ko⁶ to⁴ ka³ maŋ⁴ pe⁵ ta², to⁴ nɛ² qa² ta³ to⁴ lin² ta² ɤoŋ¹ nən² ti¹.
响动　着　些　饭　麦　处　来　些　人　就　拿　些　镰刀　来　追撵　它　打

tɛ⁴ ɫjoŋ⁵ sei² ʑaŋ⁵ mɣ⁴ ʑaŋ², tɛ⁴ ɫjaŋ⁷ qa² mi³ mi³ tsu⁷ tsu⁷, nən² qe³
个 猫头鹰 也 飞 去 —助词 个 狐狸 就 躲 躲 跑 跑 它 估计

tsu⁷ ʌ² fa⁸ ʑe⁴, sei² tei² ʈo³ la⁶ mɛ² ɫei⁸ po¹ ɣi¹ ɫhje¹, kɣ³ ta¹ mɛ² lɛ¹
跑 不 过 了 也 恰巧 处 土 有 块 词缀— 石 大 路 下 有 个

qhan³ to¹ to¹ tei² to¹, nən² qa² tɕu⁶ ti⁷ ɫən⁴ pu⁶ kɣ³ ɳaŋ⁶ mɣ⁴. to⁴ nɛ² ɕhi³
洞 深 深 真 深 它 就 一 跳 钻 进 路 里 去 些 人 看

sei² ʈo⁶ vi⁴ ʌ² ko⁶ ʑe⁴, qa² mɛ² lɛ² nɛ² kaŋ⁴ qa² ɫa³ tha³ lɛ¹ fa¹ qhan¹ lo⁴,
也 是 抓 不 着 —助词 就 有 个 人 从 词缀— 腰 伸 个 瓜 葫芦 来

li³ ʈu³ lɛ¹ qa¹ lo⁵ qhan³ ɳo², nən³ i¹ khu¹ nɛ² qa² ɕaŋ⁵ qe¹ mɣ⁴ tsa³ mɣ⁴
堵 快状 个 词缀— 口 洞 算了那样 一 帮 人 就 放 活 去 家 去

ʑaŋ².

—助词

lei⁵ ɫje⁴ taŋ⁴ mohaŋ⁵, tɛ⁴ ɫjaŋ⁷ saŋ² ɛ⁵ ɳaŋ⁶ tsu⁷ mɣ⁴ ɳo² nən³, nən²
到 久 处 夜 个 狐狸 想 做 里 逃跑 去 算了 那 它

kɣ³ kɣ³ shən⁷ poŋ⁸ lei⁵ lɛ¹ qa¹ lo⁵ qhan³, ʌ² pu¹ qa² mɛ² tɕo² tɕən⁵ tshо¹
慢 慢 摸 见 到 个 词缀— 口 洞 不 知 就 有 阵 风 吹

ta², lɛ¹ qhan¹ qa² ko⁶ tshо¹ pe⁵ "fu² fu² fu²" ta², nən² soŋ² tɕu⁶ to⁴ nɛ² ʌ²
来 个 洞 就 着 吹 处 呼 呼 呼 来 它 想 一 些 人 不

pɣ⁴ mɣ⁴ nən³, qa² taŋ³ xhu⁷ pu¹ tu¹ ɳaŋ¹ ʈo⁵ lɛ¹ qhan³ kɣ³ toŋ¹ mɣ⁴, i¹
去 那 就 回 缩 边 处 在 于 个 洞 路 中 去 一

mohaŋ⁵ sei⁴ ko⁶ to⁴ xhe¹ non³ xa⁷ ta⁸, ɕhi¹ ɕhi¹ non⁵ ta⁶ mɣ⁴.
夜 也 着 些 话 那 惊吓 害怕 要 死 去

non⁵ faŋ² ve² ʑaŋ², tɛ⁴ ɫjoŋ⁵ tɕe⁸ ta² ɕaŋ⁶ tɛ⁴ ɫjaŋ⁷ tɕu⁶, to⁴ nɛ² mɣ⁴
要 亮 天 —助词 个 猫头鹰 才 来 告诉 个 狐狸 完 些 人 去

ʑaŋ², nən³ nən² tɕe⁸ qaŋ³ ɳoŋ⁶ ɫi⁸ ku² lo⁴. tɛ⁴ ɫjaŋ⁷ ta³ tɕe⁶ va⁵ ʌ² to⁵
了 那样 它 才 敢 爬 出 外 来 个 狐狸 长 久 得 不 得

nau² xa³ ka² ʑaŋ², non⁵ ʑon⁵ ta⁶ ʑaŋ², ta³ ko⁶ xa⁷ ta⁸ ɛ⁵ non³, tɕo² tɕi³
吃 口 饭 —助词 要 饥饿 死 —助词 又 着 惊吓 做 这 条 身

sɛ⁴ ʑaŋ² ɣe⁶ tɕu⁴. nən² ɕon⁵ me⁶ tsha⁵ ɳi⁵, lɛ¹ qa¹ tu² qhan³ non⁸ ʈo⁶ lɛ¹
冷 —助词 力 完 它 抬起 眼 突然状 看 个 词缀— 门 洞 自 是 个

qhan¹ ta² li³ xo⁵, nən² moŋ¹ xhi¹ non⁵ ta⁶, tɕu⁶ tɕhe¹ lɛ¹ qhan¹ tsei⁵, qa²
洞 来 堵 —助词 它 痛 心 要 死 就 捡 个 葫芦 突然状 就

saŋ² po¹ tei³ mu⁸ lɛ¹ qʰaŋ¹ tu⁶ mɤ⁴ nən³，tɛ⁴ ɟjoŋ⁵ tɕe⁸ pu¹ ɟju² laŋ⁴
想 词缀— 猛地 甩 个 葫芦 破 去 那 个 猫头鹰 才 急 忙 挡

nən² xo⁵："A² kɤ³ mu⁸，ɟja¹ nən² ɲaŋ¹，qe³ sei¹ ɕʰa³ ko⁶ tei⁶。" tɛ⁴ ɟjaŋ⁷
它 说 不要 甩 留 它 在 估计 也 看 着 哪儿 个 狐狸

xo⁵："qa² ʈo⁶ nən² i¹ mᵇʰaŋ⁵ ɲaŋ¹ pe⁵ fu² fu²，ɛ⁵ vɤ⁴ A² qaŋ³ nᵇʰa¹ sᵇʰa¹，
说 就是 它 一 夜 在 处 呼 呼 做 我 不 敢 动 响动

moŋ¹ xʰi¹ ta⁶！" tɛ⁴ ɟjoŋ⁵ xo⁵："vɤ⁴ pu¹ moŋ² ɕi⁵ ɕu⁵ va⁵ ʐaŋ²，nᵇʰɛ⁵
痛 心 死 个 猫头鹰 说 我 知 你 饿 很 —助词 日

mᵇʰaŋ⁵ vɤ⁴ mɤ⁴ vɤ⁴ ko⁶ naŋ⁴ no⁵ no⁵ ta³ tɕʰi¹ ʈo⁵ lɛ¹ qʰaŋ³ tsa⁵ xaŋ¹ pɤ⁴
夜 我 去 我 着 鼠 多 多 又 捡 于 个 洞 岩 对面 坡

moŋ³，mɤ⁴！xaŋ³ xʰi⁵ nən⁷，mɤ⁴ nau² ʈa⁶ ɕaŋ³ ɕaŋ³ ʐe⁵。" tɛ⁴ ɟjaŋ⁷ xo⁵：
那 去 走 快点儿 去 吃 次 饱 饱 —助词 个 狐狸 说

"ɛ⁵ noŋ³ moŋ² pu¹ ʐaŋ⁵，vɤ⁴ ɛ⁵ tei⁶ ʈe⁸ əu¹？" tɛ⁴ ɟjoŋ⁵ xo⁵："vɤ⁴ ɕaŋ⁶
做 这 你 知 飞 我 做 何 渡 河 个 猫头鹰 说 我 告诉

moŋ² A² kɤ³ mu⁸ lɛ¹ fa¹ qʰaŋ¹ mɤ⁴，qa² ʈo⁶ ɕaŋ⁶ moŋ² ɟja⁵ ɳo²，tɕe⁸ ʈo⁵
你 不要 甩 个 瓜 葫芦 去 就是 告诉 你 留 算 才 得

ʐe⁴ əu¹ mɤ⁴ tɛ⁴。" tɛ⁴ ɟjaŋ⁷ qa² tʰoŋ¹ xʰi¹ ʐaŋ²，qa² ko⁴ tɛ⁴ ɟjoŋ⁵ mɤ⁴ ka¹
游 河 去 —助词 个 狐狸 就 通 心 —助词 就 叫 个 猫头鹰 去 快

ɟja⁴.mɤ⁴ lei⁵ qa¹ pu⁵ əu¹，tɕo² əu¹ ɟje¹ lin⁶ ɳo²，tɛ⁴ ɟjaŋ⁷ ɳaŋ¹ nən¹
状 去 到 词缀— 边 河 条 河 大 很 —助词 个 狐狸 有 一点

ɕʰi¹，tɛ⁴ ɟjoŋ⁵ qa² ʈo⁵ ɟju³ ʈo⁵ nən²，qa² ta³ lɛ¹ fa¹ qʰaŋ¹ qei¹ ʈo⁵ tɛ⁴
怕 个 猫头鹰 就 于 胆量 于 它 就 拿 个 葫 芦 绑 于 个

ɟjaŋ⁷ paŋ⁸ qa¹ qoŋ³，tɛ⁴ ɟjaŋ⁷ qa² ta⁸ paŋ¹ lɛ¹ qʰaŋ¹ kɤ³ kɤ³ ʐe⁴ ta² mɤ⁴
狐狸 的 词缀— 脖子 个 狐狸 就 搭 靠 个 葫芦 慢 慢 游 来 去

xʰaŋ¹ əu¹ xaŋ¹ pɤ⁴ mɤ⁴.ʐe⁴ mɤ⁴ lei⁵ qa¹ toŋ¹ əu¹，tɛ⁴ ɟjoŋ⁵ qa² tɕu⁶
一半 河 对面 坡 去 游 去 到 词缀— 中 河 个 猫头鹰 就 一

tən⁸ lɛ¹ qʰaŋ¹ i¹ lo¹，lɛ¹ qʰaŋ¹ qa² "pu⁸ toɳ²" i¹ xʰe¹，qa² pu⁶ ta² ɳe⁶
蹬 个 葫芦 一 脚 个 葫芦 就 卟 咚 一 声 就 进来 滴

tɛ¹ əu¹，qe⁵ tsa⁶ qa¹ tɛ¹，tɛ⁴ ɟjoŋ⁵ ta³ tɕu⁶ tən⁷ i¹ tɛ²，ta³ "pu⁸ toɳ²"
崽小 水 到 一下 词缀— 崽 个 猫头鹰 又 一 蹬 一 踏 又 卟 咚

pu⁶ ta² i¹ nən⁷ əu¹.tɕʰən³ tɕʰən³ tɛ⁴ ɟjaŋ⁷ ɳaŋ¹ xən⁵ tɛ⁴ ɟjoŋ⁵ pu¹ kɤ³
来 一点儿 水 起始 个 狐狸 在 夸 个 猫头鹰 知 路

ε⁵ loŋ⁶ nən³, ʌ² pu¹ lei⁵ qa¹ ʨoŋ¹ əu¹, ʨɕo² əu¹ ɣe⁴ ε⁵ ɣe⁴ to¹, lε¹ qʰaŋ¹
做 玩 那 不 知 到 词缀- 中 河 条 河 越 做 越 深 个 葫芦

ɣe⁴ ε⁵ ɣe⁴ nᵇʰoŋ³, tε⁴ ɟjaŋ⁷ sei⁷ ɣe⁴ ε⁵ ɣe⁴ taŋ² əu¹ mɣ⁴ zaŋ². ɕaŋ⁸ ε¹, tε⁴
越 做 越 重 个 狐狸 也 越 做 越 沉 水 去 -助词 时 那 个

ɟjoŋ⁵ qa² tu⁸ tən⁸ o¹ pɣ¹ tən⁸ poŋ⁵ poŋ⁵, qa² nᵇʰaŋ³ ʨɕu⁶ lε¹ qʰaŋ¹ "pu⁸
猫头鹰 就 独 蹬 二 三 蹬 砰 砰 就 听 完 个 葫芦 卜

toŋ² qa² pu⁸ toŋ²" tε³ pe⁵. taŋ⁴ qaŋ¹ lo⁴, lε¹ qʰaŋ¹ zi⁶ pε³ əu¹ zaŋ², qa²
咚 就 卜 咚 快速 状 处 等 后 来 个 葫芦 淹 掉 水 -助词 就

ka² tε⁴ ɟjaŋ⁷ ʨɕu⁶ ta⁶ taŋ⁷ əu¹ mɣ⁴ zaŋ².
带 个 狐狸 全 跟着 沉 水 去 -助词

ʨɕaŋ² o¹ pɣ¹ nᵇʰε¹ zaŋ², əu¹ ɟje¹ tʰa⁷ mɣ⁴ zaŋ², naŋ¹ to⁵ qa¹ tε⁴ sʰa⁵
成 二 三 天 -助词 水 大 退 去 -助词 在 于 词缀- 个 沙

i¹ pʰi⁵, qa² qən⁶ mε² tε⁴ ɟjaŋ⁷, qa¹ qoŋ³ tε⁴ fi² mε² lε¹ fa¹ qʰaŋ¹ xε¹. tε⁴
那 边 就 躺 有 个 狐狸 词缀- 脖子 还 挂 有 个 瓜 葫芦 -助词 个

ɟjoŋ⁵ qa² mɣ⁴ ko⁴ o¹ tε⁴ kʰa⁷ lja² ta² ɕʰi³ tε⁴ ɟjaŋ⁷ ta⁵ naŋ⁶ pe² ta¹, o¹ tε⁴
头鹰 就 去 叫 二 个 喜 鹊 来 看 个 狐狸 丧 命 处 下 二 个

kʰa⁷ lja² qa² po¹ fʰu³ tε⁴ ɟjoŋ⁵.
喜 鹊 就 感谢 个 猫头鹰

(金道珍讲述)

猫头鹰给喜鹊报仇

　　有一对喜鹊在树干上搭了一个窝,不久便有了一对喜鹊宝宝,两只喜鹊非常开心,它们白天轮流去找虫子来喂小喜鹊,晚上也轮流哄小喜鹊睡觉。等小喜鹊吃饱睡着后,它们两个就站在树上唱歌,母喜鹊温情脉脉地唱道,"我家的小喜鹊最好最可爱",喜鹊爸爸也高兴得手舞足蹈,"我家的小喜鹊最靓丽"。

　　一天,有一只狐狸挨饿了很久出来找吃的,狐狸听到歌声就出来了,一想到小喜鹊的肉细嫩美味,它的口水就忍不住流了出来,但是它不知道如何上树才能吃到小喜鹊。他在心里快速地计划着,想沿着树边爬到那对喜鹊住的那棵树上去。突然它看见一只老鼠从一个塌陷的土洞中逃脱出来,狐狸一把快速抓住老鼠,老鼠害怕得直打哆嗦,祈求狐狸不要吃它,狐狸灵机一动,眨着眼睛说:"不要害怕,我是来请求你跟你一起合作的。"老鼠说:"我知道你是这个地方最好心的一个野兽,我和你作伴,你叫我做什么我就做什么。"狐狸又说:"那我在这里等着,等到那个喜鹊一飞走,你就爬上树干去把那些喜鹊推下来给我吃,它的窝里面还有很多吃的。"过了一会儿,两只喜鹊飞出去找吃的去了,狐狸说:"你赶紧爬上树干上去把它两个推下来。"老鼠嗖嗖嗖地爬到树上的鸟窝里去,把小喜鹊一个一个地推了下来,可怜的小喜鹊哭得泣不成声。两个老喜鹊听到小喜鹊的哭声,就知道有陌生人来了,它们急忙飞回去,看见一个山林鼠正低着头迅速地吃着它们准备用来过冬的食物。两个喜鹊非常痛心,就把老鼠的一双眼睛啄瞎了。老鼠一边哭着一边颤抖着叫狐狸救它,谁知那个狐狸早就叼着小喜鹊躲起来了。老鼠告诉喜鹊是一只狐狸叫它那样做的,它请求喜鹊放它一命,不管喜鹊叫它做什么它都愿意,喜鹊把老鼠啄死了。那个狐狸藏在洞穴里,吃着两只小喜鹊,它吃饱了就睡着了。

两只老喜鹊伤心地哭了三天,哭得喉咙都哑了。因为他们哭得太厉害了,有个猫头鹰路过就来问他们:"你们是因为什么事情?哭得肠都快断了。"母喜鹊告诉猫头鹰它们的一对小喜鹊被挨刀的狐狸吃掉了,请猫头鹰帮他们找到它,他们要找它报仇。猫头鹰听了非常痛心,它把眼睛睁得圆圆的,说了一些话安慰两只喜鹊,然后就走。猫头鹰告诉喜鹊不要担心,在这里等着消息就可以了。

过了两三天,狐狸饿得快死了就跑出门找吃的喝的。猫头鹰就飞来跟狐狸说:"狐狸,狐狸,你饿不饿?"狐狸说:"哎呀,我快饿死了,饿得头晕眼花的。"猫头鹰说:"那你出来,我们去那边有很多好吃的。"猫头鹰在前面引路,狐狸在后面跟着它跑。它们去到一块麦田的中间,猫头鹰说:"你蹲在这里不要说话,那边有一个人在割麦子,到时那些小鸟和老鼠就会被赶来这边,这样我们就有吃的了。"

到了太阳快落山的时候,麦子快割完了,那些人就从两边围拢到了中间来,人们嚯嚯嚯地割着,眼看就要割到狐狸那里了。狐狸看到陌生人就想离散逃跑,却不知它的响动惊动了割麦子的人,那些人就拿着镰刀追打它。这时猫头鹰也飞走了,狐狸一边跑一边躲,它估摸着跑不过了,恰巧碰到大路的石头下面有个深深的洞,它一下子就钻到了那个洞里面去。人们看也看不见,抓也抓不着,就有一个人从腰间取了一个葫芦堵在洞口,这样,一帮人就放下手里的活回家去了。

到了夜里,狐狸想从洞里逃跑出去,它慢慢地摸索到洞口,不知洞口为何有一阵风吹得呼呼作响,它心想那些人还没有回去,就缩在洞中待了一夜,非常害怕。

天快亮了猫头鹰才来告诉狐狸那些人已经走了,狐狸这才敢爬出洞口来,它一口饭都没有吃饿得快死了,又受到惊吓全身力气都没有了。突然,抬起眼看到洞口堵的居然是一个葫芦,它一生气就捡起葫芦猛地摔倒地上,葫芦差点摔破了。猫头鹰急忙拦住它说:"不要丢掉,留着葫芦估计还有用。"狐狸说就是这个葫芦一整夜地在那里呼呼作响,害得我不敢出来,真的气死我了。猫头鹰说:"我知道你饿了几天几夜了,我去找了一些老鼠放在对面坡的岩洞下,快点,我们去吃一顿饱饭吧!"狐狸说:"你可以飞,而我应该怎么过河呢?"猫头鹰说:"我让你不要扔那个葫芦就是让你留着用来过河的呀。"狐狸明白了就叫猫头鹰一起到河边。河水很湍急,狐狸有点害怕,猫头鹰就叫它胆子大些,拿出葫芦绑在狐狸的脖子上,狐狸就搭靠着葫芦游到对面坡去。当游到河中间时,猫头鹰一蹬葫芦,葫芦就噗通一声进去一点儿水。过了一会儿,猫头鹰又一蹬一踩,葫芦里就又进去一点儿水。开始的时候,狐狸还夸猫头鹰会做这个好玩意儿,殊不知游到水中间时水越来越深,葫芦也越来越重,狐狸就慢慢沉到水底去了,这时,猫头鹰砰砰砰地蹬了几下葫芦,于是听到葫芦噗通噗通地带着狐狸迅速地沉到了水里去了。

过了两三天,大水退去了,在河沙滩边有一只狐狸躺在那里,脖子上还挂着一个葫芦。猫头鹰叫两个喜鹊来看狐狸丧命的下场,两只喜鹊非常感谢这只猫头鹰。

(四) $\gamma u^5 n \varepsilon^2 m \varepsilon^2 \gamma u^5 f^h u^3$
好人有好报

$\text{dje}^4 \ \text{la}^2 \ \text{i}^3 \ \text{nən}^3, \ \text{qa}^2 \ \text{mε}^2 \ \text{tsa}^3 \ \text{ne}^2, \ \text{te}^4 \ \text{pa}^3 \ \text{ta}^6 \ \text{mγ}^4 \ \text{zaŋ}^2, \ \text{qa}^2 \ \text{zaŋ}^7 \ \text{o}^1$
久　　长　　那　　那　　就　　有　　家　　人　　个　　爸　　死　　去 —助词 就　带　二

$\text{me}^6 \ \text{te}^1 \ \text{ε}^5 \ \text{na}^6, \ \text{ça}^3 \ \text{ta}^3 \ \text{lən}^6 \ \text{no}^6, \ \text{te}^4 \ \text{te}^1 \ \text{qa}^2 \ \text{n}^h\text{ε}^1 \ \text{n}^h\text{ε}^1 \ \text{mγ}^4 \ \text{qa}^1 \ \text{yu}^3 \ \text{çhi}^1$
妈　崽　做　孤儿　穷　　长　　很 —助词 个　崽　就　天　　天　　去 词缀—林　打

$\text{tu}^4 \ \text{mε}^4, \ \text{tçe}^8 \ \text{vε}^8 \ \text{to}^5 \ \text{pi}^2 \ \text{sei}^2 \ \text{lo}^4 \ \text{mε}^4 \ \text{nau}^2 \ \text{mε}^4 \ \text{xau}^7, \ \text{tçhi}^8 \ \text{khi}^1 \ \text{poŋ}^5 \ \text{va}^5.$
柴　卖　　才　换　得　钱　也　来　买　吃　买　喝　辛　苦　很　　很

$\text{mε}^2 \ \text{ε}^1 \ \text{n}^h\text{ε}^1, \ \text{te}^4 \ \text{te}^1 \ \text{ta}^3 \ \text{mγ}^4 \ \text{yu}^3, \ \text{qa}^2 \ \text{ni}^5 \ \text{poŋ}^8 \ \text{mε}^2 \ \text{qe}^5 \ \text{çe}^3 \ \text{ko}^6 \ \text{le}^1 \ \text{yi}^1$
有　一　天　　个　崽　又　去　林　　就　看　见　有　老　虎　着　个　石　头

$\text{djaŋ}^3 \ \text{lo}^4 \ \text{nei}^8 \ \text{teγ}^4 \ \text{lo}^1, \ \text{qa}^2 \ \text{A}^2 \ \text{γa}^6 \ \text{n}^h\text{a}^1 \ \text{ze}^4. \ \text{te}^4 \ \text{çe}^3 \ \text{poŋ}^8 \ \text{te}^4 \ \text{te}^1 \ \text{nən}^3, \ \text{qa}^2$
滚　来　压　只　脚　　就　不　快　动 —助词 个　虎　见　个　崽　那　　就

xʰi⁵ əu¹ man⁴ ɕo⁴ ljo⁴. tɛ⁴ tɛ¹ xo⁵: "xa⁵ moŋ² mu¹ ʑaŋ² qe⁵ ɕe³ o¹, vɣ⁴ su⁴
淌水　脸　哗啦　个　崽　说　可怜　你　痛　了　老虎　喔　我　和

moŋ² o³ lɛ¹ ɣi¹ noŋ³ mɣ⁴ nən³, moŋ² ʌ² kɣ³ ki⁷ vɣ⁴ lei⁵." nən³ tɛ⁴ ɕe³
你　撬开　个　石头　这　去　那　你　不要　咬　我　哩　那　个　虎

qa² ȶu⁷ qʰo¹ tʰe³ tʰɛ³, ɛ⁵ nən³ tɛ⁴ tɛ¹ na⁶ qa² o³ lɛ¹ ɣi¹ tsei⁵ mɣ⁴ ʑaŋ²,
就　点头　快速状　做　那　个　孤儿　就　撬　个　石　忽然状　去　—助词

tɛ⁴ ɕe³ to⁵ ȶju⁷ ʑaŋ² nən³, qa² tɕʰi³ tɕu⁶ to⁵ ȶaŋ² ta¹ pɛ¹ tɛ⁴ tɛ¹ na⁶, nən³
个　虎　得　脱　—助词　那　就　跪　下　于　地　上　给　个　孤儿　那

qa² ʑaŋ³ ve⁵ tsei⁶ mɣ⁴ qa¹ ɣu³ ɕa³ mɣ⁴ ʑaŋ².
就　跳　快速状　去　词缀—　林　丛　去　—助词

　　tɛ⁴ tɛ¹ na⁶ lo⁴ so⁶ tse³, ɕaŋ⁶ nən² mɛ⁶ xo⁵: "mɛ⁶, nᵊɛ¹ noŋ³ vɣ⁴ ȶju⁷
　　个　孤儿　来　到　家　告诉　他　妈　说　妈　今　天　我　救

ko⁶ i¹ tɛ⁴ ɕe³." ta³ ɕaŋ⁶ nən² mɛ⁶ tɕu⁶ to⁶ ɛ⁵ tei⁵ ȶju⁷ tɛ⁴ ɕe³ paŋ⁸, nən²
着　一个　虎　又　告诉　他　妈　全　是　做　何　救　个　虎　的　他

mɛ⁶ ʌ² sʰən⁵, nən² mɛ⁶ tɕu⁶: "moŋ² xo⁵ moŋ² ȶju⁷ ko⁶ tɛ⁴ ɕe³ nən³, vɣ⁴
妈　不　信　他　妈　说　你　说　你　救　着　个　虎　那　我

tsʰoŋ⁸ ʌ² poŋ⁸ fa⁵ tɛ⁴ ɕe³, moŋ² mɣ⁴ ko⁴ tɛ⁴ ɕe³ lo⁴ pɛ¹ vɣ⁴ ŋi⁵."
从　不　见　过　个　虎　你　去　让　个　虎　来　给　我　看

　　nən³ tɛ⁴ tɛ¹ na⁶ qa² mɣ⁴ ɣu³ ko⁴ xo⁵: "qe⁵ ɕe³, vɣ⁴ mɛ⁶ saŋ² ɕʰi³ moŋ²
　　那　个　孤儿　就　去　林　喊　说　老虎　我　妈　想　看　你

i¹ man⁴, moŋ² su⁴ vɣ⁴ mɣ⁴ tsa³, pɛ¹ vɣ⁴ mɛ⁶ ɕʰi³ ɣu⁵ ʌ² ɣu⁵? "nən³ tɛ⁴
一　脸　你　和　我　去　家　给　我　妈　看　好　不　好　那　个

ɕe³ qa² ʑaŋ³ tsei⁵ lo⁴ lei⁵ nən² qa¹ mɛ⁶, te⁶ ke¹ lje¹ lo⁴ lei⁵ tsa³ lo⁴. lo⁴
虎　就　跳　快速状　来　到　他　词缀—　脸　跟　缓慢状　来　到　家　来　来

lei⁵ tsa³, tɛ⁴ tɛ¹ ko⁴ nən² mɛ⁶: "mɛ⁶, vɣ⁴ ʑaŋ⁴ tɛ⁴ ɕe³ lo⁴ ʑaŋ²." nən² mɛ⁶
到　家　个　崽　喊　他　妈　妈　我　带　个　虎　来　—助词　他　妈

tɕu⁶ ɕʰi³ poŋ⁸ tɛ⁴ ɕe³ qa² ʑaŋ² xʰi¹ xo⁵: "xɛ¹ mei⁴, ɕʰi¹ va⁵ ʑaŋ² o¹, vɣ⁴ ʌ²
一　看　见　个　虎　就　激动　说　嗨　唛　怕　很　—助词　喔　我　不

ŋi⁵ ze⁴, vɣ⁴ ʌ² ŋi⁵ ze⁴!" nən³ tɛ⁴ ɕe³ sei² ʌ² mɣ⁴, tɛ⁴ mɛ⁶ ta³ xo⁵: "qe⁵
看　—助词　我　不　看　—助词　那　个　虎　也　不　去　个　妈　又　说　老

ɕe³, moŋ² ŋi⁵ vɣ⁴ tsa³ ɕʰa⁵ va⁵, sei² ʌ² mɛ² qei¹ ɕi³ pɛ¹ moŋ² nau², moŋ²
虎　你　看　我　家　穷　很　也　没　有　什么　给　你　吃　你

qa² ʨaŋ³ mɤ⁴ za³." tɛ⁴ ɕe³ ŋi⁵ ŋi⁵, qa² kɤ³ kɤ³ ᵗu³ lɛ¹ tɛ⁸, ta² mɤ⁴ ɖa⁶ nei⁸

就　回　去　吧　个　虎　看　看　就　慢　慢　抓　个　袋　来　去　富　过

faŋ¹ ɣaŋ⁴ paŋ⁸ tɛ⁴ ɕe⁵ ɖa⁶ i³ tsa³ lɛ¹ tsa³ qa¹ qaŋ¹ tsei⁵ mɤ⁴ zaŋ². tɛ⁴ ɕe³

处　寨　的　个　富　翁　那　家　个　家　词缀—　后　尾　岩　去　—助词　个　虎

tɕu⁶ ta² mɤ⁴ lei⁵ qa¹ qaŋ¹ tsei⁵, to⁴ ne² sɛ⁴ çʰi¹ tsu⁷ tɕu⁴ zaŋ², nən³ tɛ⁴

就　来　去　到　词缀—　尾　岩　些　人　全　怕　跑　完　—助词　那　个

ɕe³ qa² mɤ⁴ kɤ³ to⁵ i¹ tɛ⁸ qa¹ sʰɛ³ ɖu¹ lo⁴ to⁵ nən² o¹ mɛ⁶ tɛ¹ nau².

虎　就　去　捡　得　一　袋　词缀—　米　白　来　于　他　二　妈　崽　吃

nən³ xɛ¹, tɛ⁴ ɕe³ qa² çʰo⁵ çʰo⁵ sei² kɤ³ sʰɛ³ kɤ³ to⁴ ŋi² qa¹ ɣu⁵ lo⁴ pɛ¹

那　—助词　个　虎　就　时　时　也　要　米　要　些　肉　词缀—　林　来　给

nən² to⁴ nau², ɛ⁵ nən³ qa² ɣe⁴ ɛ⁵ ɣe⁴ ɣu⁵ ta² zaŋ².

他　们　吃　做　那　就　越　做　越　好　来　—助词

（金道珍讲述）

好人有好报

很久以前那会儿，有户家人，爸爸死了，就只剩妈妈和孤儿俩，过得很穷，孩子天天去山林里打柴卖，才换钱来买吃的喝的，过得非常辛苦。

有一天，孩子又去山林里，他看到一只老虎被石头滚下来压到脚，就走不动了。老虎看到孩子，就开始淌眼泪。孩子说："老虎啊，你痛得这么可怜，我帮你撬开这石头去，你不要咬我哩。"老虎快速点头答应了。于是，孤儿撬开石头，老虎得以挣脱，就向孤儿跪在地上（表示感谢），之后就很快跳到丛林里去了。

孤儿回到家告诉他妈妈说："妈，今天我救了一只老虎。"又告诉他妈妈都是如何救那只老虎的。他妈妈不相信，说："你说你救了一只老虎，但是我从来都没有见过老虎，你去让那只老虎来给我看看。"

那个孤儿就去林里喊："老虎，我妈妈想看你一眼，你和我去家里，给我妈妈看一下好不好？"那只老虎快速地跳到他面前，又慢慢地跟着来到家里来。到家后，孩子叫他妈："妈，我带老虎来了。"他妈妈一看到老虎就激动地说："哎呀，好害怕呀，我不看了我不看了。"那个老虎也不离开。妈妈又说："老虎，你看我家穷得很，没有什么给你吃的，你还是回去吧。"老虎看了看，就慢慢抓起一个袋子，去寨子最富的岩脚下的那家富翁家去了。老虎一来到岩脚下，人们害怕都跑光了，老虎去捡得了一袋白米来给俩娘崽吃。

那样，老虎常常要些米和肉来给他们吃，母子俩的生活也越来越好了。

后 记

　　本书是在我博士论文基础上修改补充而成,即将出版之际,心有万分感慨却无以言表。在此,借三言两语对所有于我学术前半生涯中提供帮助的师友亲朋聊表谢意。

　　我要感谢我的导师唐贤清教授。一谢导师的知遇之恩。万里之船,成于罗盘。当年,作为考博大军中的沧海一粟,我从师大的博士招生简章上找到唐老师的联系方式,抱着试一试的态度给他发了一份报考意愿和读博计划,令人喜出望外的是,唐老师次日便予以电话回复。要知道,硕士毕业后每年给博导们写的信和发的邮件都石沉大海。唐老师的回复便是莫大的鼓励,足以让我为接下来想走的路全力以赴。曾为大梁客,不忘信陵恩!知遇之恩,永生难忘,唯有砥砺前行不负恩师厚望,以当衔环结草。二谢导师的培育之恩。不计辛勤一砚寒,桃熟流丹,李熟枝残,种花容易树人难。博士旅程四年,如沐春风的四年,只惜春华秋实日,我师双鬓又添白。这四年,无论工作多繁忙,唐老师几乎每周都会有两至三次到工作室询问我们的学习、生活情况,解答学术疑难问题;为了培养我们的学术敏感性,唐老师又组织了每两周一次的学术沙龙,还会请一些专家、学者来指导。博士在读的四年,岳麓山下"论剑",唐老师倾心相授治学之道、言传身教治学之理;博士毕业至今又已四年,我师如父,依然如在读时常常提醒我要勤学慎思以笃行,每年至少一次的学术会议,唐老师都会邀请我参会并提供会上发言机会以跟国内外的知名专家交流学习。每次同门的学术交流会既是对我不断进取的鞭策,也是对我学术营养的补给,还是我写作灵感的源泉之一。三谢导师的关爱之恩。唐老师既是我们学术上的良师,也是我们生活中的益友,每逢节假日,只要唐老师有时间都会自费带我们下馆子改善生活;临近毕业,再回看所有跟唐老师发的邮件,除了向老师汇报学习心得和讨论论文进展情况,多封邮件都是跟老师倾诉家庭和生活中遇到的困难以及请事假;在老师的鼓励和支持下,我以一颗坚忍的心找到了学业、工作和家庭之间的平衡,以平稳的心态走过了这四年所遇到的每一道坎;此外,唐老师考虑到我们在读期间的经济负担,还用课题经费给我们报销田野调查中的开支费用,着实为我减轻了学业带来的经济负担。

师恩浩瀚,我唯有专崇净业,不辱师门。

我还需要感谢的湖南师范大学的老师有很多,这里特别提出的有:蒋冀骋先生声华盖代、殚见洽闻,蒋先生话不多,却总会在学术交流会上旁征博引,曾亲得先生指点,人生之大幸;郑贤章老师博学古今,其学术见解一语中的,让人茅塞顿开;蔡梦麒老师治学严谨而不失风趣;徐朝红老师才情峥嵘而又谦和;丁家勇老师有问必答,畅谈学术之时,视学生如挚友;各位老师润物无声,学生在此聊表敬意和谢意。此外,感谢贺福凌老师在百忙之中不求回报地教我们记苗音、描音系,贺老师务实的精神和过硬的记音技能在每周两练中为我这一非母语者去撰写苗语论文打下了记音基础;承蒙邓永红老师不弃愚笨,带我下田野学习,让我有第一次田野的经历;感谢吉首大学杨再彪老师,亲自带队下乡凤凰禾库等地,手把手教我们作湘西苗语调研,为我此后的独立调研指明了方向;感谢湖南师范大学出版社,本书国际音标对译的核对给编辑和排版增添了大量工作。

若从我本科阶段接触语言学算起,结缘语言学至今已有十五年。感谢我的语言学启蒙老师胡云晚老师和曾炜老师,母校"希望门"下燃起的兴趣就是最长情的告白;感谢我的硕导税昌锡老师,税老师淡泊名利,视学术为生活的调味剂,他教我"做学术要坐得住冷板凳,吃得了苦才能向'蜘蛛吐丝型'学者不断奋进";感谢我的忘年之交姬安龙老师,和姬老师一起走过仫佬族村和水族乡的经历让我深入体验到田野中的民族情怀;在此,也一并感谢田野中所有给我提供帮助的苗语老师们。

直到博士论文接近尾声的日子,24年的读书经历让我开始醒悟我该像父母爱我一样,去爱他们了。读博的四年间,父亲中了一次风,身体大不如以前,行动也不便；母亲也老了，各种腰腿疼痛频发。即便如此，二老为了让我有更多时间全力以赴去完成学业，他们一边照顾九十多岁瘫痪在床的奶奶，一边替我照看孩子。从小学到初中，从高中到大学，从硕士到工作，再到今天的博士毕业，父母为我的倾心付出，不是止于我走向婚姻殿堂的那天，而是我博士毕业之时，不对，也许是他们心有余而力不足的那天。爸妈在身边的日子，舍不得我吃一口冷饭，不忍见我熬一个通宵。父母在，人生尚有来处；父母去，人生只剩归途。在尚有来处的余生，我是该好好珍惜，莫空悲切"子欲养而亲不待"。

本书即将出版，字将成文时，镜匣已生灰。读博的磨炼，让我收获了人生路上一笔不小的财富和成就，却也错过了不少美丽的风景。考上博士那年，我女儿一岁；博士毕业，我女儿五岁。这四年，女儿过早地经历了人生八苦之苦离别。为了全身心脱产读博写论文，不得已将不到两岁的女儿送到湖南娘家带。刚到她外婆家的前三天，电话那头，她抱着奶瓶，撕心裂肺般哭喊："妈妈回来，妈妈回来。"再回首，依旧会涕泪纵横。同时，也感谢我的人生战友，做我发音合作人的同时，给了我不少写作灵感，还时刻提醒我，女人一定要有自我追求和事业梦想。

春秋四载，感谢我的同门师兄弟妹们和同窗好友，是你们陪我走过了酷暑和严寒；整个求学生涯，是你们坚毅的求学精神，传递给了我无限正能量，也让我今后的学术生涯不那么孤单。同时，也感谢我的哥嫂、弟弟弟妹和堂表姐，在我最困难无助时，是你们给了我手足的温暖，是你们给了我披荆斩棘的勇气。人生路上，有你们又何惧艰难？